KB179293

어느 주식투자자의 회상

어느 주식투자자의 회상

Reminiscences of a Stock Operator

에드윈 르페브르 지음 | **박성환** 옮김

이레미디어

제시 리버모어에게
쏟아진 찬사

물론 대가 중 대가는 역대 최고의 트레이더인 제시 리버모어였다. 그는 1907년에 하루 동안 300만 달러를 벌었다. 또한 대다수 투자자는 1929년의 대폭락 때 망했지만 그는 공매도로 무려 1억 달러를 벌었다. 이런 기록은 내게 엄청난 영감을 주었다. 대다수 사람은 리버모어라고 하면 《어느 주식투자자의 회상》이라는 책을 떠올린다. 그러나 나는 실용적인 내용을 담은 《제시 리버모어의 주식투자 바이블》에 더 끌렸다. 나는 그의 책을 읽으면서 투자관을 확고하게 다졌다. 내게 수익을 안겨준 많은 원칙은 20세기 초반에 리버모어에게 수익을 안겼던 원칙과 다르지 않다. 인류 역사상 리버모어보다 뛰어난 투자자는 없었다.

– 마크 미너비니, 《초수익 성장주 투자》 저자

전설적인 투자자인 제시 리버모어는 1920~1930년대에 주도주를 거래하여 부를 쌓았다. 내 수익의 99퍼센트 역시 주도주를 매매하면서 얻은 것이다. 물론 전설적인 주식투자자인 제시 리버모어도 똑같은 말을 들었다. 그는 《주식 매매하는 법》에서 이렇게 말했다. "언제나 사람들은 탐욕, 공포, 무지, 희망이라는 감정 때문에 시장에서 늘 같은 행동과 반응을 보인다. 호주머니는 바뀌고, 주식도 바뀐다. 그러나 월스트리트는 결코 변하지 않는다. 인간의 본성이 결코 변하지 않기 때문이다."

《어느 주식투자자의 회상》도 마찬가지다. 모든 트레이더와 투자자가 반드시 읽어야 하는 책이다.

– 댄 쟁거, 차트패턴닷컴 수석 기술적 분석 애널리스트

제시 리버모어는 20세기 위대한 투기꾼 중 한 명이다. 그는 매수를 해야 할 때가 있고 공매도를 해야 할 때가 있으며 또 낚시를 하러 가야 할 때가 있는 법이라고 말했다. 시대를 넘어선 보석 같은 트레이딩이다. 그의 방법은 종종 모방되지만 결코 넘어설 수는 없다.

– 알렉산더 엘더, 《주식시장에서 살아남는 심리 투자 법칙》 저자

1920년대와 1930년대 초반까지 눈부신 활약을 보인 제시 리버모어는 내가 가장 존경하는 투자 멘토 중 한 명이며, 내 사무실 책

상 뒤쪽에는 중절모를 쓰고 있는 그의 사진이 걸려있을 정도이다. 그의 사진에는 "내가 돈을 잃을 때는 오직 내가 세운 규칙을 어길 때뿐이다."라는 격언이 적혀 있다. 그가 집필한 《어느 주식투자자의 회상》은 주옥같은 내용이 담겨있어서 투자계의 고전이라고 부르기에 부족함이 없다.

— 빌 그로스, 《채권왕 빌 그로스, 투자의 비밀》 저자

나는 《어느 주식투자자의 회상》을 읽고 난 후 이 이야기에 흠뻑 빠져들고 말았다. 그래서 나 역시 트레이더가 되고 싶어졌다. 그리고 훌륭한 트레이더가 될 수 있고 또 반드시 그렇게 될 것이라고 믿었다.

— 커티스 페이스, 《터틀의 방식》 저자

제시 리버모어는 깊이 있고, 진중하고, 현명하고, 독창적이고, 지략이 뛰어나고, 자주적이고, 선견지명이 있고, 사자 같은 용기를 지닌 사람이다.

— 리처드 와이코프, 〈Magazine of wall Street〉 창립자

1940년에 훌륭한 책을 출간해준 제시 리버모어에게 감사한 마음이 가득하다. 제시 리버모어의 책은 출간 당시는 물론이고 오늘

날에도 역시 가치 있는 자료로서 '시장' 관련 서적의 고전으로 추앙받아 마땅하다고 생각한다. 리버모어의 지혜, 노력, 그 탁월함에 대해 다시 한번 감사의 말을 전한다.

– 리처드 스미튼, 《제시 리버모어의 주식투자 바이블》 해설

지금의 금융서적 중 만일 21세기 말에도 출간될 수 있는 책을 꼽으라면 나는 스스럼없이 《어느 주식투자자의 회상》을 지목할 것이다. 이 책은 항상 내 애독서 리스트의 맨 윗자리를 차지할 것이다.

– 잭 슈웨거, 《시장의 마법사들》 저자

어느
주식투자자의 회상

이 책 초판이 국내에 소개된 뒤로 제시 리버모어라는 인물을 직간접으로 다룬 도서가 다수 출간되었고, 그를 향한 관심도 식을 줄 모른다. 아마도 국내 증시 지수가 큰 폭으로 상승하고 적립식 펀드를 중심으로 증시 참여자가 대거 늘면서, 여느 때보다 부쩍 금융시장에 이목이 쏠리고 있기 때문일 것이다.

제시 리버모어라는 인물이 조명을 받는 현상은 한국뿐만 아니라 미국을 포함해 투자시장이 있는 곳이라면 어디나 마찬가지인 듯하다. 이 책이 출간된 지 어느덧 80여 년이 지났는데도 그의 투자방식과 투자철학이 지금도 여전히 수많은 투자자와 성공인 들에게 영감을 주고 있다는 사실은 여러 경로로 쉽게 확인할 수 있다. 발명가며 작가이자 투자자로도 유명한 마틴 츠바이크가 사업차 만나는 모든 이에게 이 책을 선물한다는 일화도 있다.

이렇게 제시 리버모어가 존경받을 수밖에 없는 인물로 부상한 요인은 단지 그가 1억 달러라는 당시로서는 어마어마한 수익을 올린 투자자라는 사실이 아니다. 그보다는 지금도 변함없는 투자시장에서 굳게 지켜야 할 관점과 자세를 우리에게 가르쳐주고 있기 때문이다. 바로 이 지점이 우리가 제시 리버모어의 투자와는 떼려야 뗄 수 없는 그의 삶을 다룬 이 책 《어느 주식투자자의 회상》을 읽게 만드는 힘이기도 하다.

증권시장과 관련된 수많은 책을 살펴보면 학계와 증권업계 리서치센터에서 주로 참고하는 분석 기본서, 금융시장 자체 움직임을 분석한 매매기법서, 금융시장에서 잠시만 혹은 상당 기간 나름의 성공을 거둔 인물들의 비법서 등으로 분류할 수 있다. 《어느 주식투자자의 회상》은 금융시장과 그 참여자들을 다룬다는 점에서 다른 책들과 명확히 구분된다. 거의 한 세기 전 인물과 미국 금융시장 이야기인데도 시간과 공간을 뛰어넘어 여전히 인물에게 매료되고 그 탁월한 안목에 감탄하게 되는 이유가 여기에 있다.

이 책에서 초보자는 소설 같은 재미를 느낄 테고, 얼마간 주식매매 경험이 있는 사람이라면 아직껏 마주하지 못한 증권시장의 또 다른 모습을 발견할 수 있을 것이다. 이미 증권시장에서 웬만큼 성공을 거둔 투자자들도 다시 한번 시장과 자신을 돌아보는 계기로 삼을 만하다.

이 책 실제 주인공인 제시 리버모어를 바라보는 금융업계 종사자와 일반인 들의 시선은 그의 생존 당시는 물론이고 현재도 여러 갈래다. 굴곡이 많았던 삶만큼이나 그 자신과 매매기법을 평가하는 잣대도 다양하다. 역사상 최고 트레이더라고 칭송하는가 하면 투기꾼의 전형으로 폄하하기도 한다.

그는 빈손으로 거대한 부를 일군 입지전적 인물이며, 트레이딩의 새로운 지평을 개척한 선구자이기도 하다. 그는 투자자들이 성공하지 못하는 이유로 무지, 탐욕, 희망, 두려움을 들고, 성공한 투자자들이 갖춘 정신적 특성으로는 관찰력, 수학적 사고능력, 경험, 기억력을 꼽았다. 하지만 일각에서는 그가 맞은 비극적인 최후 때문에 그가 금융시장에서 쌓은 업적을 깎아내리기도 한다.

그렇게 반감을 드러내건 칭송하건 간에 모두가 공통으로 인정하는 부분은 그가 금융시장의 정점에 올랐으면서도 인간적인 약점을 드러낸 인물이라는 사실이다. 그는 여타 위대한 투자자들과 달리, 순수한 개인 투자자로 일생을 살았다. 만약 그가 다른 위대한 투자자들처럼 회사라는 매개체를 활용했다면 아마도 그의 말년은 상당히 다르지 않았을까 생각해본다.

어느 분야나 다 그렇겠지만, 모두가 성공할 수는 없다. 극히 소수만이 성공을 맛보기에, 해당 분야에서 정점에 오른 사람들에게 업계 종사자와 세인들의 관심이 쏟아질 수밖에 없다. 특히 금융시장은 사람들 대부분이 자신도 모르는 사이 직간접으로 참여하는 분야고, 그러기 위해 특별한 요건을 갖추지 않아도 된다. 그래서 다들 금융시장에 참여하지만, 거의 대부분이 아무런 사전준비도 없이 그저 다른 사람 말만 듣고 발을 들인다. 여기서 그들은 다양한 사람을 만나고, 평소에는 맞닥뜨릴 수 없던 색다른 경험을 하기도 한다. 이런 경험이 쌓이면서 스스로 원칙을 만들어가지만, 그렇지 못한 사람도 있기 마련이다. 하물며 대부분이 원칙은 세우기보다 지키기가 훨씬 어렵다는 사실을 몸소 겪는다.

흔히 역사를 알아야 하고 역사에서 배워야 한다고 말한다. 이 책은 제시 리버모어 한 개인의 발자취일뿐더러 금융시장의 역사를 더듬은 기록이다. 나아가 역자를 포함한 금융시장 참여자들이 새겨야 할 교훈으로 가득한 교본이기도 하다. 독자들이 투자자로서 추세매매건 가치투자건, 아니면 기본적 분석이건 기술적 분석이건, 혹은 이 중 몇 가지를 조합해서 자신만의 원칙을 세우고 지켜나가는 데 이 책이 보탬이 된다면 역자로서 커다란 보람을 느낄 것이다. 투자자로서 인내심을 가지고 원칙을 고수하며 금융시장에서 승자가 될 수 있기를 진심으로 바란다.

_____박성환

월가의
주식투자 바이블

언제부터인가 국내에서도 이종격투기 열풍이 거세게 불고 있다. 가라테, 킥복싱, 무아이타이, 유도, 권투, 태권도, 레슬링, 유술, 합기도, 삼보, 특공무술, 쿵후 등의 무술 고수들과 뛰어난 운동 능력을 지닌 스포츠맨들이 실전 최고수를 가리기 위해 격렬하게 겨루는 모습을 티브이로 심심찮게 볼 수 있다. 사람들은 경기를 치러서 누가 최고수인지, 무엇이 최고수를 만드는지 확인하고 싶어 한다.

투자 세계에서도 투자자들은 누가 최고인지 알고 싶어 하고, 성공한 이들에게 가르침을 받기를 원한다. 하지만 그들이 마주하는 내용은 지나치게 추상적이거나 수익률 대회에서 단기매매로 명성을 얻은 사람들의 단편적인 이야기가 대부분이다.

주식시장에 처음 발을 들여놓는 개인 투자자만이 아니라 수십년 투자를 해온 사람에게도 주식시장은 불확실성이 지배하는 예측 불가능한 세계다. 아마도 그래서 투자 기간을 막론하고 투자자들이 항상 주식시장에서 큰 성공을 거둔 '투자의 명인' 이야기에 흥미를 느끼는 것일 테다.

《어느 주식투자자의 회상》은 1922년 작가 에드윈 르페브르가 당시 월가의 큰손이던 '월가의 큰곰' 제시 리버모어를 인터뷰하고 《새터데이 이브닝 포스트》에 연재한 글을 모아 1923년에 출판한 책이다. 출간된 지 80년을 훌쩍 넘겼지만 지금도 미국 아마존닷컴 판매 순위 상위권에 올라 있으며, 형성된 마니아층을 발판 삼아 제시 리버모어를 다룬 책이 다양하게 출간되고 있다. 최근에는 리처드 스미튼이 제시 리버모어를 조명한 소설 《부자아빠가 들려주는 제시 리버모어》를 집필한 데 이어 《Trade like Jesse Livermore》를 출간하기도 했다. 《어느 주식투자자의 회상》도 《타이밍의 승부사》로 우리에게 잘 알려진 잭 슈웨거의 서문 판과 윌리엄 오닐의 서문 판이 출간되었다. 《어느 주식투자자의 회상》 출간 75주년을 기념해 제시 리버모어가 직접 쓴 《주식 매매하는 법》과 합본한 책도 고가에 발행되었다. 일부 마니아 사이에서는 오래된 판본이 무려 수천 달러에 거래될 정도다.

이 책은 단돈 5달러를 들고 가출한 열네 살 소년 래리 리빙스턴이 주식시장에 관심을 두기 시작한 첫 직장 시절부터 이 책이 출판될 당시까지를 아우르는 30여 년을 다룬다. 열네 살짜리 꼬마가 처음 주식시장에 발을 들여놓은 뒤로 월가에서 큰손으로 성장하는 과정을 그린 이야기면서 금융시장의 역사를 담은 기록이자 투자 전문서이기도 하다. 금융시장에서 일어날 법한 다양한 일을 묘사하고 수많은 역사적 사건을 상세하게 기록하고 있어, 투자자들이 주식시장을 이해하는 데 큰 도움이 된다. 한 시대를 풍미한 인물들의 이야기도 등장하고, 성공하는 투자자와 실패하는 투자자를 가르는 경계도 알 수 있다. 게다가 투자자들이 실제로 투자를 하다 보면 자주 듣는 주식시장 관련 격언들이 책 곳곳에 잘 녹아 있어, 주식시장에 대대로 내려오는 불변의 진리도 깨닫게 된다.

책 속 주인공인 '래리 리빙스턴'의 실존인물인 제시 리버모어는 연륜이 쌓이면서 점차 초단기 투자자에서 추세매매자로 변모해가는데, 그 과정에서 주식과 상품선물을 올바르게 매매하는 기법과 감정을 다스리는 방법을 터득한다. 그는 인간 본성 때문에 주식시장의 속성이 바뀌지 않는다면서, 주식시장에서 드러나는 인간 본성 네 가지, 곧 무지, 두려움, 희망, 탐욕을 극복해야 진정한 고수의 반열에 오를 수 있다고 조언한다.

또한 성공한 투자자들이 갖춘 네 가지 덕목, 곧 관찰력, 기억력, 경험, 수학적 사고능력이 중요하거니와 성공하려면 반드시 자기 자신을 믿어야 한다고 강조한다.

주식투자는 이론과 실제가 맞물려 돌아가야지만 성공할 수 있는 분야다. 어느 하나만 뛰어나서는 성공할 수 없다. 한 시대를 풍미한 제시 리버모어도 이 점에서는 예외가 아니었다. 그 또한 투자자로서 올곧게 서기 위해 오랫동안 성공과 실패를 반복해야만 했다. 이 과정에서 그가 보여준 행동은 스스로 연구하고, 사고하고, 판단하고, 결정하며, 책임지는 자세였다. 이 모든 단계를 거쳐 투자자로 성장해나가며, 그는 엄청난 성공을 거둘 수 있었다.

독자들이 주식시장의 속성과 인간 본성을 더욱 깊이 이해하며 성공적인 투자자의 길로 들어서는 데 이 책이 보탬이 되기를 바란다. 끝으로 이 책이 국내에 소개되기까지 애써주신 이레미디어 관계자께 감사드리며, 출간의 기쁨을 가족과 친구들과 함께하고 싶다.

_____박성환

CONTENTS

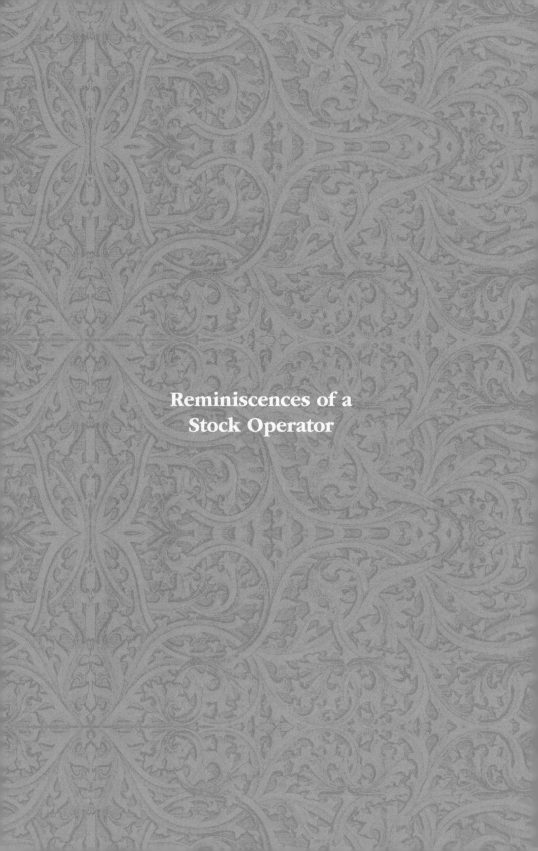

Reminiscences of a
Stock Operator

열다섯 살에
주식매매를 시작하다

나는 초등학교를 졸업하고 곧장 일자리를 찾아나섰고, 증권 거래소에 '호가판 사환'으로 들어갔다. 산수를 잘해서 초등학교에서는 3년 배우는 과정을 1년 만에 마쳤다. 특히 암산에 소질이 있었다. 호가판 사환인 나는 객장에 있는 커다란 호가판에 수치를 적어넣는 일을 했다. 대개는 고객이 증권시세 단말기 옆에 앉아서 주가를 불러줬다. 아무리 빨리 불러줘도 나는 놓치는 법이 없었다. 전혀 문제없었다.

내가 일하던 거래소에는 직원이 많았고 다들 친하게 지냈지만, 시장이 활기차게 돌아가는 오전 10시부터 오후 3시까지는 무척 바빠서 서로 이야기할 틈도 없었다. 어차피 근무시간이라 별 상관은 없었다.

그렇게 시장이 분주하게 돌아가는 중에도 내가 하는 일 생각을 머릿속에서 놓지 않았다. 내게 객장 호가판에 적힌 시세는 주당 몇 달러로 표시되는 주가가 아니었다. 물론 의미야 있겠지만, 내게는 그저 숫자일 뿐이었다. 숫자는 끊임없이 바뀌었다. 그 변화 자체에 관심이 갔다. 왜 숫자가 바뀌지? 나는 알 수 없었고, 그다지 신경도 쓰지 않았다. 아니, 그런 건 아예 생각하지 않았다. 그저 숫자가 바뀌는 상황을 지켜보기만 했다. 평일 다섯 시간, 그리고 토요일 두 시간은 오로지 거기에만 온통 정신을 쏟았다.

이렇게 해서 나는 처음으로 가격이 움직인다는 사실에 관심을 기울이게 되었다. 숫자 감각이 좋아서 전날 주가가 어떻게 움직였는지, 올랐는지 내렸는지 빠짐없이 기억해내곤 했다. 남다른 암산 재능이 유감없이 발휘되었다.

주가는 오를 때도 그렇지만 하락할 때도 일정한 특징을 나타냈다. 수많은 사례가 모여 선례가 되고 길잡이 역할을 했다. 비록 열네 살이었지만, 수백 번 관찰하고 기억해두었다가 특징적인 날과 그 전날 주가의 움직임을 비교해서 내 예상이 얼마나 맞아떨어지는지 살펴보았다. 그러다 보니 곧 주가 움직임을 예측하게 되었다. 내 유일한 안내자는 과거에 주가가 보인 움직임이었다. 마음속에 '경마 예상지'를 그려놓고 주가가 어떤 경주를 펼치는지 기록했다. 무슨 말인지 이해할 것이다.

이렇게 하다 보면 매수가 매도보다 약간이라도 더 나은 시점을 찾을 수 있다. 주식시장에서 전투가 벌어질 때면 증권시세표가 망원경 역할을 했고, 열에 일곱은 적중했다.

내가 일찍이 얻은 교훈이 또 있다면 바로 주식시장에는 새로운 것이 없다는 사실이다. 투기는 역사가 매우 오래되었다. 오늘 주식 시장에서 벌어진 일은 과거에도 일어났고 미래에도 나타난다. 이 점을 결코 잊지 않았기에, 어떤 일이 언제 어떻게 일어났는지 기를 쓰고 기억해냈다. 이렇게 기억력을 동원하는 방법이 경험을 써먹는 나만의 방식이었다.

나는 이 게임에 푹 빠져들었다. 활발하게 거래되는 주식이 있으면 뭐든 앞으로 주가가 상승할지 하락할지 예측했고, 작은 노트에 관찰한 내용을 기록하기 시작했다. 땄다고 자만하거나 잃었다고 구빈원을 들락거릴 일 없이 수백만 달러가 들어오고 나가는 모의 거래 기록이 아니었다. 내 예상이 적중했는지 빗나갔는지 기록하며, 특히 관심이 갔던 종목의 움직임을 정확하게 예측했는지 검증하는 용도였다. 말하자면 그 노트는 내 판단이 옳았는지를 보여주는 기록이었다.

예컨대 월요일에 거래가 활발한 종목의 등락을 관찰해봤더니 8에서 10포인트 급락하기 전에 항상 일정한 움직임을 보였다고 하자. 그러면 그 종목의 이름과 주가를 기록하고, 과거 양상을 떠올리며 화요일과 수요일의 시세 움직임을 예상해서 적어둔다. 그러고 나서 증권시세표로 실제 주가를 확인하는 식이다.

그러다 보니 증권시세표가 보내는 메시지에 관심을 기울이게 되었다. 처음에는 주가 변동이 그저 주가가 올라가고 내려가는 움직임이었다. 물론 주가의 움직임에는 항상 그럴 만한 이유가 있었지만, 증권시세표는 그런 이유일랑 거들떠보지도 설명지도 않았다. 당시에 열네 살인 나도 묻지 않았다. 마흔 살인 지금도 마찬가지다.

오늘 어떤 종목의 주가가 변동했다면 이유가 밝혀지는 데 이삼일이나 일주일 혹은 수개월이 걸릴 수도 있다. 그렇다고 뭐 그리 대수로운 일일까? 하지만 증권시세표를 보고 거래한다면 내일이 아닌 오늘 결정을 내려야 한다. 시간이 지나면 주가가 변동한 이유야 밝혀지겠지만, 지금 행동하지 않으면 낙오자가 된다. 주식시장에서는 툭하면 일어나는 일이다.

얼마 전 다른 주가들은 가파르게 올라가는데 할로튜브 주가만 3포인트 떨어진 일이 있었다. 그다음 주 월요일에 할로튜브 이사진이 배당금 지급 보류를 발표했다. 바로 이래서 주가가 하락한 거였다. 이사진은 배당금 보류 결정을 미리 알고 있었기에 주식을 매도하지 않았다. 그렇다고 매수하지도 않았다. 내부자가 매수하지 않으니 주가가 하락할 수밖에 없었다.

6개월가량 꾸준히 나만의 소박한 보고서를 썼다. 업무를 끝낸 후에도 집으로 돌아가지 않고 관심 있는 종목의 주가를 옮겨 적으며, 주가 변동 안에서 반복되거나 유사한 움직임이 있는지 살폈다. 그때는 깨닫지 못했지만, 그러는 사이 자연스럽게 증권시세표 읽는 법을 깨쳤다.

어느 날 점심을 먹고 있는데 나보다 나이 많은 동료 하나가 다가오더니 돈이 있냐고 물었다.

"왜 그러는데?" 내가 되물었다.

"그게 말이야, 기막히게 좋은 벌링턴 정보를 들었거든. 같이 한판 할 사람이 있으면 해볼까 하고." 동료가 말했다.

"한판 하다니, 무슨 뜻이야?"

당시에 나는 아주 부유한 고객들만 비밀정보를 손에 넣어서 거래할 수 있는 줄로만 알았다. 수백 달러, 심지어는 수천 달러가 있어야만 그런 판에 끼어들 수 있기 때문이었다. 말하자면, 주식투자는 부리는 마부조차 비단 모자를 쓸 만큼 돈이 많아야 하는 일이었다.

"무슨 뜻이긴, 주식을 사잔 말이지!" 동료가 계속 말을 이었다. "돈이 얼마나 있어?"

"얼마가 필요한데?"

"5달러를 넣으면 다섯 주를 살 수 있어."

"그래서?"

"사설거래소 bucket shop, 버킷숍에 증거금을 걸고 그 돈만큼 최대한 벌링턴 주식을 사는 거야. 틀림없이 오른다고. 그냥 돈을 쓸어 담는 거지. 순식간에 돈이 두 배로 불어난다니까."

"잠깐만!" 나는 내 작은 노트를 꺼냈다. 돈을 두 배로 불리는 것보다 벌링턴 주식이 오를 거라는 말에 호기심이 일었다. 그 말이 사실이라면 내 노트에도 그 조짐이 나타나야 했다. 과연 내가 계산한 대로 벌링턴은 상승하기 전에 으레 드러내던 양상대로 움직이고 있었다. 그때까지 단 한 번도 무언가를 사고팔아본 적이 없었다. 친구들과 함께 도박을 해본 적도 없었다. 하지만 취미 삼아 직업처럼 해온 내 기록이 얼마나 정확한지 시험해보기에 좋은 기회다 싶었다. 그러다 불쑥 내 예측이 실전에서 먹히지 않으면 아무도 내 이론에 관심을 보이지 않겠구나 하는 생각이 들었다. 그래서 가진 돈을 몽땅 건네주었다. 동료는 객장과 가까운 사설거래소에서 우리

두 사람 돈을 합쳐 벌링턴 주식을 샀다. 이틀 뒤에 우리는 그 주식을 현금으로 바꿨고, 나는 3.12달러의 수익을 올렸다.

첫 번째 거래 이후에 나는 혼자서 사설거래소에 돈을 걸었다. 주로 점심시간에 가서 주식을 사고팔았다. 매도나 매수나 나한테는 그게 그거였다. 특별히 선호하는 종목이 있다거나 딱히 이유가 있어서도 아니었고, 그냥 내 시스템에 따라 거래했다. 나는 오로지 숫자만 봤다. 사실 증권시세표에 찍혀 나오는 숫자의 오르내림을 보고 돈을 거는 사설거래소에는 내 거래방식이 딱 들어맞았다.

오래지 않아 호가판 사환으로 일하며 받는 월급보다 사설거래소에서 벌어들이는 소득이 더 많아졌다. 당연히 호가판 사환 일을 그만뒀다. 가족은 이런 결정을 반기지 않았지만, 내가 벌어들이는 돈을 보고는 잠잠해졌다. 호가판 사환 월급은 몇 푼 되지 않았으나 주식투자로 벌어들이는 금액은 제법 짭짤했다.

열다섯 살에 처음으로 1000달러를 벌어 어머니 앞에 내놓았다. 그동안 집에 보탠 생활비를 재외하고도 사설거래소에서 몇 달 만에 벌어들인 액수였다. 어머니는 걱정을 늘어놓으며, 유혹에 넘어가지 않도록 그 돈을 저축은행에 맡기자고 했다. 열다섯 살 소년이 빈손으로 이렇게 큰돈을 벌었다는 이야기는 들어본 적이 없다고도 했다. 어머니는 심지어 그 돈이 진짜 돈일 리 없다며 애를 태우고 불안해했다. 그러나 내 머릿속은 내 판단이 옳다는 것을 계속 증명하고 싶은 생각뿐이었다. 머리를 써서 주가를 맞히는 일이 정말 재미있었다. 만약 10주로 시험해서 예측이 들어맞았다면 100주를 거래할 때는 내 확신이 10배 더 강하다는 얘기다. 증거금을 더 많이 건다는 건 그만큼 내 예측이 믿을 만하다는 뜻일 뿐이다. 대범해진 것 아니냐고? 천만에! 대범과는 차원이 다른 문제다. 전 재산인 10달러로 모험을 하는 것이 200만 달러 중 100만 달러만 거는 것보다 훨씬 용감한 처사다.

어쨌든 열다섯 살에 주식거래로 상당한 돈을 벌어서 생활하는 데는 불편함이 없었다. 처음에는 자그마한 사설거래소에서 거래를 시작했다. 한 번에 20주만 주문해도 존 W. 게이츠가 변장하거나 J. P. 모건*이 이름을 숨기고 돌아다니는 거냐고 의심할 정도로 규모가 작은 곳이었다. 당시만 해도 사설거래소에서는 그다지 고객을 규제하지 않았다. 굳이 그럴 필요가 없었다. 고객이 제대로 예측해서 수익을 올려도 그 돈을 가로챌 다른 방법을 알고 있었기 때문이다. 상당히 수지맞는 장사였다. 사설거래소가 합법적으로 운영해도, 그러니까 구태여 농간을 부리지 않아도 주머니가 얄팍한 이들은 주가가 흔들리기만 해도 금세 밑천이 바닥났다. 증거금이 0.75포인트밖에 되지 않았기에 조금만 주가가 오르내려도 증거금이 몽땅 날아갔다. 더구나 돈을 떼어먹고 도망간 사람은 게임 판에 돌아올 수 없었다. 다시는 거래에 참여할 수 없었다.

나는 거들어주는 사람도 없이 혼자서 거래했다. 말하자면 나만

---

* John Pierpont Morgan(1837~1913): 모건재벌 제2대로, 코네티컷주 하트퍼드에서 출생했다. 아버지 J. S. 모건(1813~1890)이 운영하던 금융업체에 들어가 1895년 회사 이름을 제이피모건회사로 바꾸었다. 아버지와 함께 영국 자본을 동원해서 신흥 미국시장에 투자했으며, 19세기 후반 미국의 공업과 철도에 자금을 조달하는 역할을 했다. — 역자 주

의 개인사업이었고, 내 머리가 가장 중요한 자산이었다. 주가는 친구나 동업자의 도움을 받지 않고 늘 내가 예상한 대로 움직였다. 설령 주가가 내 예측을 빗나가더라도 누군가 나를 위해 친절하게 주가를 돌려세울 수는 없는 노릇이었다. 그러다 보니 누군가에게 내 사업을 이야기할 필요를 느끼지 못했다. 물론 친구는 있었지만 사업과는 상관없었다. 그래서 나는 늘 혼자서 일한다.

그런데 내가 돈을 따가니 곧 사설거래소에서 나를 홀대하기 시작했다. 다음 거래를 하려고 증거금을 내놓아도 쳐다보기만 할 뿐 받지 않았다. 그러더니 결국 나하고는 거래하지 않겠다고 했다. 그 무렵 그들은 나를 '꼬마 투기꾼'이라고 불렀다. 그때부터 나는 가명으로 사설거래소를 여기저기 기웃거려야 했다. 처음에는 15주나 20주 정도로 단출하게 시작했다. 가끔씩 의심을 받는다 싶으면 일부러 돈을 잃어주고 나중에 실력을 발휘했다. 물론 이내 새로운 거래소들도 나를 고객으로 받아들이면 지나치게 비싼 대가를 치르게 된다는 사실을 알아챘고, 자신들 몫을 가로채지 말고 다른 데로 가라며 나를 내쫓았다.

한번은 몇 개월 거래하던 제법 큰 거래소에서도 나에게 손사래를 치기에, 나는 여기서 좀 더 큰돈을 벌어보자고 작정했다. 이 거래소는 지점이 도시 곳곳에 있었고, 호텔 로비에도 인근 마을에도 있었다. 나는 호텔에 있는 지점을 찾아가 매니저에게 몇 가지 물어보고 거래를 시작했다. 나만의 특별한 방식으로 인기주를 거래했는데 곧바로 매니저가 나를 불렀다. 본사에서 누가 거래하는지 알아보라고 연락이 왔다면서 내 이름을 물었다. 내가 케임브리지에서 온 에드워드 로빈슨이라고 대답하자, 매니저는 본사에 전화를 걸어 이 반가운 소식을 보고했다. 그런데 본사에서는 나의 인상착의도 알고 싶어 했다. 나는 매니저를 구슬리며 이렇게 말했다. "땅딸막하고 검은 머리에 턱수염이 덥수룩하다고 해요." 하지만 매니저는 내 생김새를 곧이곧대로 전했고, 수화기를 든 채 얼굴이 붉어지기 시작했다. 그러고는 전화를 끊더니 당장 꺼지라고 을러댔다.

"저쪽에서 뭐라고 하던가요?" 나는 최대한 정중하게 물었다.

"다짜고짜 '이런 바보 멍청이! 우리가 래리 리빙스턴하고는 거래하지 말라고 했잖아! 너 때문에 그 녀석한테 700달러를 뜯겼다고!' 라더군요." 매니저는 그 말만 하고 다른 얘기는 전달하지 않았다.

차례차례 다른 지점도 기웃거려보았지만 모두 나를 알아보았고, 돈을 내밀어도 소용없었다. 심지어 호가판을 보려고 해도 직원들이 빈정거리는 바람에 객장에 들어갈 수 없었다. 여러 지점을 드문드문 돌아다니면 가능하지 않을까 싶었지만, 마찬가지로 여의치 않았다.

결국 가장 부유하고 규모가 큰 코스모폴리탄 주식거래소만 남았다. 업계 최고인 A-1 등급을 받으며 뉴잉글랜드 모든 지역에 지점을 둘 만큼 큰 거래소였다. 여기서는 기꺼이 내 주문을 받아주었고, 나는 몇 달 동안 매수와 매도를 반복하며 돈을 벌기도 하고 잃기도 했다. 하지만 결국에는 이곳 역시 다른 거래소와 마찬가지였다. 그래도 코스모폴리탄은 소규모 사설거래소처럼 속이 뻔히 들여다보이는 수법을 쓰지는 않았다. 정정당당하지 않아서라기보다는 돈 좀 벌었다고 고객을 푸대접했다는 소문이 나는 게 싫었기 때문이다. 대신 못지않게 고약하게 굴었는데, 증거금을 주당 3포인트로 설정하고도 추가로 증거금을 예치하라고 요구했다. 처음에는 추가증거금이 주당 0.5포인트였는데 1포인트로 올리더니 마지막에는 1.5포인트까지 높였다. 이 얼마나 불리한 처사인가! 왜 불리하냐고? 아주 간단하다. 철강 종목이 90달러에 거래되고 있다고 해 보자. 그 주식을 사면 보통 거래 전표에 매수 수수료 0.125달러를 포함해서 '90.125에 철강주 10주 매수'라고 적는다. 만약 증거금이 주당 1포인트라면 매수하는 즉시 주가가 89.125로 하락한 셈이 된다. 그런데 매도할 때도 같은 수수료를 적용하므로 89.25가 마지노선이다. 다시 말해, 주가가 89.25 아래로 떨어지면 거래소는 자동으로 이 매수거래를 청산해버리고, 고객 계좌는 깡통이 된다. 그래서 사설거래소에서는 주가가 하락해도 증거금을 채워 넣으라고 요구하지 않았다. 고객 또한 보유한 주식을 팔아 달라고 직원에게 사정사정할 필요가 없었다.

코스모폴리탄은 나에게만 추가증거금까지 요구했는데, 이는 명백한 반칙이었다. 그렇게 하면 90달러에 주식을 사더라도 내 전표에는 '90.125에 매수'가 아니라 '91.125에 매수'로 표기된다. 내가 주식을 매수한 이후에 주가가 1.25포인트 상승해서 주식을 정리한다 쳐도 여전히 손해를 본다는 얘기다. 게다가 나에게는 최초 거래에 3포인트 증거금을 요구했기 때문에 매매 규모가 3분의 1로 줄어든다. 하지만 내가 거래할 수 있는 곳이 코스모폴리탄뿐이었기에 조건을 받아들이지 않으면 거래를 그만둘 수밖에 없었다.

물론 돈을 따기도 하고 잃기도 했으나 종합해보면 수익이 더 컸다. 사정이 이렇게 돌아가자 코스모폴리탄은 누구라도 파산시킬 만한 비열한 악조건을 들이밀고도 만족하지 않고 나를 속이려고까지 들었다. 나는 그 파렴치한 속임수에 걸려들지 않았다. 직감으로 알아차리고 빠져나왔기 때문이다.

이미 말했다시피 코스모폴리탄은 내 마지막 거래처였다. 뉴잉글랜드 지역에서 가장 부유한 사설거래소였고, 대개 거래도 제한하지 않았다. 아마도 매일 꾸준히 거래하는 고객 중에는 내가 가장 많이 매매하는 큰손이었을 것이다. 객장 시설은 훌륭했고, 호가판도 객장 벽면 한쪽을 완전히 뒤덮을 만큼 컸다. 내가 본 중에 가장 완벽하고 큰 호가판에는 상상할 수 있는 모든 상품의 종목 시세가 적혀 있었다. 뉴욕증권거래소와 보스턴증권거래소의 주식 말고도 면화, 밀, 식료품, 금속 등 뉴욕, 시카고, 보스턴, 리버풀에서 거래되는 거의 모든 상품을 총망라했다.

알다시피 사설거래소에서 거래가 성사되는 방식은 이렇다. 고객이 직원에게 돈을 주고 매수하거나 매도하고 싶은 종목을 말한다. 그러면 직원은 증권시세표나 호가판을 보고 마지막 체결가격을 확인해서 시간과 함께 전표에 적는다. 여느 정식 증권사의 주문표와 비슷하게 생긴 이 전표에는 거래 체결 날짜, 시간, 수량, 금액, 종목명 그리고 고객이 지급한 금액 등을 기록한다. 주식을 청산하고 싶으면 직원에게 전표를 건네고 의사를 밝히면 된다. 거래소마다 주문을 받는 직원과 거래를 청산하는 직원이 같을 수도 다를 수도 있다. 직원은 받아든 전표에 직전 체결가격을 확인해 적거나, 거래가 활발하지 않은 종목이라면 다음 체결가격이 발표되기를 기다렸다가 그 시세와 시간을 기록하고 '체결'이라고 표시한 다음 전표를 고객에게 돌려준다. 그러면 고객은 출납원에게 전표를 보여주고 현금을 받는다. 물론 시장이 예측과 반대로 움직여서 증거금 한도를 벗어나면 거래는 자동 청산되고 전표는 휴지조각이 된다.

고객이 5주 단위인 소량으로도 주식거래를 할 수 있었던 영세한 사설거래소에서는 매수와 매도 주문표가 조그마한 종잇조각이었는데 서로 색이 달랐다. 이따금 열기가 달아오르는 강세장에서는 고객이 모두 매수에 나섰는데, 이들 판단이 적중하면 사설거래소는 큰 손해를 봐야만 했다. 그러자 사설거래소는 매수와 매도 수수료를 거래에 들어갈 때 한꺼번에 떼어가기 시작했다. 예를 들어 20달러에 주식을 샀다면, 전표에는 20.125가 아니라 20.25로 기록되는 것이다. 그래서 주가가 1포인트 상승하더라도 실제 수익은 0.75달러밖에 되지 않았다.

코스모폴리탄은 뉴잉글랜드에서 내로라하는 거래소고 단골도 수천 명에 이르지만, 그들이 거북해하는 고객은 내가 유일한 것 같았다. 살인적인 수수료와 3포인트 증거금이 무색하게 내 거래 규모는 줄어들지 않았다. 허용 한도 안에서 매수와 매도를 반복했고, 이따금씩 한 번에 5000주를 거래하기도 했다.

그러다 마침내 사건이 벌어진 그날, 나는 설탕주 3500주를 공매도했다. 각각 500주라고 적힌 분홍색 주문표 7장을 들고 있었다. 코스모폴리탄에서 사용하는 대형 전표에는 추가증거금을 적어 넣을 수 있게 되어 있었다. 물론 사설거래소에서 고객에게 추가증거금을 넣으라고 요구하는 일은 없었다. 고객이 파산해야 수익을 올리므로 고객 밑천이 빠듯할수록 거래소에는 유리했기 때문이다. 영세한 거래소에서는 고객이 추가로 증거금을 내겠다고 하면 전표를 새로 작성했다. 그렇게 해서 따로 매수 수수료를 챙겼고, 새로운 거래인 양 매도 수수료도 매겼다. 그러면 공매도에서 1포인트가 하락해도 고객은 0.75달러밖에 받지 못했다.

내 기억에 그날 예치한 증거금이 1만 달러를 넘었다. 현금으로 처음 1만 달러를 모았을 때 나는 겨우 스무 살이었다. 어머니가 내게 무어라 했는지 들어봤어야 하는데 말이다. 현금으로 1만 달러를 들고 다니는 사람은 존 록펠러 말고 아무도 없을 법했다. 어머니는 그 정도로 만족하고 다른 사람들처럼 평범한 일자리를 찾아보라고 했다. 어머니를 설득하기 위해 나는 노름이 아니라 계산해서 돈을 번다고 입이 닳도록 이야기해야만 했다. 그래도 여전히 어머니에게는 현금 1만 달러가 엄청나게 큰돈이었다. 하지만 내 눈에는 증거금이 더 늘어났을 뿐이었다.

나는 설탕주 3500주를 105.25에 공매도했다. 객장에 있던 또한 사람, 헨리 윌리엄스도 2500주를 공매도했다. 나는 증권시세 단말기 옆에 앉아서 어린 호가판 사환에게 종목별 체결가격을 불러주곤 했다. 그날 설탕주는 거의 내 예측대로 움직이고 있었다. 내가 공매도 주문을 넣은 뒤로 주가가 순식간에 2포인트 하락하더니 잠시 멈춰서 마치 추가로 더 떨어지기 위해 숨을 몰아쉬며 헐떡이는 듯했다. 시장 전반은 약세를 보였고, 모든 것이 순조로워 보였다. 그런데 갑자기 주가가 멈칫거리는 상황이 무척 신경쓰였다. 마음이 불안해지기 시작하면서 시장을 빠져나와야겠다는 생각이

들었다. 설탕주는 당일 최저가인 103달러에 거래되었지만, 확신보다는 왠지 모를 불안감이 엄습했다. 무언가 잘못되었다는 느낌은 있는데 무엇인지 정확하게 짚이지 않았다. 무슨 일인가 벌어질 것 같은데 원인을 모르면 자신을 지킬 수 없는 법이다. 이럴 때는 시장에서 빠져나오는 게 낫다.

잘 알다시피, 나는 무턱대고 일을 처리하지 않는다. 그렇게 하기도 싫고 그렇게 행동한 적도 없다. 심지어 꼬마일 적에도 이유를 알고 나서야 행동에 나섰다. 그러나 이번에는 납득할 만한 확실한 이유가 없는데도 불안감을 떨칠 수 없었다. 평소 알고 지내던 데이브 와이먼을 불러서 이렇게 말했다.

"데이브, 여기 내 자리에 앉아서 부탁 좀 들어줘. 설탕주 다음 주가가 나오면 잠시 기다렸다가 불러줘, 알았지?"

데이브는 기꺼이 그러겠노라고 대답했다. 나는 데이브가 사환에게 주가를 불러줄 수 있도록 자리를 비켜주었다. 주머니 안에 넣어둔 전표 7장을 꺼내든 채 거래 청산을 담당하는 직원이 앉아 있는 창구로 걸어갔지만, 여전히 시장에서 빠져나와야만 하는 진정한 이유를 알 수 없었기에 그냥 창구에 기대어 서 있었다. 전표는 내가 손에 쥐고 있어서 직원이 보지 못했다. 곧 전신기 돌아가는 소리가 들렸다. 그때 톰 번햄이라는 직원이 눈에 띄었다. 톰도 고개를 돌리더니 체결가에 귀를 기울였다. 그 순간 예감이 불길해서 더 기다리지 않기로 마음먹었다. 그때 마침 단말기 옆에 있던 데이브가 "설-"이라고 외치기 시작했다. 나는 재빨리 전표를 직원 앞 창구에 탁 소리 나게 내려놓으며, 데이브가 가격을 다 부르기 전에 외쳤다.

"설탕주 청산해주세요!"

이러면 거래소는 내 설탕주를 마지막 시가로 정리해야 한다. 데이브가 외친 주가는 여전히 103이었다.

내 예상대로라면 설탕주의 이번 호가는 103 아래로 내려가야 했다. 내 예측 도구가 제대로 작동하지 않았다. 내 바로 옆에 함정이 도사리고 있는 느낌이었다. 어쨌든 전신기가 맹렬하게 돌아가는데 톰 번햄은 전표에 가격을 적어넣지 않은 채 무언가 기다리는 것처럼 전신기 소리만 듣고 있었다. 그래서 다시 소리를 질렀다. "이봐요, 톰! 대체 뭘 기다리는 거예요? 당장 전표에 103이라고 써요, 꾸물거리지 말고!"

큰 소리를 내자 객장에 있던 사람들이 일제히 쳐다보며 무슨 일이냐고 물었다. 알다시피, 코스모폴리탄에서 고객 주문을 결제하지 않고 거부한 적은 없었다. 만일 그랬다가는 사람들이 예금을 인출하러 은행으로 몰려가는 사태와 비슷한 상황을 맞이할 수 있다. 한 명이 의심하기 시작하면 다른 사람들도 덩달아 의심하기 마련이다. 톰은 부루퉁한 표정으로 내 전표에 '103에 계약 체결'이라고 표시한 다음 전표 7장을 건넸다. 톰의 얼굴에는 못마땅한 기색이 역력했다.

톰이 앉아 있던 곳에서 출납 창구까지 기껏해야 2미터가 조금 넘었다. 그쪽에 도착하기도 전에 증권시세 단말기 옆에 있던 데이브가 흥분해서 외쳤다. "뭐야! 설탕 108이라니!" 하지만 이미 늦었다. 나는 빙긋 웃으며 톰에게 소리쳤다. "한 발 늦었군."

당연히 미리 작당한 짓거리였다. 헨리 윌리엄스와 나는 함께

6000주를 공매도했다. 거래소는 나와 헨리에게 증거금을 받았고, 객장에는 우리 말고도 설탕주를 공매도한 사람이 더 있었을 터이므로, 모두 합하면 8000에서 1만 주는 되었을 것이다. 거래소에서 잡은 증거금이 2만 달러라고 치자. 이 정도면 야바위 짓으로 뉴욕증권거래소 시장을 뒤흔들어서 공매도 거래자들을 거덜 내고도 거래소가 수익을 내기에 충분한 금액이었다. 예전에는 특정 주식을 매수하는 사람이 많으면 사설거래소에서 중개인들을 동원해 가격을 순간적으로 떨어뜨려 고객들을 농락하는 일이 비일비재했다. 고작 몇백 주로 주가를 2포인트 이상 조작해서 수천 달러를 벌었다.

코스모폴리탄도 나와 헨리 윌리엄스를 포함한 설탕주 공매도 거래자들에게 바로 이런 수법을 쓰려고 했다. 여기서 동원한 뉴욕의 트레이더들이 설탕주 가격을 순식간에 108까지 끌어올렸다. 물론 곧바로 주가가 떨어졌지만, 나를 제외하고 헨리와 다른 사람들은 거덜이 났다. 그즈음 신문에서는 주가가 이유 없이 급락했다가 순식간에 이전 수준으로 회복할 때마다 '사설거래소 공습'이 있었다고 보도했다.

코스모폴리탄이 내게 반칙을 저지르고 채 열흘도 지나지 않아 뉴욕의 트레이더가 그들에게서 7만 달러를 낚아채간 재미있는 일이 있었다. 왕년에 시장에서 제법 영향력을 행사했던 뉴욕증권거래소 회원으로, 1896년 이른바 브라이언 공황 때 약세론자로 명성을 날린 사람이었다. 이 트레이더는 동료 회원들을 이용해 꿍꿍이를 계획했지만, 그때마다 증권거래소 규정에 발목이 잡혔다. 그러던 차에 사설거래소에서 거두어들이는 추악한 돈을 빼돌리더라도 거래소나 감독 당국이 어쩌지 못한다는 사실을 눈치챘다. 곧바로 대리인 35명을 코스모폴리탄 본사와 여러 대형 지점에 보내 고객 행세를 하게 했다. 대리인들에게는 미리 약속한 날짜와 시간에 지정한 주식을 최대한 사들이고 일정한 수익이 나면 빠져나오라고 지시했다. 그런 다음 친구들에게 해당 주식이 뜰 거라고 소문을 퍼트리고, 거래소 객장에 가서 깨끗하게 거래하는 척하며 장내거래인들을 부추겨서 주가를 끌어올렸다. 거래할 주식을 신중하게 골랐기 때문에 주가를 서너 포인트 끌어올리는 건 어렵지 않았다. 주가가 올라가면 대리인들은 약속한 대로 주식을 현금으로 바꿨다.

친구 말을 들어보면, 대리인들에게 비용과 급료를 지불하고도 7만 달러나 순수익을 올리고 거래를 청산했다고 한다. 그 트레이더는 그런 수법으로 뉴욕, 보스턴, 필라델피아, 시카고, 신시내티, 세인트루이스 등 전국을 돌아다니며 대형 사설거래소를 여러 차례 뒤흔들었다. 그 트레이더가 선호하는 주식 중 하나가 웨스턴유니언이었다. 거래량이 매우 적어서, 아래위로 몇 포인트 움직이는 건 일도 아니었기 때문이다. 대리인들은 그 주식을 특정 가격에 매수해서 주당 2포인트 수익을 남기고 매도했고, 공매도할 때는 주당 3포인트 넘는 수익을 챙겼다. 얼마 전에 신문에서 그 트레이더가 가난에 찌들어 비참하게 죽었다는 기사를 봤다. 그가 한창 날리던 1896년에 사망했더라면 뉴욕에서 발행되는 모든 신문의 1면을 장식했겠지만, 지금은 5면에 있는 두 줄짜리 부고 기사가 전부였다.

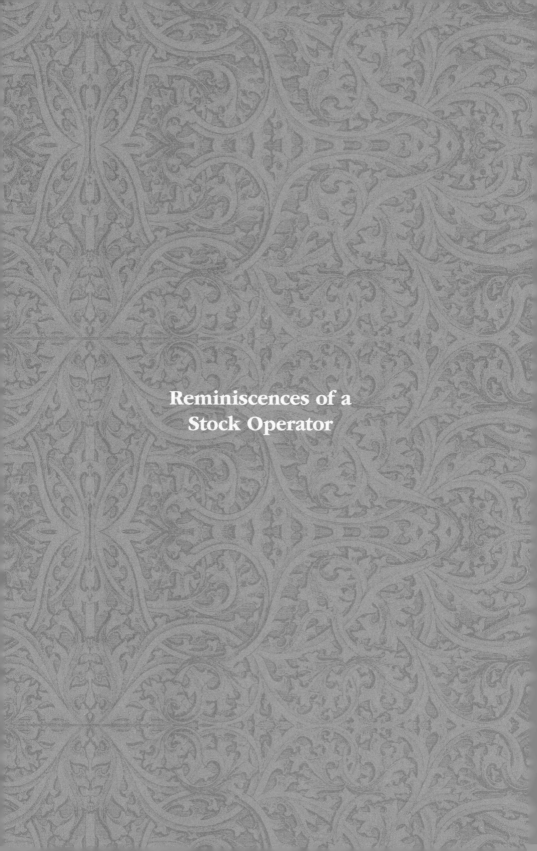

Reminiscences of a
Stock Operator

매일같이 매매하는 짓보다
어리석은 일은 없다

코스모폴리탄 주식거래소는 3포인트 증거금과 1.5포인트 추가증거금이라는 살인적인 조건도 먹히지 않으니 반칙까지 써가며 나를 두 손 두 발 다 들게 만들려고 했다. 그러고도 나하고는 거래하기 싫은 낌새를 보여서, 곧바로 뉴욕으로 떠나기로 결심했다. 거기에 가면 뉴욕증권거래소 회원사 객장에서 거래할 수 있었다. 전신기로 호가를 전달받는 보스턴 지점에서는 이제 거래하고 싶지 않았다. 본거지로 더 가까이 가고 싶었다. 그래서 스물한 살에 전 재산인 2500달러를 들고 뉴욕으로 갔다.

말했다시피 스무 살에 이미 1만 달러를 벌었고, 설탕주를 거래할 때도 매매증거금이 1만 달러를 넘었다. 물론 매번 승리하진 않았다. 나는 건실하게 매매계획을 세웠고 잃을 때보다 딸 때가 더 많았다. 착실하게 계획을 따랐다면 열 번 중 일곱 번은 적중했을 테다. 사실 거래를 시작하기 전에 내 판단이 옳다는 확신이 들면 늘 수익을 올렸다. 그런데도 패배한 요인은 내 거래방식을 끝까지 밀고 나가지 않아서다. 다시 말해 선례에 비춰 만족할 만한 상황에서 시장에 뛰어들어야 했는데 그러지 못했다. 세상일에는 다 때가 있는 법이건만, 이런 이치를 그때는 몰랐다. 호구와는 거리가 먼 월가 사람들이 패배하는 것도 다 그래서다. 어리숙한 멍청이는 어디서나 늘 한심한 짓을 하는데, 월가를 맴도는 멍청이는 끊임없이 거래해야 한다고 생각한다. 매일같이 주식을 매수하거나 매도할 합당한 이유란 없는데도 말이다. 지식을 충분히 갖추고서 현명하게 거래하는 사람도 없다.

내가 몸소 증명한 사실이다. 경험에 비추어 증권시세표를 읽으면 돈을 벌 수 있었지만, 명백하게 바보짓을 했을 때는 돈을 잃었다. 예외는 없었다. 사설거래소 객장에서는 호가판이 바로 눈앞에서 나를 쳐다보고 있었고, 증권시세 단말기가 쉴 새 없이 돌아갔다. 주식을 매매하는 사람들의 전표는 현금 아니면 휴지조각이 되었다. 물론 나는 흥분에 휩싸여 판단력이 흔들리기도 했다. 증거금이 적은 사설거래소에서는 주식을 길게 보유할 수 없었다. 그랬다가는 순식간에 깡통 계좌가 되어버리기 때문이다. 시장 상황 전반을 고려하지 않고 계속 행동에 나서려는 욕망 때문에 전문가도 월가에서 돈을 잃는다. 그들마저도 임금을 받고 일하는 사람처럼 일정한 소득을 꼬박꼬박 집에 가져가야 한다고 생각한다. 그때만 해도 나는 애송이였다는 사실을 기억해주기 바란다. 15년 후에는 경험이 쌓였지만 그때는 몰랐다. 매우 낙관적으로 보이던 주식을 매수하지 않고 2주 동안 지켜만 본 적이 있다. 그사이 주식이 30포인트나 상승해서 매수해도 안전하겠다 싶었다. 파산한 상태였기에 다시 예전처럼 일어서려고 애쓰다 보니 무모하게 투자할 수는 없었다. 기필코 옳은 판단을 내려야 했기에 기다릴 수밖에 없는 처지였다. 그때가 1915년이었다. 이 이야기를 하자면 길어질 테니 적당한 기회에 다시 하겠다. 이제부터 몇 년에 걸쳐 사설거래소에서 거두어들인 수익 대부분을 도로 빼앗긴 이야기를 계속하련다.

이렇게 멀쩡하게 두 눈 뜨고 당한 일이 내 인생에서 한 번은 아니었다. 주식투자자는 내면에 도사린 수많은 적과 싸워야 한다. 어쨌든 나는 2500달러를 들고 뉴욕에 도착했다. 그런데 뉴욕에는 마음 놓고 거래할 만한 사설거래소가 없었다. 증권거래소와 경찰이 엄중하게 단속해서 대부분 문을 닫은 탓이었다. 게다가 나는 자금만 보고 다른 이유로는 규제하지 않는 곳을 찾고 있었다. 비록 밑천이 두둑하지는 않았지만, 영원히 그렇진 않을 거라고 생각했다. 아무런 걱정 없이 공정하게 거래할 수 있는 장소를 찾는 일이 관건이었다. 그래서 지금은 폐쇄된 지 오래지만, 뉴욕증권거래소 회원사의 한 지점을 찾아갔다. 고향에도 지점이 있어서 몇몇 직원을 알고 지내던 회원사였다. 하지만 그 회사 파트너 한 명이 마음에 들지 않아서 오래 머물지 않고, 곧 A. R. 풀러턴 증권사로 옮겼다. 거래를 시작하고 얼마 지나지 않아, 그곳에서는 나를 '꼬마 투기꾼'이라고 불렀다. 누군가 내 고향 시절 전력을 떠벌린 게 틀림없었다. 사실 나이보다 어려 보여서 많은 사람이 나를 이용하려 드는 통에 여러모로 불리한 면이 있었지만, 덕분에 나를 지키는 방법을 고심할 수 있었다. 사설거래소 직원들은 어리다고 나를 일확천금이나 노리는 얼치기로 얕보았는데, 바로 이 점을 이용해서 나는 그들을 당해낼 수 있었다.

앞뒤 사정이야 어떻든 나는 뉴욕에서 매매를 시작한 지 채 6개월도 안 되어 파산하고 말았다. 제법 활발하게 활동하는 트레이더가 되었고, 승자로서 꽤 명성도 얻었다. 거래소에 지불한 수수료 금액만도 상당했다. 계좌 규모도 웬만큼 커졌으나 결국 모두 날렸다. 신중하게 거래했는데도 파산을 피할 수 없었다. 그 이유를 알고 싶은가? 쓸쓸하게도 이전에 내가 사설거래소에서 엄청난 성공을 거둔 경험 때문이었다!

주가 움직임을 보고 들어가는 나의 매매기법은 오직 사설거래소에서만 통하는 방법이었다. 증권시세표를 읽는 기술도 그곳에서만 먹혔다. 사설거래소에서는 호가판에 적힌 체결가를 보고 그 즉시 매수할 수 있었다. 사기 전에도 매수가격을 미리 정확하게 알 수 있었고, 원하면 언제라도 즉시 주식을 청산할 수 있었다. 그래서 발 빠르게 움직여 매매 차익을 챙길 수 있었다. 다시 말해 내 운때를 시험해보거나 즉각 손절할 수 있었다. 예를 들어 일시적으로 주가가 최소한 1포인트 이상 상승하겠다는 확신이 들면 구태여 욕심부리지 않고 증거금으로 1포인트를 걸고 순식간에 두 배로 불리거나, 적어도 0.5포인트 수익을 챙겼다. 하루에 100, 200주씩만 그렇게 거래한다 쳐도 한 달 수익이 얼마겠는가?

물론 문제점이 있기는 했다. 사설거래소는 거듭 큰 손실을 입고도 버틸 만큼 자금력이 탄탄해도, 주문을 받으려고 들지 않았다.

매번 승리를 따가는 사람을 고객으로 상대하려 하지 않았다.

여하튼 사설거래소에서는 적중했던 내 매매 시스템이 풀러턴 객장에서는 도통 먹혀들지 않았다. 거기서는 실제로 주식을 거래해야 했기 때문이다. 설탕주가 증권시세표에 105로 기록될 때 3포인트 하락을 점쳤다고 해보자. 증권시세 단말기에 체결가가 105로 표시되는 순간, 실제로 증권거래소에서는 104나 103에 거래될 수 있다. 게다가 풀러턴 직원이 설탕주 1000주를 매도하는 나의 주문을 체결할 무렵에는 가격이 더 내려갈 수 있다. 그래서 직원이 체결 내역서를 건네주기 전까지는 체결가를 알 길이 없다. 사설거래소에서라면 3000달러를 벌 수 있는 확실한 기회에서도 증권거래소에서는 단 한 푼도 건지지 못할 수 있다. 물론 극단적인 사례지만, 풀러턴 객장에 있는 증권시세 단말기에서 나오는 증권시세표는 항상 과거의 체결가라는 사실을 나는 까맣게 몰랐다.

게다가 내가 대량으로 매도 주문을 넣으면 주가를 압박해서 하락하도록 부추겼다. 사설거래소에서는 내가 체결하는 거래의 파장을 신경 쓸 필요가 없었다. 이처럼 게임의 규칙 자체가 달라졌으니, 뉴욕에서 패배할 수밖에 없었다. 내가 손실을 입은 이유는 뉴욕에 와서야 적법하게 매매했기 때문이 아니다. 내가 무지한 탓이었다. 증권시세표를 잘 읽는다는 평판을 얻었지만, 전문가처럼 치밀하게 판독해도 파산을 피할 수 없었다. 내가 장내거래인room trader, 자기 계정으로 거래하는 사람이었다면 큰돈을 쥘 수도 있었을 것이다. 그랬다면 트레이더들이 여럿 모여 있는 곳에서 눈앞의 현실에 걸맞게 내 매매 시스템을 즉각 수정했을 것이다. 하지만 매매 시스템을 수정한

들 지금처럼 대량으로 매매하면 주가에 미치는 파장이 커서 파멸을 앞당겼을지도 모른다.

간단히 말해 나에게 큰 가치가 있는 중요한 부분은 알고 있었지만, 주식투기라는 게임에 무지했다. 뭔가 좀 아는 지금의 나도 여전히 돈을 잃는데, 주식투기에 어리숙한 외부인이 이길 확률, 아니 현금을 쥘 확률이 얼마나 되겠는가?

이내 내 거래기법이 어딘가 잘못되었다는 걸 깨달았지만 문제가 무엇인지 정확하게 알 수 없었다. 물론 내 방식이 환상적으로 작동하던 시절이 있었다. 그러다 어느새 연거푸 먹통이 됐다. 내 나이 겨우 스물두 살이었다. 고집이 세서 내 결점을 알려고 하지 않았던 게 아니다. 그 나이라면 아무래도 견문이 부족하기 마련이다.

풀러턴 객장 직원들은 내게 친절했다. 여기서 내건 증거금 요건이 있어서 원하는 만큼 큰돈을 걸 수는 없었지만, A. R. 풀러턴은 물론 직원들도 무척 다정해서 6개월 동안 활기차게 매매를 이어갔다. 그러다 결국 뉴욕에 들고 온 자금과 여기서 번 돈을 모두 거덜내고 몇백 달러 빚까지 졌다.

처음으로 고향을 벗어난 철부지였던 나는 깡그리 파산하고 말았다. 하지만 문제는 내가 아니라 매매기법이란 걸 알고 있었다. 내 의견을 솔직히 밝히는지는 모르겠지만, 결코 주식시장에 대고 성질을 부린 적은 없다. 시장에 삿대질을 해봐야 얻을 건 하나도 없기에 절대 증권시세표에 반박하지 않는다.

얼른 다시 거래하고 싶어 안달이 난 나는 풀러턴을 찾아가서 이렇게 말했다.

“풀러턴 씨, 500달러만 빌려주세요.”

“어디에 쓰려고?” 풀러턴이 되물었다.

“돈이 좀 필요해서요.”

“그러니까 어디에 쓰려고?” 풀러턴이 재차 물었다.

“그야 증거금으로 쓰려고 그러죠.”

“500달러? 증거금으로 10퍼센트가 필요한 거 알잖아. 100주를 사려면 1000달러가 있어야 하는데, 차라리 신용거래를 하는 것이 나을 것 같기도⋯⋯.” 풀러턴이 미간을 찌푸리며 말했다.

“아니요. 여기서 신용거래는 하고 싶지 않아요. 이미 빚까지 있는 걸요. 그냥 500달러를 빌려주세요. 다른 곳에서 돈을 불려올 게요.”

“어떻게 할 생각인데?” 풀러턴이 물었다.

“다시 사설거래소에 가서 매매하려고요.”

“여기서 하면 되잖나?”

“아니요. 아직은 여기서 수익을 낼 자신이 없어요. 하지만 사설거래소에 가면 확실히 돈을 벌 수 있어요. 거기서 벌어지는 게임이라면 잘 아니까요. 여기서는 왜 먹히지 않았는지 이제 좀 알겠어요.”

풀러턴이 빌려준 돈을 들고 풀러턴 증권사 객장을 나왔다. 그곳에서 '사설거래소 말썽꾸러기'라고 불렸던 내가 몽땅 날리고 나왔다. 고향에 있는 사설거래소는 나를 받아주지 않을 테니 그곳으로 돌아갈 수는 없었다. 그 무렵 뉴욕에는 이미 사설거래소가 자취를 감추고 없었으므로 거기로 갈 수도 없었다. 1890년대에는 브로드 스트리트와 뉴스트리트에 사설거래소가 차고 넘쳤다고 들었는데, 내가 찾을 땐 모두 사라진 뒤였다. 한참 고민한 끝에 세인트루이스로 가기로 결심했다. 중서부 전역을 아우르며 사업을 벌이는 대형 회사가 두 곳 있다고 들었기 때문이다. 수익 규모가 엄청난 모양이었다. 도심 곳곳에 지점이 수십 군데인 데다, 사업 규모로 보면 동부 지역에서 따라올 회사가 없다고 했다. 사업이 성황을 누리고 있고, 알 만한 상류층 인사들도 거리낌 없이 거기서 거래한다고도 했다. 들리는 얘기로는 업체 한 곳 소유주가 지역 상공회의소 부회장인데, 세인트루이스에서는 있을 수 없는 일이었다. 여하튼 500달러를 들고 그곳으로 찾아갔다. 뉴욕증권거래소 회원사인 풀러턴에서 쓸 증거금을 마련해서 돌아갈 생각이었다.

세인트루이스에 도착해서 호텔에 짐을 푼 다음 간단히 씻고 사설거래소를 찾아 나섰다. 한 군데는 J. G. 돌란사였고, 또 한 군데는 H. S. 텔러사였다. 이길 자신이 있었지만, 신중하고 안전하고 보수적으로 매매할 참이었다. 걱정거리가 하나 있었는데, 누군가 나를 알아보고 고자질하면 어쩌나 싶었다. 전국에 있는 사설거래소에 '꼬마 투기꾼' 소문이 이미 쫙 퍼져 있었기 때문이다. 사설거래소에는 도박장처럼 타짜들에 얽힌 온갖 소문이 난무하기 마련이었다.

돌란사가 텔러사보다 호텔에서 더 가까웠다. 딴 데 가라는 소리를 듣기 전에 단 며칠이라도 거래할 수 있기를 바라며 돌란사를 먼저 방문했다. 객장에 들어서니 눈앞에 엄청난 광경이 펼쳐졌다. 실내가 굉장히 넓었고, 호가판을 열심히 들여다보는 사람이 적어도 200명은 되었다. 이렇게 많은 사람 틈에서는 내 정체가 들통날 확률이 낮았기 때문에 내심 마음이 놓였다. 가만히 서서 첫 거래할 주식을 찾으며 호가판을 찬찬히 훑어보았다.

주위를 둘러보니 주문 창구에서 직원이 돈을 받고 전표를 건네고 있었다. 마침 눈이 마주치길래 다가가서 물었다.

"여기서 밀과 면화도 거래할 수 있나요?"

"물론이지, 젊은이."

"그럼 주식도 살 수 있나요?"

"돈만 있다면야 당연하지." 직원이 말했다.

"돈이라면 있지요." 나는 아이처럼 우쭐대며 말했다.

"정말? 정말로 돈이 있다고?" 싱긋이 웃으며 직원이 말했다.

"100달러로는 주식을 얼마나 살 수 있죠?" 나는 심술이 나서 물었다.

"100달러라면 100주를 살 수 있지."

"100달러야 있죠. 200달러도 있고요."

"오, 이런!"

"200주 살게요." 나는 무뚝뚝하게 말했다.

"200달러로 어떤 주식을 살 건데?" 이제 거래가 시작된 참이므로 직원은 진지하게 물었다.

나는 신중하게 고민하는 척 다시 한번 호가판을 쳐다보고 말했다.

"오마하 200주요."

"좋아!" 직원은 돈을 받아 들고 전표를 작성하기 시작했다.

"자네 이름이 뭐지?"

"호러스 켄트요."

직원에게 전표를 건네받고 사람들 틈에 앉아서 돈뭉치가 불어나기를 기다렸다. 부지런히 움직여서 그날 거래를 몇 건 했다. 다음 날도 마찬가지로 거래해서 이틀 만에 2800달러를 벌었다. 그곳에서 한 주가 지나가도록 나를 그냥 내버려두기만을 바랐다. 이런 속도로만 나간다면 수익이 썩 나쁘지 않을 것도 같았다. 그렇게 다른 회사도 습격할 수 있기를 빌었다. 비슷하게 운이 따라준다면 돈뭉치를 들고 뉴욕으로 돌아가서 뭐든 할 수 있을 것 같았다.

사흘째 되던 날 아침에 B. R. T. 주식을 500주 매수하려고 쑥스러운 표정을 지으며 창구로 갔더니, 직원이 이렇게 말했다.

"켄트 군, 사장님이 좀 보자고 하시는데."

그 말을 듣는 순간 이제 게임은 끝났구나 싶었지만, 시치미 뚝 떼고 이렇게 물었다.

"왜 보자는 거예요?"

"나야 모르지."

"어디 계시는데요?"

"개인 사무실에. 저쪽으로 들어가봐." 직원이 문을 가리키며 말했다.

안으로 들어서자 책상 앞에 앉아 있던 돌란이 나를 향해 의자를 돌리며 말했다.

"앉게나, 리빙스턴."

돌란이 의자를 가리키며 내 이름을 불렀을 때 내 희망은 산산조각이 났다. 내 정체를 어떻게 알아냈는지 확실치 않지만, 호텔 숙박부를 뒤졌을 수도 있다.

"왜 보자고 하셨어요?"

"리빙스턴, 내 말 잘 듣게나. 자네에게 감정이 있는 건 아니야, 알겠지?"

"무슨 말씀인지 잘 모르겠는데요."

돌란이 회전의자에서 일어났는데, 덩치가 엄청나게 컸다.

"이리 와보게, 리빙스턴." 돌란이 문 쪽으로 걸어가서 문을 활짝 열더니 커다란 객장에 있는 고객들을 가리키며 말했다.

"저들이 보이지?"

"대체 누구요?"

"저 사람들, 저들을 보란 말이야, 리빙스턴. 300명이나 된다고, 호구가! 저들이 나와 내 가족을 먹여 살리는 판인데, 네 녀석이 단 이틀 만에 저 300명한테서 내가 2주 동안 벌어들인 것보다 더 많은 돈을 채갔어. 이러면 수지가 안 맞아. 장사가 안 된다고, 리빙스턴! 자네에게 나쁜 감정은 없네. 지금까지 번 돈은 그냥 가져가게. 하지만 더는 안 돼. 여기서는 이제 안 되네."

"그래도 전……."

"그만! 그저께 낮에 네 녀석이 걸어들어올 때부터 맘에 들지 않았어. 단번에 선수라는 걸 알았거든. 그래서 저기 저 멍청이를 불렀지." 돌란이 죄를 지은 표정으로 서 있는 직원을 가리키며 말했다. "네 녀석이 뭘 하는지 물었더니 뭐라 뭐라 대답하기에 내가 이렇게 말했어. '난 저 녀석이 마음에 들지 않아. 선수 냄새가 나거든.' 그랬더니 저 역겨운 놈이 이러는 거야. '선수라니요, 보스! 제 눈을 한번 믿어보시죠. 저 녀석 이름이 호러스 켄트인데 어른 행세하는 애송이입니다. 걱정하지 마세요!' 그래서 한번 잘 다뤄보라고 내버려뒀더니만, 저 빌어먹을 멍청이 때문에 2800달러나 손해를 봤어. 리빙스턴, 내가 배 아파서 이러는 건 아니야. 하지만 내 금고를 열 마음이 추호도 없어."

"있잖아요, 그게……."

내가 입을 열자 돌란이 말을 가로챘다.

"내 말 잘 들어, 리빙스턴. 네 녀석 소문은 이미 다 들었어. 나는 저 호구들한테 푼돈을 뜯어서 사업하는 사람이야. 그러니 여기서 더 얼쩡거릴 생각은 하지도 말아. 나는 지금 신사답게 이 문제를 해결하려는 거네. 지금까지 번 돈은 가져가도 좋아. 하지만 네 녀석을 더 내버려뒀다가는 내가 호구가 될 판이야. 네 정체가 다 들통났으니 여기서 아장아장 걸어 나가거라, 이 꼬마야!"

나는 돌란의 객장에서 벌어들인 2800달러를 들고 그곳을 나왔다. 같은 구역에 텔러의 객장이 있었다. 텔러가 도박장을 여럿 운영하는 큰 부자로 알려져 있었기에, 곧바로 그가 운영하는 사설거래소에 가기로 마음먹었다. 하지만 적당히 시작해서 1000주까지 매매 규모를 키워가는 게 나을지, 아니면 하루를 넘기지 못할 테니 처음부터 대량으로 뛰어드는 것이 현명할지 고심했다. 사설거래소는 돈을 잃으면 굉장히 대처가 빠르다. 주당 4, 5포인트 수익은 올릴 자신이 있었기에 나는 B. R. T. 주식 1000주를 매수하고 싶었다. 하지만 그곳에서 의심을 사거나 해당 주식을 매수하는 고객이 많으면 내게 기회가 돌아오지 않을 게 뻔했다. 물량을 나눠서 처음에 소규모로 시작하는 것이 좋을 성싶었다.

텔러의 객장은 돌란만큼 넓지 않았지만, 집기가 더 근사했고 고객들도 더 부유층으로 보였다. 나한테 딱 맞는 곳이다 싶어서, B.

R. T. 주식을 매수하기로 마음먹고 적당한 창구로 다가가 물었다. "B. R. T. 주식을 사고 싶은데 거래 한도가 얼마나 되죠?"

"한도는 없습니다." 직원이 말했다. "돈만 있으면 얼마든지 매수할 수 있어요."

"그럼 1500주 살게요." 이렇게 말하고 주머니에서 돈뭉치를 꺼내는 동안, 직원은 전표를 쓰기 시작했다. 그때 붉은 머리 사내가 직원을 계산대에서 밀쳐내고 몸을 수그리며 말했다. "이봐, 리빙스턴, 돌란으로 꺼져. 너하고는 거래 안 해."

"전표를 받을 때까지 잠시만 기다려요. 방금 B. R. T. 주식을 샀으니까." 내가 되받아쳤다.

"너한테 줄 전표는 없어." 사내가 대꾸했다. 이제는 다른 직원들까지 사내 뒤쪽으로 몰려와 나를 빤히 쳐다봤다. "다시는 여기 오지 마. 너랑은 거래 안 해. 알아들었지?"

화를 내고 실랑이해봤자 아무 소용없기에 호텔로 돌아와서 계산을 치르고 뉴욕행 첫 기차에 올랐다. 기가 찼다. 돈을 좀 벌어보고 싶었는데, 텔러에서는 거래를 한 건도 못 했다.

뉴욕으로 돌아와서 풀러턴에게 빌린 500달러를 갚고 세인트루이스에서 번 돈으로 다시 주식을 거래하기 시작했다. 여전히 돈을 벌기도 하고 잃기도 했지만, 본전치기보다는 나았다. 내 매매방식에서 고쳐야 할 허점이 많지는 않았다. 다만 풀러턴 객장에 매매하러 오기 전에 터득했던 점보다 훨씬 많은 부분이 주식투자라는 게임에 얽혀 있다는 사실을 깨달았다. 나는 일요일판 신문 부록에 실린 십자말풀이를 즐기는 퍼즐광이나 마찬가지였다. 퍼즐광은 십자

말풀이를 다 맞출 때까지 만족하지 않는다. 나는 나만의 퍼즐을 풀 해법을 찾고 있었다. 그때는 사설거래소에서 찾았다고 생각했는데, 착각이었다.

뉴욕으로 돌아오고 두 달쯤 지났을 때, 노신사가 풀러턴 객장을 찾아왔다. 맥데빗이라는 사람인데, 풀러턴과는 잘 아는 사이였다. 예전에 두 사람이 경주마 몇 필을 공동 소유했다는 얘기도 들었다. 한때 잘나갔던 사람인 게 분명했다. 맥데빗은 나와 첫인사를 나누는 자리에서 서부 지역의 경마 사기꾼들 이야기를 늘어놓았다. 들어보니, 세인트루이스에서 사기꾼들이 불법 경마로 톡톡히 재미를 보았는데, 도박장 주인 이름이 텔러라고 했다.

"어떤 텔러요?" 내가 물었다.

"하이 텔러. H. S. 텔러라네."

"그 작자, 저도 알죠."

"좋은 사람이 아닐 텐데." 맥데빗이 말했다.

"좋지 않은 정도가 아니라 아주 치 떨리는 인간이죠. 저도 그 작자하고 해결할 일이 있어요."

"어떻게 말인가?"

"되갚아주려면 그놈들 지갑을 터는 수밖에 없죠. 세인트루이스에서는 건드리지도 못했지만, 언젠가는 기필코 본때를 보여줄 겁니다." 그러고는 텔러에게 당한 수모를 맥데빗에게 털어놓았다.

"그런 일이 있었군." 맥데빗이 말을 이어갔다. "텔러가 여기 뉴욕에도 발을 들여놓으려다가 잘 안 되어서 호보컨에 사업장을 열었지. 그곳은 거래 금액에 제한이 없어서 돈다발이 지브롤터 바위산만큼

매일같이 매매하는 짓보다 어리석은 일은 없다

쌓였는데 그 쥐새끼 같은 녀석이 다 챙겼다고 소문이 자자해.”

“뭐 하는 곳인데요?” 나는 맥데빗이 말하는 사업장이 말 그대로 도박장인 줄 알았다.

“사설거래소야.” 맥데빗이 대꾸했다.

“정말요? 문을 연 게 확실해요?”

“아마 그럴거야. 여러 사람에게 들었으니까.”

“그건 그냥 소문일 수 있잖아요.” 내가 말을 이었다. “저들이 지금도 사설거래소를 운영하는지, 거래 한도는 어떻게 되는지 확실히 알아볼 수 있을까요?”

“그러지. 내일 오전에 직접 가보고 와서 바로 알려주겠네.” 맥데빗이 선뜻 말했고, 약속을 지켰다.

텔러는 사업체를 크게 굴리면서, 돈이란 돈은 다 쓸어가는 모양이었다. 그날은 금요일이었다. 20년 전 일이지만 기억난다. 일주일 내내 시장이 상승세를 이어갔기 때문에, 토요일이면 은행 잉여 준비금이 대폭으로 줄어들 게 뻔했다. 다시 말해 자금을 대규모로 운용하는 장내거래인들이 시장에 뛰어들어 소규모 계정을 쓸어갈 여건이 무르익은 상황이었다. 장 마감을 30분 정도 앞두고는 으레 반등이 일어나는데, 특히 일반인들이 활발하게 거래하는 대중주들의 반등이 두드러진다. 물론 이런 대중주는 텔러의 고객들이 대량으로 사들일 테고, 여기서 공매도하는 물량이 나온다면 텔러 처지에서는 환영할 일이었다. 주가가 오르건 내리건 호구를 등쳐먹기에 더할 나위 없이 좋았다. 1포인트 증거금을 건 얼간이들의 호주머니를 털기보다 쉬운 일은 없다.

다음 날 토요일 오전에 나는 텔러가 운영하는 호보컨 객장으로 서둘러 갔다. 널따란 객장에는 근사한 호가판이 있었고, 직원들은 모두 자리를 지키고 있었다. 회색 제복을 입은 청원경찰 한 명과 고객 25명가량이 있었다.

직원이 도와줄 일이 있는지 묻기에 나는 없다고 대답했다. 그러고는 경마가 승률도 좋고 밑천을 모두 걸 수 있어 단 몇 분 만에 수천 달러를 벌 수 있으니 며칠 기다려서 푼 돈이나 만지는 주식보다 낫지 않겠냐고 운을 떼봤다. 그러자 직원은 주식시장이 돈을 벌기에 얼마나 안전한 곳이며, 고객 몇몇이 얼마나 많은 수익을 올렸는지 설명을 늘어놓기 시작했다. 누가 보면 거래소에서 실제로 주식을 사고파는 정식 중개인인 줄 알 정도였다. 게다가 대규모로 거래하기만 하면 누구나 만족할 만큼 충분히 벌 수 있다고도 했다. 아마도 내가 경마 도박장을 찾는 줄 안 모양이었다. 눈앞에서 조랑말들이 내 돈다발을 갉아먹기 전에 나를 거덜 내고 싶었는지, 토요일에는 주식시장이 12시에 마감하니 서두르라고 재촉했다. 그래야 오후 내내 다른 일을 볼 수 있고, 적당한 주식을 고르면 한 밑천 잡아서 경마장에 갈 수 있다고도 덧붙였다.

내가 못 믿겠다는 표정으로 쳐다보자 직원은 계속 부추겼다. 시계를 보니 오전 11시 15분이었다. "좋아요." 나는 이렇게 말하고 여러 주식에 공매도 주문을 넣었다. 증거금으로 현금 2000달러도 건넸더니, 직원이 무척 들떠서 받았다. 내게 큰돈을 벌 수 있을 테니 자주 볼 수 있기를 바란다는 말도 잊지 않았다.

곧 시장은 내 예상대로 움직였다. 트레이더들은 가장 크게 하락할 만한 주식을 골라 주가를 떨어뜨렸는데, 과연 주가가 쭉 미끄러져 내려갔다. 으레 트레이더들이 환매에 나서면서 장 마감 5분 동안 반등이 일어나는데, 나는 그전에 공매도한 주식을 정리했다.

계산해보니 5100달러가 들어올 참이라, 나는 현금으로 교환하기 위해 출납 창구로 갔다.

"또 보니 반갑네요." 좀 전에 이야기를 나눈 직원에게 전표를 건네며 말했다.

"지금은 돈을 다 못 줘요. 시장이 그렇게 강하게 반등할 줄 몰랐거든요. 월요일 아침에는 꼭 줄게요." 직원이 사정사정했다.

"좋아요. 대신 지금 있는 현금이라도 다 주세요."

"거래 규모가 작은 고객들 돈부터 지불할 수 있게 양보해줘요." 직원이 말을 이어갔다. "원금에다 남은 돈까지 최대한 맞춰줄게요. 다른 전표들을 처리하는 동안 기다려줘요."

그래서 직원이 돈을 딴 사람들에게 돈을 정산해주는 동안 옆에 서서 기다렸다. 물론 나는 내 돈이 안전하겠거니 생각했다. 이렇게 돈벌이가 잘되는데 텔러가 돈을 떼먹는 일은 없을 테니까 말이다. 설사 그런 일이 생긴다고 해도 지점에 있는 현금을 다 가져가는 수밖에 없지 않은가? 그날 내 원금 2000달러에다 지점에 있던 현금 800달러가량을 모두 챙겼다. 직원에게 월요일 오전에 나머지 돈을 찾으러 오겠다고 했더니, 직원은 꼭 준비해놓겠다고 맹세했다.

월요일 오전 12시가 조금 못 되었을 때 호보컨에 도착했다. 지점에 들어섰더니, 예전에 세인트루이스에서 텔러가 내게 돌란 객장으로 돌아가라고 으름장을 놓았을 때 본 적 있는 사내가 직원과 이야기를 나누고 있었다. 딱 보니, 직원이 전보를 쳐서 토요일 사건을 보고했고, 본사에서 경위를 조사하려고 그 사내를 파견한 게 분명했다. 사기꾼은 아무도 믿지 않으니까 말이다.

"남은 돈 찾으러 왔어요." 내가 직원에게 말했다.

"이 작자야?" 세인트루이스에서 온 사내가 물었다.

"네." 직원이 이렇게 대꾸하고 주머니에서 노란 돈뭉치를 꺼냈다.

"잠깐!" 세인트루이스에서 온 사내가 직원을 가로막고선 나를 향해 돌아섰다. "이봐, 리빙스턴. 너하고는 거래하지 않겠다고 한 말, 잊었어?"

"내 돈부터 줘요." 내가 이렇게 말하자, 직원이 500달러짜리 네 뭉치와 300달러를 건네줬다.

"방금 뭐라고 했죠?" 내가 세인트루이스에서 온 사내에게 물었다.

"우리 객장에서 너는 매매할 수 없다고 했잖아."

"아, 그랬죠. 그래서 여기로 왔잖아요." 내가 대꾸했다.

"다시는 여기서 알짱거리지 말고, 빨리 꺼져!" 세인트루이스에서 온 사내가 소리치자, 회색 제복을 입은 청원경찰이 다가왔다. 사내가 직원에게 주먹을 휘두르며 윽박질렀다.

"이 멍청아, 뭘 좀 알고 거래했어야지. 저놈이 바로 리빙스턴야. 지시했는데 못 들었어?"

"이봐요." 세인트루이스에서 온 사내에게 내가 말했다. "여기는 세인트루이스가 아니에요. 당신 보스가 부둣가 소년들에게나 써먹던 수법으로는 여기서 재미 보기 힘들어요."

"이 객장에서 당장 나가! 너는 여기서 절대 거래 못 해!" 사내가

가 날카롭게 소리쳤다.

"여기서 내가 거래를 못 하면 아무도 여기서 거래하지 않을걸요. 여기서는 그런 수법이 안 통한다고요." 내가 되받아쳤다.

그러자 세인트루이스에서 온 사내가 재깍 말투를 바꿨다.

"리빙스턴." 사내가 안달복달하며 말을 이어갔다. "좀 봐줘야 할 것 아냐. 생각 좀 해보라고! 매일 이런 식이면 우린 어떻게 장사해. 여기서 자네가 이런 일 벌인 거 알면 노인네가 흥분해서 길길이 날 뛸 거야. 제발 우리 사정 좀 봐줘, 리빙스턴!"

"앞으론 살살 할게요." 내가 약속했다.

"고집 부리지 말고 제발 다른 데 가. 우리가 여기서 좋게 좋게 출발할 수 있게 해줘. 우리 여기서 이제 막 시작했어. 알아 듣지?"

"다음에 올 땐 지금처럼 윽박지르지 마세요." 이렇게 말하고는 직원에게 득달같이 퍼부어대는 사내를 뒤로 하고 객장을 나왔다. 이렇게나마 몇 푼 가로채서 세인트루이스에서 당한 치욕을 갚아줬다. 화를 내거나 객장 문을 닫게 해봤자 별 의미 없는 일이었다. 풀러턴 객장으로 돌아와서 맥데빗에게 호보컨에서 있었던 일을 들려줬다. 그리고 괜찮다면 텔러의 지점에 가서 평소처럼 20에서 30주 단위로 매매를 시작하면 어떻겠냐고 제안했다. 그러다가 한몫 잡을 기회가 생기면 전화로 알려줄 테니 그때 크게 하라고 했다.

나는 맥데빗에게 1000달러를 찔러줬다. 맥데빗은 그 돈을 들고 호보컨으로 가서 내 말대로 주식을 거래하며 단골이 되었다. 그러던 어느 날 시장이 조만간 급락할 조짐이 보여 맥데빗에게 일러줬다. 맥데빗은 가능한 한도까지 죄다 공매도했다. 그날 비용을 지불하고 맥데빗 몫까지 챙겨주고도 2800달러 수익을 올렸다. 맥데빗은 본인 계좌로도 매매를 해서 이익을 남긴 것 같았다. 그뒤로 채한 달도 지나지 않아 텔러는 호보컨 지점을 닫았다. 경찰이 단속을 강화했기 때문이다. 어차피 호보컨 지점은 그렇게 장사가 잘되지도 않았다. 나는 거기서 두 번밖에 거래를 못 했지만 말이다. 그 무렵 주식시장이 초강세로 들어섰기 때문에 누구나 주식을 매수하면 돈을 벌 수 있었고, 계속 매수를 늘려갔다. 주가 변동도 크지 않아서 1포인트 증거금도 털어가기 어려웠던 사설거래소는 결국 전국 곳곳에서 수두룩하게 파산했다.

사설거래소의 게임 규칙은 계속 바뀌었다. 명성 있는 증권사에서 거래할 때보다 구식 사설거래소에서 매매하면 분명 유리한 점도 있었다. 우선 증거금이 바닥나면 고객에게 추가증거금을 요구하지 않고 바로 거래를 자동 청산한다는 장점이 있었다. 사실 이만한 손절매 방법은 없었다. 그래서 사설거래소를 이용하면 고객이 증거금보다 더 많은 손실을 낼 위험은 없었다. 게다가 주문 체결이 지연될 일도 없었다.

듣자 하니 뉴욕에 있는 사설거래소에서는 서부 지역만큼 단골들도 자유롭게 거래하지 못한다고 한다. 뉴욕의 사설거래소들은 고객이 특정 주식에서 올릴 수 있는 수익을 2포인트로 제한했다. 설탕주, 테네시 석탄 및 강철주가 대표적이었다. 설령 이들 주가가 10분만에 10포인트나 움직여도 고객은 전표 한 장에 2포인트밖에 벌지 못했다. 이렇게 하지 않으면 고객이 너무 큰돈을 따간다고 생각했다. 1달러 손해 보는 대신 10달러 수익을 올릴 수 있기 때문이었다.

게다가 한때 초대형 거래소를 포함해서 모든 사설거래소가 특정 주식의 고객 주문을 아예 받지 않은 적도 있다. 1900년 대통령 선거가 있기 전날 매킨리의 승리가 예상되자, 전국의 모든 사설거래소가 고객의 매수 주문을 받지 않았다. 선거에서 매킨리가 당선될 가능성이 3 대 1로 앞섰기에, 월요일에 주식을 사면 주당 3에서 6포인트, 아니 그 이상도 수익을 올릴 수 있는 상황이었다.

사설거래소가 나를 거부하지 않았던들 내가 먼저 발길을 끊는 일은 없었을 것이다. 만일 사설거래소에서 계속 거래했더라면 단순히 몇 포인트 등락을 이용해 수익을 올리는 것 이상의 무언가가 주식투기라는 게임에 있다는 사실을 결코 깨닫지 못했을 테다.

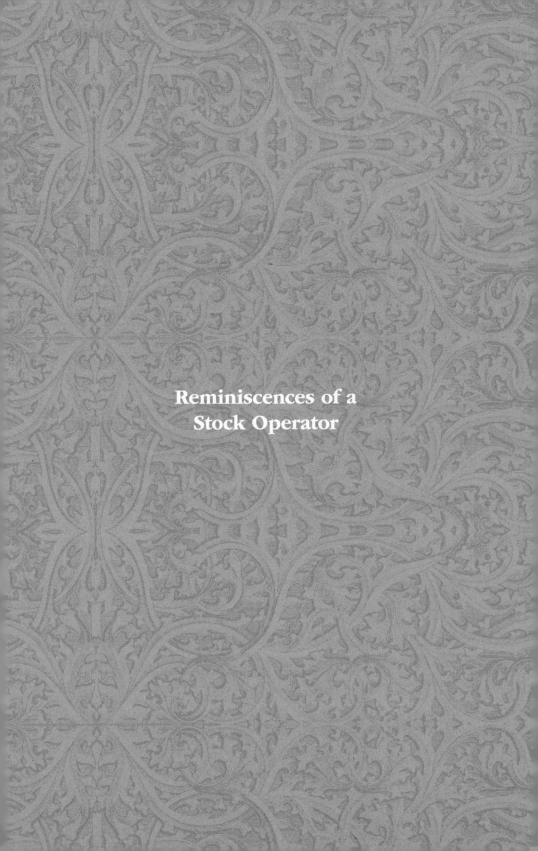

Reminiscences of a
Stock Operator

초단타매매로
승부하다

실수를 할 때마다 어김없이 교훈을 얻으려면 오랜 시간이 걸린다. 모든 세상사에는 양면이 있다고들 한다. 하지만 주식시장에는 오직 한 면만 존재한다. 바로 강세장도 약세장도 아니고 예상이 옳은 면이다. 나는 주식투기라는 게임의 고급 기술보다 그런 일반 원칙을 마음에 새기는 데 훨씬 오랜 시간이 걸렸다.

가상으로 주식을 매매해서 상상으로 돈을 벌어들이고는 자신의 판단이 옳았다며 즐거워하는 사람들 이야기를 종종 듣는다. 이런 망상에 빠진 투기꾼들이 이따금 수백만 달러를 벌기도 한다. 그러다 보면 노름꾼이 되기는 참 쉽다. 옛부터 전해 내려오는 이 사내 이야기처럼 말이다. 사내는 다음 날 결투를 벌일 참이다.

결투 입회인이 사내에게 묻는다. "총은 잘 쏘냐?"

"글쎄요. 스무 걸음 밖에서 와인 잔 손잡이를 맞출 수는 있지요." 결투에 나선 남자가 겸손하게 대답한다.

"쓸만 하군." 입회인이 시큰둥하게 말한다. "그렇다면 총알이 장전된 총을 자네 심장에 겨누고 있을 때도 와인 잔 손잡이를 맞출 수 있나?"

나는 돈을 걸어서 내 판단이 옳고 그른지를 증명해야 했다. 그렇게 돈을 잃어가면서 배웠다. 물러설 필요가 없다고 확신할 때까지는 앞으로 나아가서는 안 된다는 점을 말이다. 앞으로 나아갈 수 없을 때는 꿈쩍도 하지 않았다. 그렇다고 예상이 빗나갔는데도 손절하지 말라는 얘기는 아니다. 손실은 반드시 조절해야 하지만, 그 때문에 판단력이 흐려져서는 안 된다는 말이다. 나는 지금껏 살아오면서 실수를 거듭해왔다. 돈을 잃어가며 경험을 쌓았고, 해서는 안 되는 일을 꾸준히 터득했다. 파산도 여러 번 해봤지만, 손실을 냈다고 다 잃은 건 아니었다. 만일 그러지 못했다면 지금의 나는 없었을 것이다. 항상 기회는 또 온다고 믿었고 같은 실수를 반복하지 않겠다고 다짐했다. 그렇게 나는 나 자신을 믿었다.

주식시장에서 전업 투자자로 살아남으려면 자신과 자신의 판단을 믿어야 한다. 그래서 나는 이른바 '비밀정보'를 믿지 않는다. 만일 스미스라는 사람이 주는 비밀정보를 믿고 주식을 매수하면 매도할 때도 스미스에게 정보를 얻어야 한다. 그렇게 그 사람에게 의존하는 처지가 된다. 매도 시기가 다가왔다는 예감이 드는데 스미스가 휴가를 가버린다면 어떻게 할 텐가? 다른 사람 말대로 해서는 큰돈을 벌 수 없다. 내가 경험해보니 내가 직접 판단할 때보다 더 많은 돈을 벌 수 있는 비밀정보를 연거푸 줄 수 있는 사람은 아무도 없었다. 내 판단이 옳았을 때도 큰돈을 벌 만큼 지혜롭게 게임하기까지 5년이라는 시간이 걸렸다.

내가 짜릿한 경험을 많이 했을 거라고 짐작할 테지만, 그렇지 않다. 이만큼 떨어져서 보면 투기하는 방법을 배우는 과정이 그렇게 흥미롭지만은 않았다. 몇 차례나 빈털털이가 되었는데, 결코 유쾌한 경험은 아니다. 하지만 월가에서는 누구나 나처럼 돈을 잃는다. 투기는 힘들고 어려운 사업이다. 그래서 투기꾼은 늘 바짝 집중해야 한다. 그렇지 않으면 곧 일자리에서 떨려난다.

내가 할 일은 아주 간단했다. 풀러턴의 객장에서 거래하던 초창기에 실패를 겪은 뒤로 깨달았어야 했다. 그때까지와는 다른 시각에서 투기를 바라봐야 한다는 점을 말이다. 사설거래소에서 배울수 있는 것보다 더 많은 부분이 주식 게임에 얽혀 있다는 사실을 그때는 몰랐다. 주식 게임에서 승리를 거둔 줄 알았는데, 내가 이긴 대상은 사설거래소였다. 물론 사설거래소에서 거래하며 갈고닦은 증권시세표 판독력과 기억력은 매우 소중한 자산이다. 이 두 능력 다 힘들이지 않고 터득할 수 있었다. 트레이더로서 초창기에는 아직 사고체계가 단련되지 않은 데다 무지했기에, 두뇌나 지식이 아니라 이 두 능력 덕분에 그 시절 성공을 거둘 수 있었다. 주식투기라는 게임이 나에게 게임을 가르친 셈인데, 그러는 동안 게임은 나에게 회초리를 아끼지 않았다.

지금도 여전히 뉴욕에서 보낸 첫날을 생생히 기억한다. 사설거래소에서 어떤 식으로 거래를 거절당하고 평판 좋은 증권사를 찾게 되었는지는 앞서 이야기한 대로다. 첫 직장의 옛 동료 하나가 뉴욕증권거래소 회원사인 하딩브러더스에서 일하고 있었다. 나는 아침에 뉴욕에 도착해서 오후 1시가 되기도 전에 계좌를 개설하고 거래할 준비를 마쳤다.

하딩브러더스에서 거래할 때도 사설거래소에서 했던 방식 그대로 작더라도 확실한 움직임을 포착해서 주가 변동에 돈을 걸었다. 나로서는 당연한 일이었다. 사설거래소와 이곳의 매매방식이 근본적으로 다르다고 알려주거나 내 방식을 바로잡아주는 사람은 없었다. 사실 누군가 내 기법이 먹히지 않을 거라고 일러줬더라도 나는 직접 시험해보고 나서야 수긍했을 것이다. 진짜로 돈을 잃어야 내가 틀렸다고 납득할 수 있다. 반대로 돈을 벌면 내 판단이 옳다는 증거다. 이것이 바로 투기다.

생기가 넘치던 시절이고 시장도 활기차게 돌아갔다. 그런 분위기에서는 누구나 들뜨기 마련이다. 나는 그 안에서 내 집처럼 편안함을 느꼈다. 거기에는 낯익은 호가판이 있었고, 내가 열다섯 살도 되기 전부터 배워온 용어가 흘러 다녔다. 한 어린 사환이 내가 첫 직장에서 하던 일을 처리하고 있었다. 고객들도 예전과 다름없이 끼리끼리 모여 호가판에 적힌 시세를 들여다보거나 증권시세 단말기 옆에 서서 주가를 외쳐대며 시장 이야기를 나눴다. 그곳 장비도 내가 잘 아는 유형이었다. 객장 분위기도 처음 벌링턴 철도회사 주식을 거래해서 3.12달러 수익을 올리고 안도의 한숨을 내쉬었던 그때 분위기 그대로였다. 증권시세 단말기도 같은 유형에 트레이더도 같은 부류니, 당연히 게임도 같은 방식이었다. 나는 이 게임을 속속들이 안다고 생각했다. 왜 아니겠는가? 내 나이 겨우 스물두 살이었다.

호가판을 주시하다가 괜찮아 보이는 종목을 발견했다. 주가 움직임이 좋아 보였다. 재깍 100주를 84에 사서 채 30분도 안 되어 85에 팔았다. 마음에 드는 종목을 또 발견했고 같은 방법으로 거래해서, 단시간에 0.75포인트 순수익을 올렸다. 시작 치고는 꽤 괜찮지 않은가?

이제 여기서 주목하시라! 이름 있는 정식 회원사의 고객이 된 첫날, 나는 단 두 시간 동안 뻔질나게 드나들며 1100주를 거래했다. 계산해봤더니 그날 정확히 1100달러를 잃었다. 다시 말하면 첫날 거래에서 투자금의 절반을 날렸다. 더러 수익을 낸 거래도 있었지만, 결국 1100달러 손실을 입고 그날을 마감했다.

나한테는 아무 문제 없어 보였기에 걱정하지 않았다. 내가 둔 수는 그럭저럭 괜찮았고, 예전처럼 코스모폴리탄 사설거래소에서 거래했더라면 본전치기보다 나은 수익을 올렸을 것이다. 그런데 저 기계, 증권시세 단말기가 예전 같지 않았다. 날아간 1100달러가 똑똑히 말해주었다. 하지만 기계가 제대로 작동하기만 한다면 마음 졸일 필요는 없었다. 스물두 살에 뭘 좀 모른다고 약점이 되겠는가.

며칠 후 나는 혼자 중얼거렸다. "여기서 이런 식으로 거래하면 안 되겠어. 증권시세 단말기가 생각만큼 도움이 안 돼!" 그러면서도 나는 원인을 밝히려고 들지 않고 그냥 흘려 넘겼다. 그렇게 계속 거래하면서 벌기도 하고 잃기도 하다가 끝내 빈털터리가 되었다. 결국 풀러턴에게 가서 종잣돈 500달러를 빌렸다. 그리고 앞서 말했다시피 세인트루이스에 있는 사설거래소에 가서 돈을 벌어 돌아왔다. 거기서는 게임을 했다 하면 이겼으니까.

그뒤로 한동안은 예전보다 훨씬 신중하게 거래했고 성과도 좋았다. 주머니 사정이 좋아지니 씀씀이가 커지기 시작했다. 친구들도 사귀며 흥겨운 시간을 보냈다. 그때 내 나이가 스물세 살도 채 안 되었다는 사실을 잊지 말기 바란다. 뉴욕에서 혼자 사는데 주머니에는 쉽게 번 돈이 수북했다. 그러는 사이 내 마음속에는 그 새로운 기계를 이해하기 시작했다는 믿음이 싹텄다.

나는 주문이 거래소 객장에서 실제로 체결되는 시점을 고려해서 더욱 신중하게 거래했다. 하지만 여전히 증권시세표에 집착하면서 여러 일반 원칙을 무시했다. 그러니 내 매매기법의 문제가 뭔지 정확히 파악할 수 없었다.

1901년 초호황기로 들어서면서, 나는 어린 나이에 상당히 큰 돈을 벌었다. 그 시절을 기억하는가? 미국이 누리는 역사상 초유의 번영기였다. 과거의 모든 것을 갈아치울 만큼 활발하게 기업이 합병하고 자본이 결합했다. 대중은 미친 듯이 주식시장으로 몰려들었다. 내가 듣기로 그전까지는 호황기에 월가에서 25만 주, 액면가로 2500만 달러의 증권이 하루에 거래되었다고 한다. 하지만 1901년에는 일간 평균 거래량이 300만 주에 달했고, 시장에 참여하면 누구나 돈을 벌 수 있었다. 특히 철강업계에서 백만장자들이 나타나 술 취한 뱃사람처럼 돈을 흥청망청 뿌려댔다. 그들을 만족시킬 수 있는 게임은 주식뿐이었다. 주식시장에는 여태껏 볼 수 없던 거물들이 등장했다. 바로 '100만 달러를 건 사나이'로 이름을 날린 존 W. 게이츠와 그의 친구들인 존 A. 드레이크, 로열 스미스 등이었다. 그밖에 철강주를 매각한 돈으로 록아일랜드시스템 주식을 공개시장에서 대거 매수한 리드-리즈-무어 패거리도 있었고, 슈와브, 프릭, 핍스와 피츠버그 무리도 있었다. 게다가 당시에는 그늘에 가렸지만 다른 시대였다면 위대한 도박사로 손꼽혔을 인물이 수없이 많았다.

누구나 주식이라면 뭐든 자유로이 매매할 수 있었다. 제임스 킨은 US스틸주를 정리하기 위해 시장을 조성했고, 한 중개인은 단 몇 분 만에 10만 주를 내다팔았다. 당시에는 주식을 매도해도 세금을 내지 않았다. 이 얼마나 멋진 시절인가! 그야말로 황홀한 수익을 올리는 사람들도 있었다. 심판의 날은 다가올 조짐도 보이지 않았다.

물론 시간이 지나면서 불길하다고 경고하는 목소리가 여기저기서 들렸다. 원로들은 자신들을 제외한 모두가 제정신이 아니라고 소리쳤다. 하지만 원로들을 제외한 모두가 여전히 돈을 벌었다. 나는 주식시장의 상승세에도 한계가 있고 마구잡이로 사들이는 투기 광풍에도 끝이 있기 마련이라고 생각해서 약세에 걸었다. 하지만 공매도할 때마다 손해를 봤고, 번번히 발 빠르게 손절매해야 했다. 그러지 않았다면 손실이 막대했을 것이다. 나는 시장이 붕괴할 거라고 예측했지만, 종목에 따라 매수도 하고 공매도도 하면서 안전하게 거래했다. 그렇게 매수해서 돈을 벌고 공매도해서 까먹곤 했다. 그러다 보니 어릴 적부터 매매로 잔뼈가 굵은 사람 치고는 호황기에 별 수익을 올리지 못했다.

내가 공매도하지 않은 주식이 딱 하나 있었는데, 바로 노던퍼시픽이었다. 증권시세표 읽는 기술은 여러모로 쓸모가 있었다. 주식

대부분은 매수해도 별다른 변동이 없었는데, 노던퍼시픽은 여전히 더 오를 것처럼 움직였다. 지금에야 다 아는 사실이지만, 당시에 쿤과 로브와 해리먼 일당이 노던퍼시픽의 보통주와 우선주를 꾸준히 매집했다. 나는 보통주 1000주를 매수해서 객장에 있는 모든 사람이 말리는데도 꿋꿋이 보유했다가 주가가 110 정도로 오르기에 재빨리 30포인트 수익을 챙겼다. 덕분에 증권사 계좌의 내 잔고가 5만 달러 가까이 불어났다. 그때껏 내가 벌어본 금액 중 가장 컸다. 몇 달 전만 해도 바로 그곳에서 남김 없이 거덜 났던 터라 썩 나쁜 성과는 아니었다.

잘 알려진 대로, 해리먼 일당은 모건과 힐에게 벌링턴과 그레이트노던과 노던퍼시픽을 합병해서 대표직을 자신들이 맡고 싶다고 제안했다. 하지만 모건 측은 지배권을 유지하기 위해 제임스 킨에게 노던퍼시픽 지분 5만 주를 매수하라고 지시했다. 내가 듣기로, 킨이 로버트 베이컨에게 15만 주를 매수하라고 지시했고, 그 은행가가 지시에 따라 행동에 나섰다. 또 킨은 중개인인 에디 노턴을 노던퍼시픽 측에 보내 10만 주를 매수했다고 밝혔다. 내 추측인데, 그 주문 이후에 5만 주 주문이 추가로 이어지면서 그 유명한 주식 매집 사건이 일어난 듯싶다. 1901년 5월 8일 장이 마감된 이후에 금융계 거물들이 전쟁을 시작했다는 사실을 온 세상이 알게 되었다. 미국 역사에서 이처럼 엄청난 자본집단이 서로 대치한 적은 한 번도 없었다. 해리먼 대 모건, 불가항력과 요지부동이 벌이는 한판 싸움이었다.

1901년 5월 9일 아침, 내게는 현금이 5만 달러 가까이 있었고 주식은 한 주도 없었다. 말했다시피 나는 시장이 하락세로 돌아설 거라고 예측했는데, 마침내 기회가 찾아왔다. 나는 주식시장에서 어떤 일이 벌어질지 감을 잡았다. 주가가 폭락하면 걷잡을 수 없이 저가 매수가 뒤를 이를 테고, 그렇게 주가가 재빨리 반등하면 저가 매수에 성공한 사람들은 큰 수익을 올릴 판이었다. 굳이 셜록 홈스가 아니더라도 예측할 수 있는 국면이었다. 주가가 오르내리는 움직임을 포착해서 큰돈을 확실하게 거머쥘 기회였다.

모든 일이 내 예상대로 흘러갔다. 그런데 내 예측이 철저하게 적중해서, 나는 단 한 푼도 남김 없이 모조리 날렸다! 예상 밖의 일이 일어나 내 계좌를 싹 쓸어갔다. 그런 별난 일이 없다면 사람들은 서로 별 차이 없을 테고 인생도 지루하기만 할 것이다. 주식투기도 단순한 덧셈과 뺄셈 게임이 될 테고, 우리는 회계장부나 또박또박 기록하는 처지가 될 것이다. 인간의 두뇌는 추측하면서 발달한다. 그러니 제대로 추측하려면 무엇을 해야 하겠는가.

내 예상대로 시장은 시끌벅적하게 들끓었다. 거래량이 엄청났고 주가는 유례를 찾아볼 수 없을 만큼 큰 폭으로 오르내렸다. 나는 대량으로 공매도 주문을 넣었다. 시초가가 결정된 뒤로 주가가 무서우리만치 급락해서 기절초풍했다. 내 주문을 받은 중개인들은 착실하게 일을 처리했다. 무척 유능하고 양심적인 사람들이었다. 하지만 중개인들이 내 주문을 체결할 시점에는 주가가 20포인트 넘게 더 하락했다. 증권시세표는 시세를 재깍 반영하지 못했고, 주문이 폭주하는 바람에 체결 내역서는 더디게 들어왔다. 증권시세표에 100으로 표시될 때 매도하면 80에 체결됐다. 전일 종가보다

30에서 40포인트 하락한 수준이어서, 내가 매수하려던 바로 그 시세에 공매도한 셈이 된다. 그날 주가가 더 떨어지지 않을 것 같기에, 나는 즉시 공매도를 청산하고 매수로 돌아섰다.

중개인들은 내 매수 주문을 성사시켰지만, 매수가격은 내가 포지션을 바꾼 시점이 아니라 내 주문이 증권거래소에 도착했을 때 형성된 시세였다. 결국 내가 예측한 가격보다 평균 15포인트나 비싸게 매수했다. 단 하루 만에 주당 35포인트 손실을 입다니, 그 누가 버텨내겠는가.

증권시세 단말기가 시장을 한참 늦게 반영하는 바람에 된통 당했다. 그때껏 주식을 거래할 때는 증권시세 단말기에 찍히는 대로 돈을 걸었다. 당연히 이 작은 기계를 내 최고 친구로만 여겼다. 그런데 이번에 증권시세표가 나를 배신했다. 증권시세표에 찍힌 가격과 실제 시장가가 달라서 뒤통수를 맞았다. 이전에 겪은 실패를 더 끔찍하게 되풀이한 셈이었다. 지금 돌이켜봐도 중개인들의 체결 능력과 상관없이 증권시세 단말기만으로는 충분하지 않은 게 너무나도 분명한데, 그때는 왜 내 문제점을 들여다보고 해결할 생각을 하지 못했을까?

실은 그보다 더 뼈아픈 실수를 했다. 거래 체결에는 별 신경도 쓰지 않고 계속 드나들면서 거래했다. 알다시피 나는 절대 지정가로 거래하지 않는다. 시장에 운을 맡기고 모험을 걸어봐야 한다. 말하자면 내가 이기려는 대상은 시장이지 특정 가격이 아니다. 매도해야겠다는 생각이 들면 매도하고, 주가가 상승하겠다는 판단이 서면 매수 주문을 넣어야 한다. 이런 투기의 일반 원칙을 단단히 지켜낸 덕분에 내가 살아남았다. 지정가로 거래하는 방법은 사설거래소에서나 쓰던 낡은 수법이어서 명성 있는 회원사 객장에 들이대면 먹혀들 리 없었다. 만약 지정가로 거래했다면 주식투기가 무엇인지 깨달을 수 없었다. 나아가 나의 편협한 경험에 비추어 확실하다 싶을 때만 줄기차게 돈을 걸었을 것이 분명하다.

증권시세 단말기가 굼떠서 시장가로 주문하면 떠안는 불이익을 줄이기 위해 가격을 지정하려고도 해봤지만, 그때마다 시장에서 더욱 멀어질 뿐이었다. 그런 일이 툭하면 벌어지기에 결국 마음을 접었다. 내가 하는 게임은 다음 호가 몇 개를 예측하며 내기를 걸기보다 시장의 큰 흐름을 판단하는 일임을 깨닫는 데 왜 그렇게 오랜 시간이 걸렸는지 모르겠다.

5월 9일 불운을 겪은 뒤로는 거래가 제법 괜찮았다. 가다듬기는 했지만 여전히 결함 있는 방식으로 말이다. 만일 돈을 얼마간이라도 벌지 못했다면 더 빨리 시장의 지혜를 배웠을 것이다. 하지만 나는 꽤 안락한 삶을 누릴 만큼은 돈을 벌었고, 친구들을 좋아해서 어울려 시간을 보냈다. 월가에서 성공한 수많은 이들처럼 그해 여름은 저지코스트에서 보냈다. 하지만 내가 입은 손실과 생활비를 모두 감당할 만큼 충분히 돈을 벌지는 못했다.

고집이 세서 내 매매기법을 붙들고 놓지 않았던 게 아니다. 허점을 똑 부러지게 짚어낼 수 없었을 뿐이다. 그러니 당연히 해결하려 해봐도 부질없었다. 이런 이야기를 자꾸 반복하는 이유는 내가 진짜로 거금을 벌기까지 어떤 과정을 거쳐야 했는지 들려주기 위해서다. 내 낡은 엽총과 BB탄은 큰 게임에서 고성능 자동소총 같은 역할을 하지 못했다.

　그해 초가을 나는 또다시 빈손이 됐다. 승리를 따내지도 못하는 게임에 진절머리가 나서 뉴욕을 떠나 다른 곳에서 다른 일을 해보기로 마음먹었다. 열네 살 이후로 줄곧 주식을 거래했다. 열다섯 어린 나이에 처음으로 1000달러를 벌어보았고, 채 스무 살이 되기도 전에 1만 달러를 거머쥐었다. 1만 달러를 벌었다가 까먹기도 여러 번이었다. 뉴욕에서는 수천 달러를 벌었다가 잃기도 했고, 5만 달러를 만져보고는 이틀 만에 싹 날린 적도 있다. 다른 일은 해보지도 않았고 알지도 못한다. 그런 채로 몇 년을 보냈는데 이렇게 출발점으로 되돌아와 서 있었다. 아니, 처지는 처음보다 훨씬 더 나빴다. 돈을 흥청망청 쓰는 습관과 생활에 물든 탓이었다. 하지만 내 씀씀이를 포기해야 하는 신세보다 내 판단이 끊임없이 빗나가는 현실이 더 괴로웠다.

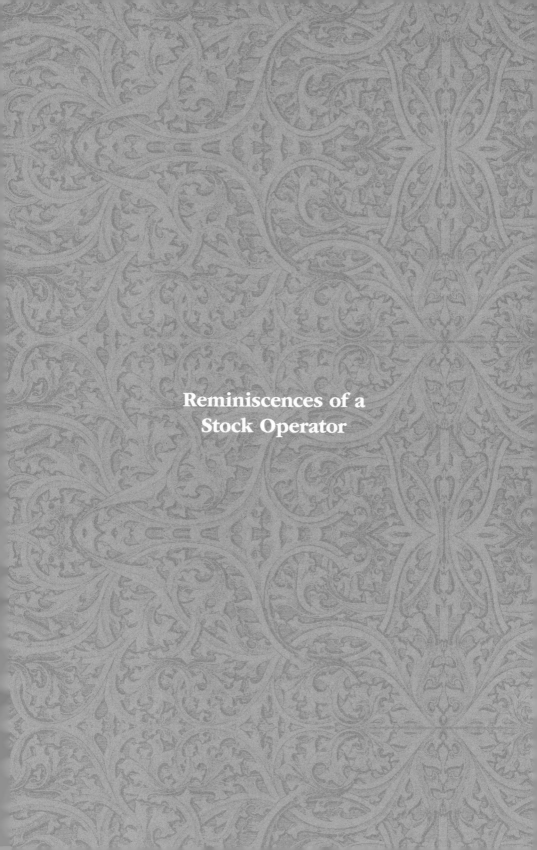

Reminiscences of a
Stock Operator

사기꾼들

결국 고향으로 돌아갔지만 집에 도착한 순간 깨달았다. 내 인생에 단 하나의 사명이 있다면 바로 종잣돈을 만들어 월가로 돌아가는 것이라고 말이다. 월가는 미국에서 유일하게 내가 대규모로 주식을 거래할 수 있는 곳이었다. 언젠가 다시 내 게임의 성과가 좋아지면 그렇게 대규모로 거래할 수 있는 곳이 필요했다. 자신의 예측이 옳았을 때는 그에 따라오는 보상을 죄다 거머쥐고 싶은 법이다.

물론 큰 기대는 하지 않았지만, 사설거래소를 다시 드나들어보려고 했다. 사설거래소가 얼마 남지도 않았고, 그나마 몇 군데는 낯선 이들이 운영하고 있었다. 나를 기억하는 사람들은 트레이더가 되어 돌아온 내 모습을 보여줄 기회조차 주지 않았다. 그래서 내 사정을 다 털어놓았다. 고향에서 얼마를 벌었든 죄다 뉴욕에서 털렸다고, 뭘 좀 아는 줄 알았는데 그렇지 못하더라고, 그러니 내가 거래할 수 있게 해주면 나쁠 게 없다고 사정사정했다. 그래도 다들 경계를 풀지 않았다. 새로 문을 연 거래소는 내가 믿을 수 없었다. 그런 곳은 자신의 예측이 적중할 듯싶어 고객이 매수에 나서면 최대 20주만 받아줬다.

좀 더 규모 있는 사설거래소들은 단골들 돈을 긁어모았고, 나는 종잣돈이 필요했다. 그래서 친구 하나를 거래소에 들여보내 매매하게 하고, 나는 주변을 어슬렁거리며 분위기를 살폈다. 그러다가 주문 담당 직원을 구슬려서 50주만이라도 소량 주문을 넣어보려 했다. 하지만 직원은 거절했다. 하는 수 없이 암호를 정해놓고 언제 무슨 종목을 사고팔지 친구에게 귀띔해주기로 했다. 하지만 그렇게 해서는 푼돈밖에 벌 수 없었다. 그런데도 사설거래소는 친구가 주문을 내면 불평하기 시작했고, 마침내 어느 날 친구가 세인트폴 100주를 팔려고 하자 거래를 거부했다. 나중에 안 사실이지만, 내가 친구와 객장 밖에서 이야기하는 모습을 고객 하나가 목격하고는 사설거래소에 얘기한 모양이다.

친구가 창구에 가서 세인트폴 주식 100주를 매도하려고 하자 직원이 말했다.

"자네가 넣는 세인트폴 매도 주문은 이제 단 한 주도 안 받아."

"아니, 왜? 이유가 뭐지, 조?" 친구가 물었다.

"글쎄 자네하고는 거래하지 않겠다니까. 그런 줄 알아." 조가 대꾸했다.

"돈만 있으면 되는 거 아냐? 잘 봐. 돈 있다니까."

이렇게 말하고 친구는 10달러짜리 지폐로 10장인 100달러를 내밀었다. 물론 내가 준 돈이었다. 친구는 화난 척 연기했고 나는 아무 상관 없는 척 구경했다. 객장에 있던 고객들이 슬금슬금 모여들었다. 거래소와 고객이 서로 언성을 높이거나 실랑이만 벌여도 으레 있는 일이다. 사건의 시시비비를 따지고 거래소의 지불 능력이 어떤지 정보를 얻을까 해서였다.

조는 부매니저 정도 되었는데 창구에서 나와 친구에게 다가서더니 친구와 나를 번갈아 쳐다보았다.

"참 재미있군." 조가 빈정거렸다. "친구인 리빙스턴이 없을 때는 자리에 죽치고 앉아 몇 시간씩 호가판만 보잖아. 한눈도 안 팔고. 그런데 리빙스턴이 들어오면 갑자기 바빠진단 말이야. 그야 뭐 자네 뜻대로 움직였다고 해주지. 하지만 여기서 이제는 안 돼. 리빙스턴이 자네에게 정보 흘리는 거 다 아니까, 안 넘어간다고."

그간 들어간 경비를 빼고도 벌어들인 돈이 수백 달러는 됐지만, 이제 여기서는 돈벌이를 할 수 없었다. 종잣돈을 마련해 뉴욕으로 돌아가는 일이 시급했기에 이 돈을 어떻게 굴릴지 생각했다. 다음에는 더 잘할 수 있을 것 같았다. 어리석게 굴린 거래 몇 건을 차분히 되짚어보았다. 한발 떨어져서 보면 숲 전체가 훨씬 잘 보이는 법이다. 어쨌든 얼른 종잣돈을 마련해야 했다.

하루는 호텔 로비에서 알고 지내는 사람들과 이야기를 나누었다. 모두 꾸준히 거래하는 트레이더들이었고 화제는 단연 주식시장이었다. 나는 중개인들이 거래를 체결하는 솜씨만 믿었다가는 아무도 게임에서 이길 수 없다고, 특히 시장가로 거래하면 더욱이 그렇다고, 내가 직접 겪은 일이라고 말했다.

이때 누군가 대화에 끼어들며, 내가 들먹이는 중개인들이 누구냐고 물었다.

"이 나라 최고 증권사 사람들이죠." 내가 이렇게 대꾸하자, 콕 집어 누구냐고 되물었다. 내가 일류 증권사에서 거래했다는 사실을 믿지 않는 눈치였다.

"그야 뉴욕증권거래소 회원사 중개인들이죠. 거기서 고객에게 사기를 친다거나 주문을 건성건성 체결한다는 얘기는 아니에요. 하지만 시장가로 주문하면 중개인한테 체결 내역서를 받아보기 전에는 얼마에 매수했는지 알 길이 없어요. 증권거래소에서 거래되는 가격이 바로바로 증권시세표에 반영되지 않아서 주가가 좀 차이 나거든요. 10에서 15포인트 정도는 흔하지 않은데, 1, 2포인트가량 벌어지는 건 부지기수예요. 그래서 소폭으로 오르내리는 움직임은 외부 트레이더가 알아챌 수 없어요. 대량으로 매매할 수 있게 내버려둔다면 차라리 이번 주 아무 때나 사설거래소에서 매매하고 싶다니까요."

나에게 말을 건 사내는 한 번도 본 적 없는 낯선 사람이었다. 이름이 로버츠였는데, 인상이 아주 서글서글했다. 사내는 나를 한쪽으로 데려가더니 다른 거래소에서 매매해봤냐고 물었다. 안 해봤다고 대꾸했더니, 사내는 면화거래소, 농산물거래소, 소규모 증권거래소 회원 업체를 몇 군데 안다고 얘기했다. 아주 신중하게 일을 처리하는 곳들이어서 고객 주문을 체결할 때는 세심하게 신경 쓴다고도 말했다. 게다가 뉴욕증권거래소에서 수완 좋기로 소문난 대형 회원사들과 암암리에 연줄이 있어 밀어주는 데다, 한 달에 수십만 주 거래를 보장하기 때문에 개인 투자자가 훨씬 좋은 서비스를 받는다고 했다.

"소액 투자자들을 성심성의껏 보살피죠." 사내가 덧붙였다. "장외 트레이더 사업이 전문이고, 1만 주를 거래하나 10주를 거래하나 똑같이 대우한다니까요. 아주 일도 잘하고 정직한 사람들이에요."

"그렇다 칩시다. 그런데 증권거래소에서 규정한 주당 0.125달러 수수료를 내야 할 텐데, 도대체 어떻게 먹고산답니까?"

"회원사와 거래하니까 당연히 규정 수수료는 지불해야죠. 하지만 당신도 알잖아요!" 사내가 윙크를 했다.

"물론 알죠. 하지만 증권거래소 회원사들은 다른 회사와 수수료를 나눠 가지려고 하지 않을 텐데요. 거래소 이사진도 외부 비회원사가 적법한 수수료보다 적은 금액을 내고 사업하는 걸 내버려두느니 차라리 회원사가 저지르는 살인, 방화, 중혼죄를 눈감아줄 겁니다. 증권거래소의 생명은 그 단 하나의 규칙에 달려 있다고 봐야죠."

사내는 내가 증권거래소 사람들과 이야기를 나눈 적이 있다는 걸 눈치챘는지 이렇게 말했다.

"내 말 좀 들어보세요! 어엿한 증권거래소 회원사들도 수시로 규정을 위반했다가 1년간 영업정지를 당하잖아요. 아무도 찌르지 못하게 뒷돈을 대는 방법이야 쌔고 쌨죠." 사내는 의심스러워하는 내 표정을 읽었는지 설명을 이어갔다. "더구나 어떤 회사들은, 그러니까 통신 장비를 갖춘 중개소들 말입니다. 0.125달러 수수료에다 0.03125달러 추가수수료를 부과하잖아요. 하지만 여기는 아주 신사적입니다. 특별한 경우나 거래를 거의 하지 않는 계좌에만 수수료를 요구하거든요. 잘 알다시피 그렇게도 하지 않으면 수지가 안 맞죠. 자기들 잇속만 챙기는 회사는 아닙니다."

그제서야 사내가 소개하는 곳이 무허가 중개소라는 걸 눈치챌 수 있었다.

"그런 곳 중에 믿을 만한 회사를 알고 있나요?" 내가 물었다.

"미국에서 가장 큰 중개소를 알고 있죠." 사내가 말을 이어갔다. "나도 거기서 주식을 거래합니다. 미국과 캐나다 78개 도시에 지점이 있어요. 사업 규모도 엄청나죠. 정직하게 사업하지 않았으면 매년 그렇게 좋은 실적을 낼 수 없었을 겁니다. 안 그런가요?"

"그렇겠죠." 나는 분위기를 맞춰주고 나서 물었다. "거기서도 뉴욕증권거래소에서 거래하는 주식과 똑같은 주식을 취급하나요?"

"물론이죠. 장외시장과 미국의 다른 거래소는 물론이고 유럽의 거래소에서 취급하는 주식까지 다룹니다. 밀, 면화, 식료품도 하고요. 원하는 것은 뭐든 다 거래합니다. 업체 명의로나 암암리에 모든 거래소에 회원으로 가입돼 있고, 곳곳에 책임자가 있지요."

사내의 속셈을 알아차렸지만, 좀 더 떠봐야겠다고 생각했다. "그렇군요. 하지만 누군가 거래를 체결해야 한다는 사실은 달라지지 않죠. 시장이 어떻게 될지, 증권시세 단말기가 증권거래소의 체결가를 얼마나 빨리 반영할지 아무도 장담할 수 없잖아요. 여기서 호가판의 가격을 확인하고 주문을 내면 뉴욕으로 주문이 전송됩니다. 그때는 중요한 타이밍이 지나간 뒤죠. 차라리 돈을 잃더라도 뉴욕으로 돌아가서 명망 있는 증권사와 거래하는 편이 낫겠네요."

"돈을 잃다니, 그게 뭔 말입니까? 우리 고객은 그런 습관에 물들지 않습니다. 우리 고객은 돈을 벌죠. 우리가 다 관리합니다."

"우리 고객이라고 했나요?"

"아, 그 회사에 관심이 있어서요. 가능하면 그 회사 방식대로 일을 진행합니다. 늘 공정하게 대우해주고, 거기서 돈을 많이 벌었거든요. 생각 있으면 거기 담당자를 소개해드리죠."

"회사 이름이 뭡니까?" 내가 물었다.

사내가 알려준 회사는 나도 들어본 적 있는 업체였다. 그 회사는 자기네 내부정보를 듣고 인기주에 투자한 고객들이 떼돈을 벌었다고 신문마다 죄다 광고를 내서 관심을 끌었다. 그 방향으로 특화된 회사였다. 평범한 사설거래소가 아니라 은밀한 사이비 중개소였다. 고객들의 주문을 받아 거래하지만 교묘하게 정체를 숨기고 합법적인 증권사인 척 행세하는 곳 중에서도 가장 오래된 업체였다.

그런 회사들이 올해 무더기로 파산한 거래소들의 원조였다. 그네들의 일반 원칙과 거래방식은 동일하지만 고객을 기만하는 구체적인 수법이 조금씩 달랐다. 케케묵은 속임수가 들통나면 세부사항을 바꿔갔기 때문이다.

그들은 특정 주식을 매수하거나 매도하라고 정보를 흘렸다. 말하자면 특정 주식을 즉시 매수하는 게 좋겠다고 일부 고객에게 수백 통씩 전보를 보내고, 다른 고객들한테는 해당 주식을 매도하라고 권유하는 전보를 보내는 식이었다. 경마장 소식통들이 부리던 낡은 수작이다. 그렇게 양쪽으로 전보를 보내면 고객들이 매수 주문과 매도 주문을 쏟아냈다. 이때 그들은 명성 있는 증권거래소 회원사를 통해 실제로 1000주 매매를 성사시키고 체결 내역서를 받아두었다. 고객 주문을 불법으로 거래했다고 무례하게 의심을 품는 고객이 나타나면 그 체결 내역서를 증거로 보여주려는 속셈이었다.

게다가 그들은 객장에서 그들 마음대로 거래할 수 있는 자금을 모집했다. 고객들이 명의를 빌려주고 돈을 맡기도록 위임장을 쓰게 만들면서 자신들의 판단이 최고라고 자부하며 큰 선심을 쓰는 척 행동했다. 그래서 제아무리 성깔이 고약한 고객도 돈을 잃은 뒤에 법적 구제를 받을 길이 없었다. 그들은 또한 서류상으로만 주가를 부풀려서 고객을 끌어들인 다음 사설거래소가 써먹는 낡은 수법으로 증거금을 갈취했다. 그들은 누구도 인정사정 봐주지 않았는데, 특히 여성, 교사, 노인들을 주요 타깃으로 삼았다.

"중개인이라면 진절머리가 납니다. 좀 더 생각해보죠." 호객꾼인 사내에게 이렇게 말하고 더 말을 걸지 못하도록 자리를 떴다.

사내가 말한 회사를 수소문해봤더니 확보한 고객이 수백 명이나 됐다. 으레 떠도는 소문들은 있었지만 고객이 번 돈을 내어주지 않은 사례는 없었다. 그렇다고 그곳에서 돈을 벌었다는 사람도 찾아보기 어려웠다. 하지만 나는 돈을 땄다. 여하튼 당시에 그들 뜻대로 사업이 풀리는 모양이었다. 그렇다면 거래가 그들에게 불리하게 돌아가더라도 빚을 떼어먹고 도망갈 가능성은 낮았다. 물론 이런 부류의 업체는 대부분 파산한다. 한 은행이 파산하면 다른 은행으로 예금 인출 사태가 번지듯이 이런 중개소들도 줄도산하곤 했다. 한 곳이 파산했다는 소식이 들리면 다른 중개소 고객들도 겁에 질려 현금 출납 창구로 달려가기 때문이다. 그런데도 이 나라에는 은퇴하고 나서 사설거래소를 지키는 사람이 허다했다.

나를 끌어들이려던 사내의 회사는 시종일관 돈 냄새만 맡아서 신뢰할 만하지는 않다는 점만 빼면 그다지 신경 쓰이는 소리는 들리지 않았다. 그 회사는 특히 벼락부자를 갈망하는 호구들을 등쳐먹었는데, 돈뭉치를 가져가기 전에 항상 서면으로 동의를 얻었다.

내가 만난 한 사람은 고객들에게 특정 종목을 매수하라고 권유하는 전보를 600통 보내놓고, 동시에 다른 고객들에게 해당 종목을 매도하라고 강권하는 전보를 600통 발송하는 광경을 직접 목격했다고 한다.

"나도 그런 꼼수 알아요." 내가 이렇게 대꾸하자 그 사람은 다시 말했다.

"그렇겠죠. 그런데 다음 날 같은 사람들에게 모든 주식을 정리하고 다른 종목을 매수하거나 매도하라고 하더군요. 그 객장 고참에게 물었죠. '왜 그렇게 하시죠? 어제 한 일은 이해해요. 일부 고객은 평가이익이긴 해도 한동안 돈을 버니까요. 결국엔 파는 사람이나 사는 사람이나 다 손해를 보겠지만요. 하지만 오늘도 이렇게 전보를 보내면 다 같이 죽자는 건데, 다른 생각이라도 있는 건가요?' 그랬더니 고참이 이렇게 대꾸하더군요. '그들이 언제, 어디서, 어떻게 주식을 사고팔든 결국엔 돈을 잃기 마련이야. 돈을 몽땅 날린 고객은 이제 고객이 아니지. 그러니까 최대한 고객 돈을 뜯어내고 다시 새로운 고객을 찾으면 되는 거야.'"

솔직히 그들의 기업윤리 따위에는 관심 없었다. 텔러의 사설거래소에서 수모를 당하고 분통이 터져서 당한 만큼 갚아줬다는 이야기도 앞서 했지만, 이 회사에는 그런 악감정이 전혀 없었다. 사기꾼일 수도 있지만 들리는 소문처럼 그렇게 악덕 업체는 아닐 수도 있었다. 나는 그들에게 내 거래를 위임하지 않았고, 그들의 비밀정보를 따르거나 그들의 거짓말을 믿지도 않았다. 내 관심사는 오로지 종잣돈을 만들어 뉴욕으로 돌아가서 상당한 규모로 거래하는 것뿐이었다. 뉴욕에서는 사설거래소처럼 경찰이 급습할까 걱정하거나, 우체국에서 들이닥쳐 판돈을 동결시키는 바람에 1년 반이나 지나서야 겨우 1달러당 8센트 이자나마 받으면 다행인 처지가 될 염려는 없었다.

어쨌든 나는 이른바 합법적인 증권사가 아닌 이런 업체에서 거래하면 어떤 이익이 있는지 알아보기로 마음먹었다. 내게는 증거금으로 걸 돈이 많지 않았지만, 이런 무허가 중개소는 대개 증거금에 관대한 편이어서 몇백 달러만 있어도 다른 거래소보다 훨씬 많은 주식을 거래할 수 있었다.

나는 그 회사를 찾아가서 매니저와 이야기를 나누었다. 매니저는 내가 예전부터 주식을 거래해온 일이며 뉴욕증권거래소 회원사에서 내 명의 계좌를 열었다가 전 재산을 날린 일을 알고는 자신들에게 투자금을 맡기면 1분만에 100만 달러로 불려주겠다는 약속 따위는 하지 않았다. 하지만 나를 영원한 호구, 그러니까 증권시세 단말기만 쳐다보고 거래하다가 늘 돈만 까먹는 티커 사냥개 부류로 본 모양이었다. 이런 부류는 고객을 등치는 거래소건 적당한 수수료에 만족하는 거래소건 간에 중개인들에게 꾸준히 수입을 안겨주는 사람들이었다.

나는 항상 시장가로 주문하기 때문에 증권시세 단말기에 찍히는 주가와 실제 체결가가 0.5포인트나 1포인트 차이 나는 체결 내역서는 받고 싶지 않다고, 체결 솜씨가 깔끔한 곳을 찾고 있다고 말했다.

그는 내가 옳다고 판단하면 뭐든 하겠다고 자기 명예를 걸고 약속했다. 자신들과 거래하면서 일류 중개 서비스가 뭔지 보여주고 싶다고도 했다. 그들이 보유한 인재들은 업계 최고였다. 실제로 거래 체결 능력이 탁월하기로 유명했다. 물론 보증하지는 않았지만, 증권시세 단말기에 찍힌 가격과 체결가가 차이 나면 고객에게 유리한 시세를 적용하는 편이었다. 자기네 중개인들이 믿을 만하니, 내가 계좌를 개설하면 전신으로 전달되는 가격에 사고팔 수 있다는 말도 잊지 않았다.

그러니까 사설거래소에서 거래하듯 매매할 수 있다는 소리였다. 바로 다음 호가에 거래하도록 내버려둔다는 뜻이었다. 내심 쾌재를 불렀지만 들키고 싶지 않아서, 머리를 가로저으며 지금 당장은 계좌를 개설하고 싶지 않으니 다시 연락하겠다고 말했다. 매니저는 시장이 돈을 벌기에 좋은 상황이니 당장 시작하자며 내게 들러붙었다. 그야 거래소에나 해당하는 소리였다. 별다른 가격 변동이 없는 횡보장세였으므로, 거래소에서는 고객들에게 주식을 매수하라고 부추긴 다음 해당 주식을 투매해 시세를 끌어내리는 수법으로 고객의 돈을 쓸어 담았다. 어쨌든 매니저가 붙들고 늘어지는 바람에 어렵사리 자리를 빠져나왔다. 나오면서 매니저에게 이름과 주소를 알려줬더니 바로 그날부터 발신자 부담으로 전보와 편지를 보내왔다. 내부 작전 세력이 나서서 50포인트 끌어올릴 종목이 있으니 매수하라는 내용이었다.

나는 부지런히 돌아다니며 비슷한 무허가 중개소를 몇 군데 더 물색했다. 내가 벌어들인 돈을 그들의 손아귀에서 받아낼 수 있다는 보장만 있으면 불법 거래소 비슷한 이런 곳에서 거래하는 것이 내가 목돈을 손에 쥐는 유일한 길이었다. 샅샅이 조사한 끝에 중개소 세 군데에 계좌를 텄다. 그리고 작은 사무실을 얻어서 중개소와 직통전화를 연결했다.

초반부터 중개소에서 깜짝 놀라지 않게 소규모로 거래를 시작했다. 내가 돈을 벌어들이자 이내 중개소에서 직통전화로 연결되어 있는 고객과 진짜 거래를 하고 싶다고 연락해왔다. 그들은 째째한 도박꾼은 원치 않았다. 내가 거래를 거듭할수록 손해를 볼 테고 내가 빨리 거덜 날수록 그들에게는 좋은 돈벌이가 된다는 꿍꿍이였다. 그렇게 생각할 법도 했다. 그들은 평범한 사람들과 거래할 수밖에 없는데, 그런 고객들은 주머니 사정상 오래 살아남지 못할 테니까 말이다. 파산한 고객이야 아예 거래를 할 수 없지만, 잔고가 반토막이 난 고객은 징징대거나 수군덕거리며 이런저런 문제를 일으켜서 영업에 피해를 준다.

나는 뉴욕증권거래소 회원사와 직통전화로 연결된 지역 증권사와도 거래를 텄다. 내 사무실에도 증권시세 단말기를 설치하고 신중하게 거래하기 시작했다. 얘기했다시피 증권시세 단말기에 주가가 약간 느리게 찍히긴 했지만, 사설거래소에서 거래하는 방식과 정말 비슷했다.

이길 수 있는 게임이었고, 실제로도 이겼다. 열 번이면 열 번 다 이길 만큼 좋은 성적은 아니었지만, 매주 수익을 올렸다. 다시금 안락한 생활로 돌아갔다. 하지만 이번에는 월가로 돌아갈 종잣돈을 불리기 위해 수익의 일부를 모았다. 그뒤로 유리하게 거래할 수 있는 또 다른 업체 두 곳에도 직통전화를 개설해서 회선은 총 다섯 개가 되었다.

주가가 여느 때처럼 선례를 따르지 않고 반대로 움직여서 내 계획이 틀어질 때도 있었다. 그래도 타격이 크지는 않았다. 증거금이 워낙 적어서, 입을 타격도 없었다. 거래하는 중개인들과는 사이가 그럭저럭 괜찮았다. 그들이 작성한 체결 내역서와 계좌 잔고가 이따금 내 기록과 달랐는데, 그럴 때마다 한결같이 내게 불리했다. 우연의 일치라고 할 수도 있겠지만 결코 아니었다. 나는 내 권리를 위해 그들과 싸웠고 결국엔 내 뜻대로 됐다. 그런데 그들은 항상 내가 가져간 몫을 되찾겠다는 희망을 품었다. 내가 딴 수익금을 자기들이 잠깐 빌려준 돈으로 생각하는 모양이었다.

참으로 정정당당과는 거리가 먼 이들은 수수료에 만족하지 못한 채 온갖 수작을 부려서 돈을 벌 궁리만 했다. 어차피 호구들은 주식투기를 하지 않고 도박을 하기 때문에 항상 돈을 날린다. 그러하니 이런 중개소가 불법이긴 해도 정당하게 운영한다고 생각할 수도 있다. 하지만 전혀 그렇지 않았다. "고객의 푼돈을 모아서 부자가 된다"는 오래된 속담은 진리다. 이런 속담을 들어보지도 못했는지 그들은 부당한 사기 행각을 한시도 멈추지 않았다.

내게도 속여먹으려고 케케묵은 수법을 여러 차례 썼다. 내가 방심한 틈을 타고 두 번이나 성공하기도 했다. 평소보다 거래 규모가 적을 때는 어김없이 그랬다. 내가 부당하다고 악질이라고 따졌지만, 그들은 그런 적 없다고 잡아뗐다. 그러니 평소처럼 거래할 수밖에 없었다. 사기꾼과 거래할 때도 좋은 점이 있다. 그들에게 따끔한 맛을 보여줘도 내가 거래를 끊지 않으면 그냥 넘어간다. 그들은 기꺼이 많은 것을 양보한다. 참 마음씨도 좋으셔라!

사기꾼들이 수작을 부리는 통에 종잣돈이 불어나는 속도가 더뎌서 그들에게 매운맛을 보여주기로 결심했다. 지금까지 한 번도 활발하게 거래된 적 없는 주식을 매매하면 의심을 살 테니, 한때는 투기주로 인기를 끌었지만 지금은 거래량이 대거 줄어든 종목을 몇 개 골랐다. 말하자면 물먹은 솜처럼 축 처진 주식들이었다. 내가 거래하는 중개소 다섯 곳에 이런 주식을 매수해 달라고 주문을 낸 다음, 그들이 증권시세표에 다음 호가가 찍히기를 기다리는 동안 증권거래소 회원사에 해당 주식을 시장가로 100주 공매도했다. 급하니까 서둘러서 처리해 달라고 부탁했다. 매도 주문이 증권거래소에 전달되면 어떤 일이 벌어질지 짐작이 갈 테다. 시외 회원사에서 평소 거래가 뜸한 종목의 매도 주문이 다급하게 들어오면 누군가 해당 주식을 아주 싼값에 매수하려 든다. 그렇게 증권시세표에는 직전보다 크게 내린 가격이 찍히고 내가 다섯 곳에 낸 매수 주문은 그 가격에 체결된다. 결국 나는 400주를 헐값에 매수한 셈이다. 직통전화로 연결된 중개소에서 무슨 소식을 들었냐고 묻기에 그냥 비밀정보를 얻었다고 둘러댔다. 장 마감 직전에 증권거래소 회원사에 주문을 넣어 즉시 해당 종목 100주를 환매해 달라고 했다. 절대로 공매도하고 싶지 않다고, 가격이 얼마든 상관없다고 일렀다.

100주 환매 주문이 뉴욕에 도달하자, 주가가 급등했다. 물론 그 전에 중개소 다섯 군데에서 쓸어담은 500주의 매도 주문을 넣어놓았다. 일이 무척 만족스럽게 굴러갔다.

이런 일을 겪고도 그들이 영업 행태를 고치려 들지 않아서, 똑같은 수법을 몇 차례 더 써먹었다. 하지만 당한 만큼 되갚아줄 엄두가 안 나서 100주당 1, 2포인트 수익만 챙겼다. 그 이상을 넘기는 일은 매우 드물었다. 그래도 다음번 월가에서 모험을 즐길 종잣돈을 늘리는 데는 보탬이 되었다. 가끔은 지나치지 않을 만큼 몇몇 종목을 공매도하면서 수법에 변화를 줬는데, 주가가 하락할 때마다 600에서 800달러 수익을 챙기는 데 만족했다.

한번은 내 수법이 절묘하게 맞아들어서 기대치보다 훨씬 많이 10포인트 넘게 수익이 났는데, 솔직히 예상하지 못한 횡재였다. 보통 100주 단위로 주문하는데 한 곳에는 200주, 다른 네 곳에는 각각 100주씩 주문했다. 이 네 곳은 상대적으로 운이 좋았던 셈이다. 200주 주문을 받고 큰 손실을 입은 회사는 길길이 뛰면서 나에게 전화를 걸어 항의하기 시작했다. 그래서 담당자를 찾아갔는데, 만나고 보니 내게 계좌를 개설하라고 끈질기게 물고 늘어졌었고 여러 번 수작도 부리려다가 들통이 나서 내가 눈감아줬던 바로 그 작자였다. 남자는 자기 처지도 생각하지 못하고 큰소리를 쳤다.

"그 종목은 주가가 조작됐어요. 당신한테는 단 한 푼도 못 줍니다." 남자는 다짐이라도 하듯 말했다.

"내 매수 주문을 받았을 때는 시장이 그렇지 않았잖아요. 나를 끌어들이고 싶어서 안달할 때는 언제고 이제는 나를 내몰려고 하는군요. 공정 어쩌고 하면서 내뺄 생각은 아니죠?"

"왜 안 됩니까! 누군가 장난쳤다는 걸 증명할 수 있는데요." 남자가 소리쳤다.

"도대체 누가 그랬다는 겁니까?" 내가 물었다.

"말 그대로 누군가겠죠!"

"대체 그게 누구냐고요?" 내가 다시 물었다.

"당신네 패거리가 판을 벌인 게 뻔하죠." 남자가 받아쳤다.

그래서 이렇게 대답했다. "내가 혼자서 일하는 건 당신도 잘 알잖아요. 이 동네 사람들은 다 아는 사실이에요. 알다시피 나는 주식거래를 시작한 뒤로 쭉 그래왔다고요. 댁한테 친절하게 충고 한마디 하죠. 당장 연락해서 내 돈 가져와요. 시끄러워지는 거 싫으니까 어서 내 말대로 해요."

"난 못 줍니다. 그건 조작된 거예요!" 남자가 여전히 소리쳤다.

더 실랑이 벌이기 싫어서 이렇게 말했다. "당장 여기서 내 돈 내놔요." 남자는 몇 마디 더 고함치더니 나더러 천하의 사기꾼이라고 악담을 퍼부었다. 그래도 결국에는 현금을 내어놓았다. 다른 네 곳은 그렇게 거칠게 굴지는 않았다. 그중 한 매니저는 거래량이 적은 주식을 이용하는 내 수법을 연구했다. 내 주문을 받고 실제로 거래를 체결해 주식을 산 다음 장외시장에서 본인 돈으로 같은 주식을 사서 돈을 벌었다. 그자들은 고객들이 사기죄로 고소해도 전혀 개의치 않았다. 법적으로 상당히 안전한 보호막을 갖춰놓았기 때문이다. 하지만 내가 거래소 집기를 압류할까봐 두려워했다. 은행에 있는 그들 자금에는 조치를 취할 수 없었다. 회사에서 이런 일이 없도록 철저하게 자금을 관리했기 때문이다. 약았다는 소리는 들어도 별반 상관없지만, 돈을 떼먹는다고 소문이 돌면 이런 중개소에 치명타였다. 고객이 거래소에서 돈을 날리는 일이야 부지기수였지만, 돈을 벌었는데도 받지 못하는 사태는 투자자들 법전에 규정된 최악의 범죄였다.

나는 모든 중개소에서 다 돈을 받아냈지만, 주가가 10포인트나 치솟은 사건 때문에 사기꾼을 등쳐먹는 즐거운 놀이는 이제 끝이 났다. 그들은 가여운 고객 수백 명에게 즐겨 사용하던 얄팍한 속임수에 도리어 자신들이 걸려들지 않으려고 경계를 강화했다. 나는 원래 매매하던 방식으로 돌아갔다. 하지만 시장 상황이 언제나 내 방식에 들어맞는 건 아니었다. 게다가 중개소에서 내 거래 한도를 제한해서 큰돈을 벌 기회가 없었다.

그렇게 1년 넘게 거래하면서, 중개소에서 돈을 벌 수 있을 만한 수법은 죄다 동원했다. 나는 자가용을 구입하고 다른 지출에도 거리낌 없이 돈을 쓰며 안락한 생활을 즐겼다. 종잣돈을 마련해야 했지만, 그동안에도 생활은 해야 했다. 시장에서 예측이 맞아떨어지더라도 버는 만큼 다 쓸 수는 없는 노릇이어서 늘 얼마간 저축했다. 예측이 빗나가면 돈을 벌지 못하니 쓸 수도 없었다. 앞서 말했듯이 돈을 제법 모았다. 다섯 군데 중개소에서도 그다지 큰돈을 벌수 없어서, 뉴욕으로 돌아가기로 결심했다.

트레이더인 한 친구에게 같이 가자고 제안했고, 친구가 좋다고 해서 내 자가용을 타고 함께 뉴욕으로 향했다. 도중에 저녁식사를 하려고 뉴헤이븐에 잠시 들렀다. 그곳 호텔에서 오래전부터 알고 지내던 지인을 만났는데, 이런저런 얘기를 하다가 마을에 전화 설비를 갖춘 사설거래소가 있는데 장사가 잘된다고 알려줬다.

다음 날 뉴욕으로 가려고 호텔을 나섰다가 사설거래소를 겉에서나마 보고 싶어 그리로 차를 몰았다. 그런데 막상 도착하고 보니 내부를 둘러보고 싶은 유혹을 떨칠 수 없었다. 건물 내부는 그렇게 호화롭진 않았다. 낡은 칠판이 있었고 고객들이 한창 거래를 하고 있었다.

매니저는 배우나 연설가 같은 풍모에 매우 인상적인 사람이었다. "굿모닝" 하고 인사하는데, 마치 10년간 현미경으로 아침의 상쾌함을 연구하다가 마침내 발견하고서 하늘, 태양, 회사의 돈뭉치와 함께 선물로 주는 듯했다. 우리가 스포츠카 같은 승용차를 몰고 온 데다 앳되고 경박해 보였는지 매니저는 우리를 예일대학교 학생이라고 지레짐작했다. 내가 스무 살처럼 보일 리가 없을 텐데, 아니라고 말하지 않았다. 그런 말을 할 틈도 주지 않고 매니저는 연설을 늘어놓았다. 우리를 만나서 매우 반갑다고 했다.

"편한 자리에 앉으실까요? 오늘 아침엔 시장이 아주 너그럽네요. 대학생들의 쌈짓돈을 벌어주려고 시장이 떠들썩하군요. 유사 이래로 현명한 대학생들은 용돈이 풍족한 적이 없었죠. 하지만 지금 여기서 조금만 투자하면 증권시세 단말기가 선행에 나서서 수천 달러를 벌 수 있습니다. 누구보다 많은 용돈을 집어주려고 주식시장이 몸살을 앓네요."

이렇게 근사한 사설거래소 직원이 간절하게 붙드는데 그냥 발길을 돌리자니 딱하다는 생각이 들었다. 그래서 주식시장에서 많은 사람이 떼돈을 번다고 하니 나도 거래를 해보겠다고 말했다. 거래는 매우 신중하게 시작했고, 돈을 딸 때마다 거래 규모를 늘렸다. 친구도 나를 따라 매매했다.

그날 밤도 우리는 뉴헤이븐에서 보내고, 다음 날 오전 10시 5분 전에 그 친절한 사설거래소로 갔다. 언변이 좋은 매니저는 이제 자신이 돈을 벌 차례라고 생각했는지 우리를 반겼다. 하지만 그날도 내가 1500달러에서 몇 달러 모자라는 돈을 벌었다. 다음 날도 그 연설가의 객장을 찾아가 설탕주 500주 매도 주문을 냈다. 매니저는 잠시 망설이기는 했지만 주문을 받아들였다. 입을 꾹 다물고 말이다! 얼마 후 주가가 1포인트 넘게 하락했고, 나는 거래를 청산하며 전표를 내밀었다. 내게 들어올 수익이 정확하게 500달러였고, 내 증거금이 500달러였다. 매니저는 금고에서 20달러짜리 지폐 50장을 꺼내 아주 천천히 세 번이나 세었다. 그러더니 내 앞에서 또 한 번 지폐를 세었다. 매니저의 손가락에서 끈끈한 땀이 배어나와 지폐가 달라붙는 것처럼 보였다. 하지만 결국 매니저는 내게 돈을 건넨 다음 팔짱을 끼고 아랫입술을 지그시 깨문 채 내 뒤쪽 창문 꼭대기를 한참 노려봤다.

매니저에게 철강주 200주를 매도하고 싶다고 말했지만, 아무런 반응이 없었다. 내 말을 듣지도 않았다. 내가 다시 철강주 300주를 매도하고 싶다고 말했지만, 매니저는 그저 고개를 돌릴 뿐이었다. 그의 입에서 무슨 말이 나올까 기다렸지만, 매니저는 나를 가만히 쳐다보기만 했다. 그러다 입술을 적시고 침을 꿀꺽 삼켰다. 마치 입에 담지도 못할 만큼 부패한 반대당 정치인들의 50년 실정을 규탄하려고 작정한 사람처럼 보였다.

마침내 매니저가 내 손에 든 누런 지폐 뭉치를 향해 손을 내저으며 짧게 말했다.

"그딴 쓰레기 썩 치우게!"

"뭘 치우라는 거예요?" 나는 매니저가 무슨 말을 하는지 알아들 수가 없었다.

"학생, 어디로 간다고 했지?" 매니저가 매우 인상적인 목소리로 물었다.

"뉴욕이요." 내가 대답했다.

"그거 잘됐군." 그렇게 말하며 매니저는 고개를 스무 번도 더 끄덕였다.

"아주 잘됐어. 지금 즉시 여기를 떠나게. 이제야 내가 두 가지를 알게 됐거든. 두 가지 말이야. 너희가 학생이 아니라는 것, 그리고 너희 진짜 정체가 뭔지를 알아냈다고. 그렇지! 그래! 그거야!"

"그래서 어떻다는 겁니까?" 내가 아주 정중하게 물었다.

"그래. 너희 둘은……." 매니저는 말을 잠시 멈추었는데 의회에서 연설하는 듯한 태도를 집어치우고 으르렁거렸다. "너희 둘은 미국에서 가장 지독한 사기꾼들이야! 학생? 하이고! 얼어죽을 신입생! 흥!"

우리는 혼자 중얼거리는 매니저를 남겨두고 객장을 떠났다. 매니저는 돈을 얼마나 잃었는지에는 별 관심이 없는 듯했다. 전문 도박사는 원래 그런 법이다. 모든 것은 게임일 따름이고, 운이란 돌고 도니까. 다만 우리에게 속아서 자존심이 상했을 뿐이다.

이렇게 해서 세 번째로 월가에 돌아왔다. 물론 내 시스템에 어떤 문제가 있어 A. R. 풀러턴에서 실패했는지 정확히 밝혀내려고 부단히 노력했다. 스무 살에는 처음으로 1만 달러를 벌었다가 날렸는데, 어쩌다 그렇게 됐는지 알고 있었다. 늘 적기가 아닌데 거래했기 때문이다. 게다가 궁리하고 경험하면서 다듬어온 내 방식대로 거래할 수 없을 때 시장에 들어가 도박을 했다. 지금까지 거쳐온 경험에 비추어 이길 거라고 예측만 하기보다는 실제로 이기고 싶었다. 스물두 살 무렵에는 계좌 규모가 5만 달러까지 불어났지만, 5월 9일에 다 털어먹었다. 그때도 어쩌다 그렇게 되었는지 정확하게 알고 있었다. 증권시세표에 체결가가 느리게 찍힌 데다가 유례없을 만큼 잔혹하게 주가가 요동친 탓이었다.

하지만 세인트루이스에서 돌아온 뒤나 5월 9일에 공황 장세를 겪고 나서도 돈을 잃은 이유는 알 수 없었다. 내 매매방식에서 허점을 몇 가지 찾아냈지만 가설일 뿐이었다. 실전이 필요했다.

전 재산을 잃어보면 무엇을 하지 말아야 하는지 확실하게 깨닫는다. 돈을 잃지 않기 위해 무엇을 하지 말아야 하는지 알았다면, 이기기 위해 무엇을 해야 하는지 배우기 시작한 셈이다. 무슨 말인지 알아들었는가? 당신은 이미 배움의 길로 들어섰다!

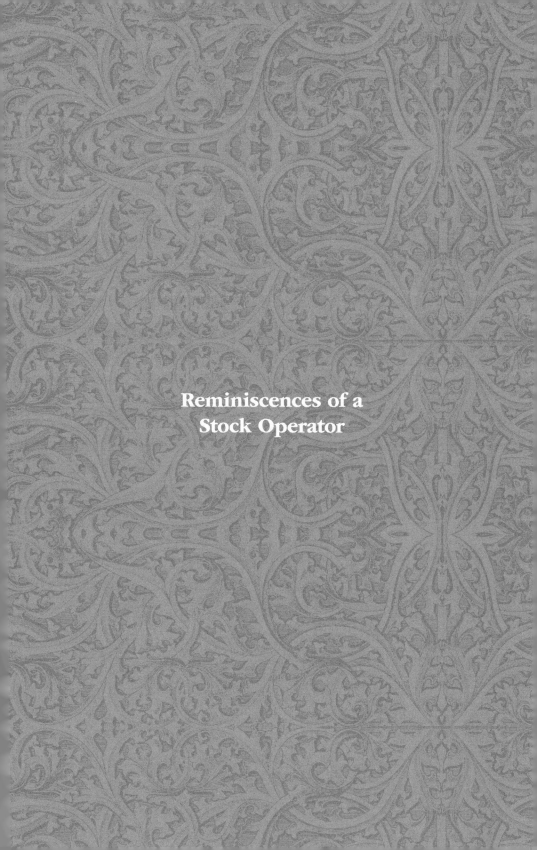

Reminiscences of a
Stock Operator

차트쟁이들

증권시세 단말기만 줄기차게 들여다본다고 해서 '시세표 벌레' 또는
흔히 '티커 사냥개'라고 불리는 이들은 다른 분야도 다 그렇겠지만
한 부분만 지나치게 파고들다가 삐끗하기 십상이다. 내 말은 융통성
없이 차트에만 매달리면 대가를 톡톡히 치른다는 뜻이다. 투자라는
게임은 엄정한 법칙이 존재하더라도 수학적 계산이나 정해진 규칙만
으로는 설명할 수 없다. 증권시세표를 읽을 때도 나는 단순한 산술
을 넘어서는 요소를 살핀다. 이를 두고 나는 주식의 행동양식이라고
하는데, 주가가 과거에 어떻게 움직였는지 꾸준히 관찰하면 그 양
상대로 흘러갈지 아닐지를 판단할 수 있다. 만약 주가가 이전 행동
양식에서 벗어나면 앞으로 어떻게 움직일지 예측할 수 없다. 그래서
움직임이 올바르지 않으면 건드리지 말아야 한다. 진단하지 못하면
예측할 수 없고, 예측이 안 되면 수익을 올릴 수 없다.

주가의 움직임을 추적하고 과거 성과를 연구하는 자세는 오래된 투자기법이다. 내가 뉴욕에 처음 왔을 때, 증권사 객장에서 직접 만든 차트를 들고 이야기하는 한 프랑스인을 봤다. 처음에는 직원들이 인심 쓰느라고 그 괴짜를 데리고 있는 줄 알았다. 그런데 알고 보니 그 괴짜는 설득력도 있고 말솜씨도 인상 깊었다. 괴짜는 오로지 수학만이 거짓말을 하지 않는다고 말했다. 이유는 간단한데, 수학이 거짓말을 할 수 없기 때문이다. 괴짜는 그래프를 그려서 시장의 향방을 예측하고 서로 비교 분석했다. 예를 들어 킨이 애치슨 우선주 강세 조작에 성공한 이유와 서던퍼시픽 건에서는 실패한 까닭을 분석했다. 전문 트레이더 몇몇은 이 프랑스인이 개발한 매매기법을 적용해보려고 몇 차례 시도하다가, 결국 예전에 써먹던 비과학적인 방법으로 돌아갔다. 성패를 운에 맡기는 그네들 방식이 대가를 덜 치르기 때문이었다. 또한 이 프랑스인의 말을 들어보면 킨은 차트가 100퍼센트 정확하지만, 거래가 활발한 시장에 적용하기에는 너무 느리다고 주장했다고 한다.

한 증권사 지점은 일일 주가 변동을 기록한 차트를 마련해두었는데, 그 차트를 보면 수 개월간 종목별 움직임을 한눈에 알 수 있었다. 주식시장의 전체 지수 곡선과 개별 종목 주가 곡선을 비교하면 근거 없는 정보를 들었을 때 해당 주식이 오를지 어떨지를 판단할 수 있었다. 말하자면 정보를 보완하는 용도로 차트를 활용한 셈이다. 오늘날에는 거래 차트를 제공하는 증권사가 수십 군데에 이른다. 차트는 통계 전문가들이 일정한 형식으로 작성하는데, 주식뿐만 아니라 상품선물도 다룬다.

차트는 읽을 줄 알거나 파악한 내용을 자기 것으로 만들 줄 아는 사람에게 보탬이 된다는 점을 짚어주고 싶다. 대개 사람들은 차트를 볼 때 바닥이나 천장, 주 추세나 보조 추세에 집착하기 쉽다. 그러면서 그게 주식투자의 전부라고 생각한다. 이런 사람이 시장에서 자신감에 불타 끝까지 밀어붙이면 파산하기 마련이다.

명성이 자자한 증권거래소의 전임 파트너이자 수학에도 뛰어난 인물이 있었다. 명문 기술학교 졸업생인 그는 주식, 채권, 곡물, 면화, 통화시장을 꼼꼼하게 연구한 끝에 자신만의 차트를 만들어냈다. 수년 전 자료까지 뒤져가며 상관관계와 계절 동향을 포함한 모든 요소를 샅샅이 들여다봤다고 한다. 그리고 이 차트를 활용해서 수년간 주식을 거래했다. 실제로 그는 에버리징을 지능적으로 활용했다. 사람들 말을 들어보면, 세계대전이 발발하면서 주식시장의 모든 선례가 힘을 잃기 전까지 꾸준히 돈을 땄다고 한다. 하지만 결국 그 사람도 그를 따르던 무리들도 수백만 달러를 잃고서야 끝을 봤다고 한다. 제아무리 세계대전이라도 경제가 호전되면 강세장이, 경제가 악화하면 약세장이 되는 이치를 막지 못한다. 그렇기에 돈을 벌고 싶으면 시장 상황 전반을 잘 분석할 줄 알아야 한다.

옆길로 샐 생각은 아니었는데, 월가에서 보낸 초창기 몇 년이 떠올라서 어쩔 수가 없었다. 그때는 몰랐던 사실을 지금은 안다. 뭣도 모르고 내가 저지르던 실수를 수많은 사람이 주식시장에서 해마다 반복한다.

증권거래소 회원사에서 시장을 이겨보겠다고 마음먹고 세 번째로 뉴욕에 돌아와서, 나는 매우 활발하게 거래했다. 사설거래소에서 거둔 만큼은 성과를 기대하지 않았지만, 훨씬 대규모로 매매할 수 있었으므로 시간이 지나면 더 잘할 수 있으리라 여겼다. 하지만 지금 돌이켜보면 주식시장에서 도박과 투기의 중대한 차이를 깨닫지 못한 것이 실패의 주요인이었다. 그래도 7년 동안 증권시세표를 읽고 게임에 남다른 감각을 발휘하며 큰돈은 아니어도 제법 높은 수익률을 기록할 수 있었다. 여전히 이기고 지고를 반복했지만 평균적으로 수익을 냈다. 하지만 돈을 많이 벌수록 씀씀이도 커졌다. 사람들 대부분이 그렇듯이 말이다. 손쉽게 돈을 번 사람뿐만 아니라, 돈을 모으기만 하는 사람이 아니면 누구나 그렇게 된다. 물론 러셀 세이지처럼 돈을 버는 감각과 모으는 재능이 똑같이 발달한 사람들은 빈정 상하게도 죽기 전에 갑부가 되었지만 말이다.

매일 오전 10시부터 오후 3시까지 시장을 이기는 게임에 푹 빠져들었고, 오후 3시 이후에는 내 삶을 즐겼다. 오해하지 않기를 바란다. 즐기느라 사업에 지장을 주지는 않았다. 돈을 잃었다면 내 생활이 방탕하거나 무절제해서가 아니라 내 판단이 틀렸기 때문이다. 신경쇠약이나 숙취 때문에 게임을 망치는 일은 결코 없었다. 육체적으로나 심리적으로 타격을 받는 건 견디지 못했다. 지금도 10시쯤이면 잠자리에 든다. 젊었을 때도 잠이 부족하면 제대로 일을 처리할 수 없어서 밤 늦게까지 깨어 있지 않았다. 본전치기보다 잘하고 있었기에 인생의 즐거움을 일부러 멀리할 까닭이 없었다. 시장이 언제나 쾌락을 제공하려고 버티고 있었다. 나는 냉철한 태도로 자신만의 밥벌이 방식을 지켜나가는 사람처럼 자신감을 키워갔다.

내 매매기법에서 가장 먼저 달라진 점은 시간이었다. 이곳에서는 사설거래소에서 그랬던 것처럼 확실한 순간을 기다렸다가 1, 2포인트 수익을 얻는 방식을 써먹을 수 없었다. 풀러턴 객장에서는 주가 변동을 알아채기 위해 좀 더 일찍 일을 시작해야 했다. 다시 말해 주가 움직임을 예측하기 위해 무슨 일이 일어날지 미리 연구해야 했다. 백번 천번 당연한 말이겠지만 무슨 뜻인지 이해할 것이다. 그렇게 게임을 대하는 나의 태도가 바뀌었다는 점이 나에게는 대단히 중요했다. 나는 주가 등락에 돈을 거는 것과 주가가 필연적으로 상승하고 하락하는 움직임을 예측해서 게임하는 것의 차이, 그러니까 도박과 투기의 근본적인 차이를 조금씩 깨달았다.

시장을 예측하려면 한 시간 훨씬 이전에 나타난 움직임부터 연구해야 했다. 사설거래소였다면 규모가 가장 큰 곳에서도 익힐 수 없는 방식이었다. 매매 내역을 세심하게 살폈고, 철도회사 순이익과 재무 통계, 상거래 통계에도 관심을 기울였다. 물론 여전히 대량 거래를 좋아해서 사람들이 나를 "꼬마 투기꾼"이라고 불렀지만, 나는 시장의 움직임을 연구하는 일도 즐겼다. 좀 더 지혜롭게 거래하는 데 보탬이 된다면 그 무엇도 귀찮지 않았다. 문제점을 해결하려면 먼저 문제점을 꼬집어낼 수 있어야 한다. 해결책을 찾았다 싶으면 내 생각이 옳다는 것을 증명해야 한다. 내가 증명할 수 있는 방법은 단 하나, 바로 내 돈이었다.

지금 돌이켜보면 배우는 속도가 무척 더뎠지만, 계속 돈을 벌었다는 점을 고려하면 최대한 빨리 터득한 것 같다. 만일 더 자주 돈을 잃었다면 더욱 꾸준히 연구했을 테고, 더 많은 실수를 잡아냈을 수도 있다. 하지만 돈을 잃는다고 해서 정확하게 무슨 가치가 있는지 잘 모르겠다. 더욱 자주 손실을 입었다면 자금이 부족해서 개선된 매매기법을 시험해볼 수 없었을 테니까 말이다.

풀러턴의 객장에서 돈을 딴 예전 경험도 들여다보았다. 내 시장 예측이 100퍼센트 옳았는데, 그러니까 경제 상황과 일반 추세를 정확하게 분석했는데도 그만큼 돈을 벌지는 못했다. 대체 왜 그랬을까?

패배에서도 그렇지만 불완전한 승리에서도 배울 점은 있었다. 예를 들어 강세장이 시작되었을 때 상승을 점치며 주식을 매수한 적이 있다. 예측대로 주가가 상승했으므로 여기까지는 일이 순조롭게 풀렸다. 그런데 대체 내가 무슨 짓을 한 것일까. 왜 노회한 정치가의 말을 새겨듣고 젊은 혈기를 억눌렀을까. 나는 현명하되 신중하고 보수적으로 매매하기로 마음먹은 것이다. 다 아는 사실이지만 그렇게 매매하려면 차익을 실현하고 주가가 조정될 때 다시 매수해야 한다. 나는 정확히 그렇게 했다. 아니, 그렇게 하려고 노력했다. 초반에 차익을 실현하고 조정을 기다렸지만 오지 않을 때가 이따금 있었기 때문이다. 결국 나는 매도한 주식이 10포인트 넘게 급등하는 상황을 지켜봐야 했고, 내 보수적인 주머니에는 4포인트 수익이 안전하게 들어 있었다. 차익을 실현하면 가난해지지 않는다고들 하는데, 그 말은 옳다. 하지만 강세장에서 주당 4포인트를 챙겨서는 결코 부자가 될 수 없다.

간단히 말해 보수적으로 거래한 탓에 2만 달러를 벌어야 하는 상황에서 2000달러밖에 못 챙겼다. 벌 수 있었던 금액의 몇 퍼센트밖에 수익을 못 올렸다는 걸 알았을 때 또 다른 사실을 깨달았다. 경험한 정도에 따라 호구도 등급이 있다는 점을 말이다.

초짜는 아무것도 모른다. 자신도 알고 다른 사람들도 그렇게 생각한다. 하지만 다음 등급 혹은 두 번째 호구는 자신이 주식시장을 상당히 많이 안다고 생각하고, 다른 사람들도 그렇게 여기게 만든다. 거래 경험도 있고 웬만큼 연구도 하니까. 하지만 시장 자체가 아니라 등급이 높은 호구들이 던지는 말 몇 마디를 연구한다. 2등급 호구는 초짜들이 당하는 몇 가지 수법에 맞서 돈을 지키는 방법을 안다. 하지만 1년 내내 거래소에 돈을 갖다 바치는 건 100퍼센트 초짜가 아니라 이런 어설픈 호구들이다. 월가에서 초짜의 평균 생존기간은 3주에서 30주 정도인데 어설픈 호구들은 평균 3년 반 동안 살아남는다. 유명한 주식 명언과 게임의 다양한 규칙을 입에 달고 다니는 이들도 2등급 호구들이다. 이들은 노련한 베테랑들이 신탁처럼 내려주는 모든 금기사항을 알지만, 단 한 가지 원칙은 모른다. 바로 이것, '절대 호구가 되지 말라!'

이런 호구들은 본인이 현명해서 주가가 하락할 때 매수하기를 좋아한다고 생각하는 부류다. 그래서 주가가 하락하기만을 기다린다. 주가가 고점에서 하락한 폭을 가늠해서 저가 매수 시점을 잡으려고도 한다. 주식시장의 거래 규칙이나 전례를 도통 모르는 이 순진한 호구들은 초강세장이 오면 덮어놓고 잘될 거라 믿으며 맹목적으로 '묻지마 매수'를 한다. 그러다 돈을 벌 수도 있지만, 단 한 차례 주가가 대폭 조정되면 홀라당 도로 빼앗긴다. 하지만 어설픈 호구보다 단계가 높은 신중한 호구는 한때 내가 현명하게 게임한다고 생각했던 방식대로 행동한다. 바로 다른 사람의 지략을 따르는 것이다. 나는 사설거래소에서 쓰던 기법을 바꿔야 한다는 사실을 깨닫고 개선해서 문제점을 해결했다고 생각했다. 특히 고객들 중 경험 많은 트레이더들을 좇아서 가치주를 평가하는 방식을 바꿨다고 생각했다.

여기서 내가 고객이라고 부르는 사람들은 대부분 비슷비슷하다. 진정으로 월가에서 받아낼 돈이 없다고 말할 수 있는 사람은 찾아보기 어렵다. 풀러턴 객장에도 평범한 대중이 있었다. 초짜, 어설픈 호구, 신중한 호구가 다 있었다. 그런데 그중 눈에 띄는 노인이 한 명 있었다. 우선 나이가 무척 많았다. 나서서 다른 사람들에게 충고하지도 않았고, 돈을 땄다고 자랑하지도 않았다. 다른 이의 말에 귀 기울였지만, 상대방에게 정보를 얻으려고 하는 것 같진 않았다. 말하기 좋아하는 사람들에게 들은 소문은 없는지, 아는 얘기가 있는지 캐묻지 않았다. 누군가 비밀정보를 알려주면 매우 정중하게 고맙다고 인사했다. 가끔 비밀정보가 적중하면 알려준 사람에게 다시 한번 고맙다고 인사했다. 하지만 비밀정보가 빗나가도 불평하는 법이 없어서 노인이 비밀정보를 활용했는지, 아니면 그냥 흘려버렸는지 알 길이 없었다. 그 노인이 부자고 큰 규모로 거래한다는 소문이 객장에 돌았지만, 거래소에 수수료를 많이 내는 편은 아니었다. 적어도 다른 사람들이 보기에는 그랬다. 노인의 이름은 패트리지였지만, 다들 등 뒤에서 '칠면조'라고 불렀다. 두꺼운 가슴팍에 턱을 딱 붙이고 점잔 빼며 이 방 저 방 돌아다니는 버릇이 있었기 때문이다.

남이 등을 떠밀면 마지못해 행동에 나서기를 내심 바라는 고객들이 있다. 그래야 실패해도 남 탓을 할 수 있기 때문이다. 이런 사람들은 패트리지에게 가서 내부자의 친구의 친구가 특정 주식을 콕 짚어 조언했다고 말했다. 그러고는 아직 아무런 행동도 하지 않았는데 어떻게 하면 좋을지 물었다. 그 비밀정보가 매수건 매도건 노인의 답은 늘 똑같았다.

고객들은 복잡한 심경을 다 얘기하고 나서 이렇게 물었다. "제가 어떻게 하면 좋을까요?"

칠면조 영감은 머리를 한쪽으로 기울인 채 아버지처럼 인자한 미소를 지으며 상대를 조용히 바라보다가 힘주어 말했다. "자네도 알다시피, 지금은 강세장이잖나!"

노인은 몇 번이고 같은 말을 반복했다. "그래, 지금은 강세장이지. 자네도 알잖나!" 그 기세가 마치 100만 달러짜리 상해보험증서에 귀한 부적을 싸서 주는 듯했다. 물론 나는 그 말이 무슨 뜻인지 도무지 알 수 없었다.

하루는 엘머 하우드라는 젊은이가 객장으로 뛰어 들어와 주문 전표를 작성해서 직원에게 건네주고는 패트리지에게 달려갔다. 그때 패트리지는 존 패닝의 이야기를 점잖게 듣고 있었다. 한번은 킨이 중개인에게 주문하는 얘기를 존이 엿듣고 100주를 매도해서 모두 합쳐 3포인트 차익을 실현했는데, 사흘 뒤에 주가가 24포인트나 치솟더라는 이야기였다. 존이 이 비통한 얘기를 적어도 네 번째 늘어놓고 있건만, 칠면조 영감은 마치 처음 듣는다는 듯 딱하다는 표정으로 어색하게 웃었다.

엘머는 존 패닝에게 실례한다는 말도 없이 칠면조 영감에게 다가가 이렇게 말했다. "어르신, 저는 방금 클라이맥스모터스 주식을 팔았어요. 정보를 알려준 친구 말로는 곧 시장이 조정되니까 싼값에 다시 살 수 있을 거래요. 그러니까 아직 그 회사 주식을 가지고 계시면 어르신도 저처럼 일단 파세요."

엘머는 애초에 비밀정보를 넘겨주며 매수를 권유한 적 있는 그 주식을 패트리지가 여태 가지고 있는지 미심쩍다는 표정으로 노인을 쳐다봤다. 이런 아마추어는 호의로 정보를 알려줘놓고 정보의 진위가 밝혀지기도 전에 상대의 육체와 영혼이 제 것이라고 착각한다.

"하우드 군. 아직 그 주식을 가지고 있네. 가지고 있고 말고!" 칠면조 영감은 매우 고마워하며 말했다. 엘머가 늙은이를 생각해서 한 말이 살가웠기 때문이다.

"그럼 지금 팔아서 차익을 실현하고 바닥일 때 다시 사세요." 엘머는 노인에게 예금 전표라도 써주듯이 말했다. 하지만 노인이 썩 달가워하지 않자, 엘머가 재촉했다. "전 방금 주식을 모두 처분했어요!"

목소리와 태도로 보아 엘머는 아무리 적게 잡더라도 1만 주가량은 판 것 같았다.

하지만 패트리지는 안타깝다는 듯 머리를 흔들며 넋두리처럼 말했다.

"아니지! 안 돼! 그 주식을 팔 순 없어!"

"뭐라고요?" 엘머가 소리쳤다.

"나는 팔 수 없네!" 패트리지가 난처한 표정으로 말했다.

"제가 그 주식을 사라고 비밀정보를 드렸잖아요?"

"그랬지. 하우드 군, 그 점은 정말 고맙게 생각하네. 진심이야. 하지만……"

"잠깐만요! 제 말을 먼저 들어보세요! 클라이맥스모터스 주가가 열흘 만에 7포인트나 상승했잖아요. 그렇죠?"

"맞아, 그래서 자네에게 무척 고마워하고 있지. 하지만 그 주식을 팔 생각은 털끝만큼도 없네."

"안 판다고요?" 엘머는 자기 정보가 틀렸나 싶어 미심쩍은 표정으로 물었다. 정보를 제공하는 사람이 받는 처지가 되면 보이게 마련인 태도였다.

"그래. 팔지 않겠네."

"왜요?" 엘머가 가까이 다가서며 물었다.

"지금이 강세장이니까 그렇지!" 노인은 길고 자세하게 설명한 듯이 말했다.

"그렇군요." 엘머는 실망해서 화가 난 듯 보였다. "지금이 강세장인 건 저도 알아요. 하지만 지금 주식을 팔고 주가가 조정받을 때 다시 사는 게 나아요. 그렇게 투자비용을 줄이면 좋죠."

"이보게, 하우드 군. 내가 지금 그 주식을 팔면 나는 포지션을 잃게 돼. 그러면 나는 어디에 있어야 할까?" 패트리지는 몹시 울쩍한 표정으로 말했다.

엘머 하우드는 두 손을 치켜들고 고개를 가로저으며 내게 다가와 동의를 얻으려는 듯이 말했다.

"무슨 말인지 알아듣겠어?" 엘머는 큰 소리로 말해놓고 내게만 속삭인다는 듯이 행동했다. "자네에게 묻는 말이야."

내가 대꾸하지 않자, 엘머가 계속 말했다. "내가 클라이맥스모터스 주식을 사라고 어르신에게 비밀정보를 줬어. 그때 어르신이 500주를 사서, 지금 주당 7포인트 평가이익을 보고 있거든. 그래서 이번에는 차익을 실현하고 주가가 조정되면 다시 사라고 알려줬단 말이야. 조정될 시기가 이미 지났거든. 그랬더니 뭐라고 했는지 알아? 지금 그 주식을 팔면 어르신이 직업을 잃는다는군. 이게 무슨 말인지 뭐 좀 아는 거 있어?"

"미안하지만 하우드 군. 나는 직업을 잃는다고는 하지 않았네." 칠면조 영감이 끼어들었다. "나는 내 포지션이 없어진다고 했지 직업을 잃는다고는 하지 않았어. 자네가 나처럼 나이를 먹고 나만큼 활황과 공황을 겪어보면 포지션을 잃어버린다는 게 얼마나 견디기 힘든 일인지 알게 될 거야. 아무리 존 D. 록펠러라도 그러면 못 버티지. 그 주식이 조정을 받아서 자네가 매도한 가격보다 상당히 싼값에 재매수할 수 있기를 바라네. 나는 내가 오랫동안 해온 경험을 믿고 거래할 수밖에 없어. 값비싼 대가를 치렀는데 또다시 수업료를 내고 싶지는 않아. 자네한테는 고맙게 생각하네. 은행 계좌에 돈이 들어온 것이나 마찬가지야. 자네도 알다시피 지금은 강세장이 잖나." 노인은 멍하니 쳐다보는 엘머를 남겨둔 채 점잔 빼며 걸어나갔다.

시장 전반을 정확하게 예측했는데도 마땅히 벌어야 할 만큼 벌지 못하는 일이 수없이 거듭되는 원인을 생각해보기 전에는 그날 패트리지가 한 말이 그다지 의미 있게 다가오지 않았다. 하지만 주식시장을 연구할수록 패트리지가 얼마나 현명했는지 깨달았다. 아마 패트리지도 틀림없이 젊은 날에는 나와 같은 문제로 고통깨나 겪으며 자신의 인간적인 나약함을 절감했을 것이다. 이런 경험이 쌓이면서 패트리지는 항상 대가를 톡톡히 치러야 하는 유혹을 뿌리치기는 어렵다는 사실을 알고 있었다. 나 역시 마찬가지였다.

마침내 패트리지가 입버릇처럼 "그래, 자네도 알다시피 지금은 강세장이라네!" 하던 말이 진정으로 무슨 의미인지 깨달았을 때, 나는 주식 공부에서 한 걸음 내디딜 수 있었다. 패트리지가 외치던 그 말은 그때그때 주가의 등락이 아닌 전체 흐름을 따라가야 큰돈을 벌 수 있다는 뜻이었다. 다시 말해 대박이 나려면 증권시세표를 읽기보다는 시장 전체의 규모와 추세를 파악해야 한다.

여기서 한 가지 해주고 싶은 말이 있다. 월가에서 수년간 수백만 달러를 벌어도 보고 잃어도 보면서 얻은 결론이다. 내 돈은 판단하는 능력이 벌어다 주지 않았다. 나는 진득하게 자리를 지켰기 때문에 큰돈을 벌 수 있었다. 무슨 말인지 알아듣겠는가? 자리에 떡 버티고 앉아 있으라는 얘기다! 시장을 올바로 판단하는 것은 그리 대단한 기술이 아니다. 강세장 초기에는 주가가 오르고, 약세장 초기에는 주가가 내려간다. 큰 수익을 낼 수 있는 적기에 올바로 판단해서 주식을 매수하거나 공매도하는 사람을 많이 보아왔다. 하지만 나와 마찬가지로 진짜 큰돈을 번 사람은 별로 없었다. 시장을 올바로 판단할 줄 알면서 동시에 제 자리를 진득하게 지키는 사람이 극히 드물었기 때문이다. 이런 교훈을 깨우치기가 참 어렵다. 하지만 투자자가 진정으로 큰돈을 벌고 싶으면 이 점을 확실히 이해해야 한다. 아무것도 모르는 시절에는 수백 달러도 벌기 힘들지만 매매기법을 터득하고 나면 수백만 달러도 수월하게 번다는 말은 문자 그대로 사실이다.

시장을 명쾌하게 제대로 예측하고도 시장이 생각보다 느리게 움직이면 조바심이 나거나 의구심이 솟는다. 바로 그래서 호구가 아닌, 심지어 3급 호구도 아닌 월가 사람들이 돈을 잃곤 한다. 시장에 당한 것이 아니다. 영리하지만 진득하게 자리를 지키지 못해서 스스로에게 진 것이다. 칠면조 영감은 한번 내뱉은 말을 끝까지 밀고 나갔다. 패트리지는 흔들리지 않고 신념을 고수하는 용기와 차분하게 자리를 지키는 현명한 인내심을 두루 갖춘 인물이었다.

앞서도 말했듯이 주식시장의 판세를 무시하고 쉴 새 없이 주식을 사고판 것이 내게는 치명적인 패인이었다. 주식의 등락을 모조리 잡아낼 수 있는 사람은 아무도 없다. 강세장에서 게임을 할 때는 주식을 매수하고 강세장이 막바지에 이르렀다고 생각될 때까지 보유해야 한다. 그러려면 개별 종목의 비밀정보나 잠깐 영향을 미치는 특수 요인이 아닌 경제 전반을 파악해야 한다. 그러고 나서 때가 되면 보유 물량을 전부 정리해야 한다. 깨끗이 털어야 한다! 시장이 전환되어 장세 전반이 역전될 조짐을 보이거나 그렇다고 판단될 때까지 기다려라. 머리를 쓰고 판단력을 발휘해야 한다. 그렇지 않으면 내가 하는 이런 조언도 저가에 사서 고가에 팔라는 어리석은 참견이나 마찬가지가 된다. 가장 쓸 만하면서 누구나 배울 수 있는 비결이 하나 있다. 처음이나 마지막 가격의 8분의 1까지 잡으려고 하지 말라. 이 두 가지 8분의 1은 세상에서 가장 값비싼 대가다. 트레이더들이 이 8분의 1을 잡으려다 입은 손실액을 모두 합치면 대륙을 횡단하는 고속도로를 건설하고도 남는다.

좀 더 현명하게 거래할 수 있게 된 뒤에 풀러턴의 객장에서 매매하던 방식을 곱씹어보다가 또 다른 사실을 깨달았다. 거래 초창기에는 거의 손실을 입지 않았던 것이다. 그러다 보니 당연히 처음부터 큰 규모로 진입하기로 마음먹었고 내 판단에 자신 있었다. 하지만 때때로 다른 사람들의 충고를 듣거나 나 자신이 조급해지면 흔들렸다. 자신의 판단을 믿지 못하면 이 게임에서는 아무도 성공할 수 없다. 내가 터득한 교훈을 정리하면 이렇다. 장세 전반을 분석하고, 포지션을 잡으면 꿋꿋이 지킨다. 이제 나는 조바심 내지 않고 기다릴 수 있다. 패배를 겪더라도 일시적인 현상임을 알기에 흔들리지 않는다. 한번은 주식 10만 주를 공매도했는데, 상당한 강세장이 다가오고 있었다. 나는 이런 반등이 피할 수 없으며 심지어 바람직하다고 판단했고, 내 전체 평가이익에서 100만 달러가 줄어들겠다고 직감했다. 이런 내 판단은 적중했다. 그렇다고 일단 환매하고 고점에서 다시 공매도하겠다는 생각일랑 하지 않았다. 그저 담담히 버티며 내 평가이익 절반이 날아가는 현실을 지켜봤다. 만일 여기서 환매했다가 다시 공매도하면 포지션을 잃을 테고 큰돈을 벌 확실한 기회도 사라진다는 걸 알았기 때문이다. 대박을 터뜨리려면 큰 흐름을 타야 한다.

나는 이 모든 것을 아주 더디게 터득했다. 실수를 거듭하며 깨우쳤기 때문이다. 실수하고 나서 그랬다는 사실을 깨닫기까지는 시간이 걸리기 마련이고, 깨달은 뒤에도 정확하게 분석하려면 더 많은 시간이 흘러야 한다. 하지만 당시에는 꽤 안락하게 생활했고 아직 젊었기에 다른 방식으로 실수를 메웠다. 증권시세표를 읽는 능력으로 수익 대부분을 올렸는데, 당시 시장 여건에서는 그런 방식이 잘 먹혔다. 뉴욕에서 처음 거래할 때처럼 화가 치밀 만큼 자주 돈을 잃지는 않았다. 채 2년도 안 되어 세 번이나 거덜이 났으니 자랑할 만한 경험은 아니지만, 앞서도 말했듯이 파산만큼 효과가 뛰어난 교육법도 없다.

나는 많이 버는 만큼 씀씀이도 컸기에 계좌 규모가 빠르게 불어나지는 않았다. 취향이 비슷한 내 또래 젊은이들이 갈망하는 것을 나도 마음껏 누렸고, 자동차도 있었다. 주식시장에서 돈을 벌 때는 궁색하게 살 이유가 없었다. 증권시세 단말기는 당연히 일요일과 휴일에 멈췄다. 손실이 난 이유나 실수한 원인과 과정을 밝혀낼 때마다 내 자산 목록에 새로운 '금기사항'을 추가했다. 그렇게 자산이 늘어나서 생활비를 줄이지 않아도 된다는 점이 가장 근사했다. 물론 유쾌한 일도 있었고 그렇지 못한 일도 있었지만, 자세하게 다 이야기하자면 끝이 없다. 사실 그다지 애쓰지 않아도 떠오르는 사건들이 있다. 내 거래에서 분명한 가치가 무엇인지 일깨워주고, 게임과 나 자신을 더 잘 알게 해준 사건들이다.

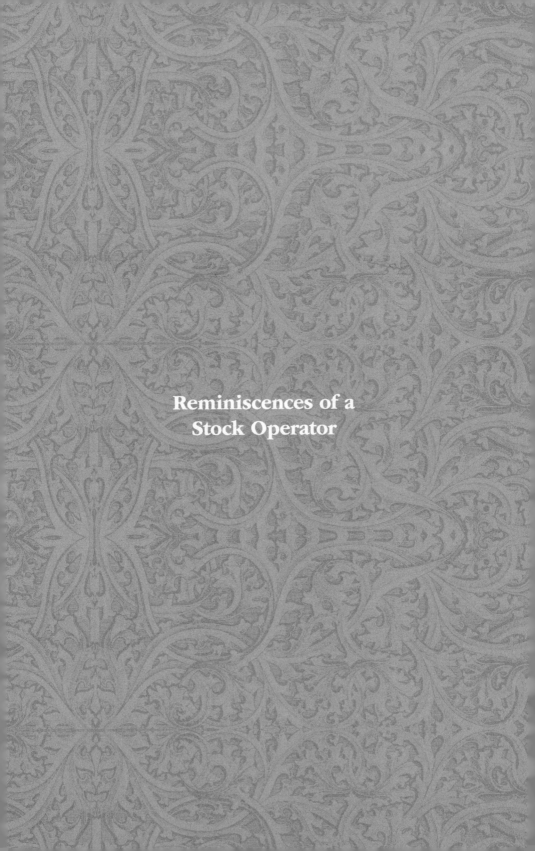

Reminiscences of a
Stock Operator

샌프란시스코 지진과
예감

1906년 봄, 나는 애틀랜틱시티에서 짧은 휴가를 보냈다. 주식을 잠시 내려놓고 신선한 공기를 마시며 편안하게 쉬다 오고 싶은 마음뿐이었다. 그 무렵, 나는 첫 거래를 텄던 정식 회원사 하딩브러더스에서 다시 활발하게 매매하고 있었다. 3000에서 4000주를 거래했는데, 겨우 스무 살도 안 되었을 때 사설거래소인 코스모폴리탄에서 움직이던 규모에는 미치지 못하는 수준이었다. 사설거래소에서는 증거금이 1포인트만 있으면 되었는데 뉴욕증권거래소에서 내 계좌로 실물 주식을 사고파는 회원사들은 더 많은 증거금을 요구했기 때문이다.

코스모폴리탄에서 설탕주 3500주를 공매도했을 때 무언가 잘못된 듯싶어 거래를 청산하는 편이 낫겠다는 생각이 들었다고 했던 말을 기억하는가? 이따금 그렇게 이상한 느낌이 드는데, 그러면 대체로 직감을 따르는 편이다. 하지만 때로는 그런 느낌이 어처구니 없어서 난데없이 불쑥 충동에 휩싸여 포지션을 바꾸는 건 어리석은 짓이라고 궁시렁거렸다. 흡연이 지나쳤거나 잠이 부족했거나 간 기능이 떨어져서 신경이 날카로워진 탓에 그런 느낌이 들었다고 생각했다. 그런데 이런 충동을 무시하고 처음 포지션을 유지하면 언제나 후회할 일이 생겼다. 일단 감이 왔는데 무시하고 주식을 팔지 않았다고 해보자. 다음 날 시내에 나가보면 시장이 강세를 보이고, 맹목적인 충동에 휩싸여 포지션을 정리하는 어리석을 짓을 하지 않아서 다행이라고 안도한다. 그런데 그다음 날 어디선가 무슨 일이 터져서 시장이 형편없이 급락한다. 이런 사례가 열 번도 넘는다. 그토록 현명하게 논리적으로 굴지 않았다면 돈을 벌었을 터이다. 이유는 알 수 없지만, 이런 예감은 분명 생체작용이 아니라 심리적 영향 같았다.

바로 내가 직접 겪은 일화 하나를 이야기하겠다. 1906년 봄 애틀랜틱시티에서 짧은 휴가를 즐기고 있을 때 일어난 일이다. 나처럼 하딩브러더스의 고객이던 친구와 함께 있었다. 나는 시장이 어떻게 움직이건 관심을 끄고 휴가를 즐겼다. 포지션을 크게 잡고 있거나 시장이 유례없이 활발하게 움직이는 때가 아니면 거래를 접곤 했다. 내 기억에 당시는 강세장이었다. 산업계 전반은 전망이 밝았고, 주식시장은 상승세가 다소 둔화되었지만 상승 기조가 확실했다. 모든 지표가 상승세를 나타냈다.

어느 날 아침, 우리는 아침식사를 하고 뉴욕의 조간신문을 모조리 읽고 나서 갈매기들을 구경했다. 갈매기들은 조개를 낚아채서 상공으로 6미터 날아올랐다가 단단한 모래 위에 떨어뜨려서 깨진 부분을 쪼아 먹었다. 그 광경이 싫증 나던 참이어서 우리는 보드워크를 걸으러 나갔다. 낮 시간에 할 수 있는 활동 중 가장 재미있는 소일거리였다.

아직 정오가 되기 전이었다. 우리는 시간을 보내려고 소금기 머금은 공기를 마시며 천천히 거닐었다. 보드워크에는 하딩브러더스 지점이 있었고, 우리는 매일 아침 그곳에 들러 분위기가 어떤지 살펴봤다. 아무것도 하지 않았기 때문에 그저 습관처럼 걸음을 옮겼다.

시장은 강세를 보이며 활기차게 돌아갔다. 친구는 강력한 강세장을 예측하고 몇 포인트 낮은 가격으로 물량을 조금 매수한 터였다. 친구는 주가가 더 오를 거라면서 포지션을 정리하지 않는 것이 현명한 처사라고 이야기했지만, 나는 별 관심이 없어서 맞장구도 치지 않았다. 호가판을 바라보며 시세 변화를 살폈는데, 대부분 오르고 있었다. 그때 유니언퍼시픽이 눈에 띄었고, 불쑥 공매도해야겠다는 생각이 들었다. 더는 어떻게 설명할 수 없다. 그냥 팔고 싶었다. 왜 그런 생각이 들었는지 스스로에게 물어봤지만 딱히 이유를 찾을 수 없었다.

호가판에 찍힌 유니언퍼시픽 체결가만 뚫어지게 쳐다봤다. 다른 숫자, 다른 호가판, 그밖에 다른 것은 하나도 눈에 들어오지 않았다. 오직 유니언퍼시픽 주식을 공매도해야겠다는 생각뿐이었다. 왜 그러고 싶은지 이유는 도무지 알 수 없었다.

내가 이상해 보였던지 옆에 있던 친구가 팔꿈치로 쿡 찌르며 물었다. "너 왜 그래?"

"나도 모르겠어." 내가 대꾸했다.

"잠깐 자러 갈래?" 친구가 물었다.

"아니, 그럴 생각 없어. 나 저 주식을 공매도할 거야." 나는 이렇게 중얼거렸다.

예감을 따르면 항상 돈을 벌었다. 나는 주문서가 있는 탁자로 걸어갔고, 친구도 따라왔다. 유니언퍼시픽 1000주를 시장가에 매도하는 주문서를 작성해서 매니저에게 건넸다. 내가 주문서를 써서 건넬 때까지만 해도 미소를 짓던 매니저가 주문서 내용을 확인하더니 웃음기 가신 얼굴로 나를 쳐다봤다.

"맞게 쓰신 건가요?" 내가 아무런 대꾸도 하지 않고 물끄러미 쳐다보자 매니저는 주문 담당자에게 서둘러 주문서를 넘겼다.

"대체 무슨 짓이야?" 친구가 물었다.

"주식을 팔고 있잖아!" 내가 대꾸했다.

"뭘 파는데?" 친구가 소리쳤다. 자기가 강세장을 예측했는데 내가 약세장에 걸었으니 뭔가 잘못됐다고 생각하는 모양이었다.

"유니언퍼시픽 1000주 팔았어." 내가 말했다.

"이유가 뭐야?" 친구가 상당히 흥분한 목소리로 물었다.

나는 나도 모른다는 의미로 고개를 가로저었다. 하지만 친구는 틀림없이 내가 비밀정보를 들었다고 생각했는지 내 팔을 잡고 객장 밖으로 끌고 나왔다. 복도에서는 다른 고객들과 의자에 죽치고 앉은 구경꾼들의 눈과 귀를 피할 수 있을 테니까.

"대체 무슨 이야기를 들은 거야?"

친구가 다시 물었다. 몹시 흥분한 상태였다.

유니언퍼시픽은 친구가 가장 아끼는 주식이었다. 회사 순이익과 향후 사업 전망이 좋아서 친구는 주가가 강세를 나타내겠거니 기대하고 있었다. 하지만 지금 유니언퍼시픽이 하향세를 보일 거라는 정보라면 건너 건너서라도 기꺼이 들으려 했다.

"들은 얘기 없어."

"아무 말도 못 들었다고?" 친구는 내 말을 의심하는 기색이 역력했다.

"그렇다니까."

"그럼 도대체 유니언퍼시픽을 왜 파는 건데?"

"나도 몰라." 내가 대꾸했다. 맹세코 진실이었다.

"솔직하게 말해봐, 래리." 친구가 애걸복걸했다.

친구는 근거가 있어야만 거래하는 내 습관을 알고 있었다. 그런 내가 강세장을 눈앞에 두고 유니언퍼시픽 1000주를 매도했다면 분명 그럴 만한 이유가 있다고 생각했다.

"나도 잘 모르겠어. 그냥 무슨 일인가 일어날 것만 같아." 나는 같은 말을 반복했다.

"도대체 무슨 일이 일어날 것 같은데?"

"그야 모르지. 나도 이유를 설명할 수가 없어. 그냥 유니언퍼시픽을 팔고 싶을 뿐이야. 아, 1000주를 더 팔아야겠어."

나는 객장으로 돌아가서 두 번째로 1000주 공매도 주문을 냈다. 첫 번째 1000주를 매도한 판단이 옳다면 더 팔아야 했다.

"대체 무슨 일이 일어난다는 건데?" 친구는 나를 따라 할지 말지를 결정하지 못한 채 끈덕지게 물었다. 내가 유니언퍼시픽이 하락할 거라는 비밀정보를 들었다고 말했다면 친구는 누구에게 들었는지, 떨어지는 이유가 뭔지 묻지도 따지지도 않고 팔았을 것이다.

"대체 무슨 일이 일어난다는 거냐고!" 친구가 재차 물었다.

"수백만 가지 일이 일어날 수 있지. 하지만 무슨 일이 터진다고 장담은 못 해. 이유도 설명 못 해. 내가 미래를 내다볼 수 있는 것도 아니고." 내가 대답했다.

"그럼 너는 지금 제정신이 아니야. 완전히 미친 거지. 아무 이유도 없이 유니언퍼시픽을 팔아놓고, 왜 팔고 싶은지 모른다고?" 친구가 말했다.

"나도 몰라. 왜 팔고 싶은지. 그냥 팔고 싶어." 나는 말을 이어갔다. "정말 미친 듯이 팔고 싶어." 팔고 싶은 충동이 휘몰아쳐서 나는 1000주를 더 팔았다.

친구가 더는 두고 볼 수 없었는지 내 팔을 부여잡고 말했다. "가자! 당장 여기서 나가자고. 이러다 네가 유니언퍼시픽을 전부 처분하고 말겠어."

직성이 풀릴 만큼 팔았기 때문에 나중에 주문한 2000주 체결 내역서는 확인하지도 않고 친구를 따라 밖으로 나왔다. 마땅한 이유가 있어서 팔았더라도 규모가 꽤 큰 거래였다. 별다른 이유도 없이 공매도하기에는 지나치다 싶을 정도였다. 그것도 시장 전반이 워낙에 강세를 보여서 하락할 조짐이 하나도 없는 상황에서 말이다. 하지만 이렇게 팔고 싶은 충동에 휩싸이고도 팔지 않았다가 어김없이 후회했던 기억이 하나둘 떠올랐다.

이런 일화를 친구들에게 얘기했더니, 몇몇 친구가 그건 직감이 아니라 잠재의식, 곧 창조력이라고 했다. 예술가가 어떻게 하는지도 모르는 채 작품을 일궈내는 힘이 창조력이다. 아마도 나는 하나하나 보면 보잘것없는 것들이 쌓여서 강력한 힘을 발휘한 것 같다. 아니면, 친구가 앞뒤 분간도 하지 않고 강세론을 펼치는 통에 반발심이 생겨서 유니언퍼시픽을 골라잡았는지도 모른다. 왜 그런 예감이 들었는지, 그 동기나 원인은 나도 정확히 설명할 수 없었다. 그저 상승장에서 유니언퍼시픽 3000주를 공매도하고 하딩브러더스 애틀랜틱시티 지점을 나왔다는 사실만 확실했다. 그러고도 걱정은 조금도 하지 않았다.

나중에 공매도한 2000주의 체결가를 알고 싶어서, 점심식사를 하고 지점까지 걸어갔다. 여전히 시장은 강세를 보였고, 유니언퍼시픽 주가는 더욱 상승했다.

"너의 최후가 눈에 선하군." 친구가 말했다. 친구는 유니언퍼시픽을 팔지 않아서 날아갈 듯이 기뻐하는 게 분명했다.

다음 날 전체 시장은 더욱 상승했고, 친구는 내게 격려의 말을 건넸다. 하지만 나는 여전히 유니언퍼시픽을 팔길 잘했다고 확신했다. 내 판단이 옳다고 생각되면 절대 속을 끓이지 않았다. 그래 봐야 무슨 소용이 있겠는가? 그날 오후 유니언퍼시픽 주가는 상승세를 멈추었고, 장이 마감할 즈음 하락하기 시작했다. 곧 주가는 내가 매도한 평균 단가보다 1포인트 하락했다. 어느 때보다도 내 판단이 옳다는 확신이 강하게 들었다. 이런 느낌이 오면 당연히 더 팔아야 한다. 그래서 장이 마감할 무렵 2000주를 추가로 매도했다.

이렇게 해서 직감만 믿고 유니언퍼시픽 5000주를 공매도했다.

하딩브러더스에 예탁해놓은 증거금으로 공매도할 수 있는 최대 수량이었다. 시장을 떠나 놀면서 포지션을 보유하기에는 지나치게 많은 물량이었기에 휴가를 포기하고 그날 밤 뉴욕으로 돌아왔다. 무슨 일이 터질지 알 수 없으니 즉석에서 대처하는 것이 좋을 듯싶었다. 뉴욕에 있어야 신속하게 움직일 수 있었다.

다음 날, 샌프란시스코 지진* 소식이 들렸다. 끔찍한 재앙이었다. 하지만 시장은 겨우 2포인트 하락하면서 출발했다. 강세장의 여파가 작용했고, 대중은 결코 뉴스에 독자적으로 반응하지 않기 때문이었다. 이런 현상은 무척 흔하다. 예를 들어 확고한 강세장에서는 언론에서 '강세장을 조작하는 움직임'이 있다고 떠들어대도 약세장에서만큼 효과가 크지 않다. 시장심리란 게 늘 그렇다. 이번에 월가는 재앙이 미치는 파장을 제대로 평가하지 않았다. 그러기를 원치 않았다. 그날 시장은 마감하기 전에 전일 가격 수준을 회복했다.

나는 5000주를 공매도한 참이었다. 악재가 떨어졌는데도 주가는 타격을 받지 않았다. 내 예감은 어느 때보다 날카로웠건만, 내 계좌 잔고는 변동이 없었다. 평가이익조차 그랬다. 애틀랜틱시티에서 공매도할 때 옆에 있었던 친구는 만감이 교차하는 눈치였다.

"네 예감 한번 기막히게 들어맞네. 하지만 사람이고 돈이고 죄다 강세장에 몰리는데 대세를 거스른들 무슨 소용이야? 그들이 이기게 돼 있어."

---

* 1906년 4월 18일에 발생한 대지진으로, 진도 8.30이었다. —역자 주

"좀 더 기다려봐." 내가 말했다. 주가가 반응하기까지 시간이 걸린다는 뜻이었다. 지진 피해가 극심했고 유니언퍼시픽이 최대 피해자일 것이 분명했기에 포지션을 정리할 생각은 추호도 없었다. 하지만 도리에 어긋나는 월가의 행태를 지켜보자니 분통이 터졌다.

"지금이라도 물량을 정리해. 그렇게 기다리다간 너도 약세론에거는 다른 사람들처럼 햇볕에 말라비틀어져 죽고 말거야." 친구는 나를 설득하려고 애썼다.

"너라면 어떻게 하겠어?" 내가 친구에게 물었다. "서던퍼시픽을 비롯해 다른 철도회사들이 수백만 달러 손해를 봤는데, 그래도 유니언퍼시픽을 살거야? 그 회사들이 이번 지진으로 입은 손실을 충당하고 나면 무슨 돈으로 배당금을 지급하겠어? 너야, 뭐, 기껏해야 피해가 알려진 것보다 심각하지 않을지도 모른다고 말하겠지. 설령 그렇대도 피해를 본 주식을 살 이유가 돼, 그게? 대답해봐."

하지만 친구는 .이렇게 말할 뿐이었다. "그래, 네 말을 들으면 그럴듯해. 하지만 시장은 네 말에 동의하지 않아. 증권시세표는 거짓말을 하지 않잖아, 안 그래?"

"항상 그 자리에서 바로 진실을 말하는 것도 아니야." 내가 대꾸했다.

"내 말 잘 들어. 어떤 사내가 블랙프라이데이 며칠 전에 짐 피스크에게 금 값이 계속 하락할 이유를 열 가지나 들더군. 그러고는 자기가 한 말에 자기가 홀라당 넘어가서 수백만 달러어치 금을 팔겠다고 피스크에게 말하는 거야. 그랬더니 짐 피스크가 이렇게 말하더라고. '당장 팔아! 당장! 공매도하고 나서 자네 장례식에 나를 초대하게나.'"

"그래. 그 친구가 정말로 금시장에서 매도 포지션으로 돌아섰다면 아마도 횡재를 했겠지! 너도 어서 유니언퍼시픽을 공매도해."

"천만에, 안 팔아! 나는 바람과 조류를 타고 노를 저어서 돈을 버는 부류거든."

다음 날 지진 소식이 더 자세하게 들려오자 시장은 하락하기 시작했다. 하지만 생각만큼 하락 폭이 크지는 않았다. 이제 태양 아래 그 무엇도 급락을 막을 수 없다는 판단이 들었고, 매매 규모를 두 배로 늘려서 5000주를 더 공매도했다. 그제서야 사람들 대부분이 사태를 제대로 파악했고, 내 중개인들도 서슴없이 내 주문을 받아들였다. 중개인이나 나나 무모하지 않았고, 내가 시장을 바라보는 방식도 마찬가지였다. 다음 날 시장이 온당하게 움직이기 시작했다. 이제 대가를 치를 때였다. 물론 나는 그만한 가치가 있었기에 내가 잡은 행운을 계속 밀어붙였다. 규모를 두 배로 늘려 1만 주를 더 공매도했다. 할 수 있는 일이라곤 그것밖에 없었다.

내 판단이 옳다, 100퍼센트 옳다, 이건 하늘이 내게 준 기회다, 이 생각만 했다. 이 기회를 이용하고 안 하고는 전적으로 내게 달린 문제였다. 나는 더 팔았다. 그렇게 공매도 규모를 늘리면 주가가 조금만 반등해도 내 평가이익은 물론이고 원금까지 까먹을 수 있었지만, 그런 위험까지 고려했는지는 기억나지 않는다. 설령 그런 생각을 했더라도 개의치 않았을 것 같다. 무모하게 도박을 건 것이 아니었기 때문이다. 정말 신중하게 거래했다. 지진이 일어났는데 원래 상태로 돌려놓을 수 있는 사람은 아무도 없지 않은가? 무너진

건물들을 하룻 밤 새 무료로, 대가를 지불하지 않고 복구할 수는 없지 않은가? 전 세계 돈을 죄다 끌어모은다 해도 몇 시간 뒤에 무슨 큰 변화가 있겠는가?

무모하게 돈을 걸지 않았다. 약세론에 미친 듯이 빠져들지 않았다. 성공에 취하지도 않았고, 샌프란시스코가 지도에서 완전히 사라져서 온 나라가 파편 더미가 될 거라고 생각하지도 않았다. 정말이다! 공황이 닥치기를 기대하지도 않았다. 그래서 다음 날 공매도했던 물량을 정리해서 25만 달러 수익을 실현했다. 그때껏 거둔 승리 중 최대 규모였다. 그것도 단 며칠 만에 해낸 일이다. 월가는 지진이 발생하고 처음 하루 이틀은 지진에 별다른 신경을 쓰지 않았다. 첫 지진 소식이 경종을 울릴 만하지 않았다고들 말할 테지만, 나는 시장을 바라보는 대중의 시각이 바뀌는 데 많은 시간이 걸렸기 때문이라고 생각한다. 전문 트레이더들조차 대부분 굼뜨고 시야가 좁았다.

이 사건을 논리적으로 설명한다거나 어설프게라도 조리 있게 이야기할 재간이 내게는 없다. 그저 내가 왜 그렇게 행동했고 결과가 어땠는지만 들려줄 수 있을 뿐이다. 불가사의한 직감 그 자체에는 별 관심이 없다. 직감을 믿고 25만 달러를 벌었다는 사실이 더 중요하다. 이제 때가 오면 더 크게 거래할 수 있다는 의미니까 말이다.

그해 여름에는 새러토가스프링스에 갔다. 거기서 휴가를 즐길 생각이었지만, 시장에서 눈을 떼지 않았다. 우선 주식을 생각하는 일이 귀찮을 만큼 피곤하지는 않았다. 게다가 내가 아는 그곳 사람들은 모두 주식에 흥미가 있거나 한때 흥미를 느낀 적이 있었다.

그러다 보니 만나면 자연스럽게 주식 이야기로 흘렀다. 그런데 주식 이야기와 실제 거래 사이에는 꽤 큰 차이가 있는 듯 보였다. 몇몇 사람들은 주식 이야기를 할 때 심술궂은 사장에게 동네 똥개한테 하듯 거침없이 구는 배짱 두둑한 직원 같았다.

하딩브러더스는 새러토가에도 지점이 있었다. 고객이 많기도 했지만, 새러토가에 지점을 낸 진짜 이유는 광고효과 때문인 것 같았다. 휴양지에 문을 연 지점은 고급 옥외 광고판인 셈이었다. 나는 가끔 지점에 들러 사람들 틈에 끼어 앉아 있곤 했다. 뉴욕에서 왔다는 매니저는 사근사근해서 친구건 낯선 사람이건 반갑게 악수를 청했고, 가능하면 거래를 터주었다. 그곳에서는 비밀정보를 얻기에 더할 나위 없이 좋을 만큼 경마, 주식시장, 직원에 관한 소문까지 온갖 비밀정보가 떠돌았다. 하지만 내가 비밀정보에 개의치 않는다는 사실을 지점에서도 다 아는 터라, 매니저가 다가와 뉴욕 사무소에서 은밀하게 받은 정보라며 귓속말하는 일은 없었다. 그냥 전보를 슬쩍 건네면서 이렇게 지나가듯 말했다. "이런 걸 보냈네요."

물론 나는 시장을 지켜봤다. 호가판을 보고 시장이 보내는 신호를 읽는 건 하나의 절차였다. 그런데 내 절친한 친구인 유니언퍼시픽이 오를 조짐이 보였다. 주가가 높은데도 누군가 매집하는 것 같았다. 이틀 동안 거래에 뛰어들지 않고 지켜만 봤는데 볼수록 그렇다는 확신이 들었다. 소액 투자자는 아니고 시장을 좀 아는 큰손이 매집하는 게 틀림없었다. 그것도 아주 교묘하게 사들인다는 생각이 들었다.

확신이 들자 곧바로 유니언퍼시픽을 160 정도에 매수하기 시작했다. 주가가 만족스럽게 움직였기에 한 번에 500주 단위로 계속 매수했다. 물량을 늘려가는 동안 주가가 급등하지는 않아도 꾸준히 상승해서 마음이 놓였다. 증권시세표를 읽어보니 주가가 더 오르지 않을 이유가 없었다.

그때 갑자기 매니저가 다가와 뉴욕에서 연락이 왔다고 했다. 물론 직통전화로 온 연락이었다. 뉴욕에서 내가 지점에 있는지 묻길래 그렇다고 대답했더니 이렇게 말했다고 한다. "그 사람 좀 붙잡아두게. 하딩 씨가 그 사람과 직접 통화하고 싶어 한다고 전해주고."

나는 기다리겠다고 말하고 유니언퍼시픽을 500주 더 매수했다. 하딩이 내게 무슨 말을 할지 통 짚이지 않았다. 거래에 관한 이야기는 아닐 것 같았다. 매수하기에 어려움이 없을 만큼 증거금은 충분했다. 곧 매니저가 와서 에드 하딩이 장거리 전화를 걸어왔다고 전했다.

"안녕하세요, 에드?" 내가 전화를 받았다.

그러자 하딩이 대뜸 소리쳤다. "대체 무슨 짓을 하고 있나? 자네 지금 제정신이야?"

"네?" 나는 어안이 벙벙했다.

"지금 무슨 짓을 하고 있냐고!" 그가 다시 물었다.

"무슨 말씀이시죠?"

"유니언퍼시픽을 전부 사들이고 있잖나."

"그게 왜요? 제 증거금이 부족한가요?"

"증거금이 문제가 아니라니까. 자네 지금 천하에 둘도 없는 호구 짓을 하고 있다고."

"무슨 말씀인지 모르겠는데요."

"유니언퍼시픽을 왜 그렇게 사들이는 건가?"

"주가가 오르고 있잖아요." 내가 대꾸했다.

"주가가 오른다니, 미치겠군! 내부자들이 자네에게 물량을 떠넘기고 있는 거 모르겠나? 자네가 지금 가장 손쉬운 표적이란 말일세. 경마장에 가서 돈을 잃으면 재미라도 있지. 제발 그자들에게 놀림감이나 되지 말게."

"저를 가지고 놀 사람은 아무도 없어요. 유니언퍼시픽을 산다고 아무에게도 말 안 했거든요."

하지만 하딩은 이렇게 경고했다. "자네가 주식으로 도박을 할 때마다 기적이 일어나서 자네를 구해줄 거라고 기대하지는 말게. 아직 빠져나올 수 있을 때 발을 빼게. 이 수준에서 그 주식을 매수하는 건 한심한 짓이야. 사기꾼들이 대량으로 내던지고 있다고."

"증권시세표를 보면 그자들도 매수하고 있는걸요." 나도 물러서지 않았다.

"래리, 나는 자네 주문이 들어오는 거 보고 심장이 철렁 내려앉는 줄 알았네. 제발, 호구 짓 하지 말게. 빠져나와, 지금 당장! 언제고 폭락한단 말일세. 나는 할 만큼 했네. 잘 있게!" 하딩이 전화를 끊었다.

에드 하딩은 매우 영리하고 무척 정보에 밝은 진짜 친구인 데다 사심 없고 따뜻한 사람이었다. 게다가 이런저런 정보를 들을 수 있는 위치에 있는 사람이었다. 나는 오랫동안 주가 동향을 연구하고 시장 조짐을 포착하는 감각을 갈고닦았다. 유니언퍼시픽 주식을 매수한 것도 주가가 큰 폭으로 상승하는 움직임을 알아챘기 때문이다. 무슨 일이 일어난 건지 모르겠지만, 내부자들이 아주 교묘하게 주가를 조작해서 증권시세표가 사실과 다른 내용을 보여주는 바람에 주식이 매집되는 줄로 착각했다는 생각이 들었다. 어쩌면 내가 엄청난 실수를 저지르고 있다고 확신한 에드 하딩이 나를 막으려고 애써준 마음 씀씀이에 감명을 받았는지도 모르겠다. 하딩의 명석함이야 의심할 여지가 없거니와 의도 또한 그랬다. 하딩의 충고를 따르기로 마음먹은 이유를 콕 짚어 말할 순 없지만, 나는 정말로 하딩의 충고대로 했다.

그렇게 해서 유니언퍼시픽을 모두 정리했다. 물론 매수한 것이 미련한 짓이라면 공매도하지 않는 것도 어리석은 행동일 터였다. 그래서 매수한 주식을 모두 정리하고 4000주를 공매도했다. 대부분 162 정도에서 체결됐다.

다음 날 유니언퍼시픽 이사진이 주당 10퍼센트 배당금을 지급하겠다고 발표했다. 궁지에 몰린 도박사들의 필사적인 몸부림처럼 보였기에 처음에는 월가에서 아무도 그 발표를 믿지 않았다. 신문마다 죄다 유니언퍼시픽 이사진을 비난했다. 그러나 재능 있는 월가 사람들이 주저하는 동안 시장은 끓어 넘쳤다. 유니온퍼시픽이 시장을 주도했고, 엄청나게 거래되며 신고가를 경신했다. 장내거래인 몇몇은 한 시간 만에 큰돈을 벌었다. 어리숙한 트레이더 한 사람은 실수로 주문을 냈다가 35만 달러를 챙겼다는 얘기도 나중에 들었다. 그 트레이더는 그다음 주에 거래소 회원권을 팔고 그다음 달에 근사한 농장주가 되었다.

유례없는 10퍼센트 배당금 소식을 듣는 순간 나는 경험에서 우러나오는 소리를 무시하고 정보원의 목소리에 귀를 기울인 대가가 무엇인지 절절하게 깨달았다. 미심쩍어하는 친구의 말을 듣고 단지 사심 없고 제 할 일을 똑바로 하는 친구라는 이유만으로 나 자신의 신념을 저버린 대가였다.

유니언퍼시픽이 신고가를 경신하는 순간, 나는 중얼거렸다. "이번 공매도는 하면 안 되는 거였어."

내 전 재산은 하딩브러더스에 증거금으로 들어가 있었다. 그렇다고 기운이 나지도 배짱이 생기지도 않았다. 분명한 건 증권시세표를 정확하게 읽어놓고도 어리석게 에드 하딩이 결심을 흔들도록 내버려두었다는 사실이다. 원망해봐야 아무 소용없었다. 꾸물거릴 시간이 없었다. 이미 엎질러진 물이다. 즉시 환매 주문을 냈다. 유니언퍼시픽 4000주를 시장가로 매수 주문을 냈을 때 주가는 165 부근이었다. 그 가격에 체결된다면 3포인트 손실을 입는 셈이었다. 일부 물량은 172와 174에 체결됐다. 체결 내역서를 확인해보니 에드 하딩이 친절하게 간섭한 탓에 4만 달러를 까먹었다. 신념을 밀고 나갈 배짱을 부리지 못한 대가 치고는 아주 싼값이었다. 정말이지 아주 저렴한 수업료였다.

증권시세표를 보면 여전히 주가가 상승하고 있어서, 그다지 걱정하진 않았다. 그 종목 주가로서는 보기 드문 움직임이었고, 이사진 행동도 전례가 없었다. 이번에는 내 소신대로 밀고 나갔다. 공매도 물량을 정리하기 위해 4000주 매수 주문을 내는 즉시 증권시세표가 알려주는 대로 돈을 벌기로 결심했고, 그대로 실행했다. 다시 말해 4000주를 매수해서 다음 날 오전까지 가지고 있다가 정리했다. 4만 달러 손실을 메꾸고도 1만 5000달러가량 수익을 올렸다. 만일 에드 하딩이 내 돈을 지켜주려고 애쓰지 않았더라면 거액을 만질 수 있었을 것이다. 하지만 하딩은 내게 소중한 친절을 베풀었다. 그 사건 덕분에 트레이더가 되기 위한 배움의 길에 마침표를 찍었다고 굳게 믿기 때문이다.

이 일로 나는 비밀정보에 흔들리지 말고 소신을 따라야 한다는 교훈을 얻었다. 자신감도 생겼고, 마침내 내 낡은 매매기법을 벗어던질 수 있었다. 무턱대고 덤벼든 거래는 새러토가의 경험이 마지막이었다. 그뒤로는 개별 종목이 아닌 시장의 기본 여건을 살피기 시작했다. 혼자 힘으로 투기라는 고단한 학교에서 한 학년 진급한 셈이다. 정말 길고도 험난한 여정이었다.

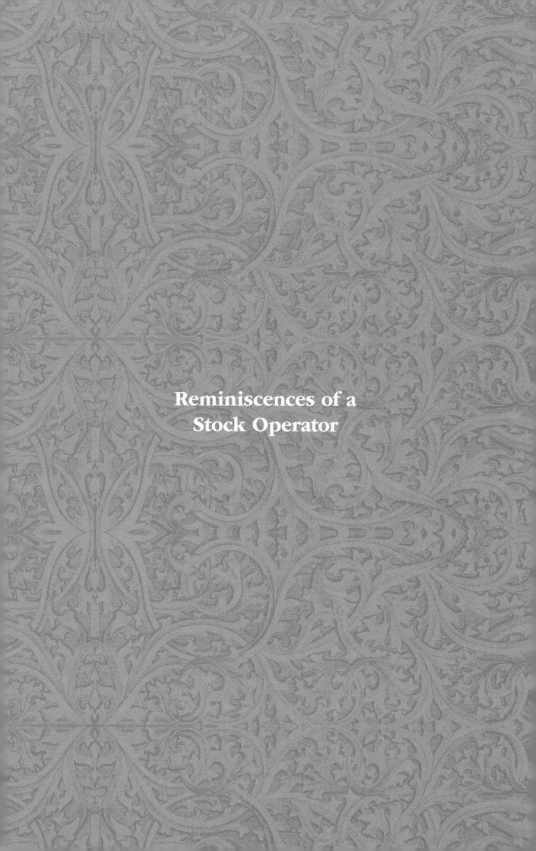

Reminiscences of a
Stock Operator

피라미딩 기법의
발견

나는 시장을 강세로 보는지 약세로 보는지는 거리낌 없이 이야기한다. 하지만 특정 주식을 매수하라거나 매도하라는 말은 하지 않는다. 약세장에서는 모든 주식이 하락하고, 강세장에서는 죄다 상승한다. 물론 전쟁 때문에 약세장으로 들어서도 군수산업 관련 주식들은 가격이 오르는 사례가 있기는 하다. 내 말은 일반적으로 그렇다는 얘기다. 하지만 대개 사람들은 강세장이냐 약세장이냐 하는 이야기에는 귀를 기울이지 않는다. 그보다는 사거나 팔아야 하는 종목을 족집게로 콕 짚어주길 원한다. 거저 얻어먹으려는 심보다. 연구하려고도 하지 않는다. 하물며 생각조차 안 하려고 든다. 이런 사람들은 땅바닥에서 돈을 주워도 세어보기 귀찮아한다.

　나는 그 정도로 게으르진 않았지만, 시장 전반을 살피기보다 개별 종목을 분석하는 편이 훨씬 수월해서 시장 동향보다는 개별 종목의 등락을 들여다봤다. 하지만 나는 바뀌어야 했고, 실제로 바뀌었다.

내가 보기에는 사람들이 주식거래의 기본이 뭔지 이해하지 못하는 것 같다. 거듭 말했듯이 상승장에서 매수하는 것이 주식을 사는 가장 쉬운 방법이다. 핵심은 최대한 싸게 매수하거나 최고가에 공매도하기보다 적절한 시기에 사고파는 것이다. 나는 약세장일 때 주식을 공매도하는데, 당연히 매매할 때마다 가격 수준이 이전보다 낮아야 한다. 매수라면 물론 그 반대가 되어야 한다. 나는 하락할 때 매수하지 않고 상승세에 매수한다.

주식을 매수한다고 가정해보자. 110에 2000주를 매수할 생각이다. 사고 나서 주가가 111로 오르면 1포인트 상승해서 수익이 났으니 적어도 잠시나마 내 판단이 적중한 것이다. 내 예측이 옳았으므로 시장에 들어가서 2000주를 더 매수한다. 주가가 여전히 상승한다면 세 번째로 2000주를 더 매수한다. 이제 주가가 114까지 상승했다고 가정해보자. 나는 평균 매수단가 111.75에 6000주를 샀고 현재 주가는 114다. 이 정도면 거래를 이어갈 수 있는 기본 틀을 마련했으니 한동안은 충분하다고 생각한다. 당장은 더 매수하지 않고 관망한다. 주가가 상승하다가 어느 단계에 이르면 조정이 다가올 텐데 조정 이후에 시장이 어떻게 움직일지 지켜보고 싶기 때문이다.

주가는 내가 세 번째 매수한 가격까지 하락할 수도 있다. 가령 더 상승하다가 112.25로 조정된 뒤에 반등한다고 하자. 주가가 113.75까지 반등한다면 4000주 매수 주문을 낸다. 물론 시장가로 주문한다. 만약 그 4000주가 여전히 113.75에 체결되었다면 무언가 잘못되었다는 얘기다. 그러면 시험 삼아 1000주를 매도하고 시장이 어떻게 돌아가는지 지켜본다. 그런데 주가가 113.75일 때 매수 주문을 넣은 4000주 중 2000주는 114에, 500주는 114.5에, 나머지는 계속 가격이 올라가다가 마지막 500주가 115.5에 체결되었다고 해보자. 이렇게 되면 내 판단이 옳다는 뜻이다. 이처럼 4000주가 체결되는 과정을 보면 특정 시점에서 특정 주식을 매수한 결정이 옳았는지 아닌지를 가늠할 수 있다. 물론 시장 전반의 여건이 꽤 좋고 강세를 나타내는지 확인한 다음 움직인다. 나는 절대로 주식을 너무 싸거나 너무 쉽게 매수하려고 들지 않는다.

한때 월가의 큰손이었던 디콘 S. V. 화이트에 얽힌 일화를 들은 적이 있다. 화이트는 멋있는 노신사로, 명석하고 담대했다. 한창때는 굉장히 잘나갔다고 들었다.

설탕주가 끊임없이 주식시장을 들끓게 하던 시절 이야기다. 그 회사 회장이던 H. O. 해브마이어는 권력의 전성기를 누렸다. 고참들 얘기를 들어보면 해브마이어와 추종자들은 자사 주식을 마음대로 주무를 만큼 막강한 자금력과 명석한 두뇌를 지녔던 모양이다. 해브마이어가 설탕주를 이용해서 소액 투자자들을 숱하게 들어먹었는데, 다른 종목 다른 내부자보다 심했다고 한다. 그래서 대개 장내 거래인들은 내부자들이 벌이는 게임을 거들기보다 훼방을 놓았다.

하루는 디콘 화이트와 알고 지내던 한 사내가 객장으로 성급히 뛰어 들어와 흥분해서 이렇게 말했다.

"어르신, 좋은 정보가 있으면 즉시 가지고 오라고 하셨죠? 그 정보가 어르신께 쓸 만하면 제게도 주식 몇백 주를 떼어주신다고 하셨잖아요." 사내는 잠시 말을 멈추고 숨을 고르며 대답을 기다렸다.

화이트는 골똘히 생각에 잠긴 채 사내를 바라보며 이렇게 말했다.

"내가 자네에게 정확히 그렇게 말했는지는 모르겠네만, 자네 정보가 쓸 만하면 대가를 지불하겠네."

"네, 돈이 되는 정보를 가지고 왔어요."

"그래, 잘됐군." 화이트가 자상하게 대꾸하자 사내는 신이 나서 이렇게 말했다.

"다름이 아니라 어르신," 그러고는 아무도 듣지 못하게 화이트에게 바짝 다가가서 말했다.

"해브마이어가 설탕주를 매수하고 있습니다."

"해브마이어가?" 화이트가 담담하게 물었다.

정보원은 애가 달아서 말했다. "네, 어르신. 닥치는 대로 사들이고 있다니까요."

"확실한가?" 화이트가 물었다.

"확실하고 말고요, 어르신. 영악한 내부자들이 물량을 손에 잡히는 대로 죄다 쓸어모으고 있어요. 관세와 관련 있나 봅니다. 보통주가 크게 움직일 거예요. 우선주를 뛰어넘는다는군요. 그러면 처음부터 30포인트는 거뜬히 벌 수 있습니다."

"정말 그렇게 생각하나?" 화이트는 증권시세표를 볼 때 쓰는 고풍스러운 은테 안경 너머로 사내를 바라보았다.

"그렇게 생각하냐고요? 아니, 그렇게 생각하는 것이 아니라 분명히 그렇게 될 겁니다! 맹세코! 해브마이어 패거리가 지금처럼 설탕주를 매수한다면 순수익 40포인트 이하로는 절대 만족하지 않을 거예요. 그들 패거리가 매집을 끝내기 전에 시장이 그들 손아귀에서 벗어나 급등하더라도 전혀 놀랍지 않을 정도예요. 증권사 객장에 돌아다니는 그 회사 물량이 한 달 전만큼 많지 않아요."

"그 사람이 설탕주를 매수하고 있단 말이지?" 화이트가 시큰둥하게 다시 물었다.

"매수한다고요? 매수하는 정도가 아니라니까요. 가격 상승에 영향을 주지 않을 만큼만 발 빠르게 쓸어담고 있다고요."

"그래?" 화이트의 대답은 이게 전부였다. 하지만 정보원을 애타게 만들기에 충분했다.

"네, 어르신! 엄청난 정보라고 자신합니다. 맹세코 믿을 만합니다."

"그런가?"

"네, 대단한 가치가 있을 겁니다. 이 정보 쓰실 거죠?"

"그러지. 쓰겠네."

"언제요?" 정보원은 미심쩍다는 듯이 물었다.

"지금 당장." 그러고는 소리쳤다. "프랭크!" 프랭크는 일 처리가 빈틈없는 중개인인데, 그때 옆 방에 있었다.

"예, 어르신." 프랭크가 대답했다.

"거래소에 설탕주 1만 주 매도 주문을 내주게."

"매도한다고요?" 정보원이 소리쳤다. 그 목소리가 어찌나 속을 끓이는 듯 들리던지 프랭크가 객장 밖으로 달려 나가다가 멈춰 섰다.

"그렇다네." 화이트가 자상하게 대꾸했다.

"하지만 해브마이어가 매수하고 있다고 말씀드렸잖아요!"

"그랬지." 화이트는 차분하게 말하고 나서 중개인을 돌아봤다.

"서두르게, 프랭크!" 프랭크는 주문을 체결하러 뛰어나갔고, 정보원은 얼굴이 벌겋게 달아올랐다.

"지금까지 제가 얻은 정보 중 최고의 정보를 가지고 왔다고요. 어르신이 제 친구고 또 공정하신 분이라 생각해서 드릴려고요. 그러면 정보에 따라서 움직이실 줄 알았어요." 정보원은 격분해서 말했다.

"지금 나는 자네가 준 정보대로 움직이는 거야." 화이트가 침착한 목소리로 끼어들었다.

"하지만 저는 어르신께 해브마이어 패거리가 주식을 매수하고 있다고 말씀드렸는데요!"

"그랬지. 나도 그렇게 들었네."

"매수라고요! 매수! 그들이 매수하고 있다고요!" 정보원이 울부짖었다.

"그래, 매수하고 있다고 했지! 나도 그렇게 알아들었네." 화이트는 증권시세 단말기 옆에 서서 증권시세표를 보며 정보원을 다독였다.

"그런데 어르신은 주식을 매도하신다면서요!"

"그래, 1만 주를 매도할 거야." 화이트는 고개를 끄덕였다. "당연히 매도해야지."

화이트는 말을 멈추고 증권시세표에 집중했다. 정보원은 여우같이 교활한 이 노인이 무엇을 보고 있는지 궁금해서 옆으로 다가갔다. 정보원이 화이트 어깨너머로 흘끔거리는데, 직원이 전표를 들고 들어왔다. 프랭크가 보낸 체결 내역서가 분명했다. 화이트는 이미 증권시세표를 보고 주문이 어떻게 체결되었는지 확인한 터라 내역서를 슬쩍 쳐다보고는 직원에게 이렇게 말했다. "프랭크에게 설탕주 1만 주를 더 매도하라고 하게."

"어르신. 해브마이어 패거리가 진짜로 주식을 매수하고 있다고요. 맹세할 수 있습니다!"

"해브마이어가 직접 자네에게 그렇게 말했나?" 화이트가 나직하게 물었다.

"물론 그건 아니죠! 해브마이어는 누구에게 무슨 말을 할 사람이 아니니까요. 가장 친한 친구가 돈을 벌게끔 거들어줄 수 있다손 쳐도 눈 하나 깜짝 안 할 인간이죠. 하지만 이건 정말 사실입니다."

"제발 흥분하지 말게나, 친구." 말을 마치고 나서 화이트는 한 손을 들어 올리며 증권시세표를 눈여겨보았다. 정보를 들고 온 사내가 비통하게 말했다.

"어르신이 제 기대와 정반대로 하실 줄 알았다면 결코 어르신의 시간도 제 시간도 낭비하지 않았을 겁니다. 그래도 어르신이 엄청난 손실을 입고 그 주식을 환매한다면 제 기분도 좋지 않을 것 같아요. 정말 유감입니다, 어르신! 진심이에요. 괜찮다면 이만 나가서 저는 제 정보대로 움직여보겠습니다."

"나는 지금 자네 정보대로 처리하는 거라니까. 나도 시장을 조금 안다고 생각하네. 자네나 자네 친구인 해브마이어만큼은 아니어도 조금은 알지. 내 경험이 일러주는 대로 현명하게 자네가 들고 온 정보를 이용하고 있어. 나처럼 월가에서 오래 버티다 보면 나를 챙겨주는 사람이 그렇게 고마울 수가 없네. 그러니 진정하게, 친구."

사내는 판단력과 배짱을 보고 존경해온 인물인 화이트를 물끄러미 쳐다봤다.

곧 직원이 다시 들어와서 화이트에게 체결 내역서를 건넸다. 화이트는 내역서를 확인하고는 이렇게 말했다. "이제 프랭크에게 설탕주 3만 주를 매수하라고 하게. 3만 주야!"

직원은 서둘러 밖으로 나갔고, 정보원은 툴툴거리며 늙은 회색 여우를 쳐다봤다.

"이보게, 친구." 화이트는 자상하게 설명하기 시작했다. "자네가 보다시피 나는 자네가 거짓말을 한다고 의심하지 않았네. 설령 해브마이어가 자네에게 직접 알려준 정보라고 해도 나는 똑같이 처신했을걸세. 자네가 해브마이어와 친구들이 주식을 매수하고 있다고 했지. 누군가 그런 식으로 주식을 매수하는지 알아내는 방법은 딱 하나야. 방금 내가 처리한 대로 하면 되네. 처음 1만 주는 아주 쉽게 소화하더군. 그래도 그걸로는 확신할 수 없었어. 그런데 두 번째로 내놓은 1만 주도 모두 체결되면서 주가가 계속 올라가더군. 그렇게 2만 주를 소화하는 광경을 보고 나는 누군가가 기꺼이 매도 물량을 모조리 받아 가려 한다는 걸 확신할 수 있었네. 이 시점에서 그 사람이 누구인지는 그다지 중요하지 않지. 그래서 공매도한 2만 주를 환매하고 1만 주를 더 매수한 걸세. 자네 정보는 값어치가 썩 훌륭했다고 생각해."

"그러면 값어치가 얼마나 될까요?" 정보원이 물었다.

"이곳에서 1만 주 체결한 평균 단가로 500주를 받아 가게." 화이트가 말했다. "잘 가시게, 친구. 다음에는 제발 좀 침착하게나."

"어르신, 매도하실 때 제 주식도 같이 팔아주시겠어요? 제가 생각만큼 많이 아는 게 아니었어요." 정보인이 말했다.

이치가 이렇다. 바로 그래서 나는 절대로 저가에 주식을 매수하지 않는다. 물론 언제나 시장에서 내게 유리하게끔 효과적으로 매수하려고 노력한다. 주식을 매도하는 문제는 단순하다. 주식을 팔려고 해도 살 사람이 없으면 아무도 팔 수 없다.

거래 규모가 크다면 항상 이 점을 마음에 새겨야 한다. 누군가 시장 여건을 분석하고 신중하게 매매 계획을 세운 다음 행동에 나선다고 해보자. 그는 대량으로 거래해서 큰 수익을 올린다. 물론 서류상이다. 하지만 팔고 싶을 때 팔지 못한다. 개별 종목이 5만 주면 100주만큼 쉽게 시장에서 소화하지 못하기 때문이다. 그래서 물량을 정리할 만한 시장이 조성될 때까지 기다려야 한다. 그러다 보면 필요한 구매력이 형성되었다 싶을 때가 온다. 기회가 오면 붙잡아야 한다. 그 순간까지 기다려야 한다. 주식은 팔고 싶을 때가 아니라 팔 수 있을 때 팔아야 한다. 그 시점을 포착하려면 시장을 지켜보고 시험해야 한다. 내가 내놓은 물량을 시장이 언제 소화할지 파악하는 작업은 그리 까다롭지 않다.

그러나 시장 동향을 정확하게 판단했다는 확신이 없는 채로 처음부터 자산을 전부 투자하는 태도는 현명하지 않다. 명심하기 바란다. 매수를 시작하기에 너무 비싸거나 매도를 시작하기에 너무 싼 주식은 없다. 다만, 첫 거래에서 수익을 내지 못했다면 두 번째 거래에 나서지 말아야 한다. 시장을 지켜보면서 기다려야 한다. 이

때 증권시세표를 읽어야 한다. 그래야 거래를 시작하기에 적절한 시기를 판단할 수 있다. 많은 부분이 적절한 시기에 정확하게 거래를 시작할 수 있는가에 달렸다. 이 중요한 사실을 깨닫기까지 많은 시간이 걸렸다. 그러느라 수십만 달러를 날렸다.

그렇다고 피라미딩 기법을 아무 때나 사용하라는 말은 아니다. 물론 피라미딩 기법을 활용하면 그렇지 않을 때보다 큰돈을 벌 수 있다. 내가 하고 싶은 말은 이거다. 500주를 거래한다고 가정하면 한 번에 모조리 매수해서는 안 된다. 만약 투기를 한다면 말이다. 도박을 할 심산이라면 하지 말라는 말밖에 해줄 충고가 없다.

처음에 100주를 매수해서 순식간에 손실을 입었는데 왜 그 주식을 또 매수한단 말인가? 잠시일망정 자신의 판단이 틀렸다는 사실을 당장 깨달아야 한다.

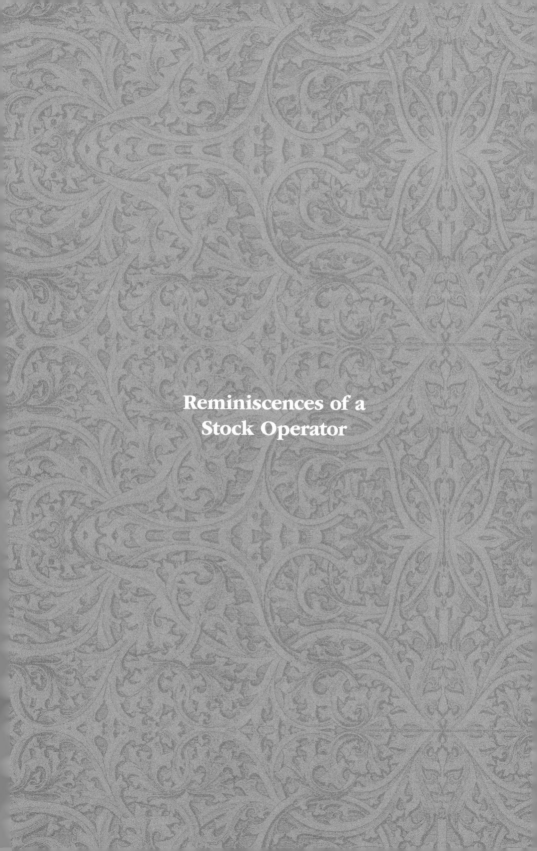

Reminiscences of a
Stock Operator

거대한 돈더미를
삽으로 퍼 담는 법

1906년 여름 새러토가에서 유니언퍼시픽 사건을 겪은 이후로는 비밀정보나 다른 사람들의 조언에 더욱 휘둘리지 않게 되었다. 아무리 절친하고 유능한 사람이 하는 이야기라도 견해, 추측, 의혹일 뿐이다. 이런저런 일을 겪으면서 내가 누구보다도 증권시세표를 정확하게 읽을 수 있다는 사실을 깨달았다. 결코 자만심에 빠져서 하는 소리가 아니다. 또한 투자를 둘러싼 편견이 하나도 없다는 점에서 하딩브러더스의 일반 고객들보다는 잘 준비된 셈이었다. 이제는 약세론이 강세론보다 더 매력적이지도 않고, 그 반대도 마찬가지다. 다만 판단이 틀리면 안 된다는 강박이 더욱 굳어졌다.

어릴 적부터 항상 내가 관찰한 사실에서 나만의 의미를 찾아냈다. 의미에 가닿는 유일한 길이 관찰이었다. 내가 관찰해서 직접 얻어낸 사실이 아니기에, 다른 사람이 나에게 알려준 사실에서는 아무엇도 발견할 수 없었다. 당신도 그렇지 않은가? 내가 무언가를 믿는다면 그저 그래야 하기 때문이다. 내가 주식을 매수했다면 시장 상황을 판단해보니 강세장이었기 때문이다. 그런데 명석하다는 말을 듣는 수많은 사람이 주식을 보유했다는 이유로 강세론에 선다. 나는 보유하고 있거나 아끼는 주식에 마음이 흔들려서 판단을 흐리지 않는다. 그래서 증권시세표에 반박하지 않는다. 시장이 예측과 다르거나 논리대로 움직이지 않는다고 화를 낸들 부질없다. 폐렴에 걸렸다고 폐에 대고 화를 내는 것과 같은 짓이다.

주식에 투자하려면 증권시세표를 읽는 일 말고도 많은 지점을 살펴야 한다는 걸 점차 깨달았다. 패트리지 노인은 강세장에서는 강세론을 밀고 나가는 것이 중요하다고 고집을 부렸는데, 덕분에 다른 무엇보다도 시장 상황을 고려할 필요성을 가슴에 새겼다. 큰 돈을 벌려면 시장의 큰 흐름을 타야 한다는 점도 깨달았다. 시장을 움직인 초기 자극이 무엇이건, 큰 흐름은 작전 세력의 조작이나 금융업자들의 계략이 아닌 시장의 기초 체력으로 움직인다. 저항하는 세력이 있더라도 추진하는 힘이 남아 있다면 최대한 멀리, 최대한 빨리, 최대한 오래 나아간다.

새러토가 사건 이후 나는 더욱 정확하게 볼 수 있었다. 어쩌면 더 성숙해졌는지도 모르겠다. 종목 전체가 시장의 추세에 따라 움직이기에 개별 종목의 움직임이나 이런저런 주식의 동향을 연구할 필요가 생각만큼 크지 않다는 점을 깨달은 것이다. 또한 추세를 생각하면 거래를 제한하지 않고 종목 전체를 매수하거나 매도할 수 있다. 어떤 주식은 전체 발행주식의 일정 비율 이상을 공매도하면 위험할 수 있어서, 해당 주식을 누가 어디서 어떻게 보유했는지에 따라 물량을 결정해야 한다. 하지만 자금만 있다면 공매도 쥐어짜기를 겁내지 않고 전체 종목에서 골고루 100만 주를 공매도할 수 있다. 과거에는 내부자들이 매집과 쥐어짜기가 몰고 오는 공포를 교묘하게 조장해서 공매도 세력을 등치며 엄청난 돈을 벌어들였다.

의심의 여지가 없는 말이지만, 강세장에서는 강세론을, 약세장에서는 약세론을 밀고 나가야 한다. 실없는 소리 같은가? 하지만 이런 일반 원칙을 확실하게 이해해야 시장에 들어갔을 때 확률을 예측할 수 있다. 이런 거래방침을 터득하기까지 오랜 시간이 걸렸다. 변명하자면 예전에는 그런 식으로 투기할 만큼 충분히 많은 돈을 벌어본 적이 없다. 자산 규모가 크다면 큰 흐름을 타야 큰돈을 벌수 있다. 그렇게 매매하자면 증권사 계좌에 잔고가 넉넉해야 한다.

나는 주식시장에서 하루도 어김없이 밥벌이를 했다. 아니, 그래야만 한다고 생각했다. 그 바람에 판돈을 불리지 못했다. 큰 흐름을 따라 거래하면 수익은 훨씬 높지만 속도가 느리다.

이제는 자신감도 강하고, 증권사 직원들도 나를 어쩌다 한 번씩 운이 좋은 '꼬마 투기꾼'으로 취급하지 않았다. 증권사는 내게서 엄청난 수수료를 챙겨갔고, 이제 나는 스타 고객으로 대우받을 만큼 실제 거래량을 뛰어넘는 값어치가 있었다. 어느 증권사나 돈을 벌어들이는 고객은 자산이다.

단순히 증권시세표를 들여다보는 것만으로는 만족스럽지 않아서 개별 종목의 하루하루 등락에 고심하던 짓도 그만 접었다. 그러자 주식투자라는 게임을 다른 각도에서 연구해야 했다. 호가판을 밀쳐두고 첫 번째 원칙으로 돌아선 것이다. 다시 말해 가격 등락보다는 기본 장세를 살피기 시작했다.

물론 오랫동안 꾸준히 일간 주식 정보지를 읽었다. 투자자라면 모두 그렇게 한다. 그런데 정보지 내용은 대부분 뜬소문이었고, 일부는 꾸며낸 거짓이었으며, 나머지도 기자들의 개인 의견일 뿐이었다. 평판 좋은 주간 평론지에서 기본 장세를 거론하기도 했지만 만족스럽지 않았다. 금융 담당 편집자들 시각이 대개 내 관점과 달랐다. 사실을 정리해서 결론을 이끌어내는 과정이 그들에게는 중요하지 않았지만, 나는 아니었다. 시간이라는 요소를 평가하는 지점도 엄청나게 달랐다. 편집자들은 지나간 한 주를 분석했지만, 나는 앞으로 다가올 몇 주를 예측하는 것이 훨씬 중요했다.

어린 나이에 경험은 짧고 주머니도 얄팍해서 오랫동안 불운의 재물이 되어야 했다. 그러나 지금은 무언가를 새롭게 발견한 사람처럼 기운이 생생했다. 게임을 대하는 태도가 달라지자 뉴욕에서 큰돈을 벌려다가 거듭 실패한 이유를 알 수 있었다. 이제 자본도 경험도 충분하고 자신감도 솟구치니 새로운 열쇠를 사용해보고 싶어 조바심이 났다. 그런데 문을 걸어 잠근 또 다른 자물쇠를 알아차리지 못했다. 바로 시간이라는 자물쇠였다. 지극히 당연한 실수였다. 여느 때처럼 수업료를 내야 했다. 한 발짝 전진할 때마다 단단히 치르는 수업료 말이다.

1906년 경제 상황을 연구해보니 자금시장 전망이 심각할 정도로 어두웠다. 전 세계에서 상당한 실질자산이 무너졌다. 조만간 모두가 위기감에 사로잡힐 테고, 아무도 다른 이를 도울 만한 처지가 못 될 것 같았다. 1만 달러짜리 집을 8000달러짜리 경주마 몇 마리와 바꾸는 바람에 마주하는 어려움과는 차원이 달랐다. 화재로 집이 다 타버리고 철도 사고로 경주마가 대부분 죽어 나가는 그런 수준의 재난일 터였다. 보어전쟁*이 발발하면서 포연 속에 어마어마한 현금이 날아갔고, 생산성이 없는 남아프리카 주둔군에 식량을 조달하느라 수백만 달러를 쏟아부으면서 과거처럼 영국인 투자자들의 지원도 바랄 수 없었다. 또한 샌프란시스코에서 발생한 지진과 화재, 이런저런 재해로 제조업자, 농부, 상인, 노동자, 백만장자 할 것 없이 모두 피해를 입었다. 철도회사들도 큰 타격을 입었다. 파멸을 막을 수 있는 길은 없다고 판단했다. 이런 상황에서 할 수 있는 일은 단 하나였다. 주식을 매도해야 했다!

얘기했다시피 어떤 방향으로 거래할지 결정한 다음 첫 거래에서는 대체로 이익을 냈다. 그래서 매도를 결심했을 때 규모를 키웠다. 의심의 여지 없이 약세장으로 진입하고 있었기에 가장 큰 수익을 낼 수 있으리라 확신했다.

시장은 하락하다가 다시 상승했고, 급락한 후 서서히 상승했다. 내 평가이익은 공중으로 사라졌고 평가손실은 늘어갔다. 약세론자들이 완전히 자취를 감춰버린 것 같은 날도 있었다. 더는 버틸 수 없어서 환매했다. 운이 매우 좋은 편이었다. 그렇게 하지 않았더라면 엽서 한 장 살 돈도 남지 않았을 것이다. 제대로 거덜 났지만 그

---

* 1899~1902년까지 영국과 트란스발 공화국 사이에 일어난 전쟁 —역자 주

래도 다음날 살아서 싸우는 편이 나았다.

또 실수였다. 대체 어디서 잘못한 것일까? 약세장에서 약세 포지션을 잡았고, 그건 현명한 처사였다. 주식을 공매도했고, 그것 또한 적절한 조치였다. 하지만 너무 빨리 공매도했다. 그 바람에 비싼 대가를 치렀다. 포지션은 제대로 잡았건만 매매방식이 잘못됐다. 시장은 나날이 내게 피할 수 없는 재앙으로 다가왔다. 나는 주시하며 기다리다가 상승하던 시장이 비틀거리며 멈칫하는 순간 내 애처로운 증거금으로 허용되는 범위까지 최대한 공매도했다. 이번에는 내 판단이 옳았지만 정확히 단 하루뿐이었다. 다음 날 시장이 또다시 상승했기 때문이다. 내 진심이 또 한 번 물어뜯겼다! 그래서 증권 시세표를 읽고 그에 맞춰 공매도 물량을 청산한 다음 기다렸다. 그런 과정을 거치면서 다시 공매도했는데, 해당 종목들은 조짐이 좋게도 하락했다가 다시 무례하게 상승했다.

마치 예전에 사설거래소에서 쓰던 단순하고 낡은 매매기법으로 돌아가게 만들려고 시장이 기를 쓰는 것 같았다. 개별 종목 한두 개가 아니라 주식시장 전반을 둘러싼 향후 전망과 계획을 분명하게 세우고 거래한 건 그때가 처음이었다. 버티기만 하면 반드시 이길 거라고 확신했다. 물론 그때는 나만의 매매기법을 찾아내지 못한 시절이었다. 만약 기법이 있었더라면 말했다시피 뚜렷한 하락장에서 공매도 주문을 늘려갔을 테고, 증거금을 그렇게 많이 잃지도 않았을 것이다. 그랬다면 예측이 빗나갔을지언정 손실이 크지 않았을 테다. 알다시피 나는 이런저런 사실을 관찰했지만 관찰한 내용을 한데 모아내는 방법은 터득하지 못했다. 이렇게 어설픈 관찰은 보탬이 되기는커녕 방해만 됐다.

내가 저지른 실수를 되짚어보는 일은 언제나 유익했다. 그러다 마침내 약세장에서는 약세 포지션을 고수하는 것이 좋지만, 늘 증권시세표를 읽고 매매하기에 적합한 시기를 포착해야 한다는 점을 깨달았다. 시작이 바람직하면 수익 포지션이 심각하게 위협받는 일도 없고, 굳건하게 버텨내기도 어렵지 않다.

물론 요즘은 개인적인 희망이나 취향에도 흔들리지 않아서 그만큼 정확하게 관찰한다고 더욱이 자부한다. 내 견해가 정확한지 다채롭게 시험하고 수집한 사실을 검증하는 기량도 늘었다. 하지만 1906년에는 시장이 계속 상승해서 내 증거금이 위태위태했다.

이때 내 나이가 스물일곱이었고, 주식투기라는 게임에 들어선 지도 12년이 되었다. 아직 다가오지도 않은 위기를 예감하고 거래한 것은 그때가 처음이었다. 그제야 내가 망원경으로 시장을 내다봤다는 사실을 깨달았다. 먹구름이 끼는 것을 처음으로 어렴풋이 알아차린 시점과 시장이 폭락해서 주식을 현금으로 바꿀 수 있는 시점 사이 간격이 생각보다 훨씬 길었다. 그렇다 보니 내가 또렷이 보았다고 생각한 먹구름을 실제로 보았는지 의구심이 들기도 했다. 수많은 경고음이 울렸고, 콜금리 인상으로 세상이 화들짝 놀랐다. 그런데도 여전히 금융업계 일각에서는 적어도 신문기자들 앞에서 낙관적인 전망을 내놓았고, 뒤이어 주식시장이 상승하면서 비관론자의 주장을 거짓으로 몰아갔다. 내가 약세 포지션을 잡은 결정이 근본적으로 잘못된 것일까? 아니면 단지 너무 빨리 공매도에 들어가서 잠시나마 일을 그르친 것일까?

너무 성급했다고 결론을 내렸지만, 그럴 수밖에 없었다. 시장이 하락세로 들어섰고, 내게 찾아든 기회였기에 최대한 공매도한 것이다. 그랬건만 시장이 다시 큰 폭으로 반등했다.

그렇게 빈털터리가 됐다. 제대로 판단했거늘, 내 계좌는 초토화되고 말았다!

정말로 기가 막힐 노릇이었다. 비유하자면 이렇다. 앞을 내다보다가 거대한 돈더미를 보았다. 돈더미 위에는 표지판이 꽂혔는데, 큼지막한 글씨로 '마음껏 가져 가시오'라고 쓰여 있었다. 그 옆에는 페인트로 '로렌스 리빙스턴 운송회사'라고 쓴 손수레도 있었다. 나는 손에 새 상품인 삽을 들고 있었고, 주변에는 아무도 보이지 않았기에 황금을 퍼 담으려고 경쟁할 필요도 없었다. 남들보다 먼저 금광을 발견한 사람이 거머쥔 특권이었다. 다른 이들도 보려고만 했으면 볼 수 있었을 텐데, 야구 경기를 관람하거나 자동차를 몰고 다니거나 주택을 구입하느라 관심이 없었다. 이렇게 큰돈을 눈앞에서 본 건 처음이었기에 당연히 돈을 향해 달려갔다. 그런데 돈더미에 도착하기도 전에 거센 바람이 내 등 뒤에 불어닥쳐 나는 땅에 나동그라지도 말았다. 돈더미는 그대로 있었지만, 삽은 잃어버렸고 손수레는 사라졌다. 너무 서둘러 달린 결과다! 내가 본 것이 신기루가 아니라 진짜 돈이라는 사실을 증명하고 싶어서 무작정 덤벼든 탓이었다. 나는 분명 돈더미를 보았고, 정신은 또렷했다. 하지만 내 탁월한 시력으로 돈더미를 발견한 보상을 받을 생각만 하느라 돈더미까지 거리가 얼마나 되는지 가늠하지 못했다. 들입다 뛸 게 아니라 차근차근 걸어갔어야 했다.

말하자면 이렇게 된 상황이다. 약세장에 돈을 걸기에 적절한 시점인지 판단하기 위해 기다렸어야 하는데 그러지 않았다. 이럴 땐 증권시세표를 읽는 역량이라도 동원했어야 하는데 그러지 않았다. 이런 경험을 하고 나서 깨달았다. 약세장 초기에 시장을 제대로 판단하고 포지션을 잡더라도 화력의 후폭풍에 휩쓸릴 위험이 사라질 때까지는 대량 공매도를 안 하는 편이 낫다.

하딩의 객장에서 몇 년 동안 한 번에 수천 주 단위로 매매했다. 하딩브러더스와 신뢰도 쌓인 터라 관계가 돈독했다. 지금 생각해보면 하딩의 객장에서는 내가 머지않아 다시금 제대로 판단을 내릴 테고, 행운을 잡으면 밀어붙이는 성미이니 거래를 시작하면 손실을 만회하고도 남으리라고 생각했던 것 같다. 증권사는 나와 거래하며 엄청난 돈을 챙겼고 앞으로도 더 많이 벌어들일 터이기에 내가 높은 신용도를 유지하는 한 거기서 거래를 재개하는 데는 아무런 문제가 없었다.

연타를 당하고 나니 내 확신을 저돌적으로 밀어붙이는 일이 줄어들었다. 완전히 결딴날 뻔했다는 걸 알았으니 예전보다 덜 경솔해졌다고 표현해야 옳을 것 같다. 내가 할 수 있는 일이라고는 방심하지 말고 기다리는 것뿐이었다. 큰돈을 걸기 전에 그렇게 했어야 했다. 다행히 소 잃고 외양간을 고치는 경우는 아니었다. 그냥 다음에 거래할 때 깔끔하게 처리하면 되었다. 실수를 저지르지 않으면 한 달 만에 온 세상을 차지할 수도 있지만 실수하고도 교훈을 얻지 못하면 축복도 받지 못한다.

어느 화창한 날 오전이었다. 또다시 자신만만하게 시내로 나왔다. 이번에는 한 치의 의구심도 들지 않았다. 신문 경제면마다 죄다 실린 광고 하나를 읽었는데, 마치 비밀스러운 신호 같았다. 판돈을 크게 걸기 위해 기다리는 동안 이런 느낌을 받은 적이 없었다. 광고는 노던퍼시픽과 그레이트노던 철도회사가 신주를 발행한다는 내용이었다. 주주들의 편의를 위해 주식 대금은 분할해서 납부해도 좋다고 했다. 월가에서는 처음 나타난 혜택이었다. 불길해도 너무 불길하다는 생각이 뇌리를 스쳤다.

수년 동안 그레이트노던 우선주는 또 다른 열매를 수확할 수 있다는 발표가 있을 때마다 강세를 나타냈다. 다시 말해 특별배당이라는 열매를 따면 운 좋은 주주들은 그레이트노던의 신규 발행주식을 액면가에 청약할 수 있었다. 그레이트노던 주가는 항상 액면가보다 높았기 때문에 신주 청약 권리는 그만한 가치가 있었다. 그러나 자금시장 상황을 고려하면 미국에서 내로라하는 은행들마저 주주들이 청약증거금을 낼 수 있을지 장담하지 못했다. 게다가 그레이트노던 우선주는 330 정도에 거래되고 있었다.

객장에 도착해서 곧장 에드 하딩을 찾아가 이렇게 말했다. "지금이 바로 공매도할 때예요. 나는 지금 시작해야겠어요. 저 광고를 한번 보세요."

하딩도 이미 그 광고를 본 참이었다. 나는 은행가들이 광고에 내비친 고백이 무얼 의미하는지 따박따박 짚었지만, 하딩은 코앞에 닥친 주가 폭락 조짐을 읽어내지 못했다. 그 대신에 하딩은 툭하면 시장이 큰 폭으로 뛰어오르니 대규모 공매도에 나서기 전에 기다려보자고 판단했다. 기다리면 매매 자체는 안전해지겠지만, 그만큼 가격은 떨어진다.

"에드." 내가 하딩에게 말했다. "하락세가 늦게 시작될수록 하락폭은 커질 거예요. 이 광고는 은행가들이 속마음을 털어놓고 서명한 거나 마찬가지예요. 저들이 두려워하는 사태가 바로 제가 일어나기를 바라는 상황이죠. 이건 우리에게 약세장에 올라타라는 신호예요. 이 신호만으로도 충분합니다. 저한테 1000만 달러가 있다면 이번에 전부 걸겠어요."

하딩을 붙들고 좀 더 입씨름을 했다. 정신을 똑바로 차린 사람이라면 이 놀라운 광고를 보고 바로 감을 잡을 수 있는데, 하딩은 이정도로는 부족한 모양이었다. 나는 그 광고만 보고도 충분히 알아챘지만, 객장 사람들은 대부분 그렇지 않았다. 그래서 결국 소량만 팔았다. 무지하게 적었다.

며칠 후 매우 친절하게도 세인트폴이 유가증권을 발행하겠다고 발표했다. 주식인지 채권인지 기억이 가물가물한데, 그건 중요하지 않다. 문제는 따로 있었는데, 그 발표를 읽는 순간 알아차렸다. 세인트폴 청약 대금 납입 날짜가 그보다 먼저 신주 발행을 공시했던 그레이트노던과 노던퍼시픽보다 빨랐다. 이는 유구한 역사를 지닌 세인트폴이 월가를 떠도는 자투리 돈을 놓고 다른 두 철도회사를 이겨보겠다고 확성기에 대고 떠드는 모양새와 같았다. 세인트폴과 거래하는 은행가들은 세 회사가 모두 가져가기에는 자금이 충분하지 않은 판국이라 세 회사가 "먼저 가져가세요" 하고 양보하지 않으리라는 것을 알기에 걱정인 모양이었다. 이미 시중에 자금이 부족하고 은행가들도 그 사실을 알고 있다면 어떻게 해야 할까? 철도

회사들은 절박하게 자금이 필요한데, 이미 시중에는 돈이 없다. 해답은 무엇일까?

당연히 공매도다! 주식시장에 시선이 꽂힌 일반 대중은 조금밖에, 그러니까 그 일주일 상황밖에 보지 못하지만, 현명한 주식투자자들은 더 많이, 그해 전체를 내다본다. 바로 여기에 차이가 있다.

이로써 의심과 망설임을 훌훌 털고 결단을 내렸다. 바로 그날 아침, 앞으로 쭉 따르게 될 나만의 방침에 따라 첫 작전을 개시했다. 에드 하딩에게 내 생각과 결심을 밝혔다. 하딩도 그레이트노던 우선주를 330 정도에 공매도하고 다른 주식들도 높은 가격에 공매도하겠다는 나의 판단에 반대하지 않았다. 초창기에 실수를 저지르고 대가를 톡톡히 치르며 깨달은 덕분에 좀 더 현명하게 거래할 수 있었다.

내 명성과 신용은 순식간에 회복되었다. 우연이든 아니든 예측이 적중하면 증권사에서 이런 묘미를 누린다. 이번에는 내가 냉철하게 판단해서 맞췄다. 직감이나 증권시세표를 노련하게 읽는 기술을 따르지 않고 주식시장 전반에 영향을 미치는 여건을 분석한 결과였다. 단순히 추측한 것이 아니라 닥칠 수밖에 없는 일을 정확하게 예측한 것이다. 주식을 매도하려고 용기를 낼 필요도 없었다. 주가가 떨어질 조짐이 눈에 뻔히 보였기에, 보이는 대로 행동했다. 그렇지 않은가? 달리 뭘 할 수 있었겠는가?

전체 종목이 곤죽처럼 흐물거리며 약세를 나타냈다. 그러다 곧 주가가 상승하자 사람들은 내게 다가와서 하락세가 막바지에 다다랐다고 경고했다. 큰손들이 차주잔고가 엄청나다는 사실을 알고 공매도 쥐어짜기에 들어가서 하락세를 벗어난다느니, 그렇게 되면 약세론자들은 몇백만 달러를 잃는다느니, 큰손들은 자비를 베푸는 법이 없다느니 하며 말참견을 했다. 나는 이렇게 친절하게 충고를 베푸는 사람들에게 고맙다고 인사했다. 티격태격 실랑이도 벌이지 않았다. 그랬다가는 충고해주는데 고마워하지 않는다고 생각할 테니까 말이다.

애틀랜틱시티에서 함께 움직였던 친구는 고민에 빠져 있었다. 샌 프란시스코 지진 이후로 내 직감을 인정하는 친구였다. 내가 현명하게도 무작정 충동에 휘둘려 유니언퍼시픽을 공매도하고 25만 달러를 버는 과정을 직접 목격했기에 친구는 내 직감을 믿지 않을 수 없었다. 자신이 강세론을 펴는데도 내가 공매도한 건 신비로운 신의 섭리라고까지 말했다. 새러토가에서 내가 유니언퍼시픽을 두 번째로 거래한 것도 친구는 이해했다. 오르건 내리건 주가 움직임을 정확하게 보고 해당 주식을 거래하는 태도는 수긍할 수 있었기 때문이다. 하지만 이번에는 내가 모든 주식이 반드시 하락할 거라고 예측하니, 친구는 버럭 화를 냈다. 그렇게 예측하면 무슨 소용이야? 도대체 어쩌라는 거야?

패트리지 영감이 입버릇처럼 하던 말이 떠올랐다. "자네도 알다시피 지금은 강세장이라네." 현명한 사람이라면 이 정도만 들어도 비밀정보로서 충분하다는 듯이, 사실이 그렇다는 듯이 되풀이하던 말이다. 주가가 15에서 20포인트까지 급락해서 막대한 손실을 입고도 여전히 버티는 사람들이 3포인트 반등을 반기며 주가가 이제 바닥을 치고 이전 수준을 회복하기 시작했다고 확신하다니 신기할 따름이었다.

어느 날 친구가 와서 물었다. "공매도했던 물량은 다시 샀어?"

"아니, 왜?" 내가 되물었다.

"세상에서 가장 타당한 이유가 있잖아."

"대체 그게 뭔데?"

"돈을 벌어야지. 주식이 바닥을 쳤잖아. 하락한 건 상승하기 마련이라고. 안 그래?"

"그렇긴 한데." 나는 말을 이어갔다. "우선 바닥에 가라앉아야 떠오르지. 곧바로 올라오지는 않아. 이틀을 죽은 채로 가라앉았으니까 지금은 수면 위로 떠오를 때가 아니야. 아직 완전히 죽지도 않았어."

그때 한 노인이 내가 하는 말을 들었다. 노인은 어떤 얘기를 들으면 늘 그에 얽힌 옛일을 떠올리곤 하는 사람이었다. 노인은 약세론자였던 윌리엄 R. 트래버스가 강세론자인 친구를 만나 시장이 어떤지 의견을 나누었다며 이야기를 시작했다.

"트래버스, 강세장이 이렇게 뻣뻣한데 어떻게 약세론을 점칠 수 있나?" 친구가 물었다.

그러자 트래버스는 이렇게 대꾸했다. "바로 그거야! 강세장이 죽었으니 뻣뻣한 거지!"

트래버스는 한 증권사를 찾아가 회계장부를 보여 달라고 요청한 적도 있다. 직원이 물었다. "저희 회사 지분을 가지고 계십니까?"

트래버스는 이렇게 대답했다. "그렇다고 봐야죠. 이 회사 주식 2만 주를 공매도했으니까요!"

아무튼 주가 상승세는 점점 꺾여갔고, 나는 찾아든 운을 밀어붙였다. 그레이트노던 우선주를 수천 주씩 공매도할 때마다 주가는 몇 포인트씩 하락했다. 다른 주식들이 보이는 약점도 발견하고 조금씩 공매도했다. 그런데 모든 주식이 백기를 들었건만, 인상 깊은 예외가 하나 있었다. 바로 레딩이었다.

모든 회사 주가가 썰매 타듯 미끄러지는데, 레딩 주가는 지브롤터 바위산처럼 우뚝 솟아 있었다. 다들 레딩 주식이 매집되고 있다고 말했다. 주가 움직임을 보면 확실히 그런 것 같았다. 모두 내게 이런 레딩 주식을 공매도하는 건 자살행위라고 충고했다. 객장에는 이제 나처럼 모든 종목이 약세를 보일 거라고 예측하는 사람들이 있었다. 그래도 누군가 레딩을 공매도할 듯이 굴면 다들 뜯어말렸다. 나는 공매도해둔 레딩 주식이 조금 있었지만 환매하지 않고 그냥 버텼다. 동시에 방어막이 강력하게 둘러쳐진 종목보다 취약한 종목을 찾아 공략하는 방식을 당연히 선호했다. 이렇게 증권시세표를 읽어가며 다른 종목을 거래해서 수월하게 돈을 벌었다.

레딩 주가를 부풀리는 작전 세력이 있다는 얘기가 제법 들렸다. 자금력이 막강한 세력이라고 했다. 친구들 말을 들어보면 작전 세력이 엄청난 물량을 저가에 매수하기 때문에 평균 매수단가가 현재 주가 수준보다 낮았다. 그 세력 핵심 인사들은 은행들과도 친분을 다지며 은행 자금을 융통해서 레딩 주식을 어마어마하게 확보했다. 주가가 상승세를 유지하는 한 그녀들과 은행가들의 연줄은 흔들리지 않았다. 한 인사는 평가이익이 300만 달러를 웃돌았다. 평가이익이 이 정도면 주가가 웬만큼 하락해도 치명타를 입지 않기 때문에 레딩 주가는 약세장에서도 우뚝 서 있었다. 이따금 장내거래인들이 레딩 주가를 지켜보다가 입맛을 다시며 1000주, 2000주씩 시험 삼아 공매도했다. 하지만 레딩 주가를 단 1포인트도 떨어뜨릴 수 없어서 환매하고 쉽게 돈을 벌 수 있는 다른 대상을 찾아 나섰다. 나도 레딩 주가를 확인할 때마다 조금씩 공매도했다. 나만의 새로운 매매원칙을 충실히 따르고 있다고 스스로 인정할 만큼만 팔았다. 선호하는 종목이라서 거래한 게 아니었다.

예전 같았으면 레딩의 강세에 걸려들었을지도 모른다. 증권시세표는 계속 "그냥 내버려둬!"라고 말했다. 하지만 내 이성은 다른 말을 했다. 나는 전반적인 하락세를 예측했고, 조작 세력이 있든 없든 예외는 없을 성싶었다.

나는 늘 혼자 거래했다. 사설거래소 시절부터 그랬고, 지금도 마찬가지다. 그래야 내 마음이 움직인다. 내 방식대로 보고, 내 방식으로 생각해야 한다. 하지만 시장이 내 판단대로 움직이기 시작했을 때 내 인생에서 처음으로 세상에서 가장 막강하고 믿음직한 동맹군을 얻은 기분이었다. 동맹군이란 바로 시장의 기본 여건이었다. 시장을 둘러싼 여건이 온 힘을 다해 나를 돕고 있었다. 예비군을 데려오느라고 가끔 느리긴 했지만 내가 조바심치지만 않으면 믿을 만했다. 증권시세표를 읽는 내 역량이나 직감보다는 시장의 기회를 따랐다. 일을 풀어가는 불면의 논리가 내게 돈을 벌어다주었다.

관건은 시장을 제대로 들여다보고 그에 따라 행동하는 것이었다. 전체 장세라는 진정한 내 동맹군이 "하락!"이라고 외치는데도 레딩은 명령을 무시했다. 모욕당한 기분이었다. 만사가 평온하다는 듯 굳건하게 버티고 선 레딩을 보고 있자니 슬금슬금 신경질이 났다. 전체 종목에서 레딩이 공매도하기에 가장 좋은 주식인 건 분명했다. 주가가 아직 떨어지지 않았고 작전 세력이 레딩 주식을 대량으로 보유하고 있었지만, 자금 압박이 심해지면 주식을 다량으로 움직일 수 없게 된다. 언젠가는 은행가들과 친분을 쌓은 사람들도 비빌 언덕 없는 일반 대중보다 나을 게 없는 신세가 될 테고, 레딩은 다른 주식들과 함께 움직일 것이다. 만일 레딩 주가가 하락하지 않는다면 내 생각이 틀린 것이다. 나도, 내가 관찰한 사실도, 내 논리도 죄다 틀렸다는 뜻이다.

내가 보기에는 월가에서 레딩 주식의 공매도를 겁내기 때문에 주가가 유지되는 것 같았다. 그래서 하루는 증권사 두 곳의 중개인에게 동시에 4000주씩 각각 공매도 주문을 냈다.

누군가 쓸어담는 레딩 주식, 그래서 공매도하면 자살행위나 다름없다던 그 주식이 내가 경쟁적으로 넣은 매도 주문에 강타당하고 곤두박질치던 광경을 보여주지 못해 안타깝다. 나는 수천 주를 더 공매도했다. 처음 주문을 냈을 때는 주가가 111이었는데 몇 분 후에는 평균 매도가격이 92로 떨어졌다.

그날 이후로 쏠쏠한 시간을 보냈다. 1907년 2월이 되어서야 레딩 주식을 정리했다. 그레이트노던 우선주는 60에서 70포인트가량 하락했고, 다른 종목들도 비슷한 비율로 떨어졌다. 상당한 수익을 올렸지만, 공매도 포지션을 정리한 까닭은 이미 주가에 장래의 하락분이 반영되어 있다고 판단했기 때문이다. 주가가 큰 폭으로 반등할까 싶어 살펴보았지만, 매수로 돌아서서 거래에 나설 만큼 시장이 강세를 나타낼 것으로 보이지는 않았다. 약세로 판단한 내 견해를 완전히 내려놓지는 않은 셈이다. 당분간은 거래하기에 시장 여건이 좋지 않을 것 같았다. 사설거래소에서 처음으로 1만 달러를 벌어들인 뒤로 시장 여건을 들여다보지 않고 사시사철 매일 매매하다가 돈을 잃었다. 두 번은 실수하지 않을 작정이었다. 얼마 전에는 시장 하락세를 너무 일찍 알아보고 때가 무르익기도 전에 공매도를 시작하는 바람에 재산을 들어먹은 일도 잊지 않았다. 이제 큰 수익을 올렸으니 현금으로 바꿔서 내 판단이 옳았다는 사실을 즐기고 싶었다. 예전에도 강한 반등으로 파산을 경험했지만, 이번에는 손실을 입고 싶지 않았다. 죽치고 앉아 있는 대신 플로리다로 갔다. 낚시도 좋아했지만 휴식이 필요했다. 플로리다에서는 낚시도 휴식도 즐길 수 있었다. 게다가 팜비치와 월가 사이에는 직통전화가 연결되어 있었다.

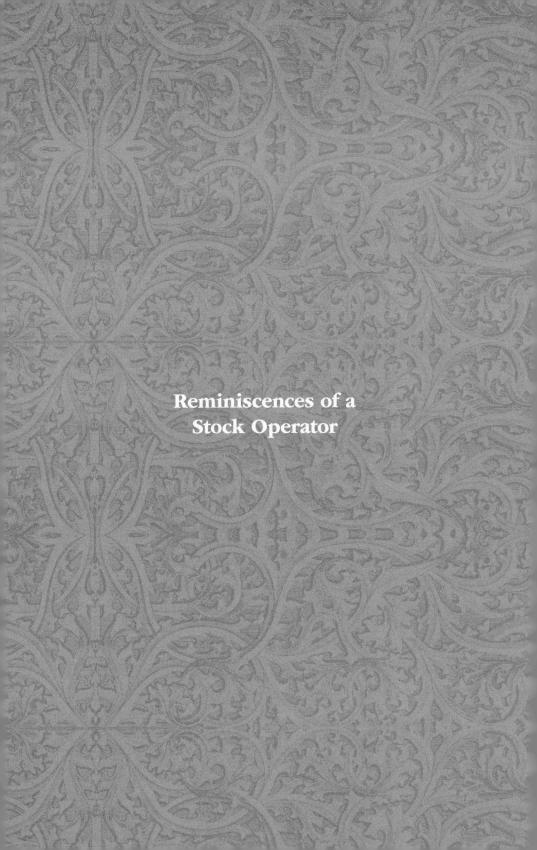

Reminiscences of a
Stock Operator

하루 동안
월가의 황제가 되다

플로리다 해안을 여기저기 항해했다. 바다낚시도 즐거웠다. 가지고 있는 주식도 없었기에 홀가분한 마음으로 평안하게 지냈다. 팜비치 해변을 벗어난 어느 날 친구들이 모터보트를 타고 찾아왔는데, 한 친구가 신문을 들고 왔다. 며칠 동안 신문을 읽지 않았고 보고 싶지도 않았기에 신문에 어떤 기사가 실렸든 별 관심이 없었다. 그런데 친구가 들고 온 신문을 흘끗 보다가 시장이 큰 폭으로 상승했다는 기사를 보았다. 그것도 10포인트 넘게 올랐다는 기사였다.*

친구들에게 함께 해변으로 돌아가겠다고 말했다. 이따금 시장이

---

* 1906년에 다우존스 지수가 처음으로 100포인트를 돌파했는데, 1900년대 초반에는 지수가 10포인트 오르면 상승 폭이 큰 축이었다. —역자 주

적당히 상승하는 움직임은 예삿일이었다. 하지만 아직 약세장이 끝나지도 않았는데 월가나 어리석은 대중이나 필사적인 강세론자들이 자금 상황을 무시한 채 주가를 턱없이 끌어올리고 다른 사람들도 그렇게 하도록 부추기고 있었다. 정도가 지나치다 싶었기에 시장을 살펴봐야만 했다. 어떻게 해야 할지 알 수 없었지만 호가판을 꼭 보고 싶었다.

거래하던 하딩브러더스는 팜비치에도 지점이 있었다. 객장으로 걸어 들어갔더니 아는 얼굴이 많이 눈에 띄었다. 다들 강세론을 들먹였는데, 죄다 증권시세표를 보고 발 빠르게 단타로 매매하는 사람들이었다. 매매방식이 이런 트레이더들은 그럴 필요가 없었기에 멀리 내다보려고 하지 않았다. 내가 뉴욕의 거래소에서 어떻게 꼬마 투기꾼으로 이름을 날렸는지 알 것이다. 물론 사람들은 타인의 승률과 거래 규모를 부풀리기 마련이다. 객장에 있던 사람들은 내가 뉴욕에서 약세에 돈을 걸어 대박을 터뜨렸다는 소문을 들은 터라 이번에도 내가 약세에 큰돈을 걸기를 기대하는 눈치였다. 자기네는 시장의 상승세가 상당 기간 이어지리라 예상하면서도 마치 상승세에 맞서는 것이 내 의무인 양 여겼다.

나는 낚시 여행을 즐기려고 플로리다에 왔다. 스트레스가 쌓여서 휴식이 필요했다. 하지만 주가가 어느 정도 회복되었는지 확인하는 순간 쉬고 싶은 마음이 싹 사라졌다. 해변에 다다랐을 때만 해도 무엇을 해야겠다고 미리 생각해두진 않았다. 하지만 지금은 알아차렸다. 주식을 공매도해야 했다. 내 판단이 옳았기에 오래고도 유일한 내 방식으로, 그러니까 돈으로 증명해야 했다. 종목 전체를 고루 공매도하는 것이 적절하고 신중한 판단이며 수익을 낼뿐더러 심지어 애국적인 처사라고 생각했다.

호가판에서 가장 먼저 눈에 들어온 종목이 아나콘다였는데 막 300선을 넘어서는 참이었다. 주가가 껑충껑충 뛰어오르는 기세로 보아 공격적인 강세론자들이 덤벼든 게 분명했다. 주가가 처음에 100, 200, 300을 돌파하면 그 선에서 멈추지 않고 기세를 올린다는 게 내 지론이다. 그 선을 넘는 즉시 주식을 매수하면 거의 틀림없이 수익이 난다. 소심한 사람들은 신고가에 매수하기를 꺼리지만, 나는 그런 주가 움직임을 길잡이로 삼은 경험이 있다.

아나콘다는 4분의 1로 액면분할된 주식이라 액면가가 고작 25달러였다. 그래서 액면가가 100달러인 다른 주식 100주에 해당하려면 아나콘다는 400주가 있어야 했다. 나는 아나콘다가 300선을 넘어선다면 계속 상승해서 순식간에 340을 찍을 거라고 봤다.

당시 나는 약세론을 폈지만 증권시세표를 읽고 거래하는 트레이더라는 점을 기억하기 바란다. 내 예상대로 흘러간다면 아나콘다는 매우 빠르게 움직일 터였다. 어떤 종목이건 빠르게 움직이면 늘 마음이 꽂혔다. 인내심을 발휘해서 진득하게 앉아 있는 법을 배웠지만, 성격상 재빠르게 움직이는 종목을 선호했다. 아나콘다는 확실히 둔하지 않았다. 나는 내 안에서 끓어오르는 열망에 이끌려 내가 관찰한 사실을 확인하고 싶어서 아나콘다가 300선을 돌파하는 즉시 매수했다.

당시 증권시세표는 매수세가 매도세보다 강하므로 시장 전반에서 상승세가 조금 더 이어질 거라고 알려줬다. 따라서 공매도에 나서기 전에 기다리는 편이 현명할 듯싶었다. 그래도 기다리는 동안 돈벌이를 하고 싶어서, 재빨리 아나콘다로 30포인트 차익을 실현하고 빠져나오기로 마음먹었다. 다시 말해 시장 전반은 약세를 나타내겠지만 아나콘다만은 강세를 보일 거라고 판단했다! 그래서 아나콘다 3만 2000주를 매수했다. 액면분할 하지 않은 주식 8000주에 해당하는 물량이었다. 작디작은 모험이었지만 근거가 확실했고, 여기서 수익을 얻으면 나중에 약세장에서 쓸 공매도 증거금을 불리는 데 보탬이 될 거라고 생각했다.

다음 날 북상하는 태풍 때문인지, 아니면 다른 이유가 있었는지 전신이 불통이었다. 나는 하딩브러더스 지점에서 소식을 기다렸다. 거래가 막히면 으레 그렇듯이, 사람들은 투덜거리며 온갖 궁금증을 늘어놓았다. 그날 호가가 딱 하나 들어왔다. 아나콘다, 292.

그때 나는 뉴욕에서 만난 중개인과 함께 있었다. 중개인은 내가 액면분할 하기 전 기준으로 8000주를 보유하고 있다는 사실을 알고 있었다. 내가 보기에는 중개인도 아나콘다를 얼마간 가지고 있는 것 같았다. 딱 하나 뜬 아나콘다 주가를 보고 기겁했기 때문이다. 중개인은 그 시점에 주가가 10포인트 정도 더 하락했을지도 모른다고 했다. 사실 아나콘다가 그때껏 상승한 기세를 보면 20포인트 하락해도 이상한 일은 아니었다.

나는 중개인을 다독였다. "존, 걱정하지 마. 내일이면 나아질 거야." 진심이었다. 하지만 중개인은 나를 쳐다보며 고개를 가로저었다. 더 잘 아는 것이다. 존은 그런 사람이었다. 나는 그냥 웃어넘겼고 호가가 조금씩 들어올까 싶어 객장에서 기다렸다. 그러나 들어오는 호가는 없었다. 아나콘다, 292가 전부였다. 그렇다면 내가 10만 달러가량 평가손실을 입었다는 뜻이었다. 나는 아나콘다가 재빠르게 움직이기를 바랐다. 그야 빠르게 움직이긴 했다. 아래로 떨어져서 그렇지.

다음 날 전신이 복구되었고, 평소대로 호가가 들어왔다. 아나콘다는 298에서 출발해 302.75까지 상승했지만 이내 다시 하락하기 시작했다. 나머지 종목도 더는 상승할 기미가 보이지 않았다. 아나콘다 주가가 301로 돌아간다면 여태까지 보여준 모든 움직임은 눈속임이었구나 생각하기로 마음먹었다. 진짜 상승세였다면 아나콘다는 멈추지 않고 310까지 치고 올라가야 했다. 그렇지 않고 가격이 조정된다면 주가 패턴의 선례가 나를 배신했고 내 판단이 틀렸다는 뜻이었다. 판단이 빗나가면 잘못된 행동을 버리고 옳은 길로 돌아서는 수밖에 없다. 30, 40포인트 기대수익을 바라보고 액면분할 하기 전 기준으로 8000주를 매수했다. 이런 실수가 처음도 아니었고, 당연히 마지막도 아니었다.

과연 아나콘다 주가가 다시 301까지 떨어졌다. 그 순간, 뉴욕의 거래소와 연결된 직통회선을 관리하는 전신 담당자에게 슬그머니 다가가서 이렇게 말했다. "내가 가지고 있는 아나콘다 주식 8000주를 모두 팔아주세요." 다른 사람들이 내가 뭘 하는지 눈치채지 못하게 나지막이 속삭였다.

전신 담당자가 흠칫 놀라며 나를 쳐다보았지만, 나는 고개를 끄덕이며 말했다.

"전부 다요, 제가 가진 거 전부!"

"그러죠, 리빙스턴 씨. 그런데 시장가로 매도하는 건 설마 아니겠죠?" 전신 담당자 얼굴을 보니 중개인이 경솔하게 체결 실수를 해서 자기가 몇백만 달러를 까먹기라도 한 듯한 표정이었다. 하지만 나는 그저 이렇게 말했다. "그냥 팔아주세요! 쓸데없는 소리 하지 말고!"

그때 객장에는 내가 전신 담당자하고 나눈 대화가 들리지 않을 만한 거리에 블랙 씨 집안의 두 청년인 짐과 올리버가 있었다. 시카고 출신 거물들인데, 한때 밀시장에 크게 뛰어들어서 이름을 날렸고, 지금은 뉴욕증권거래소에서 활발하게 거래했다. 거부였고, 손꼽히는 큰손들이었다.

전신 담당자 곁을 떠나 호가판 앞쪽 내 자리로 돌아가려는데 올리버 블랙이 나를 보고 고개를 끄덕이며 실실거렸다.

"후회할 거야, 래리." 올리버가 말했다.

나는 멈춰서서 물었다. "무슨 말이에요?"

"내일이면 그 주식을 되살 거란 얘기지."

"대체 뭘 되산다는 거예요?" 나는 전신 담당자 말고는 아무에게도 거래 얘기를 한 적이 없었다.

"아나콘다 말이야. 되사려면 320은 내야 할 거야. 이번에는 잘못 생각했어, 래리." 올리버가 다시 웃었다.

"도대체 무슨 말이에요?" 나는 시치미를 뚝 떼고 쳐다봤다.

"아나콘다 8000주를 시장가로 팔았잖아. 그렇게 팔아 달라고 고집을 부려놓고선." 올리버 블랙이 말했다.

올리버가 매우 영리하고 늘 내부정보를 얻어서 매매한다는 건 알았지만, 어떻게 내 거래 내역을 그렇게 소상히 알고 있는지 도

무지 모를 노릇이었다. 지점에서 내 얘기를 몰래 퍼트렸을 리는 없었다.

"올리, 그걸 어떻게 알았어요?" 내가 물었다.

올리버는 쿡쿡거리며 이렇게 말했다. "찰스 크라처한테서 들었지." 찰스 크라처는 전신 담당자였다.

"그 사람은 자기 자리에서 꼼짝도 안 했어요." 내가 말했다.

"둘이서 소곤거리는 소리는 못 들었지." 올리버가 킬킬거렸다. "찰스가 뉴욕 거래소에 자네 주문을 넣으려고 전신 치는 소리를 들었어. 몇 년 전에 전신을 잘못 보낸 일로 대판 싸우고 나서 전신을 배웠거든. 그때부터는 방금 자네가 한 것처럼 담당자에게 구두로 주문한 다음에 담당자가 내 주문을 제대로 전달하는지 확인한다고. 그래서 담당자가 내 이름로 무슨 내용을 전달하는지 알 수 있단 말이지. 어쨌거나 자네가 아나콘다를 판 일은 후회할 거야. 500달러까지 갈거거든, 아나콘다는."

"이번에는 아니에요, 올리버." 내가 대꾸했다.

올리버가 나를 똑바로 쳐다보며 말했다. "자신감이 지나친걸."

"내가 아니라 증권시세표가 그러더군요." 팜비치 지점에는 증권시세 단말기가 없었기에 증권시세표도 없었지만, 올리버는 내가 하는 말을 알아들었다.

"그런 사람들이 있다는 얘기는 들었지. 주가는 확인하지 않고 증권시세표를 보면서 마치 열차 시간표처럼 주식이 출발하고 도착하는 시간을 예측한다더군. 하지만 그런 사람들은 자해를 못 하게 사방을 완충제로 둘러싼 정신병동에 들어가 있는 거나 마찬가지야."

때마침 사환이 내 주문 체결 내역서를 가지고 왔기에 나는 올리버에게 아무런 대꾸도 하지 않았다. 299.75에 5000주를 팔았다. 지점 호가판이 시장을 재깍 반영하지 못한다는 사실은 알고 있었다. 내가 전신 담당자에게 매도 주문을 냈을 때 팜비치 지점 호가판에 찍힌 주가는 301이었다. 내가 주가를 확인한 바로 그 순간에 뉴욕증권거래소에서 거래되는 실제 가격은 더 낮을 거라고 확신했다. 설령 누군가 296에 내 주식을 사가겠다고 해도 나는 두 팔 벌려 환영했을 참이다. 체결 결과를 보니 절대 지정가로 주문을 넣지 않는 내 거래방침이 옳았다는 사실을 알 수 있다. 만일 지정가로 300에 매도 주문을 냈다면 어떻게 되었을까? 청산하지 못했을 것이다. 절대로! 시장에서 빠지고 싶을 때는 어쨌든 빠져나와야 한다.

이제 내 주식은 300선 부근에서 모두 체결되었다. 거래소에서는 액면분할 전 기준으로 500주를 299.75에 체결했고, 다음 1000주를 299.625에, 그다음 100주를 299.5에, 200주는 299.375에, 또 200주는 299.25에 팔았다. 마지막 남은 주식은 298.75에 체결되었다. 하딩브러더스에서 가장 영리한 장내거래인이 마지막 100주를 15분 만에 팔아치웠다. 맡은 물량을 깔끔하게 마무리하고 싶었기 때문이다.

마지막 체결 내역서를 받아든 뒤 곧바로 나는 해변에 도착해서 원래 하려고 했던 일을 시작했다. 바로 공매도 주문을 넣었다. 그냥 그렇게 공매도를 해야만 했다. 시장이 어처구니없이 치솟더니 매도해 달라고 애걸복걸하지 않는가. 그런데 사람들은 다시 강세론을 들먹이기 시작했다. 그러거나 말거나 시장 흐름은 상승세가 힘을 다했다고 속삭였다. 공매도하기에 안전한 상황이었다. 두 번 생각할 필요도 없었다.

다음 날 아나콘다는 296 아래에서 출발했다. 추가 상승을 기다리던 올리버 블랙은 아나콘타가 320선을 돌파하면 부리나케 대응하려고 일찌감치 객장에 나와 있었다. 올리버가 아나콘다를 얼마나 보유하고 있는지, 아니 가지고 있기는 하는지 알 수 없었다. 올리버는 시가를 보더니 웃음을 싹 거두었다. 나중에 아나콘다가 더 하락하고 거래도 아예 없다는 소식이 팜비치 객장 사람들에게 전달되었을 때도 역시 그러했다.

물론 이만하면 누구나 장세를 파악하기에 충분했다. 내 평가이익이 불어나면서 내 판단이 옳았다는 사실을 시시각각 일깨워주었다. 당연히 좀 더 공매도했다. 모든 종목을 다 공매도했다. 약세장이었기에 모든 종목이 죄다 빠졌다. 다음 날은 금요일이었고 조지 워싱턴 탄생일이었다. 상당한 물량을 공매도하는 바람에 플로리다에서 바다낚시나 하며 눌러앉아 있을 수 없었다. 뉴욕에는 내가 있어야 했다. 누구에게 내가 필요하냐고? 바로 나 자신이다! 팜비치는 너무 멀고 외지다. 전신을 주고받느라 귀중한 시간을 너무 많이 허비했다.

팜비치를 떠나 뉴욕으로 향했다. 월요일에는 세인트오거스틴에서 세 시간 동안 기차를 기다려야 했다. 당연히 거기에도 증권사 객장이 있어 기다리는 동안 시장이 어떻게 돌아가는지 살펴봤다. 아나콘다는 마지막 거래일 이후 몇 포인트 더 떨어졌다. 실은 멈추지 않고 계속 하락하다가 그해 가을 폭락했다.

뉴욕에 도착해서 넉 달가량 약세론에 서서 거래했다. 예전처럼 시장은 걸핏하면 상승했고, 그때마다 공매도 포지션을 청산한 다음 새로 공매도에 진입했다. 엄밀하게 말하면 가만히 앉아 있지 않았다. 샌프란시스코 지진으로 폭락한 주식시장에서 벌어들인 30만 달러를 한 푼도 남기지 않고 싹 들어먹은 일을 기억하기 바란다. 시장을 올바로 예측하고도 깡그리 날렸었다. 이제는 안전하게 거래했다. 바닥을 쳐보면 꼭대기까지 오르지 못하더라도 올라가는 과정을 즐기게 된다. 돈을 벌고 싶으면 돈을 벌면 된다. 그러나 큰돈을 벌려면 적절한 시기에 정확하게 예측해야 한다. 이 사업에서는 이론과 실천을 두루 따져봐야 한다. 투기자는 배우기만 하는 학생이어서는 안 된다. 배우는 학생이면서 동시에 실제로 해보는 투기자가 되어야 한다.

돌이켜보면 내 전략에 부족한 점이 있었지만 그래도 제법 잘 헤쳐왔다. 여름이 다가오자 시장이 둔해졌고 가을까지는 별 움직임이 없을 것이 확실했다. 지인들은 모두 유럽으로 떠났거나 떠날 예정이었다. 나도 유럽에 가는 게 좋을 것 같아서 포지션을 다 정리했다. 배를 타고 유럽으로 떠날 때 내 계좌 순이익은 75만 달러를 조금 넘었다. 내게는 제법 큰돈인 것 같았다.

엑스레뱅*에서 즐거운 시간을 보냈다. 내가 번 돈으로 마련한 휴가였다. 돈도 넉넉하고 친구와 지인, 다른 모든 사람이 한껏 즐기려

---

* 프랑스 오베르뉴론알프 지방에 있는 휴양도시 — 역자 주

고 모인 자리여서 함께 있는 게 좋았다. 엑스레뱅에서 지내기에 문제 될 건 없었다. 월가는 멀고도 멀리 떨어져 있어서 생각조차 나지 않았다. 그래서 미국의 여느 휴양지보다도 그곳이 좋았다. 주식 시장 이야기를 듣지 않아도 되고, 거래할 일도 없었다. 제법 오래 버틸 만큼 돈도 충분했다. 게다가 뉴욕으로 돌아가면 여름에 유럽에서 쓴 경비보다 더 많은 돈을 벌기 위해 무엇을 해야 하는지 알고 있었다.

하루는 파리 《헤럴드》에 실린 뉴욕발 속보를 읽었는데, 스멜터스가 추가 배당을 발표했다는 기사였다. 이 소식에 스멜터스 주가가 껑충 뛰었고, 전체 시장도 상승세로 돌아섰다. 물론 이 일로 엑스레뱅에서 누리던 모든 일상이 바뀌었다. 말하자면 그 소식은 강세론을 주장하는 무리가 여전히 필사적으로 상식과 진실을 거스르고 시장 여건에 맞서 싸우고 있다는 뜻이었다. 그들 무리는 앞으로 들이닥칠 일을 알고 폭풍우가 몰려오기 전에 주식을 떠넘기려고 시장을 띄우자는 속셈이었다. 어쩌면 나만큼 위험이 심각하거나 가까이 다가왔다고 믿지 않았을 수도 있다. 증권가 큰손들은 정치가나 평범한 호구들처럼 낙관적인 경향이 있는데, 그런 태도는 투기자에게 치명적이기에 나는 그럴 수 없었다. 유가증권 제조업자나 신생기업 기획자라면 그런 희망에 걷잡을 수 없이 빠져들 수도 있겠지만 말이다.

어쨌든 그런 약세장에서는 강세를 조작하는 모든 행위가 실패하기 마련이라는 사실을 나는 알고 있었다. 스멜터스 내부자들이 금융공황을 앞두고 배당률을 올린 처사는 내게 공매도하라고 무릎 꿇고 애원하는 것이나 마찬가지였다. 속보를 읽는 순간 내 마음이 평온해지려면 해야 할 일은 딱 하나라는 사실을 알아차렸다. 스멜터스 주식을 공매도해야 했다. 마치 어린 시절에 "네가 감히" 하고 건드리면 격분하듯이, 그들은 감히 내게 스멜터스 주식을 공매도하라고 자극했다.

나는 전보로 스멜터스 주식 공매도 주문을 냈고, 뉴욕에 있는 친구들에게도 공매도하라고 알렸다. 증권사에서 거래 내역서를 받아보니 체결가가 파리 《헤럴드》에서 봤던 호가보다 6포인트 낮았다. 어떤 상황인지 눈에 훤히 보였다. 애초 월말에 파리로 돌아갔다가 3주가량 뒤에 뉴욕으로 떠나는 배를 탈 계획이었는데, 중개인이 전보로 보낸 거래 내역서를 받아들고 당장 파리로 갔다. 파리에 도착한 그날 증기선 회사에 전화해봤더니 이튿날 뉴욕으로 출발하는 고속 선박이 있었다. 그렇게 뉴욕행 배에 올랐다. 뉴욕이야말로 공매도하기에 가장 편안한 장소였다. 나는 예정보다 한 달 가까이 서둘러 돌아왔다. 계좌에는 증거금으로 쓸 현금이 50만 달러를 훌쩍 넘었다. 내가 뉴욕으로 돌아온 건 약세장이라서가 아니라 논리적으로 판단했기 때문이다.

나는 주식을 더 매도했다. 시중에 자금이 부족해지면서 콜금리가 추가로 상승했고 주가는 더욱 하락했다. 이미 예측한 상황이었다. 처음에는 내 예측이 시장을 앞서가서 파산했지만, 지금은 내 판단이 옳았기 때문에 승승장구했다. 무엇보다 마침내 투기자로서 올바른 궤도에 들어섰다고 생각하니 정말 기뻤다. 여전히 배워야 할 것이 많았지만 무엇을 해야 하는지 알고 있었다. 이제 허둥

지둥하지도 않았고, 절반만 들어맞는 방식도 쓰지 않았다. 증권시세표를 읽는 역량은 게임에서 중요한 부분이었지만, 적절한 시기에 들어가고 포지션을 진득하게 가져가는 것도 중요했다. 그래도 가장 큰 깨달음은 시장의 기본 여건을 연구하고 실상을 들여다봐야지만 가능성을 가늠할 수 있다는 사실이었다. 간단히 말해 돈을 벌려면 작업을 해야 한다는 걸 배웠다. 다짜고짜 판을 벌이거나 게임 기술을 꿰차려고 더는 버둥거리지 않았다. 열심히 연구하고 명석하게 사고해서 게임을 따내고 싶었다. 더불어 누구나 호구가 될 위험이 있다는 점도 배웠다. 호구가 되면 대가를 치러야 한다. 객장 경리 담당자는 꼼꼼하게 처리하면서 호구에게 보내는 청구서를 깜빡하고 잊는 법이 없다.

내가 거래했던 객장은 엄청난 돈을 벌어들였다. 내 작전이 성공을 거두자 사람들이 입방아를 찧기 시작했다. 당연히 엄청 부풀려진 이야기들이지만, 여러 종목에서 주가가 하락한 원인을 내게서 찾았다. 이름도 모르는 사람들이 다가와서 축하 인사를 건넸고, 다들 내가 벌어들인 큰돈을 부러워하기만 했다. 내가 언제 처음 약세론을 꺼내들었는지는 한마디도 하지 않았다. 그저 나를 주식시장에서 패배자로 추락해 불평불만을 늘어놓는 미치광이로 취급하던 사람들이었다. 내가 자금시장의 문제점을 예측했다는 사실은 그들 머릿속에 없었다. 오히려 중개인 거래장부 채무 칸에 내 이름으로 적힌 내용이 거의 없어 무척 놀라운 모양이었다.

친구들 말로는 하딩브러더스의 '꼬마 투기꾼' 소문이 여러 객장에서 떠돌았다고 했다. 시장이 대폭 하락할 게 분명해진 뒤에도 주가를 끌어올리려고 시도하는 작전 세력에 맞서 내가 위협이란 위협은 다 동원했다고 말이다. 요즘도 내가 강세론자들을 습격한 이야기를 주고받는 사람들이 있다.

그해 9월 후반부터 자금시장이 온 세상에 경고음을 울렸다. 그런데도 기적이 일어나리라고 믿는 사람들은 보유한 투기성 상품을 매도하지 않았다. 중개인에게 10월 첫째 주 상황을 들어보니 공매도를 자제한 내 자신이 안타까울 지경이었다.

기억하겠지만, 거래소 객장에 마련된 머니포스트 Money Post: 증권을 거래하는 장소 주변에서 자금을 대출한다. 중개인들은 거래 은행에서 은행 간 단기 대출금인 콜론을 상환하라고 통지를 받으면 대개 얼마나 더 빌려야 하는지 알고 있었다. 물론 은행들은 대출해줄 수 있는 자금을 둘러싼 자사의 상황을 파악하고 있어서, 빌려줄 자금이 있으면 거래소로 보냈다. 이런 은행 자금은 정기 대출을 담당하는 소수 중개인들이 관리했다. 당일 대출 금리는 정오 무렵에 공시했는데, 대체로 그 시간까지 집행된 대출금의 평균 공정금리가 적용됐다. 대개는 입찰과 오퍼가 공개된 상태에서 거래가 체결됐기 때문에 모두 상황이 어떻게 돌아가는지 알 수 있었다. 정오부터 오후 2시 사이에는 그다지 거래가 많지 않았지만 인도 기한인 오후 2시 15분을 지나면 중개인들은 그날 현금 보유 상황을 정확하게 파악할 수 있었기 때문에 머니포스트에 가서 여유자금을 빌려주거나 필요한 금액을 융통할 수 있었다. 이 거래도 모두 공개되었다.

10월 초순 어느 날 내가 앞서 얘기했던 중개인이 나를 찾아와서, 중개인들이 빌려줄 돈이 있어도 머니포스트에 가지 않는다고 말했다. 유명한 거래소 회원사 두어 곳이 지켜보고 있다가 자금이 나오는 대로 낚아채기 때문이었다. 물론 상환 능력도 있고 담보물도 충분해서, 공개적으로 자금을 제공하는 대출자는 이들 회원사를 상대로 자금 대출을 거부하지 못했다. 문제는 이들 회원사가 일단 단기자금을 빌려가면 돌려받을 기약이 없다는 점이었다. 저들이 상환할 수 없다고 하면 자금을 빌려준 사람은 어쩔 수 없이 상환 기한을 갱신해야만 했다. 그래서 자금을 대출해줄 여력이 있는 회원사는 직원을 머니포스트가 아닌 객장으로 보내서 친구들에게 이렇게 속삭이며 돌아다니게 했다. "100 필요해요?" 말하자면 이런 뜻이었다. "10만 달러 빌릴래요?" 급기야 은행을 대리하던 자금 중개인도 같은 전략을 동원하다 보니 머니포스트는 장내가 썰렁했다. 상상이 가는가.

중개인은 이런 문제도 있다고 말했다. 10월에는 차입자가 스스로 대출 금리를 결정하게끔 했는데, 이는 증권거래소의 불문율이었다. 알다시피 당시 금리는 연 100에서 150퍼센트 사이를 오르내렸다. 차입자가 금리를 결정하게 하는 다소 기괴한 방법을 써서 자금을 빌려주는 쪽에서 고리대금업자가 된 듯한 느낌을 털어내려고 했던 모양이다. 하지만 증권거래소도 그만큼 많은 이자를 챙겨갔다. 대출 받는 사람은 당연히 높은 이자를 지불하지 않겠다는 꿈은 꾸지도 못했다. 적정한 이자를 제시했고 다른 사람들만큼 지불했다. 돈이 필요한 사람들이기에 빌릴 수만 있어도 감사하게 여겼다.

시장 상황은 점점 더 나빠졌다. 강세론자, 낙관론자, 희망을 놓지 않던 사람 들, 처음에는 작은 손실도 두려워하다가 이제는 마쳐도

하지 않은 채 온 몸이 절단될 처지에 놓은 저들에게 끔찍한 심판의 날이 다가왔다. 결코 잊지 못할 그날, 바로 1907년 10월 24일*이었다.

채권자들이 요구하는 대로 채무자들이 이자를 지불해야 할 판국이라고 일찌감치 소문이 퍼졌다. 자금이 충분히 돌지 않았다. 그날은 자금이 필요한 사람이 평소보다 훨씬 많았다. 그날 오후 인도 기한이 다가왔을 때 머니포스트 주변에는 중개인이 100여 명이나 모여들었다. 회사에 다급히 필요한 자금을 융통할 수 있을까 해서였다. 자금을 구하지 못하면 신용 거래한 주식을 값에 상관없이 무조건 매도해야 했다. 자금시장에서 돈이 씨가 마른 만큼 주식시장에서도 매수자가 드물었기 때문이다. 하지만 머니포스트에서는 단돈 1달러도 구경하기 어려웠다.

내 친구의 동업자는 나만큼이나 약세론자여서 그쪽 회사에서 돈을 차입할 필요가 없었다. 좀 전에 얘기한 내 중개인 친구는 머니포스트 주위를 맴도는 초췌한 얼굴들을 보고는 곧장 내게로 왔다. 그 친구는 내가 전 종목을 대량 공매도했다는 사실을 알고 있었다.

"하느님 맙소사, 래리! 대체 무슨 일이 벌어질지 모르겠어. 이런 국면은 처음 봐. 계속 이대로 가면 안 돼. 뭔가 던져줘야 한다고. 다들 당장이라도 파산할 것 같다니까. 아무리 자네라도 주식을 매도하지 못할 거야. 시장에 돈이 씨가 말랐어."

---

* 당시 주가 급락은 '1907년 공황'이라 부를 만큼 하락 폭이 컸다. ―역자 주

"도대체 무슨 말이야?" 내가 물었다.

"교실에서 쥐를 유리 종 속에 넣어놓고 공기를 빼내는 실험을 하는데, 혹시 들어봤어? 불쌍한 쥐들이 점점 숨을 가쁘게 몰아쉬며 종 속에서 줄어드는 산소를 충분히 들이마시려고 애쓰다 보면 혹사당한 풀무처럼 옆구리가 부풀어 오르지. 눈알이 튀어나올 지경이 되면서 숨을 헐떡거리다가 질식해 죽거든. 글쎄 머니포스트에 몰려든 사람들을 보는 순간 그 쥐들이 생각났어! 주변에 돈은 안 보이고, 살 사람이 없으니 주식을 팔 수도 없네. 월가 전체가 지금 당장 파산하게 생겼어!"

친구 말을 듣고 생각해보았다. 시장이 폭락하리라고는 예상했지만 역사상 최악의 공황은 짐작도 못 했다. 여기서 더 진행되면 아무에게도 이롭지 못할 듯싶었다.

마침내 머니포스트에서 돈을 기다려봤자 부질없다는 사실이 명백해졌다. 정말 아무 소용없었다. 그렇게 지옥 문이 열렸다.

그날 오후에 듣기로, 뉴욕증권거래소 이사장인 R. H. 토머스가 월가의 모든 회원사가 재앙을 마주할 거라는 사실을 알고, 구원을 요청하러 나섰다고 했다. 이사장은 미국에서 가장 부유한 은행인 내셔널시티뱅크의 은행장인 제임스 스틸먼을 찾아갔다. 내셔널시티뱅크는 대출 이자를 6퍼센트 넘게 올리지 않는다고 내세우는 은행이었다.

스틸먼은 뉴욕증권거래소 이사장 말을 듣고 이렇게 제안했다. "토머스 씨, 함께 모건 씨를 찾아뵙고 이 문제를 말씀드려봅시다."

두 사람은 미국 금융 역사상 최악의 공황사태를 막을 수 있기를 바라며 J. P. 모건 사무실을 찾아가 모건을 만났다. 토머스가 모건 앞에서 상황을 설명했다. 토머스가 이야기를 마치자 모건은 이렇게 말했다. "거래소로 가서 필요한 자금이 들어올 거라고 얘기하세요."

"어디서 말씀입니까?"

"그야 은행이죠!"

그렇게 중요한 시기에 모든 사람이 모건을 완전히 신뢰했기에 토머스는 더 자세한 설명을 기다리지 않고 거래소로 달려와 사형선고를 받은 동료 회원들에게 집행 유예를 선언했다.

오후 2시 30분이 되기 전에 J. P. 모건은 긴밀한 관계인 밴엠버앤드애터버리의 존 T. 애터버리를 돈이 절실한 사람들 틈으로 보냈다. 친구 말로는 그 노회한 주식중개인이 머니포스트로 재빨리 걸어가서 부흥회 전도사처럼 손을 번쩍 들어 올렸다고 한다. 토머스 이사장의 발표를 듣고 가슴을 쓸어내렸던 사람들은 구제책이 잘못되어 최악의 사태가 닥칠까봐 겁을 먹기 시작했다. 그러다가 애터버리가 나타나서 손을 들어 올리는 모습을 보고는 순식간에 돌처럼 굳어버렸다.

쥐 죽은 듯 조용해지자 애터버리가 말했다. "저는 1000만 달러를 빌려줄 권한을 위임받았습니다. 진정하세요! 모두에게 충분히 돌아갈 겁니다."

그러고는 대출 업무를 시작했다. 그런데 채무자에게 대여자 이름을 알려주지 않고 그저 채무자 이름과 대출 금액만 적고 나서 채무자에게 이렇게 말했다. "돈이 어디에 있는지 이따가 알려줄 겁니다." 말인즉 채무자가 대출금을 받게 될 은행 이름을 나중에 알려주겠다는 뜻이었다.

하루인가 이틀 뒤에 모건이 뉴욕 은행가들에게 증권거래소에 필요한 자금을 제공해야 한다고 전언을 보냈다는 소식을 들었다. 은행가들은 소스라치게 놀랐다.

"그럴 돈이 없습니다. 밑바닥까지 전부 긁어서 대출해줬다고요." 은행가들이 항의했다. 그러자 모건이 단호하게 말했다.

"준비금이 있지 않습니까!"

"하지만 이미 법정지급준비율보다도 낮은 상황입니다." 은행가들이 아우성쳤다.

"그 돈을 쓰세요! 준비금은 이럴 때 쓰라고 있는 겁니다!"

은행가들은 모건의 지시에 따라 준비금을 2000만 달러가량 풀었다. 이렇게 해서 주식시장은 살아났다. 금융공황은 그다음 주까지 닥치지 않았다. 모건은 그런 사람이었다. 모건만 한 거목은 지금도 없다.

내 주식투기 인생에서 그날을 가장 생생하게 기억한다. 그날 내소득이 100만 달러를 넘었다. 처음으로 신중하게 전략을 짜서 거래를 성공시킨 날이기도 했다. 내 예측이 현실이 되었다. 하지만 더중요한 점은 간절히 꿈꾸던 일이 이뤄졌다는 것이다. 내가 하루 동안 뉴욕의 왕이었다!

물론 설명하자면 이렇다. 2년 동안 뉴욕에서 지내면서, 열다섯 소년일 적에는 보스턴에 있는 사설거래소를 두들겨댔었는데 뉴욕 증권거래소 회원사에서는 왜 실패했는지 정확한 이유를 찾아내려고 머리를 쥐어짰다. 그리곤 이렇게 생각했다. 언젠가 무엇이 잘못

되었는지 짚어내면 더는 예측이 어긋나지 않겠지. 그러면 올바로 판단하겠다는 의지도 생기고 그럴 수 있는 지식도 쌓일 거야. 그건 곧 내가 힘을 얻었다는 뜻이고.

오해하지 말기를 바란다. 그건 신중하게 계획한 웅장한 꿈도 오만한 허영심이 빚어낸 헛된 욕망도 아니었다. 그보다는 풀러턴과 하딩 객장에서 나를 무릎 꿇린 주식시장이 언젠가는 내 손아귀에 들어올 것 같은 느낌이었다. 그런 날이 반드시 올 것 같았다. 그리고 그런 날이 왔다. 1907년 10월 24일이었다.

이런 이야기를 하는 데는 이유가 있다. 그날 아침, 한 중개인이 월가에서 손꼽히는 은행의 경영자와 함께 차를 타고 왔다. 내 중개인들과 일을 많이 해서 내가 약세장에 거액을 걸었다는 사실을 아는 사람이었다. 이 친구가 은행가에게 내가 운을 거머쥐면 끝까지 밀어붙이려고 대량으로 거래한다는 얘기를 했다. 절호의 기회를 잡고도 최대한 이용하지 않는다면 무슨 소용이겠는가?

아마도 중개인은 그럴듯하게 과장해서 말했을 것이다. 어쩌면 나를 추종하는 사람이 내 생각보다 많았을 수도 있다. 아니면 은행가가 상황이 얼마나 심각한지 나보다 더 잘 알고 있었을지도 모른다. 어쨌든 이 친구가 내게 말했다. "언젠가 네가 얘기한 적 있잖아. 한두 번 하락세가 밀어붙이고 나서 진짜 매도세가 시작되면 시장이 어떻게 돌아갈지 말야. 내가 그 얘기를 이분께 했더니 관심 있게 들으시더라고. 내가 이야기를 끝내고 나니까 이분이 오늘 중으로 내게 부탁할 일이 있을지도 모르겠다고 하시는 거야."

회원사들이 주가와 상관없이 주식을 매수할 돈이 한 푼도 없다는 사실을 알았을 때 나는 때가 왔다고 직감했다. 여기저기로 중개인들을 보내봤지만, 유니언퍼시픽을 매수하겠다는 사람이 그 시점에 단 한 명도 없었다. 가격이 어떻든 말이다! 상상이 가는가! 다른 주식들도 상황은 마찬가지였다. 주식을 보유할 돈도, 매수할 사람도 없었다.

내 평가이익은 어마어마했다. 주가를 끌어내리기 위해 유니언퍼시픽과 배당금을 잘 주는 주식 대여섯 개를 각각 1만 주씩 매도 주문을 내기만 해도 시장은 아비규환에 빠질 게 분명했다. 공황이 더 심각해지고, 거래소 이사회가 1914년 8월 세계대전이 발발했을 때처럼 거래소 폐장을 권고하는 상황까지 갈 듯 보였다.

그렇게 되면 평가이익은 대거 불어나겠지만 수익을 현금으로 바꿀 수는 없을 터였다. 고려할 사항은 또 있었다. 이런 유혈사태가 지나가고 나면 상황이 호전되어 더 나은 보상을 기대할 수 있어야 하는데, 주가가 더 하락하면 회복이 늦어진다. 그런 공황 장세는 온 나라에 큰 타격을 입힐 게 분명했다.

이런 상황에서 약세론을 활발하게 밀고 나가면 현명하지도 유쾌하지도 않은 처사여서, 공매도 포지션을 고수해봐야 논리에 어긋날 뿐이라고 판단했다. 그래서 생각을 바꿔 주식을 사들이기 시작했다.

중개인들이 내 주문을 받아 주식을 사들이기 시작했고, 나는 바닥을 친 가격으로 매수했다. 그런데 얼마 후 그 은행가가 내 중개인 친구를 불렀다.

"자네가 그 친구에게 가줬으면 하네." 은행가가 말을 이어갔다. "즉시 자네 친구 리빙스턴에게 가서 오늘은 주식을 더 매도하지 않았으면 좋겠다고 전해주게. 시장이 더 압박을 받으면 견디지 못할 걸세. 사실 흉악무도한 공황 장세를 피하려면 몸부림쳐야 할 거야. 자네 친구의 애국심에 호소해보게. 지금은 모두의 공익을 위해 움직여야 할 때라네. 친구가 뭐라고 대답하는지 즉시 알려주게."

내 친구는 곧바로 나를 찾아와서 말을 전했다. 눈치가 빠른 친구여서, 내가 시장을 폭락시키려는 참인데 은행가의 요청을 받으면 1000만 달러를 벌어들일 기회를 내던지라는 소리로 들을 줄 알았던 모양이다. 하지만 친구는 내가 일부 큰손들을 몹시 싫어한다는 사실도 알고 있었다. 그 양반들은 다가올 사태를 나만큼이나 잘 알면서도 주식을 대량으로 대중에게 떠넘기려는 인사들이었다.

사실 큰손들은 큰손답게 피해가 컸고, 내가 밑바닥 시세로 사들인 대량의 주식은 유명한 금융주였다. 그때는 이런 사실을 몰랐지만, 그건 중요하지 않다. 나는 사실상 공매도한 주식을 모조리 환매했다. 누군가 시장을 해머로 내려치지만 않는다면 저가에 주식을 매수할 기회일 뿐만 아니라 주가를 회복하는 데도 보탬이 될 것 같아서였다.

그래서 친구에게 이렇게 말했다. "가서 블랭크 씨에게 전해줘. 나도 그분 말씀에 동의한다고, 그분이 널 보내기 전에 이미 사태의 심각성을 충분히 알고 있었다고 말이야. 나는 오늘 주식을 더 공매도하지 않고 최대한 매수할 생각이야." 나는 약속을 지켰다. 그날 10만 주를 매수했고, 9개월 동안 공매도하지 않았다.

여기까지가 친구들에게 내가 이날 꿈을 이루었고 잠시나마 뉴욕의 왕이 되었다고 말한 이유다. 그날 주식시장은 마음만 먹으면 누구든 내리칠 수 있는 상태였다. 나는 과대망상증 환자가 아니다. 사실 시장을 습격했다고 비난받거나 내 작전 소문이 부풀려져서 월가를 떠돌아다닐 때 내 기분이 어떨지 짐작할 만하지 않은가.

나는 멀쩡한 모습으로 시장에서 빠져나왔다. 신문에서는 '꼬마 투기꾼' 래리 리빙스턴이 수백만 달러를 벌어들였다고 떠들었다. 사실 그날 거래를 마친 뒤에 내 계좌 평가액이 100만 달러를 넘어서긴 했다. 하지만 가장 큰 수확은 돈이 아니라 눈에 보이지 않는 교훈이었다. 큰돈을 벌려면 어떻게 해야 하는지 깨달았다. 영원히 도박꾼 수준을 벗어던지고 마침내 멀리 내다보고 현명하게 거래하는 방법을 배웠다. 그날은 내 인생 최고의 날이었다.

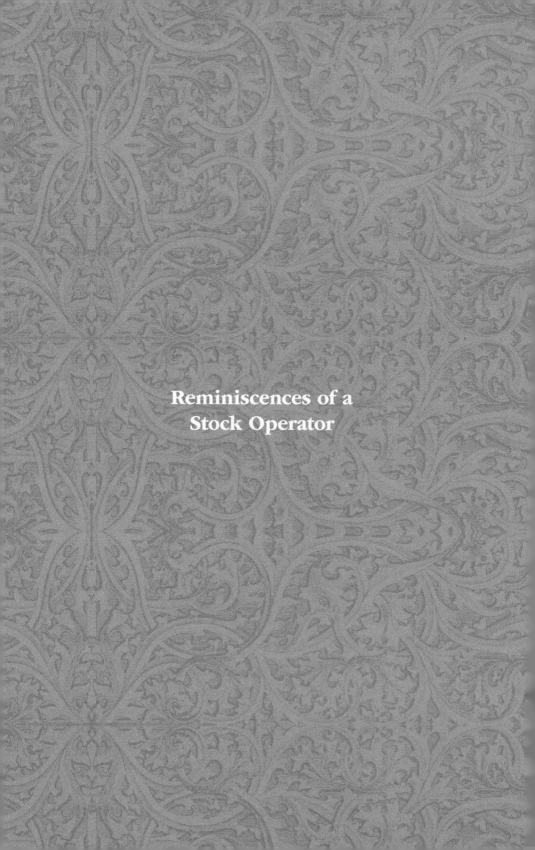

Reminiscences of a
Stock Operator

불안하면
보유 물량을 축소하라

본인이 저지른 실수를 곱씹는다고 해서 성공 사례를 분석하는 것
보다 더 많은 이점이 있는 건 아니다. 사람은 누구나 본능적으로
처벌을 받지 않으려는 경향이 있다. 실수를 저질러서 매질을 당했
다고 생각하면 두 번 다시는 실수하지 않으려고 한다. 주식시장에
서 실수하면 여하튼 두 군데를 뼈아프게 다친다. 바로 돈지갑과 자
만심이다. 그런데 흥미로운 사실이 있다. 주식투기를 하는 사람은
때때로 실수를 저지르는데, 알면서 실수한다. 그래놓고 왜 그랬냐
고 자책한다. 처벌의 쓰라린 고통이 사라지고 한참 지나서야 냉정
하게 곰곰이 생각해본다. 거래할 때 언제, 특히 어느 부분에서 실
수했는지 깨닫지만, 정작 그 이유는 모른다. 그저 제 탓으로 돌리
고 그대로 그냥 넘어간다.

　물론 현명하고 운도 좋은 사람이라면 같은 실수를 두 번 반복하

지 않는다. 그러나 과거 실수와 형제뻘, 사촌뻘 되는 실수를 숱하게 저지른다. 실수네 집안은 워낙 대가족이라서 바보짓을 할라 치면 주변에 늘 하나씩은 꼭 있다.

내가 처음으로 100만 달러짜리 실수를 저지른 이야기를 해보 겠다. 그러자면 내가 백만장자로 첫발을 내디뎠던 시기인 1907년 10월 대폭락 직후로 거슬러 올라가야 한다. 내가 거래를 계속하는 한, 100만 달러를 벌었다는 건 투자금이 늘었다는 의미일 뿐이다. 트레이더는 돈이 있다고 마음이 더 편안해지지 않는다. 부유하건 가난하건 실수하는 건 마찬가지고, 잘못을 저지르면 결코 편안하 지 않은 법이다. 게다가 예측이 적중하면 백만장자한테 돈은 그저 부리는 하인들 중 하나일 뿐이다. 그렇기에 손실은 사소한 고민거 리에 지나지 않는다. 일단 손실을 받아들이고 나면 형제처럼 굴지 않는다. 하룻밤 자고 일어나면 잊어버린다. 하지만 손실을 떠안을 지언정 판단이 빗나가면 주머니 사정은 물론이고 영혼까지 상처 를 입는다. 딕슨 G. 와츠*가 들려준 한 사내 이야기를 기억할지도 모르겠다. 그 사내가 초조해서 어쩔 줄 몰라 하자 친구가 무슨 일 이냐고 물었다.

"잠을 잘 수가 없어." 불안에 떠는 사내가 말했다.

"왜?" 친구가 물었다.

---

* Dickson G. Watts : 1878년부터 1880년까지 뉴욕면화거래소 소장을 지낸 인물로, 투자자 들에게 상당한 영향력을 발휘하는 시황을 제공했다고 알려진다. ―역자 주

불안하면 보유 물량을 축소하라

"면화선물을 너무 많이 가지고 있어서 그 생각만 하면 잠이 안 와. 기운이 빠져 죽겠어. 어떻게 하지?"

"곤히 잠들 수 있을 만큼만 남겨놓고 다 팔아." 친구가 대꾸했다.

대체로 사람은 자기 처지에 무척 빠르게 적응하기 때문에 균형감을 잃어버린다. 이전과 이후를 놓고 별 차이를 느끼지 못한다. 말하자면, 백만장자가 되기 전에는 어떠했는지 생생하게 기억하지 못한다. 지금은 할 수 있지만 그때는 할 수 없었다는 정도만 기억할 뿐이다. 평범한 젊은이라면 가난한 시절의 습관을 버리는 데 오래 걸리지 않는다. 하지만 부자일 적에 몸에 밴 습관을 지우려면 좀 더 많은 시간이 걸린다. 돈이 있으면 욕구가 생기거나 늘어나기 때문인 것 같다. 그러니까 주식시장에서 돈을 벌면 금세 절약하는 습관이 사라지지만, 돈을 잃고 난 뒤에 낭비하던 습관을 고치려면 많은 시간이 걸린다는 얘기다.

1907년 10월에 나는 공매도 물량을 정리하고 매수에 들어간 다음 당분간 쉬기로 마음먹었다. 요트 한 척을 사서 남해로 항해를 떠날 계획이었다. 낚시에 푹 빠져 있었기에 인생을 즐길 참이었다. 이런 날이 오기만을 간절히 기다리며 언제고 떠나고 싶었다. 하지만 그러지 못했다. 시장이 나를 가만 내버려두지 않았다.

나는 늘 주식뿐 아니라 상품선물도 거래했다. 소년 시절에 사설 거래소에서 매매를 시작했고, 주식시장만큼은 아니지만 그래도 몇 년간 상품선물시장을 연구했다. 사실 주식보다는 차라리 상품선물을 거래하고 싶다. 의심할 여지 없이 상품선물이 주식보다 한결 합법적이고 상업적 성격도 강하다. 그래서 여느 상업적 문제와 같이 상품선물에 접근할 수도 있다. 허황된 논리를 펴서 상품시장의 특정 추세에 동조하거나 거스를 수도 있지만, 성공한다 쳐도 잠시일 뿐 결국엔 사실이 이긴다. 그래서 트레이더는 여느 사업과 마찬가지로 연구하고 관찰해야만 배당금을 챙길 수 있다. 여건을 관찰하고 저울질하면 다른 사람들만큼 알게 된다. 내부자 무리를 경계할 필요도 없다. 면화시장이나 밀시장이나 옥수수시장에서는 배당금이 하룻밤 사이에 난데없이 지급되거나 늘어나는 일이 없다. 상품 가격은 장기적으로 단 한 가지 법칙이 지배한다. 바로 수요와 공급이라는 경제원리다. 그래서 트레이더는 상품선물시장에서 현재와 미래의 수요와 공급을 둘러싼 사실만 수집하면 된다. 주식시장에서처럼 오만 가지 일을 추측하느라 애먹지 않아도 된다. 이래서 언제나 나는 상품선물 거래에 매력을 느낀다.

물론 투기시장마다 똑같은 일이 발생한다. 증권시세표가 전하는 메시지는 같다. 누구나 곰곰이 생각해보면 그 메시지를 명확하게 알 수 있다. 스스로에게 질문을 던지고 상황을 들여다보면 답은 바로 나온다. 하지만 사람들은 애써 질문하려 들지 않고 지레 해답 찾기를 그만둔다. 미국인은 대개 언제 어디서나 의심이 많은 편인데, 예외가 있다. 주식이건 상품이건 중개인 사무소에 가서 시세표를 들여다볼 때다. 온갖 게임 중에서 참여하기 전에 반드시 공부해야 하는 게임이 딱 하나 있다면, 바로 주식과 상품이다. 그런데 사람들은 평소 사전에 준비하고 미리 대비하며 똑똑하게 굴던 태도를 버리고 이 게임에 뛰어든다. 중저가 자동차 한 대를 고를 때도 심혈을 기울이면서 주식시장에서는 그만큼 골똘히 생각하지 않고 재산의 절반을 건다.

증권시세표를 읽는 기술은 보기보다 그렇게 복잡하지 않다. 물론 경험이 쌓여야 한다. 하지만 무엇보다도 기본적인 경제지표를 염두에 두어야 한다. 증권시세표를 읽는다 한들 운수를 점칠 수는 없는 노릇이니까. 증권시세표는 다음 주 목요일 오후 1시 35분에 얼마나 벌 수 있을지 알려주지 않는다. 증권시세표를 읽는 까닭은 우선 어떻게, 그리고 나서 언제 거래할지를 가늠하기 위해서다. 다시 말해 매수 포지션이 매도 포지션보다 현명한 선택인지를 판단하는 수단이다. 증권시세표가 작동하는 원리는 주식이나 면화나 밀이나 옥수수나 귀리나 다 정확하게 똑같다.

시장, 그러니까 증권시세표에 찍히는 가격을 지켜보는 목적은 하나다. 바로 방향, 다시 말해 가격 추이를 파악하기 위해서다. 알다시피 가격은 저항을 받으면 올라가거나 내려간다. 쉽게 설명하면, 다른 모든 것과 마찬가지로 가격도 최소저항선을 따라 움직인다. 가장 수월한 방향으로 움직이기에, 내려가는 쪽보다 올라가는 쪽 저항이 적으면 가격은 상승하고, 그 반대면 하락한다.

추세가 시작되고 한참 지나면 아무도 강세장인지 약세장인지 혼동하지 않는다. 열린 마음으로 투명하게 바라보면 추세는 명확하게 잡힌다. 그렇지 않고 투자자가 자기 이론에 사실들을 끼워 맞추려고 들면 결코 현명한 처사가 아니다. 이런 사람은 강세장인지 약세장인지 알려고 하고, 아니 알아야 하고, 그래야 매수할지 매도할지 판단한다. 그러나 매수와 매도는 추세 초기에 판단해야 한다.

시장이 평소 출렁이듯이 10포인트 범위에서, 이를테면 최고 130에서 최저 120까지 오르락내리락한다고 가정해보자. 이럴 때 바닥을 치면 약세장처럼 보이다가도 8에서 10포인트 상승하면 강세장 같기도 하다. 그래서 이런 움직임만 보고 거래하면 안 된다. 증권시세표가 시간이 무르익었다고 알려줄 때까지 기다려야 한다. 사실 싸 보여서 사거나 비싸 보여서 파는 통에 수백만 달러가 날아간다. 투기꾼은 투자자가 아니다. 투기꾼은 자금을 투자해서 괜찮은 이율로 꾸준하게 수익을 확보하는 데 목적을 두지 않는다. 그보다는 투자 대상이 무엇이든 시세 등락을 이용해 수익을 올린다. 그래서 거래할 때 최소저항선을 파악해야 한다. 최소저항선이 뚜렷하게 드러날 때까지 기다렸다가 신호를 주면 민첩하게 움직여야 한다.

증권시세표를 읽어보면 130에서 매도세가 매수세보다 강해서 마땅히 가격 조정이 뒤따를 것 같다. 매도세가 매수세를 압도하는 시점에서 증권시세표를 얄팍하게 읽는 초보자는 주가가 150까지 계속 오르리라 판단하고 매수한다. 하지만 조정이 시작되면 주식을 계속 보유하든가 작은 손실을 입고 포지션을 정리하든가 공매도하고는 약세론을 들먹인다. 그런데 120에서는 하락을 떠받치는 저항이 더 강해서 매수세가 매도세를 압도하고 주가가 상승한다. 결국 공매도한 사람들은 물량 정리에 들어갈 수밖에 없다. 이렇게 일반 대중은 툭하면 이중으로 손해를 보면서도 깨닫지 못하니, 그저 놀라울 따름이다.

그러다 마침내 상승세나 하락세를 증폭시키는 어떤 사건이 일어나서 저항이 가장 큰 지점이 올라가거나 내려간다. 다시 말해 130에서 처음으로 매수세가 매도세보다 더 강하거나, 120에서 매도세가 매수세보다 더 강해진다. 그러면 시세는 오래된 장벽이나 움직임의 한 계선을 뚫고 계속 나아간다. 대체로 120에서 시장이 지나치게 약세로 보여 공매도하거나, 130에서 시장이 대단히 강세로 보여 매수하는 트레이더가 늘 숱하게 많다. 이들은 시장이 그네들 포지션과 반대로 움직이면 잠시 후 마음을 고쳐먹고 반대로 매매하거나 물량을 정리하고 만다. 이런 사람들 때문에 시세의 최소저항선이 더욱 뚜렷해진다. 진득하게 기다렸다가 이 최소저항선을 알아보는 현명한 투자자들은 기본적인 거래 여건은 물론이거니와, 잘못 예측했다가 실수를 바로잡으려는 사람들의 거래 움직임에도 도움을 받는다. 이런 세력의 움직임이 최소저항선을 따라 가격을 밀어붙이기 때문이다.

바로 여기서 이 점을 꼭 말해주고 싶다. 반드시 그렇다거나 투기의 원칙이라고 내세우지는 못하지만, 내가 경험해보니 최소저항선을 파악해둘 때면 언제나 생각지도 못하거나 예측하지 못했던 사건이 터져서 내 포지션에 도움이 되었다. 새러토가에서 있었던 유니언퍼시픽 일화를 기억하는가? 당시 최소저항선이 상승하고 있었기에 유니언퍼시픽을 매수했다. 그때 내부자들이 주식을 매도하고 있다는 중개인의 조언을 듣지 말고 매수 포지션을 지켰어야 했다. 이사진의 심중이 어떻든 달라질 건 없었다. 어차피 내가 알 수 없는 부분이기 때문이다. 하지만 증권시세표가 "상승 중!"이라고 외치는 소리를 알아들었고 읽어낼 수 있었다. 그러다 느닷없이 배당률을 인상하겠다는 소식이 들려왔고, 주가는 30포인트 상승했다. 164를 찍은 주가가 무척 비싸 보였지만, 이전에도 말했다시피 매수하기에 너무 비싸거나 매도하기에 너무 싼 주가는 없다. 최소저항선은 주가 그 자체와 아무런 상관이 없다.

내가 설명한 대로 실제로 거래해보면 알겠지만 장이 마감하고 다음 날 개장하는 사이에 나오는 중요한 뉴스는 대개 최소저항선과 일치한다. 추세는 뉴스가 알려지기 전에 이미 형성되기 때문에, 강세장이건 약세장이건 악재는 무시되고 호재는 과장된다. 1차 세계대전이 발발하기 전에 주식시장은 매우 취약한 상태였다. 그런 와중에 독일이 무제한 잠수함 작전을 선포했다. 그 무렵 나는 15만 주를 공매도한 터였다. 이런 뉴스가 나올 줄 미리 알아서가 아니라 최소저항선을 따라 가고 있었기 때문이다. 그 뉴스는 난데없이 날아든 사건이었고, 내 매매와는 아무런 상관이 없었다. 물론 그 상황을 충분히 활용해서 그날 바로 공매도 물량을 환매했다.

증권시세표를 지켜보고 자신만의 저항 지점을 설정해서 최소저항선을 알아보는 즉시 그 선을 따라 매매하라고 하다니 말은 쉽다. 막상 실제 거래에 나서면 많은 것을 경계해야 한다. 특히 자기 자신을, 말하자면 인간의 본성을 단속해야 한다. 왜냐하면 올바로 판단하는 사람에게는 항상 두 가지 힘이 유리하게 작용하기 때문이다. 두 가지 힘이란 바로 시장의 기본 여건과 잘못 판단하는 사람들이다. 강세장에서는 악재가 무시된다. 그것이 인간 본성인데도 그럴 때마다 인간은 화들짝 놀란다. 이를테면 한두 지역의 날씨가 나빠서 밀 농사를 망쳤다고, 일부 농부들이 망했다고 사람들이 말한다. 그러나 모든 밀 경작지역에서 모든 농부가 수확한 밀을 큰 곡물 창고로 운반해서 쌓아놓은 뒤에야 강세론자들은 밀 수확량의 피해가 심각하지 않다는 사실을 확인하고 기겁한다. 그러곤 결과적으로 약세론자들을 거들어준 꼴이라는 걸 깨닫는다.

상품시장에서 거래할 때는 고집스런 태도를 버린 채 마음을 열고 유연하게 생각해야 한다. 작황이나 수요를 어떻게 예측하건 시세표가 던지는 메시지를 무시하는 자세는 현명하지 못하다. 나는 출발신호를 예측하려다가 큰 기회를 놓친 적이 있다. 시장 여건이 확실해 보여서 최소저항선이 드러날 때까지 기다릴 필요도 없겠다고 생각했다. 심지어 조금만 거들면 최소저항선이 다가올 것 같아서, 내가 손을 써볼까도 생각했다.

면화선물 가격이 크게 상승하리라고 예측했을 때다. 가격이 12센트 근방에 걸려서 적절하게 오르내리고 있었다. 시세가 박스권에 갇힌 게 눈에 보였다. 기다려야 한다는 것을 알았지만 조금만 밀어붙이면 저항선 상단부를 돌파할 것 같았다.

그래서 5만 베일을 매수했다. 아니나 다를까 가격은 상승했다. 그런데 매수를 그만뒀더니 가격도 상승을 멈추고 내가 매수하기 시작한 시점의 가격으로까지 밀려 내려왔다. 그 시점에서 포지션을 정리하고 나오니까 가격도 하락세를 멈췄다. 이제 출발신호에 더욱 가까워졌다 싶어서 곧 다시 시작해야겠다고 마음먹었다. 그래서 다시 시작했는데 똑같은 일이 일어났다. 그러니까 내가 가격을 끌어올려도 매수를 멈추면 시세가 하락했다. 그렇게 네댓 번 반복하다가 신물이 나서 집어치웠다. 20만 달러가량 손실을 내고서 손을 털었다. 그런데 얼마 지나지 않아서 면화선물 가격이 상승하기 시작하더니 멈추지 않고 한몫 벌 수 있는 수준까지 치고 올라갔다. 그토록 성급하게 출발하지 않았더라면 큰 수익을 올렸을 것이다.

그렇게 많은 트레이더가 그렇게 무수히 이런 경험을 하기 때문에 규칙을 제시할 만도 하다. 시세가 꼼짝하지 않고 아주 좁은 범위 안에서 움직이는 횡보장에서는 다음에 올 큰 폭의 가격 움직임이 위로 갈지 아래로 갈지 예측하려고 해봐야 아무 의미 없다. 이럴 때는 시장을 지켜보고 증권시세표를 읽으면서 횡보장의 한계치를 가늠한 다음 가격이 어느 방향으로든 한계치를 돌파할 때까지 신경을 끄겠다고 마음먹어야 한다. 투기꾼은 시장에서 돈을 벌 궁리를 해야지, 증권시세표가 자기 예측대로 움직여야 한다고 고집을 부려서는 안 된다. 증권시세표와 실랑이를 벌이지도 말고, 이유나 설명을 요구하지도 말아야 한다. 주식시장에서는 지난 뒤에 따져봐야 아무런 이득도 없다.

얼마 전에 친구들과 함께 모였는데, 밀선물이 화제에 올랐다. 누구는 강세라고 하고 누구는 약세라고 하다가 마침내 내 의견을 물었다. 사실 나는 꽤 오랫동안 밀선물시장을 들여다보고 있었다. 하지만 친구들이 듣고 싶은 얘기는 통계 수치나 시장 여건 분석이 아니었기에 이렇게 말했다. "만일 밀선물로 돈을 벌고 싶으면 어떻게 해야 하는지 알려줄게."

다들 돈을 벌고 싶다고 대답하기에 이렇게 조언했다. "만일 밀선물로 돈을 벌고 싶은 생각이 확실하면 지금은 지켜보기만 해. 기다리란 말이지. 그러다가 가격이 1.20달러를 돌파하는 순간 매수하면 금세 쏠쏠하게 벌 수 있을 거야."

"지금 사면 왜 안 돼? 지금 1.14달러인데?" 한 친구가 물었다.

"지금은 가격이 상승할지 하락할지 도통 알 수가 없거든."

"그러면 왜 1.20달러에 매수해야 하는 거야? 가격이 무척 비싸 보이는데."

"한몫 단단히 챙기겠다고 무작정 노름하고 싶어, 아니면 현명하게 투기해서 작지만 훨씬 확실한 수익을 올리고 싶어?"

모두 작지만 확실한 수익을 바란다고 대답하기에 이렇게 말했다. "그럼 내 말대로 해. 1.20달러를 돌파하면 매수해."

말했다시피 나는 밀선물시장을 오랫동안 지켜봤다. 특히 몇 달 동안 밀선물 가격은 1.10달러와 1.20달러 사이를 오갔다. 그러던 어느 날 종가가 1.19달러를 넘어섰다. 나는 매수할 채비를 했고, 아니나 다를까 다음 날 시가가 1.205달러이기에 매수했다. 그뒤로 1.21달러에서 1.22달러를 거쳐 1.23달러, 1.25달러까지 상승했다. 나는 그 흐름을 따라갔다.

그때 무슨 일이 벌어졌는지 설명할 수 없었다. 횡보장에서 등락을 반복하는 동안 왜 그렇게 움직이는지 알 수 없었다. 1.20달러를 뚫고 올라갈지 1.10달러 아래로 떨어질지 예측할 수 없었다. 다만 가격이 큰 폭으로 하락할 만큼 전 세계의 밀 공급량이 부족하지 않아서 가격은 상승할 것 같았다.

사실 유럽에서 밀을 조용히 사들이고 있었고, 수많은 트레이더가 1.19달러 부근에서 공매도한 상태였다. 유럽의 구매력과 다른 요인들 때문에 대량의 밀이 시장에서 빠져나가면서, 마침내 큰 움직임이 나타나기 시작했다. 가격이 1.20달러 선을 넘어섰다. 내가 기다리던 순간이었고, 이거면 충분했다. 가격이 1.20달러를 돌파하기만 하면 된다고 생각했다. 그러면 마침내 상승세가 축적된 힘으로 한계치를 밀어붙여서 횡보장을 벗어나는 일이 벌어지기 때문이다. 다시 말해 1.20달러를 돌파하면서 밀선물 가격의 최소저항선이 설정되었다. 이제부터는 이야기가 달라진다.

내 기억으로는 어느 날인가 휴일이어서 모든 시장이 문을 닫은 터였다. 그런데 캐나다 위니펙에서 밀선물 가격이 부셸 당 6센트 상승하며 출발했다. 이튿날 미국 시장이 문을 열었을 때도 부셸 당 6센트 상승했다. 가격이 최소저항선을 따라 움직였다.

방금 이야기했듯이 내 매매기법의 핵심은 증권시세표 분석에 있다. 증권시세표에서 가격이 움직일 가능성이 가장 높은 길을 알아낸다. 그러고 나서 추가로 이렇게 저렇게 시험해가며 내 매매기법을 점검하고 '심리적 순간'을 잡아낸다. 거래를 시작한 뒤에 가격이 실제로 움직이는 길을 지켜보면 그렇게 할 수 있다.

내가 상승할 주식은 최고가에 매수하기를 좋아하고 저가가 아니면 아예 공매도하지 않는다고 말하면, 얼마나 많은 노련한 트레이더가 믿기지 않는다는 표정을 짓는지 모른다. 트레이더가 늘 출발신호를 따라 움직이면, 그러니까 최소저항선이 나타낼 때까지 기다렸다가 증권시세표가 상승한다고 알려주면 매수하고 하락한다고 말을 건넬 때 매도하면 돈을 벌기가 그리 어렵지 않다. 더불어 투자 규모를 키우면서 포지션을 쌓아나가야 한다. 자금에서 5분의 1만큼 매수한다고 가정해보자. 여기서 수익이 발생하지 않으면 확실히 출발부터 잘못되었으므로 물량을 늘려서는 안 된다. 잠시만 빗나갔더라도 판단이 잘못되면 언제나 수익을 얻을 수 없다. "상승"이라고 외쳤던 증권시세표가 단지 "아직은 아니야"라고 말한다고 해서 반드시 거짓말을 했다고 볼 수는 없다.

오랫동안 나는 면화선물시장에서 성공리에 거래를 해왔다. 면화선물시장을 둘러싼 나만의 철칙이 있었고, 그대로 지켰다. 4만에서 5만 베일을 거래하기로 했다고 가정해보자. 앞서 얘기했듯이 증권시세표를 들여다보며 매수하거나 매도할 기회를 기다린다. 이제 최소저항선이 상승 움직임을 나타낸다고 해보자. 나는 1만 베일을 매수한다. 그후 면화선물 가격이 내가 최초로 매수한 가격보다 10포인트 넘게 상승하면 1만 베일을 더 매수한다. 앞서 한 거래와 마찬가지다. 그후에 20포인트나 베일 당 1달러 수익을 올리면 2만 베일을 더 매수한다. 이렇게 하면 거래를 해볼 만한 기본 물량이 마련된다. 하지만 처음 1만 베일이나 2만 베일을 매수했을 때 손실을 냈다면 보유 물량을 정리해야 한다. 내 판단이 잘못됐기 때문이다. 예측이 잠시 빗나갔을 수도 있지만, 앞서 얘기했듯이 출발이 어긋나면 아무짝에도 쓸모없다.

이런 내 매매기법을 철저히 지키면서 가격이 본격적으로 움직일 때마다 면화선물 물량을 확보했다. 전체 물량을 차곡차곡 쌓아가는 과정에서 내 거래 감각을 시험해보려고 5만에서 6만 달러를 쓰기도 했다. 테스트 비용 치고 무척 비싼 것 같지만, 그렇지 않다. 가격이 본격적으로 움직이기 시작하면 내가 정확한 시점에 포지션을 쌓아가기 시작했는지 확인하기 위해 들인 비용 5만 달러를 회수하는 데 시간이 얼마나 걸릴까? 시간은 전혀 들지 않는다! 적절한 시기에 올바로 판단하면 항상 돈을 벌 수 있다.

앞서도 밝힌 것 같은데, 이것이 돈을 거는 나만의 매매기법이다.

이길 때 대거 걸고 질 때는 시험 삼아 건 소액만 잃으면 되니 간단하게 계산해봐도 이 방식이 현명하다. 내가 설명한 대로 거래하면 언제나 큰돈을 걸 때 수익을 낼 수 있는 포지션에 있을 것이다.

전문 트레이더는 경험을 토대로 갈고닦은 매매기법이 있기 마련이고, 투자를 대하는 태도나 욕망의 영향을 받는다. 팜비치에서 만난 노신사가 기억난다. 이름은 제대로 듣지 못했지만 남북전쟁 시절까지 거슬러 올라가는 오랜 시간을 월가에서 버텨낸 인물이다. 초강세장과 공황 장세를 수없이 겪어서 약아빠진 노인네라고도 했다. 그 노신사가 늘 하는 말이 바로 "태양 아래 새로운 것은 없고, 주식시장에서는 특히 그렇다"였다.

노신사는 내게 이런저런 질문을 던졌다. 평소 내 거래방식을 들려주었더니 노신사는 고개를 끄덕이며 이렇게 말했다.

"맞네! 맞아! 자네 말이 옳아! 자네가 만들고 자네 마음을 움직이는 방식이 자네에게 적합한 매매기법이야. 자네 정도면 판돈 걱정은 없을 테니 자네 말대로 거래하기가 쉬울 걸세. 팻 헌이 떠오르는군. 그 이름을 들어본 적이 있나? 제법 날리던 도박꾼이었는데 우리하고도 거래를 했지. 영리한 데다가 배짱이 두둑한 양반이었어. 그 사람이 주식으로 돈을 벌어서 사람들이 조언을 들으러 찾아갔는데 한마디도 안 해주더라고. 사람들이 대놓고 자기네 매매기법이 어떤지 그 사람에게 물어보면 좋아하는 경마 격언만 들먹였지. '돈을 걸기 전에는 모르는 법'이라고 말이야.

팻은 우리 객장에서 거래했는데, 인기주 100주를 매수하고 1퍼센트 상승하면 100주를 더 매수했어. 1포인트 오를 때마다 100주씩 매수하는 방식이었지. 남들 주머니 불리는 게임은 하지 않는다면서 본인이 가장 최근에 매수한 가격보다 1포인트 낮은 가격에 손절매 주문을 걸곤 했다네. 가격이 계속 오르면 손절매 가격도 올렸지. 그러다 보니 1퍼센트만 가격이 조정되도 손절매되는 거야. 그 친구는 본전이나 평가이익에서 1퍼센트 이상 손실이 나는 것은 봐줄 수 없는 일이라고 딱 잘라 말했어.

자네도 알다시피 전문 도박사는 승산이 없는 데는 걸지 않아. 확실하게 돈이 되는 구석만 찾아 다니지. 물론 승산이 희박해도 돈이 들어온다면야 괜찮지. 팻은 주식시장에서 비밀정보에 휘둘리거나 일주일에 20포인트씩 따먹으려고 들지 않았어. 그저 확실한 건수를 잡아서 안락하게 생활하기에 충분할 정도로만 물량을 가져갔지. 내가 월가에서 내부자 말고 수많은 사람을 만나봤는데, 팻 헌처럼 주식투기를 타로카드나 룰렛 같은 확률 게임으로 보면서도 비교적 견실한 방식을 지켜간 사람은 없었다네.

팻이 죽은 뒤에 늘 팻과 함께 거래하던 우리 고객 하나가 팻이 쓰던 매매기법으로 래커와너를 거래해서 10만 달러 넘게 벌었지. 그런데 다른 종목으로 갈아타더니 큰돈도 벌었겠다, 팻의 매매기법을 더 따를 필요가 없겠다 싶었는지 조정이 왔는데도 마치 수익을 낼 것처럼 손절매하지 않고 그냥 내버려두더라고. 물론 싹 다 날렸네. 마침내 포지션을 정리했을 때는 우리에게 수천 달러 빚까지 졌지 뭔가.

그러고도 2, 3년간 객장을 서성거렸지. 돈을 몽땅 날린 뒤로 오랫동안 울분을 삭이지 못하더군. 그래도 얌전히만 굴면 다들 뭐라고 하지 않았어. 그 사람이 팻 헌의 매매기법을 따르지 않은 건 천하의 멍청한 짓이었다고 한탄하는 소리를 내가 여러 번 들었네. 그런데 어느 날 몹시 흥분해서 나를 찾아오더니 우리 객장에서 주식을 공매도하게 좀 도와 달라고 하더군. 그 사람도 한창 날릴 때는 꽤 훌륭한 고객이었고 나름 괜찮은 친구여서 내가 개인적으로 그 사람 계좌로 100주를 매매할 수 있게 보증하겠다고 했지.

그 사람은 레이크쇼어 100주를 공매도했다네. 빌 트래버스가 1875년에 시장을 강타해서 뒤흔들던 때였어. 이 친구 로버트는 레이크쇼어를 적절한 시기에 공매도하더니, 주가가 하락하니까 계속 공매도하더군. 희망이 쑥덕거리는 소리에 넘어가서 팻 헌의 매매기법을 버리기 전에 끗발 날리던 시절에 쓰던 방식이지.

글쎄 나흘 동안 피라미딩 기법으로 성공을 거두는데 로버트 계좌에 1만 5000달러 수익이 생겼지 뭔가. 그런데 로버트가 손절매 주문을 걸어놓지 않았길래 내가 이유를 물었더니, 아직 본격적인 폭락장은 시작하지도 않았다면서 1포인트 조정에는 아예 흔들리지도 않을 거라더군. 그때가 8월이었어. 그런데 9월 중순도 안 되어서 넷째 아이 유모차를 사야 한다면서 나한테 10달러를 빌려 갔네. 로버트는 효과가 증명된 자신만의 거래방식을 지키지 않았던 거야. 사람들 대부분이 그래서 문제지." 노신사는 나를 보며 고개를 가로저었다.

노신사의 말이 옳았다. 투기는 자연법칙에 어긋나는 사업이라는 생각이 때때로 든다. 평범한 투기꾼이라면 자기 본성과 맞서 싸워야 하기 때문이다. 사람이라면 누구나 약점이 있기 마련인데, 이런 부분이 투기로 성공하는 데 치명적이다. 대개는 이런 약점을 보고 주변 사람들이 호감을 느끼기도 한다. 헌데 주식이나 상품보다 위험하지 않은 다른 모험에 나설 때는 자신을 철저하게 경계하는 사람들이 유독 주식이나 상품을 거래할 때는 그러지 못한다.

투기꾼의 최대 적은 항상 자기 내면에서 나온다. 인간 본성과 떼려야 뗄 수 없는 이 적은 바로 희망과 두려움이다. 투기를 하다가 시장이 내 포지션과 반대로 움직이면 매일같이 그날이 마지막이기를 바란다. 그러다 보니 희망의 속삭임을 듣지 않았더라면 마주하지 않았을 손실액이 더욱 불어난다. 크든 작든 제국을 건설한 사람과 개척자들에게는 희망이 성공을 가져다주는 강력한 동맹군이건만 말이다. 그런가 하면 시장이 내 방식대로 움직일 때도 이튿날 내 수익을 빼앗길까봐 두려워 성급히 포지션을 정리하고 만다. 그렇게 두려움에 사로잡혀 당연히 벌어야 할 만큼 벌지 못한다. 트레이더로 성공하려면 뿌리 깊은 이 두 본성과 싸워야 한다. 자연스러운 충동인 이 두 감정을 반대로 뒤집어야 한다. 희망이 부풀 때 두려워해야 하고, 두려움에 사로잡힐 때 희망을 품어야 한다. 손실이 나면 훨씬 커질까 두려워해야 하고, 수익이 생기면 한껏 불어나기를 희망해야 한다. 평범한 사람들이 하듯이 주식시장에서 도박을 하는 건 결단코 옳지 못한 처사다.

나는 열네 살 적부터 투기 거래를 해왔다. 오로지 그 일만 했다. 그런 만큼 아무 생각 없이 하는 말이 아니다. 밑천이 얄팍하건 수백만 달러건 30년 가까이 꾸준하게 거래한 끝에 내가 내린 결론은 이렇다. 특정 시기에 주식 하나나 여러 종목에서 돈을 딸 수는 있어도, 주식시장을 당해낼 수 있는 사람은 아무도 없다! 면화선물이 나 곡물선물을 하나씩 따로따로 거래해서 수익을 올릴 수 있을지 언정 아무도 면화선물시장이나 곡물선물시장을 이길 수는 없다. 경마와 마찬가지다. 한 번은 맞춰서 돈을 벌 수 있을지 몰라도 경마 경주 전체를 다 맞출 수는 없다.

　이보다 더 단호하게 강조해서 말하는 방법을 안다면 기꺼이 그렇게 하겠다. 누군가 반대 의견을 들이대도 달라질 건 없다. 내 말은 부정할 수 없는 진실이니까 말이다.

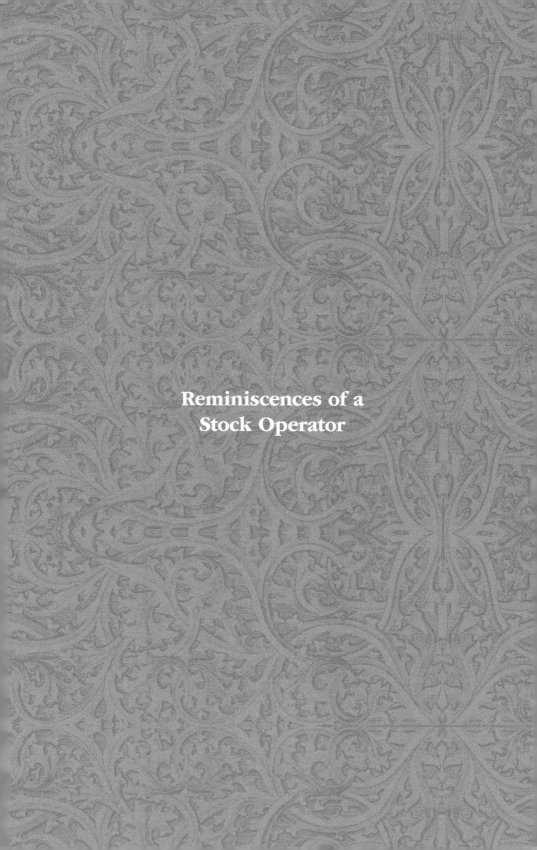

Reminiscences of a
Stock Operator

투자자들의
심리

이제 1907년 10월로 돌아가서 이야기를 계속하겠다. 요트 한 척을 마련해서 뉴욕을 벗어나 남쪽 바다로 항해를 떠날 채비를 모두 마쳤다. 낚시라면 숫제 정신을 못 차릴 정도라서 이번에는 마음이 내킬 때 어디로든 가서 내 요트를 타고 실컷 낚시를 즐길 생각이었다. 모든 준비가 끝났다. 주식시장에서 큰돈도 벌었다. 그런데 마지막 순간에 옥수수선물이 내 발목을 붙잡았다.

처음으로 100만 달러 수익을 올렸던 금융공황 사태 이전부터 시카고 선물시장에서 곡물을 거래했는데, 그 이야기부터 해야겠다. 밀선물과 옥수수선물을 각각 1000만 부셸씩 공매도한 상태였다. 곡물시장을 오랫동안 들여다봤고, 주식시장과 마찬가지로 옥수수선물과 밀선물도 가격이 하락할 듯이 보였기 때문이다.

예측대로 옥수수선물과 밀선물 시세가 하락하기 시작했는데, 밀선물은 계속 하락했지만 옥수수선물은 시카고에서 가장 영향력 있는 투자자가 매집하려고 들었다. 여기서 그 투자자를 스트래턴이라 부르겠다. 주식을 정리한 다음 요트를 타고 남쪽으로 떠날 준비가 다 된 상황에서, 밀선물은 수익이 꽤 짭짤했는데 옥수수선물은 스트래턴이 가격을 올려놓는 바람에 제법 손실이 컸다.

가격이 올랐지만, 내가 알기로 온 나라에 옥수수 물량은 충분했다. 수요와 공급의 법칙은 언제나 작동한다. 그런데 옥수수 수요는 주로 스트래턴에게서 나왔지만, 공급이 아예 되지 않았다. 도로 정체가 워낙 심해서 옥수수를 운송하는 데 차질을 빚었기 때문이다. 그때 맹추위가 밀려와 도로가 꽁꽁 얼어붙게 해 달라고 기도했던 기억이 난다. 그러면 도로가 비어서 농부들이 옥수수를 시장에 출하할 수 있지 않을까 싶어서였다. 하지만 그런 행운은 오지 않았다.

한껏 들떠서 낚시 여행을 계획하고 떠나기만을 기다리던 참이었는데, 옥수수선물에서 손실이 생기는 바람에 붙들리고 말았다. 이런 상황에서는 시장을 벗어날 수 없었다. 물론 스트래턴은 차주잔고를 눈여겨보고 있었다. 그 사람은 내가 제 손바닥 안이라는 사실을 알고 있었고, 나도 그 사람만큼이나 내 처지를 잘 알고 있었다. 그래도 방금 말했듯이 날씨가 부지런히 움직여서 나를 도와주기를 바랐다. 그러나 날씨도 기적을 일으키는 어떤 친절한 존재도 내 요청에는 아무런 관심이 없다는 사실을 깨닫고 스스로 난관에서 벗어날 방안을 찾았다.

밀선물은 상당한 차익을 실현하고 정리했다. 그런데 옥수수 문제는 해결하자니 엄청나게 어려웠다. 만일 옥수수 1000만 부셸을 시장가로 모두 정리할 수 있다면 손실액이 크더라도 당장에 기꺼이 그러고 싶었다. 하지만 내가 포지션을 정리하려고 내 옥수수를 사들이기 시작하는 순간 스트래턴이 나를 쥐어짜려고 덤벼들 터였다. 게다가 옥수수를 환매하면 내 손으로 가격을 올리는 꼴이어서 내 칼로 내 목을 치는 것이나 마찬가지였다.

옥수수선물이 강세를 나타내고 있었지만 낚시를 가고 싶은 마음이 굴뚝같아서 당장 빠져나올 방법을 찾아야 했다. 작전상 후퇴할 수밖에 없었다. 공매도한 1000만 부셸을 되도록 손실을 줄이면서 환매해야 했다.

당시 스트래턴은 귀리선물도 거래하면서 귀리시장을 쥐락펴락하고 있었다. 나는 작황 소식이나 뜬소문에 귀 기울이면서 곡물시장을 예의주시하던 차에 또 다른 세력인 아머가 곡물시장의 이해관계를 놓고 스트래턴과 껄끄럽다는 소문을 들었다. 물론 스트래턴은 자신이 제시하는 가격이 아니면 내게 옥수수를 넘기지 않을 터였다. 나는 아머가 스트래턴과 맞서고 있다는 소문을 듣는 순간 시카고 트레이더들에게 도움을 받을 수 있겠다는 생각이 퍼뜩 들었다. 그들이 나를 도울 수 있는 방법은 하나였다. 스트래턴이 내게 넘기지 않으려고 하는 옥수수선물을 그들이 내게 팔면 된다. 그러면 나머지는 쉽게 풀린다.

우선 옥수수선물 가격이 0.125센트 하락할 때마다 50만 부셸을 매수하는 주문을 냈다. 그와 동시에 거래소 네 곳에 각각 귀리선물 5만 부셸을 매도하는 주문을 냈다. 그렇게 하면 귀리선물 가격이 급락하리라 계산했다. 트레이더들의 심리가 어떻게 움직일지 짐작이 갔다. 아머가 스트래턴에게 총구를 겨누고 있다고 생각할 것이 분명했다. 귀리시장에서 공세를 펴기 시작하면 트레이더들은 당연히 다음에는 옥수수 가격이 급락할 차례라고 판단하고 옥수수를 매도하기 시작할 것이다. 만일 옥수수를 매점하는 세력이 기습을 당한다면 떨어지는 콩고물이 엄청날 터였다.

시카고 트레이더들의 심리를 꿰뚫은 내 눈이 정확했다. 산발적인 매도 주문에 귀리 가격이 급락하는 광경을 목격한 트레이더들은 즉시 옥수수시장으로 넘어와서 열심히 옥수수를 매도했다. 덕분에 10분 만에 나는 옥수수 600만 부셸을 환매할 수 있었다. 옥수수 매도 공세가 끝났을 때는 나머지 옥수수 400만 부셸을 시장가로 사들였다. 그 바람에 옥수수 가격이 다시 상승했지만, 작전을 펼친 끝에 트레이더들이 매도 물량을 사들이기 시작한 시점의 가격에서 0.5센트를 넘지 않는 선에서 1000만 부셸에 해당하는 매도 포지션을 전부 청산했다. 트레이더들이 옥수수선물을 매도하도록 유인하기 위해 공매도한 귀리선물 20만 부셸은 3000달러 손해를 보고 환매했다. 매도 세력을 불러들이려고 던진 미끼 치고는 저렴한 셈이었다. 밀선물에서 올린 수익으로 옥수수선물에서 까먹은 손실을 거의 메우고 보니 곡물선물시장에서 입은 총 손실액은 2만 5000달러에 그쳤다. 그후 옥수수선물 가격은 부셸당 25센트 상승했다. 스트래턴은 의심의 여지 없이 나를 쥐고 흔들 수 있었다. 내가 가격을 고려하지 않고 무작정 옥수수선물 1000만 부셸을 샀더라면 대가를 얼마나 톡톡히 치러야 했을지 모를 일이다.

한 가지 일을 오랫동안 계속하다 보면 평범한 초보자들과는 달리 그 일의 습성이 몸에 밴다. 이 차이가 아마추어와 전문가를 가른다. 투기시장에서 돈을 벌거나 잃는 갈림길은 상황을 바라보는 관점이다. 대중은 자신이 들이는 노력을 아마추어의 눈으로 바라본다. 자존심을 지나치게 앞세운 채 깊이 있거나 속속들이 사고하지 않는다. 반면 전문가는 돈을 벌기보다 일을 제대로 하는지에 관심을 기울인다. 다른 요건이 갖춰지면 수익은 저절로 따라오는 이치를 알기 때문이다. 트레이더는 마치 프로 당구선수처럼 투자 게임을 한다. 눈앞에 놓인 한 수가 아니라 훨씬 많은 수를 내다본다는 얘기다. 전문가는 이런 습성이 본능처럼 몸에 배어 있다.

애디슨 캐맥에 얽힌 일화가 기억난다. 여기에 내가 하고 싶은 얘기가 고스란히 담겨 있다. 내가 들은 이야기를 종합해보면, 캐맥은 월가에서 유능하기로 손꼽히는 트레이더였다. 많은 사람이 생각하는 것만큼 약세론을 입에 달고 산 인물은 아니었다. 희망과 두려움이라는 인간의 두 감정을 이용해 약세장에서 거래하는 방식에 더 큰 매력을 느꼈을 뿐이다. 캐맥이 만들어낸 격언이 하나 있다. "수액이 나무에 차오를 때는 주식을 매도하지 말라!"고참들 말을 들어보면 캐맥이 강세장에서 가장 큰 수익을 올렸다고 하니, 캐맥이 편견에 휘둘리지 않고 시장 여건에 따라 거래한 것은 분명하다. 아무튼 캐맥은 능수능란한 트레이더였다. 이제 이야기를 시작하자면 강세장이 거의 끝나가던 무렵으로 거슬러 올라간다. 그때 캐맥은 시장이 하락하리라고 예측했는데, 금융 담당 기자로 재담가이기도 한 J. 아서 조지프가 그 사실을 눈치챈 모양이었다. 하지만 시장은 강세론자들과 낙관적인 신문기사에 힘입어 여전히 견고하게 상승하고 있었다. 조지프는 캐맥 같은 트레이더가 약세를 점치는 정보를 어떻게 이용할지 알았기에 어느 날 이 반가운 소식을 들고 캐맥의 사무실로 달려갔다.

"캐맥 씨, 세인트폴 거래소에서 주식 양도 담당자로 일하는 괜찮은 친구가 있는데요. 캐맥 씨가 꼭 알아야 하는 이야기를 그 친구가 말해주더군요."

"그게 뭔가요?" 캐맥이 시큰둥하게 물었다.

"이제 돌아서신 거죠, 그렇죠? 지금은 약세를 예상하시는 거죠?" 조지프는 확실히 해두려고 물었다. 캐맥이 흥미를 보이지 않으면 귀중한 정보를 내다버릴 수가 없어서였다.

"그렇소만, 대체 그 신통한 정보라는 게 뭡니까?"

"일주일에 두세 번 정도 정보를 수집하려고 세인트폴 거래소에 가거든요. 그런데 오늘 들렀더니 그 친구가 이러더라고요. '그 어른이 주식을 처분하고 있어.' 알죠? 윌리엄 록펠러 말이에요. '정말이야, 지미?' 하고 물었더니, 친구가 이렇게 대답하더라고요. '그렇다니까. 주가가 0.375포인트 오를 때마다 1500주씩 매도하고 있어. 내가 지금 2, 3일째 그 주식을 양도하고 있다고.' 이 소식을 듣고 득달같이 달려와서 말씀드리는 거예요."

캐맥은 좀처럼 흥분하지 않았다. 게다가 온갖 사람이 소식입네 가십입네 뜬소문입네 비밀정보입네 하며 심지어 가짜뉴스까지 들고 캐맥의 사무실로 들이닥치는 통에 신물이 나서 이런 정보를 잘 믿지 않았다.

"친구가 했다는 그 말 제대로 들은 게 확실합니까, 조지프?" 캐맥은 그저 이렇게 물었다.

"확실하냐고요? 그야 당연하죠! 제 귀는 멀쩡하니까요." 조지프가 대꾸했다.

"그 친구는 믿을 만한 사람인가요?"

"물론입니다! 수년째 알고 지내는 친구예요. 저한테 한 번도 거짓말을 한 적이 없어요. 그런 짓 안 하는 친구입니다, 절대로! 정말 믿을 만한 사람이에요 그 친구가 하는 말이라면 제 목숨도 걸 수 있습니다. 이 세상에서 그 친구만큼 제가 잘 아는 사람은 없어요. 캐맥 씨도 여태껏 저를 봐와서 저에 대해 아시겠지만, 그보다 훨씬 더 제가 그 친구를 잘 알죠." 조지프가 단호하게 말했다.

"그 친구를 그렇게 확신한단 말이죠?" 캐맥은 조지프를 다시 한 번 쳐다보고 나서 이렇게 말했다. "그래요, 뭐, 당신도 알아야죠." 캐맥은 중개인인 W. B. 휠러를 불렀다. 조지프는 캐맥이 세인트폴을 최소 5만 주는 매도하리라 예상했다. 윌리엄 록펠러가 강세장의 힘을 빌려 세인트폴을 처분하고 있으니까 말이다. 처분하는 주식이 투자 지분인지 투기 물량인지는 중요하지 않았다. 스탠더드오일 주주 중 최고 트레이더가 세인트폴 주식을 정리한다는 사실만이 중요했다. 평범한 사람이 믿을 만한 정보통에게 그런 소식을 듣는다면 어떻게 할까? 물어보나 마나다.

그런데 전성기에 최고의 약세론자였고 당시에도 시장이 하락하리라고 내다본 캐맥은 중개인에게 이렇게 말했다. "빌리, 거래소로 가서 세인트폴 주식이 0.375달러 오를 때마다 1500주씩 매수하게." 그때 세인트폴은 90달러 선에서 거래되고 있었다.

"매도하는 게 아니고요?" 조지프가 성급히 끼어들었다. 조지프는 월가에서 초보자가 아니었지만 신문기자의 시각으로, 게다가 굳이 덧붙이자면 일반 대중의 시각으로 시장을 바라봤다. 내부자가 매도한다는 소식이 들리면 주가는 확실히 하락한다. 더구나 윌리엄 록펠러만 한 내부자는 없었다. 스탠더드오일이 매도한다는데 캐맥이 매수한다니! 있을 수 없는 일이었다.

"그래요. 나는 매수합니다!" 캐맥이 말했다.

"제 말을 못 믿으세요?"

"아니, 믿어요!"

"제가 들고 온 정보를 못 믿으세요?"

"아니, 믿는다니까요."

"시장이 하락한다고 생각하시는 거 아닌가요?"

"그렇게 생각하지요."

"그런데 왜요?"

"그래서 매수하는 겁니다. 내 말 잘 들어요. 당신은 믿을 만하다는 그 친구와 계속 연락을 주고받다가 매도 주문이 그치면 즉시 내게 알려요. 그 길로 즉시! 무슨 말인지 알겠죠?"

"그러죠." 조지프는 이렇게 대답하고 사무실을 나왔지만, 캐맥이 왜 윌리엄 록펠러의 주식을 매수하려는지 도통 알 수 없었다. 더군다나 캐맥은 시장 전반을 약세로 점치는 터라 무슨 속셈인지 하나도 헤아릴 수가 없었다. 하지만 조지프는 주식 양도 담당자인 친구를 만나서 록펠러가 주식 매도를 끝내면 귀띔해 달라고 말하고, 하루에 두 번씩 꼬박꼬박 전화해서 확인했다.

그러던 어느 날 주식 양도 담당자가 조지프에게 말했다. "어른이 이제 주식을 안 내어놓는걸." 조지프는 친구에게 고맙다고 인사하고 캐맥 사무실로 달려갔다.

캐맥은 조지프의 말을 집중해서 듣더니 휠러를 돌아보며 물었다. "빌리, 우리 사무실에 세인트폴 주식이 얼마나 있지?" 휠러는 살펴보더니 6만 주가량 매수했다고 보고했다. 약세론자였던 캐맥은 세인트폴 주식을 매수하기 훨씬 전부터 그레인저스를 포함해 여러 주식을 공매도하고 있었다. 그래서 공매도해둔 물량이 엄청나게 많았다. 캐맥은 즉시 휠러에게 세인트폴 6만 주를 매도하고, 추가로 공매도하라고 지시했다. 캐맥은 전체 종목을 떨어뜨리는 지렛대로 세인트폴 보유 물량을 활용했고, 그러면 하락세를 부추기는 작전에 유리할 터였다.

세인트폴은 44까지 멈추지 않고 하락했고, 캐맥은 큰돈을 벌었다. 이렇게 경지에 오른 기량으로 손에 쥔 패를 움직여서 수익을 챙기는 인물이었다. 내가 얘기하고 싶은 요점은 캐맥의 몸에 밴 거래 습성이다. 캐맥은 깊이 생각하지 않았다. 세인트폴 한 종목에 걸린 수익보다 훨씬 중요한 게 무엇인지 단박에 짚어냈다. 캐맥은 적절한 시기에 적절하게 최초의 압력을 넣어서 대대적으로 공매도 작전을 시작할 천우신조의 기회를 알아봤다. 그래서 내부자가 세인트폴 주식을 매도한다는 정보를 듣고도 매도하는 대신 매수했다. 그렇게 하면 공매도 작전을 펼칠 때 최적의 무기를 다채롭게 얻을 수 있다는 점을 한눈에 파악했기 때문이다.

이제 내 이야기로 돌아가보자. 밀과 옥수수선물을 정리한 다음 요트를 타고 남쪽으로 갔다. 플로리다 해안을 항해하면서 더없이 행복한 시간을 보냈다. 낚시는 위대했고, 모든 것이 사랑스러웠다. 걱정이라고는 이 세상에 단 한 줌도 없었고 구태여 찾아 나서지도 않았다.

그러다가 하루는 팜비치 해변에 갔다. 거기서 월가 친구들과 이런저런 사람들을 만났는데 다들 그 무렵 시선을 한 몸에 받던 면화 투기자 퍼시 토머스 이야기를 했다. 뉴욕에서 날아든 소식을 들어보니 퍼시 토머스가 전 재산을 깡그리 날린 모양이었다. 그래도 세계에서 가장 유명한 투기자가 면화시장에서 두 번째로 참패를 당했다는 소문일 뿐, 시장에서 명예를 실추한 건 아니었다.

나는 항상 토머스를 흠모했다. 토머스가 면화선물 매집을 시도할 당시 셸던앤드토머스 증권거래소가 도산했다는 신문기사를 읽고 토머스를 처음 알게 되었다. 동업자만큼 포부도 용기도 없던 셸던은 성공을 코앞에 두고 겁을 먹었다. 적어도 당시 월가에 떠돌던 소문으로는 그랬다. 결국 두 사람은 큰돈을 벌기는커녕 상당한 물의를 일으킬 만큼 큰 실패를 마주했다. 손실액이 몇백만 달러였는지 기억나지 않지만, 회사는 문을 닫았고 토머스는 홀로 일하게 되었다. 그렇게 오로지 면화선물에 매달렸고, 오래지 않아 재기했다. 채권자들에게 진 온갖 빚은 물론이고 법적으로 책임지지 않아도 되는 이자까지 모조리 갚고도 수중에 백만 달러가 남았다. 토머스가 면화선물시장으로 복귀한 일은 디콘 S. V. 화이트가 주식시장을 파고들어 1년 만에 100만 달러를 갚은 그 유명한 일화만큼 대단한 사건이었다. 나는 토머스의 이런 배짱과 지략에 탐복했다.

팜비치에 있던 사람들은 죄다 토머스가 3월물 면화를 거래하다가 몰락했다고 술렁거렸다. 이런 이야기가 어떻게 돌고 도는지 알 것이다. 잘못된 정보가 한껏 들러붙고 부풀리고 왜곡되어서 귓가에 들어온다. 나를 둘러싼 소문도 돌고 돌아 24시간이 채 안 되어 소문을 퍼뜨린 사람 귀에 다시 들어갔는데, 이 사람도 자기가 낸 소문인지 알아채지 못할 정도로 새로운 이야기가 덧붙고 세세한 내용까지 부풀렸었다.

퍼시 토머스가 최근에 겪은 불운 소식을 듣고 나는 낚시에서 면화선물시장으로 관심을 돌렸다. 시장 상황이 어떤지 파악하려고 업계 신문을 찾아 읽었다. 뉴욕으로 돌아와서는 시장 연구에 매달렸다. 다들 시장을 하락세로 보고 7월물 면화를 매도하고 있었다. 사람들 특성이 어떤지 잘 알 것이다. 주변 사람들이 죄다 똑같은 일을 하면 자신도 따라 하는 전염성의 본보기가 바로 인간이다. 군중심리의 한 국면 또는 변형이라 할 만하다. 어쨌든 수많은 트레이더가 7월물 면화선물은 매도하는 것이 현명하고 적절하며 안전한 대처라고 생각했다! 그러나 그런 매도 현상은 무모하다고 할 수도 없었다. 그렇게 표현하기에는 무모하다는 단어가 아깝다. 트레이더들은 시장의 한 부분만 보고 큰 수익을 기대했다. 가격이 붕괴하리라고 예측한 게 확실했다.

이 모든 상황을 지켜보다가 면화선물을 매도한 사람들이 물량을 환매할 시간이 많지 않겠다는 생각이 불쑥 들었다. 시장 상황을 들여다볼수록 그렇겠다는 확신이 들어서 마침내 7월물 면화를 매수하기로 결심했다. 그 길로 거래에 나서서 10만 베일을 매수했다. 매도자가 엄청 많아서 물량을 확보하는 데는 별 어려움이 없었다. 7월물 면화를 매도하지 않겠다는 트레이더를 살려서든 죽여서든 한 명이라도 잡아 오면 100만 달러를 주겠다고 현상금을 걸 수도 있을 것 같았다. 아무도 그러겠다고 나서지 않을 테니까.

5월 말 무렵이었다. 나는 계속 매수했고 매도자들은 계속 팔았다. 그렇게 돌아다니는 선물계약을 싹 다 정리했더니 보유 물량이 12만 베일이나 되었다. 마지막으로 물량을 확보하고 이틀 뒤에 면화선물 가격이 오르기 시작했다. 일단 시장이 상승세로 출발하더니 친절하게도 기세를 몰아갔다. 하루 만에 40에서 50포인트까지 상승했다.

그날은 내가 매수에 들어가고 열흘쯤 지난 토요일이었다. 가격이 슬금슬금 오르기 시작했다. 시장에 7월물 면화가 추가매물로 나올지는 알 수 없었다. 직접 알아봐야 하는 일이었기에 장 마감 10분 전까지 기다렸다. 이 무렵이면 대개 트레이더들이 공매도에 나서기 때문에 시장이 상승세로 마감하면 안전하게 공매도 물량을 낚아챌 수 있었다. 그래서 5000베일을 매수하는 주문 네 건을 각각 시장가로 동시에 냈다. 그 바람에 가격이 30포인트나 상승했고, 매도자들도 열과 성을 다해 덤벼들었다. 이날 시장은 최고가로 마감했다. 나는 마지막 남은 2만 베일을 매수했을 뿐이다.

이튿날은 일요일이었다. 월요일에 리버풀 선물시장이 뉴욕의 상승세와 균형을 맞추려면 개장할 때 20포인트 상승해야 했다. 그런데 50포인트나 올랐다. 그렇다면 리버풀 시장의 가격 상승 폭이 뉴욕시장의 두 배를 넘어선다는 의미였다. 리버풀에서 가격이 상승하는 현상은 나하고는 아무런 상관이 없었다. 하지만 내 추론이 적절했고 내가 최소저항선을 따라 매매하고 있다는 증거를 보여주었다. 동시에 내가 처분해야 할 물량이 엄청나다는 사실도 잊지 않았다. 시장은 가파르게도 서서히도 오를 수 있지만, 그렇다고 일정량을 넘어선 매도 물량을 소화할 수 있는 여력은 아직 없었다.

물론 리버풀에서 건너온 소식에 뉴욕시장이 세차게 흔들렸다. 하지만 가격이 상승할수록 7월물 면화거래는 더욱 뜸해지는 모양새였다. 나도 보유 물량을 정리하지 않았다. 열광에 휩싸인 월요일이긴 했으나 약세론자에게는 썩 신나는 날이 아니었다. 그런데도 약세론자들이 공황에 빠져 무작정 거래를 청산하려고 우르르 몰려들 조짐은 찾아볼 수 없었다. 나는 14만 베일을 보유하고 있었기에 처분할 시장을 찾아야만 했다.

화요일 오전에 내 사무실로 걸어가다가 건물 입구에서 친구를 만났다.

"오늘 아침 《월드》에 난 기사, 굉장하던데." 친구가 웃으며 말했다.

"무슨 기사가 났는데?" 내가 물었다.

"뭐야? 설마 아직 그 기사를 안 읽은 거야?"

"나는 《월드》 안 봐. 대체 무슨 기사인데?" 내가 되물었다.

"네 이야기가 기사로 실렸어. 네가 7월물 면화선물을 매집했다던데."

"글쎄, 나는 못 봤는걸." 그렇게 말하고 친구와 헤어졌다. 친구가 내 말을 믿었는지는 모르겠지만, 아마도 친구는 그 기사 내용이 사실인지 확인해주지 않아서 나를 인정머리 없다고 생각했을 것이다.

나는 사무실에 들어가 신문 한 부를 가져오라고 했다. 아니나 다를까 신문 1면에 이런 헤드라인이 대문짝만하게 달려 있었다.

래리 리빙스턴, 7월물 면화선물 매집하다

물론 이 기사가 시장을 들쑤실 게 분명하다는 사실을 알아챘다. 내게 가장 유리하게 14만 베일을 처분할 수단과 방법을 아무리 고심해봐도 그보다 더 좋은 작전을 짤 수는 없었을 것이다. 아니, 이런 작전은 궁리할 수도 없었을 테다. 신문기사는 《월드》와 그 기사를 인용한 다른 신문들에 실려 순식간에 전국으로 퍼져나갔고, 전보로 유럽까지 건너갔다. 리버풀에서 나타난 가격 상승 움직임이 명백한 증거였다. 유럽시장은 들썩들썩했다. 그런 뉴스가 터졌으니 당연한 일이었다.

물론 나는 뉴욕시장에서 어떻게 반응할지, 내가 무엇을 해야 하는지 알고 있었다. 시장은 10시에 개장했다. 10분 뒤에 나한테는 면화가 단 1베일도 남지 않았다. 14만 베일을 모두 팔아치웠다. 물량 대부분을 그날 최고가로 체결했다. 트레이더들이 나를 위해 시장을 조성해준 셈이었다. 나는 면화를 처분하라고 하늘이 내려준 기회를 알아봤을 뿐이다. 그러니 부여잡을 수밖에, 달리 무엇을 할 수 있겠는가?

해결하려면 골머리 좀 썩여야 했을 문제가 뜻밖에도 유리하게 풀렸다. 만일 《월드》에서 기사를 내지 않았다면 평가이익을 상당 부분 반납하지 않고는 전체 물량을 처분할 수 없었을 것이다. 가격을 떨어뜨리지 않고 면화선물 14만 베일을 처분한다는 계획은 내 능력을 넘어서는 일이었다. 그런데《월드》기사가 그 일을 멋들어지게 해치웠다.

《월드》에서 왜 그런 기사를 냈는지는 모른다. 결단코 모른다. 기자가 면화선물시장에 있는 지인에게 정보를 전해 듣고 특종감이라고 생각했을 수도 있다. 나는 그 기자는 물론이고 다른《월드》관계자도 만난 적이 없다. 그날 아침 9시까지도 그런 기사가 보도된 줄 몰랐다. 친구가 말해주지 않았다면 그때껏 몰랐을 것이다.

그 기사가 아니었다면 내 물량을 정리하기에 충분한 시장은 조성될 수 없었다. 대규모로 거래하다 보면 이래서 문제다. 서둘러야 할 때 최대한 슬그머니 사라질 수가 없다. 빠져나가고 싶거나 빠져나가는 편이 현명하다 싶을 때면 언제라도 물량을 정리할 수 있는 것이 아니다. 빠져나올 수 있거든 빠져나와야 한다. 전체 물량을 소화할 만한 시장이 조성될 때 말이다. 그때를 잡지 못하면 수백만 달러를 잃을 수도 있다. 망설여서는 안 된다. 그랬다가는 다 잃는다. 약세장에서는 경쟁적인 매수로 가격을 끌어올리는 묘기를 부려서는 안 된다. 그러면 가격이 비싸져서 시장이 물량을 수화할 여력이 줄어든다. 기회를 알아보기가 말처럼 그리 쉬운 일이 아니라는 점을 꼭 말해주고 싶다. 신경을 곤두세우고 있다가 기회가 문틈으로 머리를 내밀거든 낚아채야 한다.

물론 내가 뜻밖의 행운을 거머쥐었다는 사실을 모든 이가 아는 건 아니다. 다른 분야도 마찬가지이지만 월가에서는 우연히 큰돈을 벌었다고 하면 의혹의 눈초리를 받는다. 우연한 사건으로 수익을 내지 못하면 우연이라는 상황을 고려하지 않고 탐욕이나 자만심에 빠져서 그렇게 됐다고 쑥덕거린다. 그렇다고 수익을 내면 그것 보라면서 양심 없는 인간은 잘되고 예의와 체면을 차리면 망한다고 떠들어댄다. 공매도로 실패를 맛보고 약이 바짝 오른 사람들은 무모하게 덤벼든 자신을 탓하지 않고 내가 교묘하게 파놓은 함정에 빠졌다고 나를 비난했다. 그런데 이들만이 아니라 다른 사람들도 그렇게 생각했다.

하루인가 이틀 뒤에 전 세계 면화선물시장에서 손꼽히는 거물을 만났는데 그가 내게 이런 말을 했다. "가장 수완이 좋은 거래였네, 리빙스턴. 나는 자네가 그 많은 물량을 정리할 때 얼마나 손실을 보게 될지 참으로 궁금했거든. 자네도 알다시피 가격을 낮추지 않고 5, 6만 베일 넘어가는 물량을 정리하기에는 시장 여력이 부족하지 않은가. 그래서 자네가 무슨 재주로 평가이익을 날리지 않고 나머지 물량을 처분할지 참으로 궁금하더군. 그런데 그런 재주를 부릴 줄은 몰랐네. 정말 빈틈이 없더구만."

"제가 손을 쓴 게 아닙니다." 나는 최대한 진지하게 말했다. 그러나 그 사람은 같은 말만 되풀이했다.

"기막힌 재주였어, 젊은이. 기막히고 말고! 그렇게 겸손할 필요 없네!"

그 사건이 있은 뒤로 몇몇 신문에서는 나를 '면화의 황제'라고 불렀다. 하지만 말했듯이 나는 그런 왕관을 쓸 자격이 없다. 굳이 말할 필요도 없지만, 미국에서는 아무리 돈이 많아도 뉴욕《월드》의 지면을 살 수 없고, 아무리 인맥이 남달라도 그런 기사를 낼 수 없다. 그때 나는 아무것도 하지 않고 그런 명성을 얻었다.

이런 얘기를 하는 건 가끔 자격도 없는 트레이더들이 그런 왕관을 쓴다고 훈계하거나 언제 어떻게든 기회가 오면 잡으라고 강조하기 위해서가 아니다. 그저 7월물 면화선물 거래로 신문에서 내게 퍼부었던 악평을 설명하고 싶었다. 만일 그런 일이 없었다면 나는 탁월한 인물인 퍼시 토머스를 만나지 못했을 것이다.

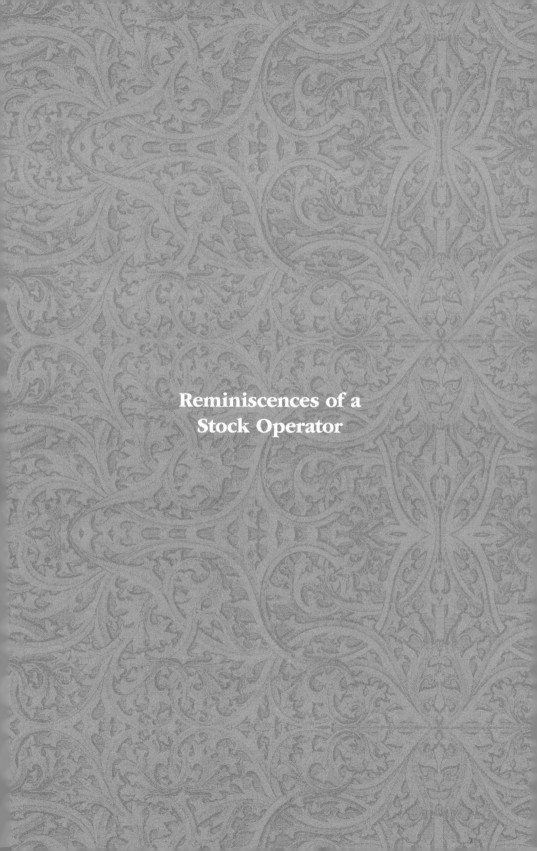

Reminiscences of a
Stock Operator

절대
설득당하지 마라

7월물 면화선물 거래를 생각보다 성공리에 마무리하고 얼마 후에 만남을 요청하는 편지 한 통을 받았다. 퍼시 토머스가 서명한 편지였다. 당연히 나는 편한 시간에 언제든지 내 사무실로 방문해도 좋다고 즉시 답신을 보냈다. 이튿날 퍼시 토머스가 찾아왔다.

나는 오랫동안 토머스를 존경해왔다. 면화를 재배하거나 매매하는 일에 관심 있는 사람이라면 누구나 토머스의 이름을 거론한다. 미국 전역은 물론이고 유럽에서도 사람들이 퍼시 토머스의 의견은 이렇다고 내게 말하곤 했다. 한번은 스위스의 한 리조트에서 카이로 은행가와 이야기를 나눈 적이 있다. 그 사람은 고인인 어니스트 카셀 경과 함께 이집트에서 면화를 재배하는 사업에 흥미를 느끼던 차였다. 내가 뉴욕에서 왔다고 하니까 득달같이 내게 퍼시 토머스에 대해 물으면서 퍼시 토머스가 작성한 시장보고서를 빠짐없이 구독하고 있다고 말했다.

내가 보기에 토머스는 사업을 과학적으로 운영하는 사람이었다. 진정한 투기자며 몽상가의 포부와 투사의 용기를 함께 지닌 사색가로 남달리 아는 것이 많아서 면화거래의 이론과 실제를 두루 꿰뚫고 있었다. 더불어 견해와 이론과 추론을 듣고 밝히기를 즐겼으며, 면화시장의 실질적인 모습이나 면화 트레이더들의 심리에도 훤했다. 오랫동안 거래하면서 엄청난 돈을 벌기도 하고 잃어도 봤기 때문이다.

자신이 오랫동안 꾸려온 증권거래소인 셸든앤드토머스가 문을 닫은 뒤로 토머스는 홀로 일했고, 2년도 채 안 되어 극적으로 복귀했다. 《더 선》에서 기사를 읽어보니, 토머스는 경제적으로 일어선 뒤에 가장 먼저 예전 채권자들의 빚을 말끔히 청산했고, 그다음에는 100만 달러를 가장 잘 투자하는 방법을 찾아내려고 전문가를 고용했다고 한다. 그 전문가는 이런저런 기업들의 자산을 조사하고 보고서를 분석한 다음 델라웨어앤드허드슨 주식을 매수하라고 권유했다.

수백만 달러를 잃고도 재기해서 더 많은 돈을 벌었던 토머스는 3월물 면화를 거래하다가 실패해 빈털터리가 된 터였다. 이런 상황에서 나를 찾아온 토머스는 허비할 시간이 없었기에 즉각 자신과 협력해서 일하자고 제안했다. 무슨 정보든 입수하면 대중에게 알려지기 전에 재까닥 내게 넘길 테니 나더러는 실제 매매를 해 달라는 제안이었다. 토머스에게 없는 특별한 재능이 내게는 있다면서 말이다.

하지만 그 제안이 이런저런 이유에서 별로 구미가 당기지 않았다. 나는 다른 사람과 협력해서 일할 생각은 해보지도 않았고 그런 방식을 배우고 싶은 마음도 별로 없다고 토머스에게 솔직하게 말했다. 그래도 토머스는 우리가 이상적인 조합이 될 거라며 고집을 부렸다. 결국 나는 다른 사람의 거래에 영향을 미치는 일은 아무것도 하고 싶지 않다고 딱 잘라 말했다.

"제가 어리석은 짓을 하면 저 혼자 속 끓이고 대가를 치르면 됩니다. 그러면 납기일을 못 맞추거나 생각지도 않은 성가신 일은 없겠지요. 저는 혼자서 선택하고 거래합니다. 그게 가장 현명하고 값싼 거래방식이기 때문이에요. 다른 트레이더들과 두뇌 싸움을 하면서 희열도 느낍니다. 본 적도, 말을 나눈 적도, 매도하라거나 매수하라고 조언한 적도 없고, 만나거나 알고 지낼 일도 없는 사람들이죠. 제가 돈을 번다면 제 의견이 적중했다는 뜻일 겁니다. 제 의견을 다른 사람들에게 팔거나 돈벌이에 이용할 생각은 없습니다. 제가 만일 다른 방법으로 돈을 번다면 제가 한 일도 없이 돈을 벌었다는 생각이 들 겁니다. 제게 제안해주신 방식은 썩 내키지 않네요. 저만의 방식으로 직접 거래해야 재밌거든요."

토머스는 내가 그렇게 생각한다니 섭섭하다고 말하면서 이런 제안을 거절하면 실수하는 거라고 나를 설득하려 들었다. 하지만 나는 생각을 굽히지 않았다. 그뒤로는 유쾌한 대화를 나눴다. 나는 토머스에게 재기할 거라 믿는다면서 재정적으로 도울 일이 있으면 기꺼이 나서겠다고 말했다. 하지만 토머스는 내게 돈을 빌릴 수는 없다고 했다. 그러고는 내 7월물 면화거래 이야기를 묻길래 전부 얘기해줬다. 내가 시장에 어떻게 들어갔으며, 얼마나 많은 물량을 얼마에 샀는지까지 하나하나 다 알려줬다. 그러고도 좀 더 수다를 떨다가 헤어졌다.

앞에서 투기꾼은 적이 많은데 대부분이 자기 내면에 성공적으로 틀어박혀 있다고 한 말을 기억할 것이다. 실은 내가 저지른 숱한 실수를 염두에 두고 한 말이었다. 독창적인 정신과 평생 독립적으로 사고하는 습관을 지녔더라도 말빨 좋은 사람이 걸고넘어지면 쉽게 넘어간다는 사실을 깨달았다. 그래도 나는 투기판에서 흔한 질병인 탐욕과 두려움과 희망에 웬만큼 면역이 되었지만 나 역시 평범한 사람인지라 어이없이 실수를 저지른다.

특히 이때만은 신경을 곤두세워야 했다. 바로 얼마 전에 누군가의 꼬드김에 넘어가서 내 판단과 심지어 소망까지 거스르는 일을 얼마나 쉽게 저지를 수 있는지 경험했으니 말이다. 하딩의 사무실에서 있었던 일이다. 당시 증권사에서 제공한 내 개인 사무실이 있었고, 개장 중에는 내 허락 없이 아무도 그 방에 들어올 수 없었다. 내가 방해받기를 싫어하는 데다 거래 규모도 크고 수익도 높아서, 경비가 제법 잘되어 있었다.

어느 날 장 마감 직후 누군가 날 부르는 소리가 들렸다. "안녕하세요, 리빙스턴 씨."

돌아보니 한 번도 본 적 없는 사람이 서 있었다. 서른에서 서른다섯쯤 돼 보이는 남자였다. 그 남자가 어떻게 들어왔는지 알 수 없었지만, 아무튼 거기에 있었다. 나한테 볼일이 있다고 하고 들어왔겠거니 생각했다. 내가 아무 말 없이 물끄러미 쳐다봤더니 잠시 후 그 남자가 말했다. "월터 스콧 일로 찾아왔습니다." 그러고는 말을 이어갔다.

남자는 도서 외판원이었다. 딱히 붙임성이 있다거나 말솜씨가 좋은 사람은 아니었다. 외모가 그렇게 번듯하지도 않았다. 하지만 확실히 개성이 있었다. 그 남자가 말을 했고 나는 듣긴 들었는데, 남자가 무슨 말을 했는지 잘 모르겠다. 남자가 한 말을 전혀 알아듣지 못한 듯싶은데, 심지어 그때도 그랬던 것 같다. 남자가 말을 마치고 내 손에 만년필을 쥐여주며 서류 양식을 내밀기에 나는 거기에 서명했다. 알고 보니 스콧의 작품집을 500달러에 구매하겠다는 계약서였다.

서류에 서명한 순간 정신이 번쩍 들었다. 하지만 이미 남자가 자기 주머니 속에 계약서를 안전하게 집어넣은 뒤였다. 사고 싶던 책도 아니고 마땅히 둘 곳도 없었다. 내게는 쓸모가 하나도 없는 물건이었다. 어디 선물할 만한 사람도 없었다. 그런데도 그 책을 500달러에 구입하겠다고 동의했다.

돈은 이골이 날 만큼 잃어봐서 어디서 실수했는지부터 따지지 않았다. 중요한 건 언제나 게임 그 자체, 그렇게 게임한 이유였다. 가장 먼저 나 자신의 한계와 사고 습관을 알고 싶었다. 또 다른 이유도 있는데, 똑같은 실수를 두 번 반복하고 싶지 않았다. 본인이 한 실수를 너그러이 봐주고 싶으면 실수를 판돈처럼 이용해서 그다음에 수익을 올려야 한다.

500달러짜리 실수를 저질렀는데 아직 문제가 뭔지도 짚이지 않아서, 우선 남자가 어떤 사람인지 파악이라도 해보려고 남자를 쓱 쳐다봤다. 그런데 남자가 나에게 미소를 지어 보였다! 다 이해한다는 듯이 싱긋이. 남자는 내 생각을 읽는 것 같았다. 남자에게 뭐라고 설명하지 않아도 될 듯싶었다. 내가 말하지 않아도 남자는 다 아는 듯 보였다. 그래서 설명을 건너뛰고 곧바로 물었다. "500달러짜리 계약을 따내면 수수료가 얼마나 됩니까?"

남자가 재빨리 고개를 저으며 말했다. "그렇게는 안 돼요! 죄송합니다!"

"얼마를 받는데요?" 내가 끈질기게 물었다.

"3분의 1입니다. 하지만 안 돼요!" 남자가 대답했다.

"500달러의 3분의 1이면 166달러 66센트군요. 계약서를 돌려주면 현금으로 200달러를 드리죠." 그러고는 진짜라고 보여주기 위해 주머니에서 돈을 꺼냈다.

"그렇게는 안 된다고 말씀드렸잖아요." 남자가 사정했다.

"고객들이 다 나처럼 제안하나 보죠?" 내가 물었다.

"그건 아닙니다." 남자가 대답했다.

"그렇다면 내가 이런 제안을 할 줄 어떻게 알았어요?"

"선생님 같은 분들은 다 그렇거든요. 돈도 일류답게 잃으시니까 일류 사업가가 되셨죠. 죄송합니다만, 그렇게는 못 해드려요."

"수수료보다 더 많이 벌 수 있는데 왜 마다하는 겁니까?"

"꼭 그렇지만은 않거든요." 남자가 말을 이어갔다. "저는 수수료만 보고 일하지 않습니다."

"그러면 뭣 때문에 일하죠?"

"수수료와 실적이요." 남자가 대답했다.

"무슨 실적이요?"

"제 실적이요."

"목표가 뭡니까?"

"선생님은 오로지 돈만 보고 일하십니까?" 남자가 내게 되물었다.

"그럼요." 내가 대꾸했다.

"아닐 겁니다." 남자가 머리를 가로저었다. "네, 그렇지 않을 겁니다. 만약 그랬다면 일하면서 별다른 재미를 못 느끼셨을 겁니다. 은행 계좌에 몇 푼 더 보태자고 일하는 건 아닐 거예요, 분명히. 쉽게 돈 벌자고 월가에 있는 것도 아닐 테고요. 무언가 다른 재미가 있겠죠. 저도 그렇습니다."

나는 왈가왈부하지 않고 물었다. "그렇다면 당신은 어디서 재미를 찾습니까?"

"뭐, 우리는 누구나 약점이 있죠." 남자가 털어놓았다.

"그렇다면 당신은 약점이 뭔가요?"

"자만심입니다." 남자가 고백했다.

"좋아요. 당신은 내가 그 서류에 서명하도록 만드는 데 성공했어요. 이제 서명을 철회하고 싶군요. 당신이 10분 동안 일한 대가로 200달러를 지불하겠소. 이 정도면 당신 자존심을 충분히 지켜준 것 같소만?" 내가 남자에게 말했다.

"아니요. 선생님도 잘 아시겠지만, 다른 외판원들은 월가를 몇 달이나 맴돌면서 경비도 못 벌었어요. 그러고선 상품이 나쁘네, 구역이 좋지 않네 핑계만 늘어놓더군요. 그래서 본사에서 책이나 지역이 아니라 그네들 영업 수완이 문제라는 걸 증명하려고 저를 여기로 파견한 겁니다. 그 사람들은 수수료로 25퍼센트를 받고 일하죠. 저는 클리블랜드에서 2주 만에 전집을 82질 판매했습니다. 여기서도 외판원들에게 책을 사기는커녕 만나주지도 않는 사람들한 테 책을 팔려고 온 겁니다. 그래서 본사에서 제게 33퍼센트 수수료 를 주기로 했고요." 남자가 대답했다.

"당신이 어떻게 내게 그 책을 팔았는지 도무지 모르겠어요."

"그거야 뭐." 남자가 위로하듯 말했다. "J. P. 모건 씨한테도 한 질 팔았는걸요."

"설마, 그럴 리가요." 내가 대꾸했다.

그는 화난 기색 없이 그저 이렇게 말했다. "정말입니다!"

"J. P. 모건 씨라면 훌륭한 판본에 어쩌면 소설 원본까지 소장하 고 있을 텐데, 월터 스콧 문학전집 한 질을 팔았다고요?"

"네, 여기 자필 서명이 있잖아요." 그러고는 J. P. 모건이 서명한 계약서를 재빨리 내게 보여줬다. 어쩌면 모건의 서명이 아닐 수도 있었지만 그때는 그런 의심도 들지 않았다. 내가 서명한 계약서도 남자 주머니에 들어 있지 않은가? 나는 궁금해서 남자에게 물었다.

"모건 씨 서재에 비서들이 있었을 텐데 어떻게 들어갔어요?"

"비서들은 못 봤습니다. 모건 씨 사무실에서 그분을 바로 만났 어요."

"거짓말이 지나치군!" 내가 말했다. 알람시계처럼 똑딱 소리가 나 는 소포를 들고 백악관에 들어가기보다 모건의 개인 사무실에 빈손 으로 들어가기가 훨씬 어렵다는 건 누구나 아는 사실이었다.

하지만 남자는 단호하게 말했다. "진짜로 만났어요."

"그러면 그분 사무실에는 어떻게 들어갔어요?"

"제가 선생님 사무실에는 어떻게 들어왔겠습니까?" 그가 되물었다.

"나는 모르겠으니까 당신이 말해봐요." 내가 말했다.

"뭐, 모건 씨 사무실이나 선생님 사무실이나 들어온 방법은 똑같습니다. 저 같은 사람을 들여보내지 않으려고 정문을 지키는 경비에게 몇 마디만 하면 됩니다. 모건 씨나 선생님에게 서명을 받아낸 방법도 같고요. 선생님은 전집 한 질을 사겠다고 계약서에 서명한 것이 아니라 그저 제가 건네드린 만년필로 제가 부탁드린 대로 하셨을 뿐입니다. 다를 게 없어요. 모건 씨나 선생님이나."

"그럼 그게 정말로 모건 씨 자필 서명이란 말입니까?" 3분가량이 지난 뒤에야 나는 의문이 들어 남자에게 물었다.

"물론이죠! 모건 씨도 어릴 때 자기 이름 쓰는 법쯤은 배웠을 테니까요."

"그게 단가요?"

"그게 다예요. 저는 제가 무엇을 하는지 정확하게 알고 있습니다. 그게 비결이죠. 시간 내주셔서 고맙습니다. 좋은 하루 보내세요, 리빙스턴 씨." 남자는 이제 사무실을 나가려고 했다.

"잠시만요. 당신에게 200달러를 벌어주고 싶군요." 나는 남자에게 35달러를 건넸다.

남자가 고개를 가로저으며 말했다. "아니요. 돈을 받을 수는 없습니다. 대신 이렇게 해드릴게요!" 그러고는 주머니에서 계약서를 꺼내 반으로 쭉 찢어서 내게 줬다.

나는 200달러를 세어 남자에게 내밀었지만 남자는 또 고개를 가로저었다.

"당신 말은 이렇게 하자는 뜻 아닙니까?" 내가 물었다.

"아닙니다."

"그럼 계약서는 왜 찢었소?"

"선생님이 푸념을 늘어놓지 않아서요. 제가 선생님이었더라도 그렇게 받아들였을 겁니다."

"그렇지만 내가 주고 싶어서 200달러를 주겠다는데도요." 내가 말했다.

"압니다. 하지만 돈이 전부는 아니죠."

남자 목소리에 담긴 무언가에 이끌려 나는 이렇게 말했다. "그래요. 돈이 전부는 아니죠. 그럼 이제 당신이 진짜 원하는 게 뭔가요?"

"눈치가 정말 빠르시네요" 남자가 말을 이어갔다. "진짜로 제 부탁을 들어주실 건가요?"

"그래요." 내가 말했다. "다만 무슨 부탁인지 들어보고 들어줄지 말지 생각해볼게요."

"저와 함께 에드 하딩 씨 사무실에 가서 제가 3분만 얘기할 수 있게 해주세요. 그런 다음 선생님은 자리를 비켜주세요."

이번에는 내가 고개를 저으며 말했다. "하딩 씨는 내 절친한 친구입니다."

"나이 쉰의 주식중개인이기도 하지요." 도서 외판원이 말했다.

그 말도 맞았기에 나는 남자를 데리고 에드의 사무실로 갔다. 그뒤로 도서 외판원 소식은 듣지 못했다. 그러다가 몇 주 후 어느 날 밤 도시 외곽으로 가던 길에 6번가 L 열차에서 그 외판원과 우연히 마주쳤다. 남자는 깍듯하게 모자를 들어 올려 인사했고, 나도 답례로 고개를 끄덕였다. 남자가 내게 다가와서 물었다.

"안녕하세요, 리빙스턴 씨. 하딩 씨도 잘 계시죠?"

"그럼요. 그런데 하딩 씨 안부는 왜 묻습니까?" 남자는 할 얘기가 있는 눈치였다.

"선생님이 제게 하딩 씨를 소개해주신 날, 그분에게 2000달러어치 책을 팔았거든요."

"그 양반은 나한테 한마디도 안 하던데요?" 내가 대꾸했다.

"그러셨겠죠. 그런 얘기를 하실 분이 아니니까요."

"그럼 어떤 사람들이 그런 얘기를 합니까?"

"실수하면 사업에 지장을 주니 절대 실수하지 않는 사람들이죠. 그런 사람들은 항상 자신이 무엇을 원하는지 잘 알아서, 아무도 참견할 수가 없거든요. 그런 사람들이 있어서 제가 아이들을 교육시키고 아내 기분을 맞춰줄 수 있는 거예요. 선생님이 배려해주신 덕분입니다, 리빙스턴 씨. 선생님이 애타게 주고 싶어하시던 200달러를 마다했을 때 저를 이렇게 챙겨주실 줄 알았거든요."

"만일 하딩 씨가 책을 사지 않았다면 어땠겠소?"

"저는 그분이 책을 사주실 줄 알았어요. 어떤 분인지 잘 알거든요. 식은 죽 먹기죠."

"그렇군요. 그래도 만일 하딩 씨가 책을 사지 않았다면요?" 나는 끈질기게 물었다.

"선생님을 다시 찾아가서 무언가를 팔았겠죠. 좋은 하루 보내세요, 리빙스턴 씨. 저는 지금 시장님을 뵈러 가야 해서요." 남자는 열차가 파크플레이스에 정차하자 일어섰다.

"시장님에게 열 질을 팔면 좋겠군요." 시장이 태머니파*이기에 그렇게 말했다.

"저도 공화당원입니다." 남자는 이렇게 말하고서 열차가 기다려주리라고 믿는다는 듯이 서두르지 않고 천천히 내렸다. 실제로도 열차는 기다려주었다.

이 이야기를 하나도 빠짐없이 늘어놓은 이유는 사고 싶지 않은 물건을 사게 만든 수완이 놀라웠기 때문이다. 내가 그렇게 행동하게 만든 사람은 그 외판원이 처음이었다. 하물며 두 번은 넘어가지 말아야 하는데, 또 당했다. 이 세상에는 그렇게 수완 좋은 영업사원이 한 명뿐이라고 확신할 수도 없고 인간적인 매력을 풍기는 사람에게 완벽하게 면역될 수도 없다.

함께 작업하자는 퍼시 토머스의 제안을 단호하지만 기분 나쁘지 않게 거절한 뒤에 퍼시 토머스가 내 사무실을 떠났을 때, 나는 우리가 같이 사업의 길로 들어서는 일은 없을 거라고 맹세했다. 다시 만날 일이 있을까 싶기도 했다. 그런데 바로 다음 날 퍼시 토머스가 돕고 싶다고 말해주어서 고맙다며 자신을 만나러 와 달라고 내게 편지를 보냈다. 내가 그러겠다고 답신을 보냈는데, 퍼시 토머스가 다시 답신을 보내서 그 사람을 찾아갔다.

그뒤로 퍼시 토머스를 수시로 만났다. 아는 게 엄청 많고 재미있게 이야기할 줄 알아서 듣고 있으면 늘 즐거웠다. 여태껏 만난 사람

---

* 뉴욕시 태머니홀에 근거를 둔 민주당 단체로 부패정치와 보스정치의 대명사다. —역자 주

중에 토머스만큼 나를 끌어당기는 매력이 있는 사람은 없었다.

우리는 수많은 이야기를 나누었다. 토머스는 온갖 주제를 망라하며 폭넓게 읽고 재미있게 결론을 이끌어내는 재주가 남달랐다. 말솜씨에 담긴 지혜도 인상 깊어서 말주변이라면 따라올 이가 없을 정도였다. 퍼시 토머스를 두고 진실하지 못하다면서 사람들이 이러니저러니 험담하는 소리를 많이 들었다. 하지만 뛰어난 말솜씨로 철저하게 자신부터 설득할 수 있었기에 다른 사람의 마음을 돌리는 힘을 기를 수 있었던 게 아닐까 하는 생각이 이따금 들었다.

당연히 시장을 놓고도 많은 이야기를 나눴다. 나는 면화선물 가격이 상승하리라고 생각하지 않았으나 토머스는 견해가 달랐다. 나는 강세 조짐이 전혀 보이지 않았는데, 토머스는 그렇지 않았다. 토머스가 수많은 사실과 수치를 들이대는 바람에 나는 넘어갈 뻔했으나 버텼다. 정보의 신빙성을 부정할 수 없어서 반박하지는 못했지만, 내가 직접 시장을 읽고 굳힌 확신이 흔들리지는 않았다. 하지만 토머스가 계속 흔들어대는 통에 내가 업계 신문과 일간지에서 긁어모은 정보가 정확한지 어떤지 갈피를 못 잡게 됐다. 말하자면 내 눈으로 시장을 볼 수 없었다. 신념을 거스를 만큼 설득당하지는 않더라도 남 말을 듣고 줏대 없이 갈팡질팡할 수는 있다. 사실 이 쪽이 훨씬 더 나쁘다. 자신감 있게 편안히 거래할 수 없기 때문이다.

완전히 뒤죽박죽되었다고 할 수는 없지만 정확하게 평정심을 잃었다. 아니, 그보다는 스스로 생각하지 못했다. 어쩌다가 엄청난 대가를 치를 게 분명한 심리상태에 빠졌는지 단계별로 상세하게 설명하진 못한다. 토머스가 제시하는 수치는 토머스만이 보유한 정보라서 정확하지만, 내가 가진 정보는 대중이 다 아는 내용인 만큼 미덥지 않다고 생각한 것 같다. 토머스는 남부 전역에 소식통이 1만 명 포진해 있는데 철저하게 믿을 만하고 수차례 검증된 사람들이라고 입이 닳도록 말했다. 결국 나는 토머스가 해석하는 대로 시장을 바라보게 되었다. 토머스가 내 눈앞에 펼쳐놓은 책의 같은 페이지를 둘이서 같이 읽는 셈이었다. 게다가 토머스는 논리적으로 사고하는 사람이었다. 일단 토머스가 제시한 사실들을 받아들이면, 거기서 내 결론을 이끌어내기에 토머스의 결론과 같을 수밖에 없었다.

토머스가 처음 면화선물시장 상황을 거론했을 때 나는 약세를 점치고 매도 포지션을 잡고 있었다. 그런데 토머스가 제시하는 사실과 수치 들을 받아들이면서 내가 잘못된 정보를 토대로 포지션을 잡은 것 같아 두려워졌다. 그렇다고 내 포지션을 정리해야겠다는 생각은 들지 않아서 환매하지 않았다. 그러나 결국 토머스 말을 듣고 내 판단이 틀렸다는 생각이 들어 기존 포지션을 정리하고 바로 매수 포지션으로 넘어갔다. 그게 내 마음이 움직이는 방식이었다. 알다시피 나는 평생 주식과 상품선물을 매매하고 살았다. 그래서 약세론이 틀렸다면 당연히 강세론이 옳다고 생각한다. 그렇게 강세론에 서면 반드시 매수해야 했다. 팜비치에 사는 내 오랜 친구가 팻 헌이 입버릇처럼 했다면서 들려준 말대로 "판돈을 걸기 전에는 알 수 없다!" 내가 시장을 올바로 판단했는지 증명해야 하는데, 증거는 월말에 중개인들이 보내주는 정산 자료뿐이었다.

나는 면화선물을 매수하기 시작했고, 순식간에 평소 수준인 6만 베일가량을 확보했다. 내 트레이더 경력에서 가장 터무니없는 매매였다. 일어서든 넘어지든 내가 직접 관찰하고 추론해야 하는데 남의 눈으로 게임을 끌고 갔으니, 이 어리석은 거래가 거기서 끝나지 않은 건 지극히 당연했다. 강세론에 설 상황이 아닌데도 매수했을 뿐더러 경험이 설득하는 대로 물량을 쌓지도 않았다. 매매가 제대로 흘러가지 않았다. 남 말을 듣다가 길을 잃었다.

시장은 내 뜻대로 굴러가지 않았다. 나는 포지션에 확신이 생기면 두려워하거나 초조해하지 않는다. 그러나 시장은 토머스가 옳다고 판단한 대로 움직이지 않았다. 첫발을 잘못 내디뎠기에 둘째, 셋째 걸음도 마찬가지였다. 결국 온통 뒤죽박죽이 되었다. 게다가 손절매도 하지 않고 시장을 떠받치겠다고 스스로 마음먹었다. 내 기질에도 맞지 않고 내 매매원칙과 이론에도 어긋나는 거래방식이었다. 사설거래소에서 거래하던 꼬마일 적에도 그보다는 나았다. 이때 나는 내가 아니었다. 딴사람, 토머스가 내 안에 똬리를 틀고 앉은 사람이었다.

나는 면화선물을 매수했고 밀선물도 대량으로 보유하고 있었다. 밀선물 거래는 잘 풀려서 큰 수익을 올렸다. 그러나 바보같이 면화선물시장을 떠받치려다가 보유 물량이 15만 베일까지 늘어났다. 이때 몸 상태가 좋지 않았다. 내 실수를 변명하려는 게 아니라 실제로 그랬다. 결국 몸조리를 하려고 베이쇼어로 갔다.

거기서 생각을 좀 해보았다. 아무래도 투기 물량이 지나치게 많은 듯했다. 소심한 편은 아니지만 불안해서 물량을 덜기로 마음먹었다. 그러자면 면화선물이나 밀선물을 정리해야 했다.

게임을 잘 알고 주식과 상품선물을 투기한 경력이 12년에서 14년인데 정확하게 잘못된 짓만 골라 했다는 사실을 믿을 수 없었다. 면화선물은 손실이 나는데도 보유하고, 밀선물은 수익이 나는데 정리했다. 참으로 어처구니가 없지만, 변명하자면 내가 한 거래가 아니다. 토머스가 지휘한 매매인 셈이다. 투기판에서 손실이 난다고 물타기를 시도하는 것만큼 어리석은 짓은 없다. 얼마 후에 내 면화거래가 이 사실을 처절하게 증명해줬다. 언제나 손실이 나면 정리하고 수익이 나면 보유해야 한다. 이것이 정말 현명한 방법인데 뻔히 알면서도 반대로 행동했다. 지금 생각해도 어처구니가 없다.

어쨌든 그렇게 밀선물을 팔아서 차근차근 수입원을 잘라버렸다. 밀선물을 정리했더니 가격이 멈추지 않고 1부셸당 20센트나 상승했다. 팔지 않고 보유했더라면 800만 달러 수익을 거머쥐었을 것이다. 게다가 손해 보는 사업을 계속 끌고 가기로 작정하고 면화선물을 더 매수했다!

어떻게 매일 면화선물을 사고 또 샀는지 선명하게 기억한다. 내가 왜 그랬겠는가? 가격이 하락하는 기세를 막으려고 그랬다! 그보다 더한 호구 짓이 또 있을까? 점점 더 많은 돈을 걸었고, 결국 더 많은 돈을 날렸다. 중개인들과 내 친한 친구들은 그때 일을 이해하지 못했고, 지금도 모르겠다고 한다. 물론 거래 결과가 달라졌다면 나는 경탄의 대상이 되었겠지만 말이다. 퍼시 토머스의 분석이 날카롭긴 하지만 토머스에게 깊숙이 의지하지 말라는 충고도 여러 차례 들었다. 그런데도 상관하지 않고 면화 가격이 떨어지는 것을 막으려고 계속 매수했다. 심지어 리버풀에서도 샀다. 44만 베일을 쌓아놓고 나서야 내가 무슨 짓을 하는지 깨달았다. 그러나 때는 이미 늦었다. 결국 거래를 싹 청산했다.

다른 주식과 상품선물 거래로 벌어들인 수익을 거의 다 까먹었다. 쫄딱 망하지는 않았지만, 내 걸출한 친구 퍼시 토머스를 만나기 전에는 수백만 달러였던 내 계좌 평가금액이 몇십만 달러로 줄어들었다. 성공하려면 지켜야 한다고 경험이 가르쳐준 모든 법칙을 다 어긴 게 그 많고 많은 사람 중 나라니 어리석어도 한참 어리석었다.

이를 계기로 아무런 이유도 없이 멍청하게 굴 수도 있다는 소중한 교훈을 얻었다. 트레이더에게는 또 다른 위험한 적이 있었으니 사람을 잡아끄는 매력을 지닌 사람이 명석한 두뇌로 그럴싸하게 말할 때라는 사실을 깨닫는 데 수백만 달러를 치러야 했다. 이런 사람이 채근하면 홀라당 넘어가기 쉽다. 100만 달러만 갖다 바쳤어도 충분히 교훈을 얻었을 텐데 하는 생각이 언제나 든다. 하지만 운명의 여신은 수업료를 내가 결정하게 내버려두는 법이 없다. 가르침의 매를 들고 직접 청구서를 작성해서 내민다. 그러면 금액이 얼마든 수업료를 지불해야 한다. 결국 내가 얼마나 미련한 짓을 했는지 깨닫고 나서야 그 사건을 마무리했다. 퍼시 토머스도 내 인생에서 사라졌다.

내 재산에서 10분의 9 이상이 짐 피스크의 말처럼 인동덩굴 속으로 사라졌다. 백만장자가 된 지 1년도 채 안 되었건만 곤란한 처지에 놓이고 말았다. 운이 따랐고 머리도 잘 써서 수백만 달러를 벌었는데, 정반대로 해서 날려먹었다. 요트 두 척을 팔았고, 사치스러운 씀씀이도 칼같이 줄여야 했다.

그런데 그 강타 한 번으로 충분하지 않았던 모양이다. 운이 내게서 멀어졌다. 처음에는 병마에 시달렸고 그다음에는 현금 20만 달러가 급히 필요했다. 몇 달 전만 해도 그 정도 액수는 아무것도 아니었거늘 이제는 순식간에 다 날려버리고 자투리만 남은 전 재산이나 마찬가지였다. 어떻게든 돈을 마련해야 했는데 어디서 구해야 할지가 문제였다. 증권사 계좌를 헐면 거래에 필요한 증거금이 줄어드는 터라, 그렇게 하기 싫었다. 수백만 달러를 빨리 되찾으려면 거래할 거리가 꼭 필요했다. 내가 생각할 수 있는 유일한 대안은 주식시장에서 빼내는 수였다!

한번 생각해보라! 거래소를 맴도는 평범한 고객을 잘 안다면 내 말에 동의할 것이다. 주식시장에서 벌어서 청구서를 처리하겠다고 희망을 품었다가 월가에서 손실을 입는 일이 가장 흔하다. 그런 생각에 집착하다가는 전 재산을 털리고 만다.

어느 해 겨울, 하딩의 사무실에서 야심가 몇몇이 외투 한 벌을 사려고 3, 4만 달러를 들이부었는데 아무도 그 외투를 입어보지 못했다. 사건은 나중에 '연봉 1달러'로 전 세계에 이름을 날리게 되는 유능한 장내거래인에서 시작됐다. 어느 날 이 장내거래인이 해달 가죽으로 안감을 댄 모피코트를 입고 거래소에 나타났다. 그 무렵에는 모피 가격이 하늘을 찌르기 전이어서 그 외투 값어치는 1만 달러밖에 안 되었다. 하딩 사무실에 있던 밥 키온이 러시아 검은담비 가죽으로 안감을 댄 외투를 사기로 마음먹고 가격을 알아봤더니 해달 모피코트와 비슷하게 1만 달러 정도였다.

"무지하게 비싸군." 동료 하나가 마땅찮게 여겼다.

"여부가 있겠나." 밥 키온이 시원시원하게 인정했다.

"1주일치 급료라네. 이 사무실에서 가장 멋진 사나이인 나를 존경한다는 표시로 변변찮지만 진심을 담아 그대들이 선물하지 않는다면 말이지. 증정 연설을 내가 들을 수 있을까? 아니라고? 좋아, 그럼 주식시장더러 사 달라고 해야지!"

"검은담비 외투를 왜 사려고 하는데?" 에드 하딩이 물었다.

"나 정도 키면 딱 어울릴 것 같아서." 밥이 자세를 똑바로 하며 대답했다.

"값은 어떻게 치르려고?" 사무실에서 스타급 정보사냥꾼인 짐 머피가 물었다.

"단타를 잘 치면 돼, 짐. 그런 방법이 있지." 밥은 머피가 정보를 얻어내려 한다는 걸 눈치채고 이렇게 대답했다.

아니나 다를까 머피가 물었다. "어떤 종목을 매수할 건데?"

"언제나처럼 또 틀렸네, 친구. 지금은 매수할 때가 아니거든. 철강주 5000주를 공매도할 생각이야. 적어도 10포인트는 하락할걸. 나는 주당 2.5포인트 순수익만 챙길 거라네. 이 정도면 봐줄 만하지 않나?"

"무슨 소식이라도 들었어?" 머피가 눈을 반짝이며 물었다. 검은 머리에 키가 크고 깡 마른 머피는 늘 굶주린 표정이었는데, 증권시세표에서 뭐 하나라도 놓치지 않으려고 점심도 먹으러 나가지 않았기 때문이다.

"내가 사려고 마음먹은 것 중에 그 외투가 가장 잘 어울린다는 소식은 들었지." 밥이 하딩을 돌아보며 말했다. "에드, US스틸

5000주를 오늘 당장 시장가로 매도해줘. 오늘이야, 자기!"

투기꾼인 밥은 재미있는 농담을 즐겼다. 그런 식으로 자신이 강철 심장을 지녔다고 세간에 알리고 싶어 했다. 그런데 밥이 철강주 5000주를 매도하고 나서 곧바로 주가가 급등했다. 실없이 농담을 던지는 겉보기만큼 얼빠진 사람이 아니었던 밥은 손실을 주당 1.5포인트에서 끊고, 사무실 사람들에게 뉴욕 날씨가 모피코트를 입기에는 너무 따뜻하다고 너스레를 떨었다. 모피코트를 걸치다니 건전하지도 않고 호사스럽다고도 했다. 이 일로 사무실 동료들이 밥을 놀려댔다. 하지만 얼마 후 또 한 사람이 모피코트를 사겠다며 유니언퍼시픽 주식을 매수했다. 이 사람도 1800달러 손실을 입고 나서, 검은담비는 여성용 숄 겉감으로는 괜찮지만 수수하고 지적인 남성의 의복 안감으로는 어울리지 않다고 말했다.

그뒤로도 시장을 살살 달래어 모피코트를 사보겠다고 나서는 사람이 잇따랐다. 지켜보다가 하루는 내가 사무실이 파산할 지경이니 직접 모피코트를 사주겠다고 했다. 그러자 다들 하나같이 그러면 공정하지 않다고, 나도 모피코트를 사고 싶으면 시장에서 벌어서 구입하라고 했다. 하지만 에드 하딩은 내 의견에 맞장구를 쳤고, 그날 오후에 나는 모피코트를 사러 갔다. 그런데 일주일 전에 시카고에서 온 남자가 이미 사갔다고 했다.

이 일화는 하나의 사례일 뿐이다. 월가에는 시장에서 벌어서 자동차, 팔찌, 모터보트, 그림을 사려다가 돈을 잃어보지 않은 사람이 없다. 구두쇠 같은 주식시장이 토해내지 않은 생일선물 값을 다 모으면 대형 병원도 지었을 것이다. 사실 월가에는 주식시장을 구슬려서 요정 대모로 삼겠다는 결심만큼 가장 열성을 다해 끈질기게 불운을 부르는 것도 없다.

불운을 몰고 온다고 검증된 다른 모든 것처럼 이런 결심도 그럴 수밖에 없는 이유가 있다. 다급하게 필요해 주식시장에서 돈을 벌 겠다고 결심한 사람이 과연 무엇을 하겠는가? 그저 요행을 바라고 도박을 한다. 그러면 냉철하게 시장 여건을 연구하고 논리적으로 의견과 신념을 쌓아서 현명하게 투기할 때보다 훨씬 큰 위험을 감 내해야 한다. 게다가 눈앞의 이익을 좇기에 기다릴 수가 없어서 되 도록 당장 시장이 친절을 베풀어야 한다. 그러고도 공정하게 내기 를 할 뿐이라고 내심 으쓱해한다. 2포인트만 벌면 되므로 2포인트 손실을 입으면 손절매해서 빠르게 움직일 터이기에 승률이 50 대 50이라고 착각한다. 이렇게 매매해서, 특히 강세장에서 조정되기 전에 최고가로 매수했다가 몇천 달러씩 날리는 사람을 많이 봤다. 그런 식으로 매매해서는 절대 안 된다.

아무튼 내 주식투기 경력에서 가장 미련했던 그 거래가 마지막 결정타였고, 나는 무너졌다. 면화선물을 정리하고 그나마 남은 돈 마저 모두 까먹었다. 끊임없이 거래하고 줄기차게 잃었기에 더욱 피 해가 컸다. 끝까지 버티며 주식시장이 내게 돈을 벌어다 줘야 한다 고 우겼지만, 눈에 보이는 결과는 바닥을 드러낸 내 자금이었다. 주 로 거래하던 증권사뿐만 아니라 적절한 증거금도 요구하지 않고 기 꺼이 거래해준 다른 거래소에도 빚을 졌다. 그때부터 계속 빚을 진 채로 살아야 했다.

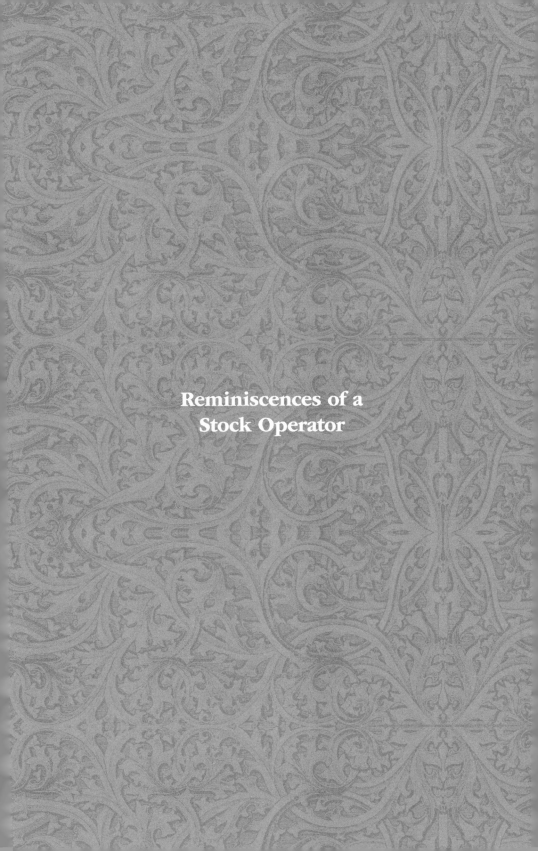

Reminiscences of a
Stock Operator

당신이
돈을 걸기 전에는 알 수 없다

또다시 파산했다. 안 그래도 처참한데, 내 거래방식까지 완전히 가당찮아서 볼썽사나웠다. 병마에 시달리는 데다 신경이 날카롭고 울화가 치밀어 차분하게 판단할 수 없었다. 투기자라면 절대 이런 마음 상태로 거래에 뛰어들면 안 된다. 모든 일이 어긋났다. 잃어버린 균형감각을 다시는 회복하지 못할 것 같았다. 10만 주가 넘는 대규모 매매에 길들어서 소규모로 거래하면 제대로 판단하지 못할까봐 두려웠다. 기껏 100주 거래해서는 옳게 판단해봐야 별 값어치가 없을 성싶었다. 대규모로 거래해서 시세차익을 크게 실현하는 매매 습관이 몸에 밴 터라 소량으로는 언제 수익을 실현해야 좋을지 확신할 수 없었다. 얼마나 무력감이 들었는지 말로 다 설명할 수 없다.

또 거덜 난 처지에 활기차게 공세를 펼 수도 없었다. 빚도 지고 판단도 그르쳤다! 오랜 기간 이런저런 성공을 거두고 실수하며 단련되어 더 큰 성공으로 가는 길을 닦았는데, 사설거래소에서 시작할 때보다도 못한 신세가 되었다. 주식투기 게임이라면 많은 것을 배웠지만, 인간의 약점이 부리는 농간에 대해선 잘 몰랐다. 마음 상태가 기계처럼 언제나 똑같이 효율적으로 움직이는 사람은 없다. 나도 다른 사람 말이나 불운의 영향을 받지 않고 언제나 평상심을 유지할 거라고 나 자신을 믿어서는 안 된다는 사실을 깨달았다.

금전적 손실은 전혀 걱정되지 않았는데, 다른 문제들은 그렇지 않았다. 내게 닥친 재앙을 곱씹어보니 어디서 미련한 짓을 했는지 금세 찾아낼 수 있다. 정확한 시점과 장소까지 짚어냈다. 투기시장에서 좋은 경력을 쌓으려면 자기 자신을 훤히 들여다봐야 한다. 내가 어떤 어리석은 짓을 할 수 있는지 깨닫기까지 기나긴 배움의 길을 걸어야 했다. 투기자가 자만심에 빠지지 않을 방법을 터득할 수 있다면 대가가 얼마든 결코 비싸지 않다는 생각을 이따금 한다. 명석한 사람들이 숱하게 파멸하는 이유도 자만심이다. 어느 곳에나 누구에게나 도사리는 값비싼 질병과도 같다. 월가를 기웃거리는 투기자라면 특히 더 하다.

뉴욕에서 지내는 동안 행복하지 않았다. 그렇게만 느껴졌다. 매매를 할 만한 컨디션도 아니어서 거래하고 싶은 마음도 없었다. 여기를 떠나 다른 곳에서 종잣돈을 마련하기로 마음먹었다. 주변 환경을 바꾸면 나 자신을 되찾는 데도 도움이 될 것 같았다. 그렇게 투기라는 게임에서 패배를 겪고 또다시 뉴욕을 떠났다. 여러 중개인에게 10만 달러 넘는 빚을 지고 있어 파산만도 못한 처지였다.

시카고로 가서 종잣돈을 만들었다. 상당한 금액은 아니었지만,

이는 내 재산을 되찾는 데 좀 더 시간이 걸린다는 의미일 뿐이었다. 한때 드나들었던 거래소에서 내 트레이더 역량을 믿고 소규모로 거래하며 내가 스스로를 증명할 수 있도록 기꺼이 배려해줬다.

처음에는 매우 신중하게 들어갔다. 그곳에 더 머물렀다면 어떻게 됐을지 알 수 없지만, 내 경력에서 참으로 특이한 경험을 하고 시카고 체류 일정을 끝냈다. 정말 믿기 힘든 일이었다.

어느 날 루시어스 터커에게 전보를 한 통 받았다. 터커가 증권거래소 회원사 매니저로 있던 시절에 내가 그곳을 몇 차례 드나들며 안면을 텄다가, 그뒤로 연락이 끊겼었다. 전보 내용은 이랬다.

당장 뉴욕으로 돌아와 - 터커

터커는 곤경에 처한 내 사정을 친구들에게 들었을 테고 뭔가 비책이 있는 게 틀림없었다. 하지만 쓸데없이 뉴욕까지 가느라 허비할 돈은 없었다. 그래서 터커의 요청을 따르는 대신 장거리 전화를 걸었다.

"전보 받았어. 무슨 일이야?" 내가 물었다.

"뉴욕의 거물급 은행가가 너를 만나고 싶대." 터커가 대답했다.

"그 거물이 누군데?" 나는 이렇게 물었지만 누가 나를 만나려고 하는지 통 짐작이 가지 않았다.

"뉴욕으로 오면 말해줄게. 안 오면 소용없고."

"나를 만나고 싶어 한단 말이야?"

"그렇다니까."

"무슨 일로 만나자는 건데?"

"네가 기회를 주면 그분이 직접 얘기할 거야." 터커가 말했다.

"네가 편지로 알려주면 안 돼?"

"그건 안 돼."

"그럼 좀 더 털어놔 봐." 내가 말했다.

"싫어."

"그럼, 루시어스, 이것만 말해줘. 내가 뉴욕으로 가는 게 어리석은 짓은 아니겠지?" 내가 말했다.

"당연히 아니지. 오면 너에게 이로울 거야."

"살짝 귀띔이라도 해줄 수 없어?"

"안 돼. 그러면 그분한테 공정하지 않으니까. 게다가 그분이 너를 얼마나 도와줄지 나도 잘 몰라. 그래도 조언 하나 하자면 오는 게 좋을 거야. 그것도 빨리." 터커가 말했다.

"나를 만나고 싶어 하는 게 확실해?"

"너 아니면 아무도 안 돼. 오는 게 좋을 거야. 할 말 다했어. 무슨 기차 타고 오는지 전보로 알려줘. 내가 역으로 마중 나갈게."

"알았어." 나는 이렇게 말하고 전화를 끊었다.

감추는 게 많아서 달갑지 않았지만, 친구 사이인 데다 터커가 그런 식으로 말할 때는 다 이유가 있을 터였다. 떠나면 마음이 아플 만큼 시카고에서 호화롭게 지내지도 않았다. 그때 속도로 거래했으면 예전 규모로 다시 운용할 만큼 충분한 돈을 모으는 데 오랜 시간이 걸렸을지도 모른다.

앞으로 어떤 일이 벌어질지 모르는 채 뉴욕으로 돌아왔다. 사실은 뉴욕으로 오는 동안, 아무 일도 일어나지 않아서 시간과 여비만 버리는 게 아닐까 하고 자꾸만 걱정되었다. 내 평생 가장 이상한 일을 겪을 줄은 짐작도 못 했다.

터커는 기차역에 마중 나와서 단숨에 이야기를 늘어놓았다. 유명한 증권거래소 회원사인 윌리엄슨앤드브라운의 대니얼 윌리엄슨이 긴급하게 요청해서 나를 불렀다고 했다. 윌리엄슨이 나한테 제안할 사업이 있는데 내게 수익성이 좋을 건수라서 내가 받아들일 것으로 확신하고 있다고 했다. 터커는 맹세코 무슨 제안인지 모른다고 했다. 윌리엄슨앤드브라운 정도라면 내게 부적절한 요구는 하지 않을 법했다.

대니얼 윌리엄슨은 1870년대에 에그버트 윌리엄슨이 설립한 윌리엄슨앤드브라운의 임원이었다. 경영진에 브라운 집안 사람은 한동안 없었고, 대니얼의 부친 시절에 번창한 회사다. 대니얼은 막대한 재산을 상속 받았지만 사업 말고 다른 일은 벌이지 않았다. 윌리엄슨앤드브라운에는 웬만한 고객 100명의 값어치를 하는 고객이 한 명 있었는데, 바로 앨빈 마퀀드라고 윌리엄슨의 매형이었다. 게다가 마퀀드는 십여 개 은행과 신탁회사의 이사면서 거대기업 체서피크앤드애틀랜틱 철도회사 사장이기도 했다. 철도업계에서 제임스 J. 힐 이후로 가장 두드러진 인물이었고, 영향력 있는 은행 집단인 포트 도슨 패거리의 대변인이자 핵심 인사였다. 마퀀드의 재산은 말하는 사람마다 5000만 달러에서 5억 달러까지 추정했다. 마퀀드가 사망하고 나서 총재산이 2억 5000만 달러로 밝혀졌는데, 모두 월가에서 벌어들인 금액이었다. 그만큼 윌리엄슨앤드브라운에는 대단한 고객이었다.

터커는 윌리엄슨앤드브라운에서 마련한 일자리를 막 수락한 참이라면서, 이곳저곳 다니며 일감을 따오는 일이라고 했다. 회사는 일반 위탁 부문으로 사업을 확장하려 했고, 터커가 윌리엄슨을 설득해서 지점 두 곳을 개설했다고 했다. 하나는 시내의 큰 호텔에 있었고 또 하나는 시카고에 있었다. 나는 시카고 지점 사무장 자리를 제안받을 수도 있겠다고 짐작했는데, 그런 제안이라면 받아들일 생각이 없었다. 그래도 제안을 받아야 거절도 할 수 있을 테니 기다려보는 게 낫겠다 싶어서 터커에게는 싫은 내색을 하지 않았다.

터커는 윌리엄슨의 개인 사무실로 나를 데려가서 소개하더니 서둘러 자리를 피했다. 마치 양쪽 당사자를 다 알아서 증인으로 소환되기를 원치 않는 사람 같았다. 나는 윌리엄슨의 말을 들어보고 나서 거절할 셈이었다.

윌리엄슨은 시원시원한 사람이었다. 세련된 매너에 친절한 미소를 띤 완벽한 신사였다. 쉽게 사람을 사귀고 관계를 지켜가는 사람 같았다. 왜 아니겠는가? 건강하고 유머 감각도 있었다. 게다가 엄청난 갑부였으니 흑심이 있다고 의심을 살 일도 없었다. 여기에 교육 수준과 처세술까지 더해지니 정중할 뿐만 아니라 친절했고 친절할 뿐만 아니라 유익한 사람이 되기가 수월했다.

나는 한마디도 하지 않았다. 하고 싶은 말도 별로 없었거니와, 항상 상대방이 말을 마칠 때까지 기다렸다가 내 생각을 이야기하기 때문이다. 누군가에게 들은 얘기인데, 내셔널시티뱅크 은행장이었던 고故 제임스 스틸먼은 누군가 찾아와서 제안을 하면 무표정한 얼굴로 조용히 들었다고 한다. 그러고 보니 윌리엄슨의 절친한 친구이기도 했던 스틸먼은 상대방이 말을 마친 뒤에도 마치 할 말이 더 남지 않았냐는 듯이 물끄러미 쳐다봤다. 그러면 상대방은 무언가를 더 이야기해야 할 것만 같아서 계속 말을 했다고 한다. 스틸먼은 단지 듣고 상대방을 조용히 바라보기만 하는 태도로 상대방이 말을 시작할 때 생각해둔 조건보다 더 많은 내용을 제시하게 해서 은행에 유리하게 상황을 끌고 갔다.

나는 더 나은 조건을 제시하도록 유도하려고 침묵하는 게 아니다. 사안에 담긴 사실을 속속들이 알고 싶어서 그런다. 상대방이 하고 싶은 말을 다 하게 내버려두면 그 자리에서 바로 결정할 수 있어 시간을 아끼기에 좋다. 아무 소득도 없는 논쟁이나 답도 없이 길어지는 대화도 피할 수 있다. 내게 들어오는 거의 모든 사업상 제안은 특히 내가 관련되는 한 내가 수락하거나 거절하면서 정리된다. 제안을 낱낱이 알지 못하면 수락할지 여부를 즉각 결정하지 못한다.

대니얼 윌리엄슨은 이야기했고 나는 듣기만 했다. 내가 주식시장에서 펼쳤던 작전을 둘러싼 소문을 수없이 들었다며, 내가 전문 분야를 벗어나 면화선물에 뛰어들었다가 실패했다는 소식을 듣고 몹시 안타까웠다고 말했다. 그래도 내 악운 덕분에 나를 만나는 소소한 즐거움을 맛본다면서, 내 강점은 주식시장에 있고 나는 주식시장을 위해 태어난 사람이니 옆길로 빠져서는 안 된다고 덧붙였다.

"바로 이런 이유로, 리빙스턴 씨, 당신과 함께 사업을 하고 싶소."
윌리엄슨이 유쾌하게 말했다.

"어떤 사업을 말입니까?" 내가 물었다.

"당신의 주식중개인이 되고 싶소. 우리 회사가 당신의 주식거래를 중개하고 싶다는 얘기요." 윌리엄슨이 대답했다.

"저도 그러고 싶지만, 안 되겠군요." 내가 말했다.

"이유가 뭔가요?"

"돈이 없거든요."

"그 문제라면 걱정할 것 없습니다. 내가 드리죠." 윌리엄슨은 부드럽게 미소 지으며 수표첩을 꺼내 2만 5000달러짜리 수표를 끊어주었다.

"이걸 어떻게 하라는 겁니까?" 내가 물었다.

"당신 은행 계좌에 넣어두세요. 그러면 당신 명의로 수표를 꺼내 쓸 수 있을 겁니다. 대신 우리 객장에서 거래해주셨으면 합니다. 돈을 따든 날리든 상관없어요. 그 돈을 다 쓰면 또 수표를 써드리겠습니다. 그러니 방금 준 수표는 크게 신경 쓰지 마세요. 아시겠죠?"

내가 알기로 윌리엄슨앤드브라운은 자금이 풍족하고 사업도 잘되고 있어 다른 누군가의 도움이 필요 없었다. 더욱이 나 같은 사람에게 증거금으로 걸 돈까지 줄 이유도 없었다. 그런데 이렇게 근사하게 나오다니! 내게 신용계좌로 거래하게 하지 않고 직접 현금을 건네주어, 윌리엄슨 혼자서만 돈의 출처를 알고 있었다. 나는 그 회사에서 거래해야 한다는 조건 단 하나만 지키면 됐다. 게다가 돈을 모두 잃으면 또 주겠다고 약속했다! 여기에는 틀림없이 그럴 만한 이유가 있을 터였다.

"무슨 생각입니까?" 내가 윌리엄슨에게 물었다.

"간단합니다. 대규모로 활발하게 매매하는 유명 트레이더를 우리 객장의 고객으로 모시고 싶은 겁니다. 당신이 공매도 포지션을 대규모로 보유한다는 건 누구나 아는 사실이죠. 그 점이 특히 마음에 듭니다. 당신은 투기꾼으로 이름을 날리더군요."

"그래도 이해가 잘 안 되는데요." 내가 말했다.

"솔직하게 말하겠습니다, 리빙스턴 씨. 우리에게는 대규모로 주식을 매매하는 자산가 고객이 두세 분 있습니다. 우리가 어떤 종목이든 2, 3만 주씩 매도할 때마다 증권가에서 우리가 매매한다는 의심을 받고 싶지가 않아요. 만일 당신이 여기서 거래하면 시장에 나오는 물량이 우리 고객들이 보유하던 주식을 처분하는 것인지 아니면 당신이 공매도하는 것인지 모를 겁니다."

나는 무슨 말인지 바로 알아들었다. 자기 매형이 펼치는 작전을 '투기꾼'이라는 내 명성을 이용해 은폐하려는 속셈이었다! 물론 내가 1년 반 전에 약세장에서 엄청난 성공을 거둔 바람에 주가가 하락할 때마다 툭하면 나를 책망하는 뜬소문이 증권가에 돌아다녔다. 지금도 시장이 심하게 약세를 보일 때면 내가 시장을 습격했다고들 말한다.

두 번 생각할 필요도 없었다. 대니얼 윌리엄슨이 내게 빨리 재기할 기회를 제안한다는 사실을 단번에 알 수 있었다. 나는 수표를 받아서 은행에 입금한 다음 윌리엄슨의 회사에 계좌를 개설하고 바로 거래를 시작했다. 시장 전반이 활기차게 돌아가서 특정한 한두 종목을 고집할 필요가 없었다. 앞서 말했다시피 매매하는 감각을 잃어서 시장을 잘못 예측할까 두려웠는데, 다행히 그렇지는 않은 모양이었다. 대니얼 윌리엄슨이 빌려준 2만 5000달러를 넣고 3주 만에 11만 2000달러 수익을 올렸다.

나는 윌리엄슨에게 가서 이렇게 말했다. "빌려주신 2만 5000달러 갚으러 왔습니다."

"아이고, 아닙니다!" 윌리엄슨은 이렇게 말하며 내가 피마자기름 칵테일을 건네기라도 한 것처럼 손사래를 쳤다. "이러지 말고 당신 계좌가 제법 커질 때까지 좀 참으세요. 내가 빌려준 돈 걱정일랑 하지 말고 말입니다. 이제 겨우 푼돈을 벌었잖습니까?"

바로 여기서 내 월가 경력을 통틀어 가장 후회스러운 실수를 저질렀다. 이 실수 때문에 나는 기나긴 고통의 시간을 우울하게 보내야만 했다. 윌리엄슨에게 그 돈을 받으라고 고집을 부렸어야 했다. 잃어버린 재산보다 더 큰돈을 벌 수 있는 길을 걸으며 빠르게 치고 나가고 있었으니까 말이다. 3주 동안 일주일 평균 수익률이 150퍼센트였다. 그뒤로 내 거래 규모도 꾸준히 늘려갈 수 있었을 것이다. 하지만 모든 족쇄를 벗어던지지 못하고 윌리엄슨이 하고 싶은 대로 내버려둔 채 2만 5000달러는 갚지도 못했다. 물론 윌리엄슨이 내 계좌에서 2만 5000달러를 인출하지 않았기 때문에 나도 내 수익을 빼 쓰기가 껄끄러웠다. 윌리엄슨의 선심은 무척 고맙지만, 나는 남에게 돈이나 호의를 신세 지고는 못 배기는 성격이다. 돈은 돈으로 갚듯이 호의나 친절도 마찬가지로 호의나 친절로 보답해야 한다. 이런 도리를 다하자면 때때로 값비싼 대가를 치러야 할 수도 있다. 게다가 도리에는 정해진 기한도 없다.

어쨌든 윌리엄슨이 빌려준 돈은 건드리지 않고 다시 거래를 시작했다. 일이 순조롭게 풀렸고 내 매매 감각도 돌아오고 있어서 1907년에 내가 걸은 보폭으로 돌아갈 날도 머지않은 듯했다. 그러자 손실을 메우고도 남을 만큼 벌 때까지 시장이 조금만 더 버텨주면 좋겠다는 생각이 들었다. 그렇긴 해도 돈을 따거나 잃었다고 연연해하지 않았다. 그저 잘못 판단하고 나 자신을 믿지 못하는 버릇을 벗어던져서 기뻤다. 몇 달 동안 그 수렁에서 허우적댔지만 교훈도 얻었다.

그 무렵 시장이 약세론으로 돌아섰다고 판단하고 몇몇 철도주를 공매도하기 시작했다. 그중 하나가 체서피크앤드애틀랜틱 주식이었는데, 공매도 물량이 8000주가량이었던 것 같다.

어느 날 아침 시내에 갔더니 대니얼 윌리엄슨이 시장이 열리기 전에 개인 사무실로 오라고 불렀다. "래리, 지금은 체서피크앤드애틀랜틱 주식을 건드리지 마세요. 8000주를 공매도한 건 잘못된 판단입니다. 내가 오늘 아침에 런던에서 당신 대신 모두 환매했어요."

나는 체서피크앤드애틀랜틱 주가가 하락할 거라고 확신했다. 증권시세표가 분명하게 그렇다고 알려주었다. 게다가 나는 시장 전반이 하락할 거라고 예측했다. 주가가 가파르거나 터무니없이 떨어지진 않겠지만 적절하게 공매도해두면 마음이 편안하겠다 싶을 정도였다. 나는 윌리엄슨에게 이렇게 말했다. "왜 그러셨어요? 제가 보기에는 시장 전체가 하락세로 접어들어서 모든 종목이 떨어질 것 같은데요."

하지만 윌리엄슨은 머리를 가로저으며 말했다. "체서피크앤드애틀랜틱에 관해 당신이 모르는 정보를 내가 들었거든요. 내가 안전하다고 할 때까지 그 회사 주식은 공매도하지 않는 게 좋습니다."

어쩌겠는가? 체서피크앤드애틀랜틱 이사회 의장인 자기 매형에게 들은 조언이니 터무니없는 말은 아닐 터였다. 대니얼은 앨빈 마퀀드의 가장 절친한 친구이거니와 내게도 친절하고 관대한 사람이었다. 나를 알아주고 내 말을 믿어주었기에 나는 그저 고마울 따름이었다. 또다시 판단을 접고 감정에 굴복해서 월리엄슨의 말대로 했다. 그렇게 내 판단보다 월리엄슨의 뜻을 앞세워서 나 자신의 파멸을 자초했다. 도리를 아는 사람이라면 당연히 고마워하는 마음이 생기겠지만, 그런 마음에 꼼짝없이 얽매이지 않도록 주의해야 한다. 그런 일이 있고 나서 처음에는 수익이 모두 날아갔고, 그다음에는 회사에 15만 달러 빚까지 졌다. 속이 무척 상했지만, 대니얼은 걱정하지 말라고 했다.

"내가 당신을 이 수렁에서 꺼내주겠소." 월리엄슨이 약속했다. "반드시 그렇게 하겠지만, 그러자면 당신이 날 좀 도와줘야 해요. 이제 당신 마음대로 거래하는 건 그만두어야 합니다. 그렇지 않으면 내가 당신을 위해 움직일 수 없어서 지금껏 당신을 위해 내가 한 모든 일이 허사가 됩니다. 잠시 시장을 떠나서 내가 당신을 위해 돈을 벌 기회를 주시죠. 어떤가요, 래리?"

다시 한번 묻지만 이런 상황에서 내가 어쩌겠는가? 월리엄슨이 베푼 호의를 생각하면 감사할 줄 모른다고 여길 만한 일을 할 수가 없었다. 월리엄슨이 매우 유쾌하고 자상한 사람이었기에 나는 월리엄슨이 점점 좋아졌다. 나를 격려하고 모든 일이 잘될 거라고 끊임없이 확신을 불어넣어 주던 기억이 난다. 아마도 6개월이 지난 후

였을 것이다. 윌리엄슨이 환하게 웃으며 내게 와서 입금표를 건네주었다.

"내가 당신을 수렁에서 꺼내주겠다고 했었죠?" 윌리엄슨이 말을 이어갔다. "내가 해냈습니다."

입금표를 보니 윌리엄슨이 빚을 말끔히 청산했고 은행 계좌에 잔고도 조금 들어 있었다. 시장이 내 예측대로 움직여서 큰 어려움 없이 돈을 불릴 수 있을 것 같았는데, 윌리엄슨이 내게 이렇게 말했다. "당신 계좌로 서던애틀랜틱 1만 주를 매수했습니다." 서던애틀랜틱도 윌리엄슨의 매형인 앨빈 마퀀드가 장악해서 주식까지 쥐고 흔드는 회사였다.

다른 사람이 대니얼 윌리엄슨처럼 내게 해준다면 시장을 어떻게 예측하건 "고맙습니다"라는 말밖에는 할 수 없을 것이다. 자신의 판단이 옳다고 확신하더라도 팻 헌의 말처럼 돈을 걸기 전에는 알 수 없는 법이고 더구나 대니얼 윌리엄슨은 나를 위해 자기 돈까지 걸었다.

그런데 서던애틀랜틱 주가가 떨어지기 시작하더니 계속 하락세에 머물렀고, 나는 손실액이 얼마였는지 기억나지 않지만 1만 주를 잃었는데 윌리엄슨이 그 주식을 다 처분해줬다. 그 과정에서 윌리엄슨에게 더 많은 빚을 졌다. 하지만 윌리엄슨처럼 자상하고 빚 독촉을 하지 않는 채권자는 평생에 또 없었다. 투덜거리기는커녕 격려해주고 빚 걱정은 하지 말라고 다독였다. 결국 이 손실도 마찬가지로 관대하지만 비밀스러운 방식으로 메워졌다.

윌리엄슨은 뭐든 상세한 내막은 알려주지 않았다. 계좌에는 아무 내용 없이 그저 숫자만 적혀 있었다. 대니얼 윌리엄슨은 내게 이렇게만 말했다. "서던애틀랜틱에서 난 손실을 다른 거래로 수익을 올려서 메웠습니다." 그러고는 몇몇 다른 종목 7500주를 어떻게 팔아서 괜찮은 결과를 거뒀는지 이야기했다. 솔직히 말해 빚을 청산했다는 얘기를 듣고 나서야 내 명의로 된 거래에서 그런 축복이 일어났다는 사실을 알았다.

이런 일이 몇 차례 되풀이된 뒤에 곰곰이 생각하다가 다른 각도에서 상황을 바라보게 됐다. 그러다가 마침내 퍼뜩 깨달았다. 내가 대니얼 윌리엄슨에게 이용당한 것이 분명했다. 이런 생각이 들자 화가 났지만 더 일찍 깨닫지 못해서 더 분통이 터졌다. 마음속으로 전체 상황을 되짚어본 다음 곧장 대니얼 윌리엄슨을 찾아가 이 회사와 인연을 끝내겠다고 말하고 윌리엄슨앤드브라운 객장을 나왔다. 윌리엄슨이나 다른 파트너들하고는 아무런 말도 하지 않았다. 그래봤자 무슨 소용이 있겠는가? 하지만 윌리엄슨앤드브라운에 화가 난 만큼 나 자신에게도 부아가 치밀었다는 점을 인정한다.

돈을 잃은 건 아무래도 상관없었다. 주식시장에서 돈을 잃을 때마다 항상 뭔가를 배웠다고 생각했다. 돈을 잃었다면 경험을 얻었으니 수업료인 셈 쳤다. 경험을 쌓으려면 대가를 치르기 마련이니까 말이다. 하지만 대니얼 윌리엄슨의 객장에서 당한 경험은 가슴을 온통 헤집어놓았고, 좋은 기회도 날려버렸다. 돈을 잃은 건 아무것도 아니다. 메워넣으면 된다. 하지만 그때 내게 온 기회는 매일 찾아오지 않는다.

알다시피 그때 시장 여건이 거래하기에 퍽 괜찮았다. 내 판단도 옳았다. 다시 말해 시장을 정확하게 읽었다. 수백만 달러를 벌 수 있는 기회가 거기 있었다. 하지만 윌리엄슨에게 고마운 마음이 들어 나 스스로 내 두 손을 옭아매고 거래에 나섰다. 호의를 베푸는 대니얼 윌리엄슨이 바라는 대로 움직였다. 전체적으로 보면 내 가족과 함께 사업하는 것만도 못했다. 골치 아픈 장사였다!

그런데 최악은 따로 있었다. 그뒤로는 큰돈을 벌 기회가 딱히 없었다. 상승세가 꺾이면서 시장 상황이 점점 나빠졌다. 가진 것을 모조리 까먹고 다시 빚까지 졌는데 이전보다 부채가 훨씬 늘었다. 1911, 1912, 1913, 1914년, 힘든 시간이 오래 이어졌다. 벌어들인 돈은 없었다. 기회 자체가 없었기 때문에 내 형편은 어느 때보다 구차했다.

돈을 잃어도 '그렇게 하지 않았으면 이렇게 되었을 텐데' 하는 생각에 가슴을 치지 않으면 괜찮다. 그러나 이번에는 그런 생각이 머릿속을 떠나지 않아서 마음이 더 부대꼈다. 이번 일로 투기자가 드러내기 쉬운 약점이 수두룩하다는 점을 깨달았다. 대니얼 윌리엄슨의 객장에서 내가 한 행동은 사람의 도리로서 적절했지만, 투기자로서 뭔가의 영향을 받아 본인의 판단을 거스르는 건 부적절하고 현명하지 못한 처사였다. '노블레스 오블리주'는 주식시장에 어울리지 않는다. 증권시세표는 기사도를 발휘하지 않을뿐더러 충성을 바친다고 보답하지도 않기 때문이다. 그때는 달리 행동할 수 없었다. 주식시장에서 거래하고 싶은 마음이 간절했기에 그럴 수밖에 없었다. 하지만 어디까지나 사업은 사업이다. 투기자로서 언제나 나는 내 판단을 믿고 따라야 한다.

정말이지 별스런 경험이었다. 당시 상황을 얼추 맞추어 얘기하자면 이렇다. 대니얼 윌리엄슨이 나를 처음 만났을 때 한 말은 모두 사실이었다. 윌리엄슨의 증권사에서 어떤 종목이건 몇천 주씩 매도할 때마다 증권가에서는 앨빈 마퀀드가 매매한다고 지레짐작했다. 확실히 마퀀드는 그 객장의 거물급 트레이더였고, 모든 거래를 이 회사에 맡겼다. 단연코 월가에서 손꼽히는 거물 트레이더였다. 나는 특히 마퀀드가 매도할 때 증권가 눈을 속이기 위한 연막으로 이용되었다.

앨빈 마퀀드는 내가 그 객장에서 거래를 시작한 직후에 병에 걸렸는데, 일찌감치 불치병 진단을 받았다. 대니얼 윌리엄슨은 마퀀드보다 먼저 그 사실을 알았고, 그래서 내가 공매도한 체서피크앤드애틀랜틱 주식을 환매한 거였다. 윌리엄슨은 매형이 투기 목적으로 보유한 체서피크앤드애틀랜틱과 몇몇 다른 회사 주식을 정리하기 시작했다.

마퀀드가 사망하자 투기 목적과 그에 준하는 자산을 청산해야 했는데, 바로 그 즈음 시장이 약세로 접어들었다. 윌리엄슨은 자산 정리를 도우려고 나를 묶어둔 거였다. 그만큼 내가 큰손 트레이더고 주식시장을 바라보는 눈이 정확하다고 자랑하려는 게 아니다. 윌리엄슨은 1907년 약세장에서 내가 성공리에 펼친 작전을 기억해냈고, 내가 몰고 올 엄청난 위험을 감당할 자신이 없었다. 만일 내가 내 방식대로 계속 진행했더라면 큰돈을 벌어서 윌리엄슨이 앨빈 마퀀드의 자산 일부를 정리할 즈음에는 수십만 주를 거래하고 있을지도 모를 일이었다. 내가 활발하게 약세론에 걸었다면 마퀀드 상속인에게 수백만 달러의 손실을 입혔을 것이다. 마퀀드가 사후에 남긴 자산은 겨우 2억 달러가 조금 넘었다.

　그 사람들이 보기에는 내가 다른 거래소에서 활발하게 약세장 포지션을 잡게 놔두느니 차라리 내가 빚을 지게 만들고 대신 갚아 주는 편이 훨씬 대가를 적게 치렀다. 나는 정말 다른 거래소에서 그렇게 했어야 하는데, 대니얼 윌리엄슨이 베푼 호의를 저버릴 수 없다는 심정에 절절히 빠져 있었다.

　늘 생각해보는데, 내 주식투기 경험을 통틀어 이번만큼 흥미로 우면서 불운한 사건은 없었다. 교훈치고는 부당하게 큰 대가를 치렀다. 그 일로 재기하는 데 몇 년이나 늦어졌으니까 말이다. 젊었기에 놓쳐버린 몇백만 달러를 되찾을 때까지 인내하며 기다릴 수 있었지만, 그래도 5년은 근근이 살아가기에 기나긴 시간이었다. 나이가 적든 많든 가난을 즐기는 사람은 없다. 시장에 복귀하지 못한 채 사느니 요트 없이 지내는 게 훨씬 수월했다. 내 인생 최고의 기회가 내가 잃어버린 지갑을 바로 코앞까지 가져다 바쳤는데 놓쳤다. 손을 내밀어 잡을 수 없었다. 영악한 대니얼 윌리엄슨. 재치와 통찰력을 갖추고 대담하기까지 한 인물이었다. 깊이 생각하고 상상력이 풍부했으며 사람의 약점을 파고들어서 냉혹하게 공격했다. 윌리엄슨은 스스로 파악해서 내가 시장에 전혀 해를 끼치지 못하도록 만들려면 어떻게 해야 하는지 발 빠르게 궁리했다. 사실 윌리엄슨이 내게서 가로챈 돈은 없다. 그와는 반대로 돈 문제라면 모든 면에서 한없이 너그러웠다. 윌리엄슨은 누이인 마퀸드 부인을 아꼈고, 자기 방식대로 누이에게 도리를 다했다.

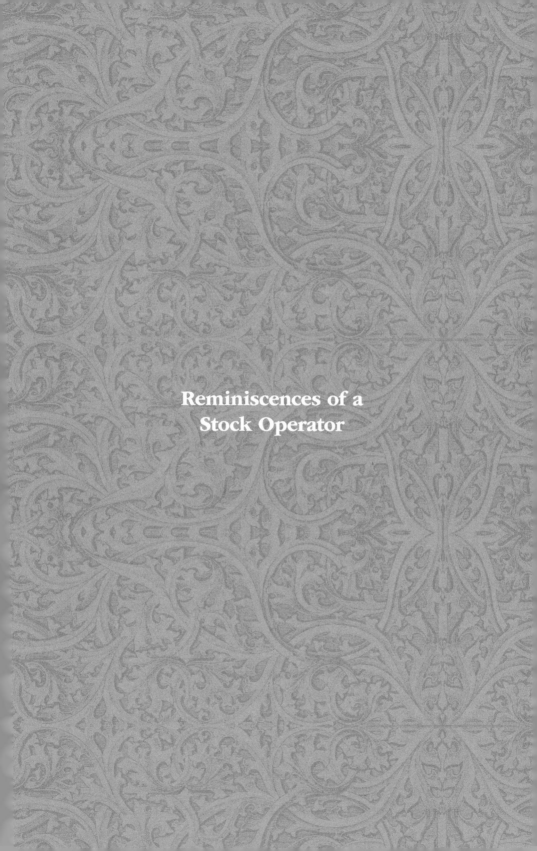

Reminiscences of a
Stock Operator

우산도 없이
폭풍우 속을 걸어가면 비에 젖듯이
돈벼락이 내리는 시기가 있다

내가 윌리엄슨앤드브라운 객장을 떠난 뒤에 시장에서 거품이 푹 꺼져버려 늘 마음이 착잡했다. 장장 4년이라는 긴 시간 동안 돈이 가문 시대를 마주했다. 단 한 푼도 벌 수 없는 장세였다. 언젠가 빌리 헨리케즈가 말했듯이 '스컹크조차 냄새를 풍기지 못하는 시장' 이었다.

마치 운명의 여신 눈 밖에 난 것 같았다. 잘못을 깨우치려는 신의 섭리였을 수도 있지만, 나는 진정코 추락을 자초할 만큼 자만심에 사로잡힌 사람은 아니었다. 트레이더로서 빚을 지고 속죄해야 할 만큼 투기 범죄를 저지르지도 않았다. 지극히 호구다운 짓도 하지 않았다. 내가 했거나 하지 않고 내버려둔 일은 42번가 북쪽 브로드웨이라면 책망은커녕 찬양할 행동이었다. 하지만 월가에서는 어리석은 행동이었고 값비싼 대가를 치러야 했다. 그 사건은 증권시세표가 작동하는 구역에서는 인간적인 감정이 끼어들지 않도록 스스로 단속하게 만든다는 점에서 최악이었다.

윌리엄슨의 객장을 떠나 다른 거래소를 돌아다니며 거래를 시도했지만 가는 곳마다 돈을 잃었다. 시장이 내게 주지 않는 것, 정확히 말하면 돈 벌 기회를 달라고 억지를 부렸으니 꼴좋게 되었다. 나를 아는 이들 사이에서는 신뢰를 쌓아둔 터라 돈을 빌리기에 어렵지 않았다. 신용이 얼마나 두터웠는지 마침내 빌린 돈으로 거래하는 짓을 그만두었을 때 진 빚이 100만 달러를 넘을 정도였다면 짐작이 갈 것이다.

문제는 매매 감각을 잃었다기보다 그 비참했던 4년 동안 돈을 벌 기회가 아예 없었다는 데 있다. 종잣돈을 만들어보려고 끈덕지게 매매했지만 빚만 늘어갔다. 더는 친구들에게 돈을 빌리고 싶지 않아서 내 계좌로 매매하는 짓은 그만두고, 침체에 빠진 시장에서도 돈을 벌 수 있을 만큼 이 게임을 잘 안다고 나를 믿어주는 사람들의 계좌를 관리하며 밥벌이를 했다. 계좌를 관리해주고 수익이 나면 일부를 받았다. 그렇게 살았다. 말하자면 그렇게 생명을 부지했다.

물론 늘 돈을 잃은 건 아니지만 빚을 줄일 만큼 돈을 벌지는 못했다. 사정이 더 나빠지자, 급기야 태어나서 처음으로 좌절감에 빠져들었다.

모든 일이 어긋나기만 하는 것 같았다. 그렇다고 백만장자가 되어 요트까지 소유했다가 빚더미에 파묻혀 초라한 신세로 전락했다고 한탄하지는 않았다. 그런 상황을 즐기진 않았지만 자기연민에 빠지지도 않았다. 신의 섭리로 마음고생이 끝나기만을 진득하게 기다릴 생각은 없었다. 그래서 내 문제점을 들여다보았다. 내가 처한 난관을 극복하려면 돈을 버는 길밖에 없었고, 그러자면 성공적으로 거래해야 했다. 예전에 그랬듯이 다시 한번 성공리에 거래해야 했다. 과거에 푼돈으로 수십만 달러를 벌어들인 적도 여러 번이다. 시장이 조만간 내게 기회를 제공할 터이다.

뭐가 됐든 잘못은 시장이 아니라 내게 있다고 믿었다. 자, 그럼 내게 어떤 문제가 있을까? 언제나 내 매매기법의 문제점을 다양한 각도로 곱씹을 때와 똑같은 마음가짐으로 나 자신에게 질문을 던졌다. 침착하게 생각해보니 내가 빚 문제로 속을 태우는 게 문제라는 결론이 나왔다. 빚 생각만 하면 영 마음이 불편했다. 단순히 빚이 있어서 그런 것이 아니라는 점을 말해두고 싶다. 사업을 하다 보면 누구나 일을 처리하는 과정에서 빚을 지기 마련이다. 내가 진 빚도 대부분 사업상 부채로, 시장 여건이 내게 불리해서 생긴 것이었다. 예를 들면 뜻밖에 이상기온이 길어져서 상인들이 애를 먹는 상황과 비슷하다.

시간이 흘러도 빚을 갚지 못하자 빚에 애써 태연하려던 마음이 무너져갔다. 설명하자면 이렇다. 내가 진 빚이 100만 달러를 넘었는데, 전부 주식시장에서 본 매매손실이라는 점을 기억하기 바란다. 내 채권자들은 대부분 너그러워서 나를 채근하지 않았는데, 두 사람만은 나를 들들 볶았다. 그들은 내 꽁무니를 따라다녔고, 내가 수익을 낼 때마다 기다렸다는 듯이 튀어나와서 미주알고주알 캐묻고는 빚을 갚으라고 독촉했다. 내가 800달러를 빚진 사람은 고소하겠다느니 집기류를 압류하겠다느니 하며 협박했다. 당시 내 몰골이 다 굶어 죽어가는 역 앞 부랑자처럼 보였는데도 어떻게 내가 자산을 숨겼을 거라고 생각했는지 지금도 이해가 안 된다.

문제점을 되짚다보니 증권시세표가 아닌 나 자신을 읽어야 한다는 점을 깨달았다. 그러다 보니 걱정을 지고 있는 한 의미 있는 어떤 일도 해낼 수 없고 빚이 있는 한 걱정을 지고 있을 수밖에 없다는 냉철한 결론에 이르렀다. 채권자가 성가시게 굴고 내가 종잣돈을 모으기도 전에 빚독촉을 하며 내 재기를 방해하는 상황에서는 말이다. 너무도 분명한 사실이었기에 나는 이렇게 혼자 중얼거렸다. "파산신청을 해야겠어." 그 방법 말고는 마음의 짐을 내려놓을 길이 없었다.

수월하고 합당한 방법 아닌가? 그런데 영 달갑지 않아서 그렇게 하기 싫었다. 파산신청으로 남들이 오해하거나 잘못 판단하는 신세가 되는 게 싫었다. 나는 돈에는 그다지 신경 쓰지 않았다. 거짓말을 할 만큼 대단한 가치가 있다고도 생각하지 않았다. 하지만 모든 사람이 다 그렇게 생각하지는 않는다는 점도 안다. 내 발로 일어서면 남은 채무를 다 모두에게 갚을 생각이었다. 그러나 예전 방식대로 거래하지 못한다면 도저히 100만 달러를 갚을 도리가 없었다.

나는 용기를 내어 채권자들을 만나러 갔다. 채권자들이 대부분 친구거나 오래 알고 지낸 사이여서 그렇게 나서기가 무척 어려웠다. 채권자들에게 솔직하게 상황을 설명하고 이렇게 말했다. "돈을 갚지 않으려고 파산신청을 하려는 게 아닙니다. 내가 돈을 벌 수 있는 상태여야지만 서로에게 이로울 것 같아서 그럽니다. 이런 해결책을 2년 넘게 간간이 생각해봤는데, 차마 용기가 없어서 솔직하게 말씀드리지 못했습니다. 좀 더 일찍 용기를 냈더라면 서로에게 더 좋았을 텐데 말이죠. 차분하게 말씀드리면 이렇습니다. 제가 빚 때문에 시달리거나 속을 태우면 예전 제 모습으로 돌아갈 수 없습니다. 1년 전에 했어야 할 일인데 이제라도 하기로 마음먹었습니다. 지금 드린 말씀 말고 다른 이유는 없습니다."

처음 찾아간 사람이 말한 취지와 똑같이 다른 사람들도 모두 그렇게 이야기했다. 그 사람은 회사를 대변해서 이렇게 말했다.

"리빙스턴, 이해합니다. 지금 상황을 잘 알겠어요. 우리 생각은 이렇습니다. 해결 방법을 찾아보겠습니다. 필요한 서류를 변호사에게 일러 준비해놓으면 서명해드리겠습니다."

액수가 큰 채권자들은 모두 이런 취지로 말했다. 월가가 보여주는 또 다른 모습이다. 마음씨가 착하거나 공정하게 처리하려고 개의치 않는 게 아니다. 사업에 득이 될 게 분명해서 현명하게 내린 결정이다. 나는 채권자들이 보여준 선의와 상황 대처 능력에 감사 인사를 전했다.

채권자들은 100만 달러가 넘는 빚을 탕감해주었다. 그러나 소액 채권자 두 명이 서명해주지 않았다. 한 명은 방금 얘기한 '800달러의 사나이'고, 한 군데는 내가 6만 달러를 빚진 증권회사였다. 이곳이 파산해서 인수한 사람들은 나와 전혀 모르는 사이였는데 자나깨나 나를 들볶았다. 설사 그 사람들이 고액 채권자들처럼 빚을 탕감해주려 했어도 법원이 서명하도록 내버려두지 않았을 것이다. 어쨌든 파산절차를 밟았더니 내가 갚아야 할 빚이 100만 달러에서 10만 달러로 줄어들었다.

이 이야기가 신문에 실려서 마음이 무척 좋지 않았다. 여태껏 빚을 지면 언제나 말끔히 청산했기에 이번 파산신청 경험은 치욕스러웠다. 살아 있다면 언젠가는 모든 채권자에게 빚을 갚겠지만, 기사를 읽는 사람들은 그 사실을 모를 테니 말이다. 신문기사를 본 뒤로 밖에 나다니기가 창피했으나, 이내 그런 수치심도 사라졌다. 주식투기에 성공하려면 온 마음을 쏟아부어야 하는데, 그걸 이해하지 못하는 사람들에게 이제 시달리지 않아도 된다니 얼마나 마음이 후련했는지 모른다.

이제 빚 문제에 안달하지 않고 성공을 바라보며 거래를 계속할 만큼 마음이 편안해졌다. 다음은 다시 종잣돈을 마련할 단계였다. 1914년 7월 31일부터 12월 중순까지 증권거래소가 휴장*해서 월가에는 우울한 분위기가 감돌았다. 오랫동안 거래라고는 하나도 없었다. 나는 모든 친구에게 빚을 진 신세였다. 아무리 유쾌하고 살가운 친구들이라고 해도 또다시 손을 벌릴 수는 없었다. 누구든 남을 도울 수 있는 시절도 아니었다.

증권거래소가 문을 닫는 바람에 중개인 누구에게도 부탁할 수 없어 종잣돈을 너끈히 마련하기가 무척 어려웠다. 두어 군데 가봤지만 소용없었다. 결국 대니얼 윌리엄슨을 찾아갔다. 그때가 1915년 2

---

* 제1차 세계대전 발발로 증권거래소가 휴장에 들어갔다. ─역자 주

월이었다. 나는 마음의 짐이던 빚 문제를 해결해서 예전처럼 거래할 준비가 되었다고 말했다. 기억하겠지만, 윌리엄슨은 내가 요청하지도 않았는데 2만 5000달러를 내게 덥석 안겨준 사람이다. 물론 그때는 내가 윌리엄슨에게 쓸모가 있었으니까.

이제는 내게 윌리엄슨이 필요했다. 윌리엄슨은 이렇게 말했다. "괜찮아 보이는 종목이 있으면 매수하세요. 500주 정도면 문제 없을 겁니다."

나는 고맙다고 말하고 그 자리를 나왔다. 예전에 윌리엄슨은 내가 큰돈을 벌지 못하게 방해했고, 그 회사는 나 덕분에 상당한 수수료 수입을 올렸다. 그랬던 윌리엄슨앤드브라운이 종잣돈을 넉넉히 제공하지 않아서 슬그머니 마음이 상했던 걸 인정한다. 처음에는 신중하게 거래할 작정이었다. 500주보다 더 많은 물량을 거래한다면 더 쉽고 빠르게 재기할 수 있을 테지만, 그래도 복귀할 기회는 잡은 셈이었다.

대니얼 윌리엄슨의 객장을 나와서 시장 상황 전반을 살펴보고, 특히 내 문제점을 꼼꼼이 되짚었다. 시장은 강세를 보였다. 수많은 트레이더가 그렇게 보았는데, 내가 보기에도 분명 그랬다. 하지만 내 손에 든 종잣돈은 내 명의로 500주를 거래하라는 제안뿐이었다. 마음껏 거래할 수 있는 여유가 없어서, 초기에 살짝 삐끗하기만 해도 안 되는 형편이었다. 첫 거래에서 바로 종잣돈을 키워야 했다. 내 명의로 처음 매수한 500주에서 반드시 수익이 나야 했다. 나는 진짜 돈을 벌어야 했다. 그런데 나는 거래 자금이 충분하지 않으면 판단력을 제대로 발휘하지 못하는 사람이다. 증거금이 웬만큼 없으면 냉철하고 침착한 태도로 게임에 들어가지 못한다. 큰돈을 걸기 전에 이따금 시장을 떠보다가 작은 손실을 내면 감당할 수 있을 만큼 증거금이 있어야 한다.

지금 돌이켜보면 내 투기 경력에서 그때가 가장 위험한 고비였다. 이번에 실패하면 언제 어디서 또 종잣돈을 마련할지 기약할 수 없었다. 너무도 분명한 사실이었다. 그저 절호의 순간이 오기만을 기다려야 했다.

윌리엄슨앤드브라운 객장 근처에는 얼씬도 하지 않았다. 일부러 그쪽과는 거리를 두고 6주라는 긴 시간 동안 꾸준히 증권시세표를 읽었다. 객장에 가면 500주를 매수할 수 있다는 생각이 들어 잘못된 시점에 어이없는 종목을 매매하고 싶은 유혹에 빠질까봐 두려웠다. 트레이더는 시장의 기본 여건을 살피고 시장의 선례를 챙기며 중개인들의 한계는 물론이고 일반 대중의 심리도 염두에 두어야 한다. 더불어 자기 자신을 파악하고 본인 약점도 대비해야 한다. 인간다운 약점이 있다고 노여워할 필요는 없다. 증권시세표 읽는 법을 터득하듯이 자신을 파악하는 법을 깨우칠 필요가 있겠다는 생각이 들었다. 그래서 작황 여건이나 수익 보고서를 분석할 때와 같은 마음가짐과 기분으로 시장이 활발하게 움직일 때 솟구치는 충동이나 피할 수 없는 유혹에 내가 어떻게 반응하는지 되짚어보고 궁리했다.

무일푼인데도 다시 거래하고 싶은 마음이 굴뚝같았지만 주식 1주도 사고팔 수 없는 다른 거래소 호가판 앞에 매일같이 앉아서 시장을 분석했다. 시세표에 찍히는 거래를 하나도 놓치지 않고 살피며

힘껏 달리라고 시세표가 신호를 보내는 절호의 순간을 노렸다.

고비의 나날이던 1915년 초반, 전 세계에 알려진 시장 상황을 훑어보고 가장 강세를 보일 것으로 예측한 종목은 베들레헴철강이었다. 주가가 상승할 거라고 확신했지만, 첫 거래에서 반드시 이겨야 했기에 주가가 기준가격을 돌파할 때까지 기다리기로 결심했다.

앞서도 얘기했다시피 내가 경험해보니 주가가 처음으로 100, 200, 300을 돌파할 때마다 언제나 30에서 50포인트씩 쭉쭉 상승하다가 300을 넘어서면 100이나 200일 때보다 빠른 속도로 올랐다. 내가 처음으로 큰 성공을 거둔 종목이 아나콘다였는데, 주가가 200을 돌파하는 순간 매수해서 이튿날 260에 매도했다. 기준가격을 막 돌파할 때 매수하는 나의 매매 습관은 초창기인 사설거래소 시절부터 몸에 밴 내 오래된 거래원칙이었다.

얼마나 간절하게 대규모로 거래하던 예전 시절로 돌아가고 싶었는지 짐작이 갈 것이다. 거래에 뛰어들고 싶은 마음이 절실해서 숫제 다른 생각은 할 수도 없는 지경이었지만, 꾹 참았다. 예측대로 베들레헴 주가가 하루하루 높이 상승했지만, 윌리엄슨앤드브라운 객장으로 달려가 500주를 매수하고 싶은 충동을 그냥 꿀꺽 삼켰다. 인간이 할 수 있는 선에서 가장 확실하게 첫 거래를 해야 했기 때문이다.

주가가 1포인트 상승할 때마다 500달러를 놓치는 셈이었다. 처음 10포인트 올랐을 때 피라미딩 기법을 썼더라면 지금쯤 500주가 아닌 1000주를 거래해서 1포인트당 1000달러 수익을 올렸을 것이다. 하지만 나는 밉살스럽게 떠드는 희망이나 확신의 소리를 외면한 채 자리에 진득이 앉아서 경험의 목소리와 상식의 조언에 귀 기울였다. 일단 종잣돈을 어지간히 모아야 기회를 잡을 수 있었다. 종잣돈이 없으면 아주 작은 기회조차 내 손이 닿지 않는 사치일 뿐이다. 6주 동안 참고 기다린 끝에 마침내 탐욕과 희망을 누르고 상식이 이겼다!

주가가 90까지 상승하자 마음에 동요가 일면서 진땀이 나기 시작했다. 시장이 상승할 거라고 예측하고도 매수하지 않아서 놓쳤던 돈을 한번 생각해보라. 주가가 98을 찍었을 때는 혼자 이렇게 중얼거렸다. "베들레헴이 곧 100까지 오를 거야. 그러면 천장까지 뚫고 나갈 거야!" 증권시세표도 더욱 분명하게 그렇게 말했다. 아니, 확성기에 대고 떠들어댔다. 증권시세표에 98이 찍히는 순간, 내 눈에는 100이 보였다. 내 희망이 보내는 소리도 내 갈망이 가져온 허깨비도 아니었다. 증권시세표를 읽고 내 직감이 그렇게 주장했다. 그래서 나는 이렇게 중얼거렸다.

"주가가 100을 돌파할 때까지 기다릴 수는 없어. 지금 당장 매수해야겠어. 기준가격을 넘어선 것이나 같아."

그 길로 나는 윌리엄슨앤드브라운 증권사 객장으로 달려가 베들레헴 500주 매수 주문을 냈다. 그때 시장가가 98이었다. 나는 500주를 98에서 99 사이에 매수했다. 그후 주가가 곧장 상승해서 그날 종가가 114인가 115였던 것 같다. 나는 500주를 추가 매수했다.

이튿날 베들레헴 주가는 145였고 나는 종잣돈을 마련했다. 내가 번 돈이었다. 적기를 기다리며 보낸 그 6주는 내 인생에서 가장 피가 마르고 진이 빠진 시간이었다. 그 보상으로, 이제 꽤 큰 규모로 매매할 수 있는 자금이 생겼다. 500주만 가지고는 아무 데도 드나들지 못했을 것이다.

어떤 사업이든 제대로 된 출발이 무척 중요하다. 나는 베들레헴을 거래한 뒤로 일이 순조롭게 잘 풀렸다. 같은 사람이 하는 매매라고는 믿기 어려울 정도였다. 사실 같은 사람도 아니었다. 이리저리 시달리며 판단을 그르치던 내가 이제는 편안한 마음으로 시장을 제대로 바라봤다. 성가시게 구는 채권자도 없었고, 생각을 하거나 진심 어린 경험의 목소리에 귀 기울이지 못하게 방해할 만큼 자금이 부족하지도 않았다. 나는 순조롭게 승리를 따나갔다.

확실하게 한몫 잡으려는 참이었는데 난데없이 '루시타니아 폭락' 사태가 터졌다. 태양계에서 살아가는 사람이라면 누구나 이따금 날벼락을 맞는다. 그럴 때면 이득이 되지 않는 사건의 영향을 받지 않은 채 시장에서 한결같이 올바른 판단을 내릴 수 있는 사람은 없다는 서글픈 사실을 깨닫는다. 사람들이 전문 투기자들은 루시타니아호가 어뢰에 피격된 사건*으로 큰 타격을 입지 않았을 거라고 수군거리는 소리를 들었다. 전문 투기자들이 어떻게 증권가보다 훨씬 먼저 정보를 얻었는지도 이야기가 돌았다. 내가 정보를 미리 얻어듣고 시장에서 빠져나올 만큼 영리하지 못해서 루시타니아

---

* 1915년 5월 7일 영국 호화 여객선 루시타니아호가 독일 잠수함에 격침되어 승객과 선원 1957명 중 1192명이 사망한 사건이다. —역자 주

우산도 없이 폭풍우 속을 걸어가면 비에 젖듯이 돈벼락이 내리는 시기가 있다

폭락 사태로 손실을 입은 데다, 앞날을 내다볼 만큼 현명하지 못해서 한두 차례 반전을 겪고 나니 1915년 말 내 증권사 계좌의 잔고는 14만 달러가량이었다. 내가 실제로 번 돈은 그게 다였다. 그해 대부분 기간에 끊임없이 시장을 제대로 판단했는데도 그랬다.

이듬해에는 훨씬 잘했고 운도 매우 좋았다. 격렬한 강세장에서 맹렬하게 강세 포지션을 잡았다. 일이 내 뜻대로 풀려서 돈 버는 것 말고는 할 일이 없을 정도였다. 스탠더드오일의 고 H. H. 로저스가 한 말이 떠오른다. 로저스는 우산도 없이 폭풍우 속을 걸어가면 흠뻑 젖듯이 돈벼락이 내릴 때가 있다고 했다. 여지껏 중에 가장 뚜렷한 강세장이었다. 미국에서 생산한 온갖 물자를 연합군이 쓸어간 덕분에 이 나라가 세계에서 가장 큰 번영을 누리게 되었다는 건 모두가 다 아는 사실이었다. 아무도 구할 수 없는 물품이 죄다 미국에는 있었고, 전 세계 현금이 빠른 속도로 굴러 들어왔다. 전 세계의 금도 미국으로 억수같이 쏟아져 들어왔다. 인플레이션은 불가피했고 당연히 모든 물가가 올랐다.

이 모든 국면은 처음부터 불 보듯 뻔했기에 주가 상승을 조작할 필요가 조금도, 아니 전혀 없었다. 그래서 사전작업이 다른 강세장보다 훨씬 적었다. 전쟁으로 호황을 맞은 산업은 자연스레 다른 산업보다 발달했고, 일반 대중에게 유례없는 수익을 안겼다. 말하자면, 1915년 주식시장에서 올린 수익이 월가 역사상 다른 호황 때보다 폭넓게 분배되었다. 대중이 평가이익을 전부 현금으로 바꾸지 못했다거나, 실제로 손에 쥔 수익을 오래 지지키 못했다는 사실은 그저 역사가 되풀이되는 현상일 뿐이었다. 월가만큼 기꺼이 그렇게 자주 그렇게 한결같이 역사가 되풀이되는 곳도 없다. 활황이나 공황 시절의 당시 기록을 읽어보면 주식투기나 주식투기자들이 예나 지금이나 다를 게 없어서 깜짝 놀랄 정도다. 게임은 변하지 않고 인간의 본성도 바뀌지 않는다.

1916년에는 상승장을 따라갔다. 다른 사람들과 마찬가지로 시장이 상승할 거라고 예측했지만, 그래도 바짝 정신을 차리고 살폈다. 누구나 그렇듯이 나도 언젠가는 상승세가 끝난다는 것을 알기에 경고신호를 놓치지 않으려고 신경을 곤두세웠다. 비밀정보가 어디서 흘러나올지 짐작해보는 데 별 관심이 없어서 한 곳만 주시하지 않았다. 시장의 상승세나 하락세 한 방향만 고집하지도 않았다. 탈출 경고를 포착한 뒤에는 강세장에서 계좌 잔고가 불어났다고 강세장을 고집하거나 약세장이 특별히 관대했다고 약세장을 붙들고 늘어질 이유가 없다. 강세장이나 약세장 어디에도 영원한 충성을 맹세해서는 안 된다. 시장을 제대로 판단하는 일에만 관심을 쏟아야 한다.

기억해둘 점이 또 있다. 시장은 한 번에 화려한 불꽃을 피워 올리며 절정에 이르지 않고, 갑작스럽게 반전해서 끝나지도 않는다. 주가가 대체로 급락세를 나타내기 훨씬 전에 이미 강세장이 끝났을 수도 있고 실제로도 자주 그런다. 시장을 이끌던 선도주들이 몇 달 만에 처음으로 차례차례 정점에서 몇 포인트씩 하락하더니 반등하지 못하는 형세가 눈에 들어왔다. 내가 오래도록 기다리던 경고음이었다. 대장주들이 확실히 도망치고 있었다. 이제 매매전술을 바꿔야 했다.

우산도 없이 폭풍우 속을 걸어가면 비에 젖듯이 돈벼락이 내리는 시기가 있다

매매전술 변화라고 해봐야 간단했다. 강세장에서는 주가 추세가 확실하고 견고하게 위로 향한다. 그래서 일반 흐름을 역행하는 종목이 있으면 뭔가 잘못됐다고 짐작해도 괜찮다. 노련한 트레이더라면 그 정도만으로도 뭔가 잘못되었다고 충분히 눈치챌 수 있다. 증권시세표가 미주알고주알 설명해주리라고 기대해서는 안 된다. 증권시세표가 "탈출해!"라고 외치는 경고를 귀담아들어야 한다. 법률문서로 작성해 승인해줄 때까지 기다려서는 안 된다.

방금 말했다시피, 멋들어진 상승장을 선도하던 주식들이 기세를 멈췄다는 사실을 알아챘다. 6, 7포인트 하락하더니 횡보하는 모양새였다. 동시에 새로운 주자들이 나타나서 나머지 시장의 상승세를 이끌었다. 선도주들 자체에는 아무런 문제가 없었으므로, 다른 곳에서 원인을 찾아야 했다. 상승장을 선도하던 종목들이 몇 달간 시장 흐름을 따라가다가 지금은 멈추었는데도 시장은 여전히 강세를 나타냈다. 그렇다면 선도주들의 강세장이 끝났다는 뜻이다. 나머지 종목들은 여전히 상승세가 뚜렷했기 때문이다.

아직은 흐름이 바뀌지 않았으므로 이러지도 저러지도 못하고 당황할 필요는 없다. 나도 약세론으로 돌아서지 않았다. 증권시세표가 그렇게 하라고 말하지 않았기 때문이다. 강세장의 종말은 아직 오지 않았다. 부르면 닿을 거리에 있긴 했지만 말이다. 종말이 닥쳐오더라도 아직은 강세장에서 돈을 벌 수 있었다. 상황이 그러했으므로 상승을 멈춘 주식들만 약세론으로 돌아서서 공매도하고, 나머지 종목은 상승 여력이 있었기에 매수했다.

시장을 이끌다가 멈춘 선도주들은 매도하고, 각각 5000주씩 공매도했다. 새롭게 부상하는 선도주들은 매수했다. 공매도한 주식들은 탄력적으로 움직이지 않았지만, 매수한 선도주들은 계속 상승했다. 마침내 이 주식들도 상승세를 멈추자 보유 물량을 전부 매도하고, 추가로 각각 5000주씩 공매도했다. 이제는 분명 하락세에서 큰 돈을 벌 수 있을 터이므로 강세론보다는 약세론으로 시장을 바라봤다. 강세장이 완전히 끝나기 전에 약세장이 시작되었다고 확신했지만, 아직은 약세장의 기세가 거세지 않다는 점도 알고 있었다. 서둘러서 나대봐야 아무 소용없었다. 증권시세표는 약세론 본대의 순찰대가 부리나케 지나갔다고 말했을 뿐이다. 이제는 준비할 때였다.

나는 한 달 정도 매수와 매도를 계속하다가, 그해 초 활황세의 선도주로 대중에게 인기를 끌었던 주식 12종목을 각각 5000주씩 총 6만 주 공매도했다. 그다지 많은 물량은 아니었지만, 뚜렷한 약세장도 아니었다는 점을 잊지 말기 바란다.

그러던 어느 날 시장 전반이 가파르게 약세를 나타내며 모든 주가가 하락하기 시작했다. 공매도해둔 12종목에서 각각 최소 4포인트 수익이 발생했고, 이렇게 내 판단은 적중했다. 증권시세표가 이제는 공매도해도 안전하다고 말하기에 즉시 공매도 포지션 규모를 두 배로 키웠다.

나는 포지션을 굳혔다. 시장에서 공매도 포지션을 잡았고, 이제는 약세장이 분명했다. 밀어붙일 필요도 없었다. 시장이 내 뜻대로 흘러갈 수밖에 없다는 것을 알았기에 기다릴 여유가 있었다. 공매도 규모를 두 배로 늘리고 오랫동안 다른 거래는 하지 않았다. 전체 포지션을 잡고 7주쯤 지난 뒤에 그 유명한 '정보 유출' 사건이 터지면서, 시장은 큰 폭으로 주저앉았다. 듣자 하니 윌슨 대통령이 유럽에 서둘러서 평화의 비둘기를 날려 보내겠다는 메시지를 발표할 예정이라는 워싱턴발 뉴스를 누군가가 사전에 입수했다고 했다. 세계대전이 발발해서 전시에 싹튼 호황을 누렸기에 평화는 악재로 받아들여질 수밖에 없었다. 객장에서 눈치 빠르기로 소문난 장내 거래인 한 명이 이 정보를 미리 건네 듣고 이익을 챙겼다고 비난을 사자, 정보를 받아서가 아니라 강세장이 지나치게 무르익었다고 판단해서 공매도했다고 해명했다. 나도 이미 7주 전에 공매도 포지션을 두 배로 늘린 터였다.

이 소식에 주식시장은 급락했고 나는 당연히 환매했다. 달리 방법이 없었다. 계획을 세울 때 예상하지 못한 일이 발생해서 친절한 운명의 여신이 기회를 내려주면 마땅히 잡아야 한다. 이렇게 급락하는 상황에서는 시장이 형성되어 거래량이 많은데, 이때 뒤로 돌아서서 평가이익을 현금으로 바꿔야 한다. 아무리 약세장이라 해도 주가를 끌어올리지 않고서 12만 주를 모두 정리하기란 힘든 일이다. 평가이익을 해치지 않고 12만 주를 환매할 수 있을 만큼 시장 여건이 마련될 때까지 기다려야 한다.

이 점을 꼭 말해두고 싶다. 나는 그렇게 특이한 이유로 그 시기에 시장이 급락하리라고는 전혀 계산하지 못했다. 하지만 앞서 말했듯이 트레이더로서 30년간 경험해보니 그런 사건은 내가 시장에서 포지션을 잡을 때 기준으로 삼는 최소저항선을 따라 움직인다. 염두에 둘 점이 또 있다. 절대로 꼭대기에서 매도하려고 들면 안 된다. 현명하지 못한 처사다. 주가가 조정받고 나서 반등하지 않으면 이때 매도해야 한다.

1916년에 300만 달러가량 수익을 올렸다. 시장이 상승세를 이어가면 강세론자가 되어, 시장이 하락세로 접어들면 약세론자가 되어 거래한 결과다. 말했다시피 강세든 약세든 시장의 한 모습하고만 죽음이 갈라놓을 때까지 함께할 필요는 없다.

휴가를 보낼 때면 으레 하던 대로 그해 겨울에도 남쪽 팜비치로 갔다. 바다낚시를 워낙 좋아해서다. 주식과 밀선물을 공매도해둔 터였고, 둘 다 짭짤한 수익을 안겨줬다. 안달복달할 일이 없어서 즐겁게 시간을 보냈다. 물론 유럽으로 가지 않는 한 주식이나 상품선물시장에서 완전히 벗어날 수는 없었다. 이를테면 애디론댁에 있는 집만 해도 거래소와 직통전화로 연결되어 있었다.

팜비치에 머물면서 거래하는 증권사 지점을 정기적으로 찾아갔다. 전혀 관심 없던 면화선물이 강세를 나타내며 상승하는 움직임이 눈에 들어왔다. 이때는 1917년으로, 윌슨 대통령이 평화를 끌어내기 위해 부단히 노력한다는 얘기가 심심찮게 들리던 시기였다. 워싱턴에서 흘러나오는 이런 소식은 신문에 속보로 실리기도 하고 팜비치의 친구들에게 알음알음으로 날아들었다. 그러던 어느 날 이런저런 시장의 흐름을 보니 윌슨 대통령의 노력이 성공을 거두겠고 확신하는 기류가 시장에도 반영되는 것 같았다. 평화가 가까워지면 주식과 밀선물은 하락하고 면화선물은 상승한다. 주식과 밀선물은 떨어져도 만반의 준비를 해놓은 터였지만, 면화선물은 한동안 손을 놓고 있었다.

그날 오후 2시 20분에는 나한테 면화선물이 1베일도 없었다. 하지만 2시 25분에 평화가 다가왔다고 확신하고 1만 5000베일을 처음 매수했다. 이미 설명했던 나의 오래된 매매방식에 따라 포지션을 구축해나가기로 마음먹었다.

바로 그날 오후 장이 마감된 이후에 독일에서 '무제한잠수함작전'* 소식이 날아들었다. 다음 날 시장이 열릴 때까지 기다리는 수밖에 없었다. 그날 밤 그리들리에서 산업계 거물이 US철강 주식을 물량에 상관없이 당일 종가보다 5포인트 낮은 가격에 매도하겠다고 제안했다. 피츠버그의 백만장자 몇몇이 그 소식을 들었으나, 아무도 그 큰손의 제안을 받아들이지 않았다. 다음 날 장이 열리면 대폭락이 있으리라고 예상했기 때문이다.

아니나 다를까 다음 날 주식시장과 상품선물시장은 야단법석이었다. 몇몇 주식은 전일 종가 대비 8포인트나 하락한 채로 출발했다. 내게는 수익을 내며 공매도 물량을 정리할 수 있는 하늘이 내려준 기회였다. 말했다시피 약세장에서 시장이 급락하면 포지션을 정리하는 것이 현명하다. 거래 물량이 많다면 상당한 평가이익을 후회할 만큼 손해 보지 않고 신속하게 현금으로 바꾸는 길은 이 방법밖에 없다. 나는 US철강 주식 5만 주를 공매도했고, 물론 다른 종목들도 공매도 물량이 있었다. 물량을 소화할 수 있는 시장 여건이 형성되자 곧바로 행동에 들어갔다. 그렇게 올린 내 수익이 150만 달러에 달했으니 절대 놓쳐서는 안 되는 기회였다.

---

* 제1차 세계대전에서 독일이 적국, 특히 영국을 공격하려고 펼친 해전 전술 ─역자 주

한편 전날 오후 장 마감 30분 전에 1만 5000베일 매수한 면화선물은 500포인트 하락하며 출발했다. 참으로 엄청난 폭락이었다! 하룻밤 사이에 37만 5000달러가 날아간 셈이었다. 주식과 밀선물은 폭락장에서 공매도 포지션을 정리하는 길만이 현명한 선택이었지만, 면화선물은 어떻게 대응해야 할지 종잡을 수 없었다. 고려해야 할 변수가 많았다. 나는 언제고 내 판단이 틀렸다고 확신하는 순간 손절매에 나섰지만, 그날 아침에는 손실을 받아들이고 싶지 않았다. 그런데 생각해보니 바다낚시를 즐기려고 남쪽 팜비치에 왔지 면화시장의 흐름을 보고 우왕좌왕하려던 게 아니었다. 게다가 주식과 밀선물에서 큰 수익을 올린 참이니 면화선물에서 입은 손실은 그냥 받아들이자고 마음먹었다. 그리고 내 수익이 150만 달러가 아니라 100만 달러를 조금 넘는다고 생각하기로 했다. 하나하나 따지고 들면 업계 기획자들이 으레 말하듯이 모든 것은 장부에 기입하기 나름이었다.

전날 장 마감 직전에 면화를 매수하지 않았더라면 40만 달러가 굳었을 텐데, 적정한 수준의 물량으로도 얼마나 빨리 거금을 잃을 수 있는지 깨닫는 계기가 되었다. 내가 잡은 포지션은 절대적이라고 해도 좋을 만큼 옳았다. 게다가 주식과 밀선물에서 공매도 포지션을 잡을 때 고려했던 사항과는 정반대 성격의 사건이 터졌는데도 이득을 보았다. 이렇게 보다시피, 최소저항선을 따라 투기하면 트레이더에게 그만한 가치가 있다는 점을 또 한 번 증명했다. 독일의 무제한잠수함작전 통보로 뜻밖의 시장 요소가 튀어나왔는데도 주가는 내 예상대로 움직였다. 만일 내가 계산한 대로 상황이 흘러

갔다면 평화 기조와 함께 주식과 밀선물은 하락하고 면화선물은 연처럼 날아올라서 내가 잡은 세 포지션 모두 100퍼센트 적중했을 터이다. 그랬다면 세 시장 모두에서 수익을 내며 포지션을 정리했을 것이다. 평화건 전쟁이건 아랑곳하지 않고 주식과 밀선물시장에서 포지션을 제대로 잡았기에 예상하지 못한 사건도 도움이 되었다. 반면에 면화시장에서는 거래할 때 시장 밖에서 일어날 수 있는 변수를 고려했다. 윌슨 대통령의 평화교섭이 성공한다는 데 돈을 걸었다가 독일 군부 때문에 돈을 잃었다.

1917년 초 뉴욕으로 돌아와서 진 빚을 모두 청산했는데, 100만 달러가 넘는 액수였다. 빚을 다 갚고 나니 정말이지 기뻤다. 몇 달 일찍 상환할 수도 있었지만 아주 단순한 이유로 그렇게 하지 않았다. 활발하게 성공리에 거래하던 터라 수중에 있던 자금이 모두 필요했기 때문이다. 1915년과 1916년에 황홀한 장세의 이점을 최대한 활용할 수 있었던 건 나도 잘했지만 채권자들 덕분이다. 큰돈을 벌 수 있다고 확신했기에, 내게 빌려준 돈을 돌려받을 거라고는 전혀 기대하지 않던 채권자들 대부분을 몇 달 더 기다리게 한다고 해도 별달리 걱정하지 않았다. 빚을 조금씩 나눠 갚거나 한 번에 한 명씩 상환하고 싶지 않았다. 한꺼번에 청산하고 싶었다. 그래서 시장이 나를 위해서 돌아가는 한 내가 활용할 수 있는 자원을 총동원해서 거래를 이어갔다.

이자도 지불하려 했는데 채무 포기각서에 서명한 채권자들이 하나같이 단호하게 거절했다. 내가 맨 마지막에 돈을 갚은 작자는 거래를 할 수 없을 정도로 나를 들들 볶아서 내 삶에 짐을 지웠던

800달러의 바로 그 인간이었다. 내가 다른 채권자들의 부채를 모두 갚았다는 소식이 그 작자 귀에 들어갈 때까지 기다렸다. 그러고 나서 그 인간 빚도 갚아주었다. 다음번에 누군가에게 몇백 달러를 빌려준다면 생각 좀 하고 굴라고 가르쳐주고 싶었다.

이렇게 해서 나는 다시 일어섰다.

부채를 모두 상환한 뒤에는 제법 큰 돈을 연금에 넣었다. 다시는 돈에 쪼들려서 곤궁한 처지가 되거나 종잣돈이 없는 일은 당하지 않겠다고 결심했다. 물론 결혼한 후에는 아내 명의로 상당한 금액을 신탁에 넣어두었고, 아들이 태어난 뒤에는 아들 명의로도 신탁해두었다. 주식시장이 그 돈마저 빼앗아 갈까봐 두렵기도 했지만, 수중에 돈이 있으면 써버리기 마련이기 때문이었다. 이렇게 해서 내가 아내와 아이 몫을 건드리지 않도록 안전하게 조치했다.

내 지인 몇몇도 나처럼 가족을 위해 신탁을 들어뒀는데, 돈이 필요하자 아내를 살살 달래어 신탁을 해지했다가 모두 날리고 말았다. 그래서 나나 아내가 신탁을 건드리고 싶어도 아무 지장 없도록 처리해놓았다. 우리 둘 중 누가 손을 뻗쳐도, 그러니까 내가 시장에서 자금이 필요하거나 심지어 아내가 헌신적인 사랑을 쏟아부으며 애원해도 절대 안전했다. 비집고 들어갈 틈이 없었다!

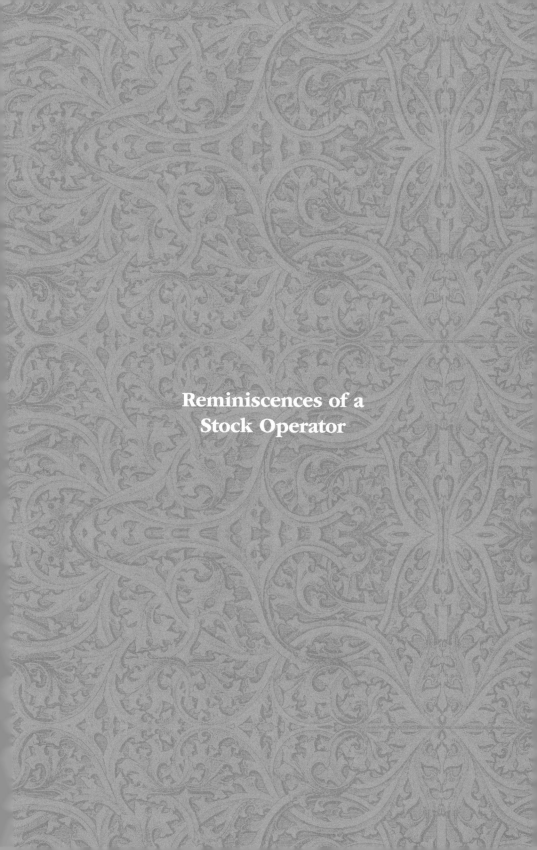

Reminiscences of a
Stock Operator

비밀정보
다루는 법

투기가 안고 있는 위험요소 중 상위권을 차지하는 변수가 바로 뜻밖에, 아니 그보다는 예상할 수 없다고 해야 할 사건이다. 조심성이 남다른 사람이더라도 반드시 잡아야만 하는 확실한 기회가 있다. 돈벌이에 매달려야 하는 연체동물보다 나은 존재가 되고 싶다면 움켜잡아야 하는 그런 기회 말이다. 사업을 하다 보면 생기기 마련인 위험요소도 집을 나서서 거리를 거닐거나 기차여행을 하다가 맞닥뜨리는 불상사보다 더 해롭지는 않다. 나는 아무도 예상치 못한 사건이 일어나 돈을 잃는다고 해서 갑작스러운 폭풍우를 만날 때 그러하듯 앙심을 품지 않는다. 인생은 그 자체가 요람에서 무덤까지 도박이며 앞날을 내다보는 천리안을 지녔을 리도 없으니 무슨 일이 일어나든 흔들림 없이 견뎌내야 한다. 하지만 내 투기자 경력에 비춰보면 내가 제대로 시장을 예측하고 정정당당하게 거래했는데도 야비한 적수를 만나 더러운 짓거리에 걸려 수익을 강탈당하는 일이 더러 있다.

상황 판단이 빠르거나 앞을 내다보는 사업가라면 사기꾼, 비겁한 인간, 군중의 악행에 맞서 자신을 보호할 수 있다. 나는 사설거래소 시절 한두 군데 말고는 노골적으로 부정한 일을 겪은 적이 없다. 사설거래소에서도 정직이 최고의 수완이었기 때문이다. 큰돈은 정정당당하게 거래할 때 벌 수 있다. 판돈을 떼어먹고서야 큰돈은 어림도 없다. 뒷구멍으로 속임수를 쓰기 십상이라고 두 눈 부릅뜨고 중개인을 지켜봐야 한다면 어디에서건 어떤 게임이건 바람직하지 않다고 생각한다. 빚을 떼어먹고 우는 소리를 하면 점잖은 사람은 마음이 약해지기 마련인데, 게임인 만큼 공정해야 한다. 서약이나 신사협정 따위를 신성하다고 믿어서 내가 피해를 본 사례가 열가지도 넘는다. 여기서 말해본들 아무 소용없기 때문에 이야기하지는 않겠다.

소설가, 성직자, 여자 들은 증권거래소 객장을 유혈이 낭자한 전쟁터라거나 월가의 일상 업무를 싸움질이라고 빗대기를 좋아한다. 상당히 극적인 표현이긴 하지만, 순전히 오해다. 나는 내가 하는 일이 싸움이나 경쟁이라고 생각하지 않는다. 나는 절대로 개인이나 투기 집단과 겨루지 않는다. 단지 서로 견해가 다를 뿐이다. 말하자면 시장의 기본 여건을 읽어내는 방식이 달라서 그렇다. 극작가들은 거래 전투라고 부르지만, 실은 인간끼리 벌이는 다툼이 아니라 그저 사업 전망을 검증하는 시험일 뿐이다. 나는 사실만 고수하고 사실에 따라서 행동하려고 애쓴다. 이는 버나드 M. 바루크*가 부를 얻은 비결이기도 하다. 나는 온갖 사실을 분명하게 보지 못하거나 일찌감치 잡아내지 못할 때가 더러 있다. 논리적으로 따지지 못하기도 한다. 이럴 때면 나는 돈을 잃는다. 내 판단이 빗나가기 때문이다. 어그러지면 언제나 대가를 돈으로 치른다.

사리를 아는 사람은 실수한 대가를 순순히 치른다. 그 대가가 순서대로 치르는 우선채권은 아니지만, 예외도 면제도 없다. 하지만 내 견해가 옳았는데도 돈을 잃을 때는 승복하지 않는다. 몇몇 거래소에서 갑작스럽게 규정을 바꾸는 바람에 손해를 보는 거래를 말하는 게 아니다. 은행 계좌에 들어올 때까지는 어떤 수익도 안전하지 않다는 사실을 때때로 떠올려주는 투기판 위험요소를 두고 하는 얘기다.

유럽에서 세계대전이 발발한 뒤에 예상대로 상품선물 가격이 상승하기 시작했다. 전쟁으로 인플레이션이 일어나는 상황만큼 눈에 훤히 보이는 일이었다. 물론 전쟁이 길어지면서 시장 전반은 상승세를 이어갔다. 기억하겠지만, 나는 '재기'하느라 1915년을 부지런히 보냈다. 주식시장이 활황이었기에 그 장세를 이용할 의무가 내게는 있었다. 가장 안전하고 가장 수월하며 가장 빠르게 벌일 큰판은 주식시장에 있었다. 알다시피 운도 좋은 편이었다.

1917년 7월까지 모든 부채를 말끔히 갚고도 상당한 금액의 순

---

* Bernard Mannes Baruch(1870~1965) : 미국 정치가이자 재정가. 사우스캐롤라이나주 캠던에서 태어나 뉴욕에서 중개업을 하다가 1916년 윌슨 대통령에 발탁되어 국방위원회 자문위원을 지냈다. —역자 주

이익을 남겼다. 이제 시간도 돈도 있으니 주식은 물론이고 상품거래도 고려해보고 싶었다. 온갖 시장을 연구하는 습관이 오랜 시간 몸에 뱄다. 상품선물 가격은 전쟁 이전보다 100에서 400퍼센트 상승한 터였다. 단 하나 예외가 바로 커피였는데, 거기에는 그럴 만한 이유가 있었다. 전쟁이 터지면서 유럽시장이 막히는 통에 엄청난 화물이 유일한 거대시장인 미국으로 넘어오게 됐다. 시간이 흐를수록 원두가 어마어마하게 남아돌았고, 가격대는 낮게 유지됐다. 내가 처음으로 커피 투기를 고려할 무렵 원두는 전쟁 이전보다 낮은 가격에 거래되고 있었다. 이렇게 이례적인 거래가 가능한 이유는 명백했다. 독일과 오스트리아에서 점점 더 활발하고 효과적으로 잠수함 작전을 펼치면 상업 목적으로 사용할 수 있는 선박의 수가 대거 줄어들 것이 뻔하고 결국에는 커피 수입도 감소할 터였다. 수입 물량이 감소하는데 소비량에 변함이 없으면 남아돌던 재고는 바닥을 드러내기 마련이고, 커피 가격은 다른 상품들처럼 상승할 수밖에 없었다.

셜록 홈스가 아니더라도 이런 상황은 파악할 수 있는데, 왜 아무도 커피를 매수하지 않았는지 지금도 모르겠다. 내가 커피를 매수하기로 결심했을 때는 투기라고 생각하지 않았다. 오히려 투자에 가까웠다. 현금이 들어오려면 많은 시간이 걸리겠다고 보았지만 그만큼 수익이 상당하리라고 판단했기에, 커피 매수는 도박꾼의 한탕이 아니라 은행가 행보처럼 보수적인 투자 작전이었다.

1917년 겨울에 커피 매수 작전을 시작해서 상당한 물량을 확보했지만, 시장에는 별다른 변화가 없었다. 거래는 계속 부진했고 가격은 기대만큼 상승하지 못했다. 그래서 9개월 동안 아무런 성과도 없이 물량을 보유하고만 있었다. 그러다 선물계약 만기로 옵션*을 매도해서 포지션을 청산하고 엄청난 손실을 입었지만, 여전히 내 예측이 옳다고 확신했다. 비록 시기가 잘못되었을 뿐 다른 상품들과 마찬가지로 원두 가격도 반드시 상승한다고 자신했기에 보유하던 포지션을 정리하는 즉시 다시 매수에 나섰다. 낙담만 안겨준 9개월 동안 수익을 내지도 못해놓고 그때보다 세 배 많은 물량을 확보했다. 물론 만기일까지 잔여기간이 가장 많이 남은 선물로 매수했다.

이번에는 그렇게 예상이 빗나가지 않았다. 보유 물량을 세 배로 키웠더니 시장이 상승하기 시작했다. 도처의 사람들이 커피시장에서 어떤 일이 벌어질지 갑자기 깨달은 듯했다. 내 투자가 두둑한 이자까지 챙겨줄 듯 보였다.

내게 선물계약을 매도한 사람들은 대부분이 독일계 원두 가공업자와 그들의 제휴업자 들이었는데, 미국에 들여올 수 있다고 확신하고 브라질에서 원두를 매입했지만 운반해올 배가 없었다. 그 바람에 원두가 한없이 쌓여서 내게 대규모 물량을 매도해야 하는 답답한 처지가 되었다.

처음 내가 상승세를 예측할 무렵 커피 가격은 전쟁 이전보다 낮은 수준이었고, 그해 대부분 보유하다가 파는 바람에 상당한 손실을 입었다는 사실을 잊지 말기 바란다. 예측이 빗나가면 돈을 잃는

---

* 가격이 상승하면 차익을 실현할 수 있는 권리인 콜옵션 ─ 역자 주

처벌을 받고 판단이 적중하면 돈을 버는 보상을 얻는다. 분명 옳게 예측했고 포지션도 대규모로 잡았으니 마땅히 엄청난 수익을 기대할 만했다. 수십만 자루에 해당하는 물량을 보유하였기에 원두 가격이 조금만 상승해도 만족할 만한 수익을 낼 수밖에 없었다. 나는 수치를 들먹이며 내 작전을 얘기할 마음이 별로 없다. 엄청난 규모만 보고 내가 우쭐거린다고 여기는 사람들이 더러 있기 때문이다. 사실 나는 내 자산에 맞춰 거래하고, 항상 안전하게 증거금을 넉넉히 남겨둔다. 이번에도 충분히 보수적으로 매매했다. 그토록 안심하고 매수할 수 있었던 것은 손실을 입을 이유가 없었기 때문이다. 시장 상황은 유리하게 돌아가고 있고 1년이나 기다려왔으니, 이제 올바로 판단하고 인내한 보상을 받을 차례였다. 수익이 손살같이 달려오는 것이 보였다. 영리할 필요도 없고 눈만 뜨고 있으면 훤히 보이는 일이었다.

수백만 달러 수익이 확실하고 빠르게 다가오고 있었다. 하지만 내 손에 닿지 않았다. 돌발상황이 일어나 옆길로 샌 것도 아니었다. 시장이 갑작스럽게 거꾸로 흐르지도 않았다. 커피가 미국으로 물밀듯이 들어오지도 않았다. 도대체 어찌 된 일일까? 도저히 예측할 수 없는 일이었다! 아무도 경험하지 못했던 일이어서 대비할 이유가 하나도 없는 형국이었다. 항상 내 옆에 보관해두는 투기판의 기나긴 위험요소 목록에 항목을 새로 추가해야 했다. 내게 커피를 공매도한 작자들이 시장 상황을 들여다보고는 스스로 뛰어든 매도 포지션에서 빠져나오려고 머리를 굴려서 돈을 떼어먹을 새로운 수법을 쥐어짜냈다. 이들은 워싱턴으로 달려가 도움을 요청했고, 워싱턴에서 탄원서를 받아들였다.

기억하겠지만, 당시에는 미국 정부가 생필품에서 폭리를 얻지 못하도록 다양한 방안을 마련했다. 이들 조치가 대부분 어떻게 작동했는지도 알 것이다. 커피를 공매도한 이 자애로운 작자들은 전시산업위원회 산하 물가안정위원회를 찾아가서, 정식 명칭이 그랬던 듯싶은데, 암튼 미국인의 아침식사를 지켜 달라고 애국심을 겨냥해 호소했다. 그 자리에서 로렌스 리빙스턴이라는 전문 투기꾼이 있는데 커피를 매집했거나 매집할 참이라고 주장했다. 그 투기꾼의 계획을 원점으로 되돌리지 않으면 투기꾼은 전시 상황의 이점을 악용하고 나설 테고, 미국인은 매일 마시는 커피에 터무니없이 비싼 가격을 지불해야 한다고 진술했다. 선박을 구할 수 없어 내게 커피를 팔았던 애국심 충만한 그 작자들이 생각하기에 1억 명 남짓한 미국인들이 파렴치한 투기꾼에게 조공을 바치는 건 두고 볼 수 없는 일이었다. 나아가 자신들은 커피 도박꾼이 아니라 커피 무역을 대변하며, 기꺼이 정부가 현재나 미래의 폭리를 규제하는 조치를 돕겠다고 말했다.

지금도 나는 불평을 늘어놓는 사람들이 끔찍하게 싫다. 그래서 물가안정위원회가 폭리와 낭비에 공정하게 대처하는 일에 최선을 다하지 않았다고 넌지시 말하려는 게 아니다. 하지만 물가안정위원회가 커피시장의 특정 문제에 그렇게 깊숙이 참견해서는 안 되는 거였다는 생각은 꼭 밝혀야겠다. 위원회는 원두의 가격 상한을 정하고, 기존의 모든 커피 계약을 일정한 기한 안에 모두 정리하라고 명령했다. 이런 결정이 나오면 커피 거래소는 영업을 접어야 한다.

내가 할 수 있는 일도 단 하나였다. 나는 보유하고 있던 선물계약을 모조리 매도했다. 내 수중으로 들어올 거라고 믿어 의심치 않았던 수백만 달러 수익이 깡그리 실현되지 않았다. 그때나 지금이나 나는 다른 누구보다도 생활필수품에서 남기는 폭리를 반대한다. 하지만 물가안정위원회에서 커피를 규제할 당시 다른 모든 상품은 전쟁 이전보다 250에서 400퍼센트 상승한 가격에 판매되고 있었지만, 원두 가격은 사실상 전쟁이 발발하기 이전 몇 년간 평균 시장가보다도 낮았다. 커피를 누가 보유하건 무슨 차이가 있는지 모르겠다. 원두 가격은 상승할 수밖에 없었다. 파렴치한 투기꾼이 수작을 부려서가 아니라 독일 잠수함이 전 세계 선박을 무차별 공격해서 커피 수입 물량이 줄어드는 바람에 원두 재고가 바닥나기 때문이었다. 위원회는 원두 가격이 움직일 때를 기다리지 않고, 제동을 걸어버린 셈이었다.

정책 면에서나 편의상으로나 그때 커피 거래소가 강제로 문을 닫은 건 실수였다. 만일 위원회에서 커피시장을 내버려뒀더라면 커피선물 가격은 틀림없이 내가 든 이유로 상승했을 것이다. 매집이라고 혐의를 뒤집어쓴 어떤 거래와도 상관없이 말이다. 하지만 터무니없을 정도는 아니더라도 웬만큼 상승한 커피 가격은 시장에 커피 공급을 끌어들이는 요인으로 작용했을 것이다. 듣자 하니 버나드 M. 바루크가 전시산업위원회에서 공급을 보장하면서 가격을 묶었기 때문에 특정 상품의 가격 상한을 놓고 일각에서 불평을 터트리는 건 부당하다고 말했다고 한다. 나중에 커피 거래소가 다시 문을 열었을 때 커피는 23센트에 거래되었다. 공급량이 적었기 때문에 미국인들은 그런 가격을 지불해야 했다. 당시 공급이 부족했던 이유는 애국심이 넘쳤던 그 공매도 거래자들이 커피 물량을 계속 수입해오려면 높은 해외운임을 감안해야 한다고 제안하는 바람에 커피 가격이 너무 낮게 묶인 탓이었다.

상품시장에서 내가 손을 댄 거래 중 커피선물이 가장 합법적이었다고 늘 생각한다. 투기가 아니라 투자에 가까웠고, 1년 넘게 붙들고 있었으니 말이다. 만일 도박의 소지가 있었다면 오히려 독일 이름과 혈통을 지닌 애국심 넘치는 원두 가공업자들이 한 짓거리가 그랬다. 그 작자들은 브라질에 있던 커피를 가져다가 뉴욕에 있는 내게 매도했다. 물가안정위원회는 유일하게 상승하지 않은 상품인 커피의 가격을 동결했다. 가격이 움직이기도 전에 대중을 보호하겠다고 폭리를 막았지만, 뒤따른 가격 상승은 피할 수 없었다. 게다가 볶지 않은 원두 가격이 1파운드에 9센트일 때 볶은 원두 가격은 다른 상품들과 똑같이 상승했다. 커피 가공업자들만 수익을 챙긴 셈이다. 볶지 않은 원두 가격이 1파운드당 2에서 3센트만 상승했더라도 나는 수백만 달러를 벌었을 테고, 일반 대중도 이후에 그렇게나 높은 가격을 치르지 않아도 됐을 것이다.

지난 뒤에 투기를 분석해봐야 시간만 낭비한다. 아무 소용 없기 때문이다. 하지만 이 특별한 거래에는 확실하게 배울 점이 있었다. 내가 뛰어든 어떤 거래보다 매력적이었다. 그렇게나 확실하고 그렇게나 논리적으로 가격이 상승할 상황이어서 수백만 달러를 벌 수밖에 없다고 계산했지만 결국 실현하지 못했다.

거래소 위원회에서 예고하지 않고 거래 규칙을 바꾸는 바람에

골치를 썩은 적이 두 번 더 있다. 하지만 그때 내 포지션은 매매기법 측면에서는 정확했으나 수익 측면에서는 커피거래만큼 그렇게 확실하지 못했다. 투기에서는 아무것도 단정해서는 안 된다. 이런 일을 경험하고 나서 투기 위험요소 목록에 예측할 수 없는 일을 하나 더 추가할 수 있었다.

커피 사건 이후에 다른 상품선물이 잘 풀리고 주식시장에서 매도 포지션으로 성공을 거두자, 뜬소문에 시달려야 했다. 월가 전문가들과 신문기자들은 가격이 폭락할 수밖에 없는 상황에서도 내가 끼어든 탓이라고 혐의를 씌우며 입버릇처럼 나를 비난했다. 내가 실제로 매도하건 안 하건 상관없이 나더러 애국심이 없다고 몰아세웠다. 주가가 움직일 때마다 일일이 원인을 알고 싶어 하는 대중의 끝없는 욕망을 채워주려고 내 거래 규모와 효과를 부풀리는 것 같았다.

수천 번 말하지만, 수작을 부려서 주가를 떨어뜨리더라도 하락세를 유지할 수는 없다. 여기에 이해하기 힘든 미스터리 같은 건 하나도 없다. 30초만 생각해보면 누구나 알 수 있을 만큼 이유는 분명하다. 어떤 투기자가 한 종목을 공략해서 주가가 실질 가치보다 아래로 떨어졌다면 무슨 일이 벌어지겠는가? 당장 내부에서 매수세가 왕성하게 일어난다. 주식의 가치를 아는 사람들은 주식이 낮은 가격에 팔리면 언제나 매수하려고 들기 때문이다. 내부자들이 매수할 수 없다면 시장 여건상 자금을 자유롭게 동원할 수 없기 때문이다. 시장 여건이 그렇다면 당연히 강세장이 아니다. 사람들은 매도 공세가 정당하지 못하며 범죄나 다름없다고 떠들어댄다. 주식을 실제 가치보다 낮은 수준으로 떨어뜨리는 공매도는 위험천만한 일이다. 하지만 이 점을 염두에 둬야 한다. 공세를 당한 주식이 반등에 실패한다면 내부 매수가 그다지 많지 않다는 뜻이다. 공세, 그러니까 부당한 공매도가 있었다면 내부에서 매수가 일어나기 마련이고 가격은 하락세에 머물지 않는다. 이른바 공세라고 부르는 거래 100건 중 99건은 하락하기에 마땅한 사례였다. 그 시점에 전문 트레이더가 작전을 펴서 하락하는 속도를 앞당길 수는 있어도, 큰손 혼자서 쥐고 흔들 수는 없다.

갑작스러운 주가 하락이나 특정 폭락 대부분은 일부 투기꾼이 작전을 펼친 탓이라고 둘러대는 논리는 생각이라곤 하나도 하지 않고 남 말만 믿으려 드는 맹목적인 도박꾼들에게 손쉽게 구실을 둘러대려고 지어낸 이야기다. 반면에 운이 나쁜 투기꾼들이 손실을 입으면 중개인과 금융권 호사가 들이 종종 공세 핑계를 대는데, 이런 이야기는 실제로 뒤집어봐야 하는 역정보다. 그 차이는 이렇다. 약세장 정보가 분명하면 공매도하라는 긍정적인 조언이지만, 역정보라면 아무것도 설명해주지 않기 때문에 현명한 공매도를 방해할 뿐이다. 주가가 터무니없이 하락하면 당연히 매도해야 한다. 알려지지 않았을 뿐 그럴 만한 이유가 있으므로, 시장에서 빠져나와야 한다. 하지만 조작 세력이 공세를 펴서 주가가 하락했다면 빠져나오는 것은 현명하지 못한 대처다. 공세가 멈추는 순간 주가가 반등하기 때문이다. 이렇게 역정보는 뒤집어봐야 한다!

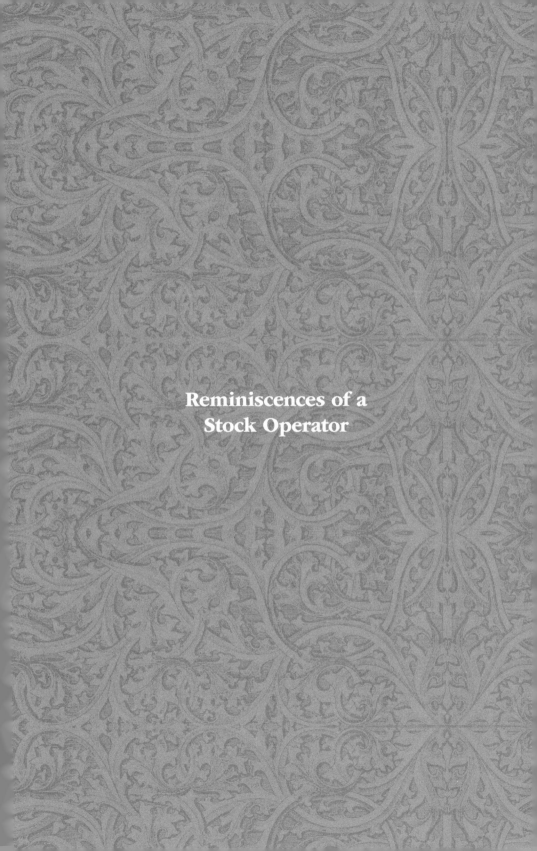

Reminiscences of a
Stock Operator

저명한 만화가,
로저스의 모자

비밀정보! 얼마나 바라 마지않는가! 사람들은 애타게 비밀정보를 받고 싶어 할뿐더러 간절히 주고 싶어 한다. 탐욕과 허영심이 얽혀 있어서다. 가끔 정말 현명한 사람들마저 비밀정보를 낚으려고 돌아다니는 모습을 보노라면 참 재미있다. 비밀정보 제공자는 정보의 질 때문에 망설일 필요가 없다. 비밀정보를 찾는 사람들이 좋은 정보든 아니든 가리지 않고 정보라면 무조건 낚아채기 때문이다. 그러다 결과가 좋으면 쾌재를 부르고, 그렇지 않으면 다음번에는 운이 따르겠지 한다. 여느 거래소의 평범한 고객들이 대개 그래 보인다. 그런가 하면 처음부터 끝까지 줄곧 비밀정보만을 신뢰하는 주식 기획자와 주가조작 세력이 있다. 그들은 비밀정보의 원활한 흐름이 한 단계 발전한 홍보활동, 세계 최고의 판촉 전략이라고 생각한다. 비밀정보를 찾는 사람이나 받는 사람이나 모두 변함없이 비밀정보를 전달하므로 끝없이 주고받는 홍보체계를 형성하게 된다. 비밀정보를 제공하는 주식 기획자들은 근사하게 전달하면 아무도 거부하지 못한다는 환상에 사로잡혀 예술적으로 비밀정보를 건네는 기술을 연구한다.

나도 온갖 사람들에게 수백 가지 비밀정보를 매일 건네 듣는다. 그중에 보르네오틴 이야기를 해볼까 한다. 이 회사 주식이 시장에 언제 처음 나왔는지 기억하는가? 활황세가 최고조에 이를 때였다. 주식 기획자 세력은 인수단에서 주식을 팔면 시간이 걸리기 때문에 명석한 은행가의 조언을 받아들여 이 신생 기업의 주식을 공개시장에서 팔기로 결정했다. 썩 현명한 조언이었다. 그런데 여기서 한 가지 실수를 저질렀는데 순전히 경험이 부족한 탓이었다. 활황세가 미친 듯 폭발할 때 시장이 무엇을 할 수 있는지 몰랐고, 유연하게 생각하지도 못했다. 기획자들은 주식을 매각하려면 가격을 올릴 필요가 있다고 합의하고는 트레이더와 투기 모험가 들이 불안감을 안고 매수해야 할 정도로 높은 가격에 거래를 시작했다.

원칙대로라면 주식 기획자들이 곤경에 처했어야 하는데 광란의 강세장에서는 그들의 탐욕마저도 보수적으로 보였다. 대중은 비밀정보가 그럴듯하게 나도는 주식이라면 뭐든 사들였다. 대중이 바라는 건 투자가 아니었다. 손쉽게 벌어들이는 돈, 확실하게 올리는 도박판 수익이었다. 전쟁물자를 대량으로 공급하는 나라로 올라서면서 엄청나게 많은 금이 미국으로 쏟아져 들어왔다. 들어보니 주식 기획자들은 보르네오틴 상장계획을 세우면서 대중에게 공식적인 첫 거래를 하기 전에 최초 매매가격을 세 차례나 상향 조정했다고 한다.

내게도 그 주식 기획자 세력이 함께 참여하자고 접근해와서, 그네들 계획을 자세히 살펴볼 수 있었다. 하지만 어떤 식으로든 시장을 조작해야 한다면 나 혼자 하고 싶었기에 제안을 받아들이지 않았다. 나는 직접 확보한 정보를 토대로 나만의 매매기법에 따라 거래한다. 보르네오틴 주식이 상장될 무렵에 이미 나는 그 세력이 보유한 자원과 향후 계획이 무엇이고 대중이 어떻게 움직일지 파악한 터라 상장 첫날 1시간 동안 1만 주를 매수했다. 적어도 그 정도면 시장에 성공적으로 데뷔한 셈이었다. 주식 기획자들은 활발한 매수세를 보고 주식을 빨리 대량으로 판매하는 건 실수라고 판단했다. 주가를 25에서 30포인트만 올려도 자기네들이 보유한 물량을 모조리 매도할 수 있겠다고 계산할 즈음에 내가 1만 주를 매수한 사실도 알아냈다. 이미 은행 계좌에 들어온 것이나 마찬가지인 몇백만 달러 수익에서 내가 매수한 1만 주의 수익을 떼어주자니 덩어리가 너무 크다고 생각했는지, 주가 띄우는 작전을 멈추고 나를 털어내려고 애를 썼다. 그러거나 말거나 나는 꼼짝도 하지 않았다. 결국 그들은 시장을 잃어버릴까봐서 나를 털어내려는 시도를 포기했다. 그뒤로는 다시 주가를 끌어올리기 시작했고, 부득이한 사정이 아니면 보유 물량을 시장에 내놓지 않았다.

주식 기획자들은 다른 주식들이 천정부지로 치솟는 광경을 보면서 수백억 달러 수익을 꿈꾸기 시작했다. 보르네오틴이 120까지 상승했을 때 나는 보유하던 1만 주를 그네들에게 넘겨줬다. 그 바람에 주가 상승세가 주춤했고 그 세력 담당자도 주가 상승 작전의 고삐를 풀었다. 그후 시장 전반이 다시 상승하자 그들은 거래가 왕성한 시장을 조성하려고 힘을 기울였고 그 과정에서 보유 물량을 꽤 처분하기도 했다. 하지만 판촉비용이 꽤 들어갔다. 마침내 보르네오틴이 150을 찍었지만 시장이 상승세를 유지하던 전성기는 지나갔다. 별수 없이 그들은 가격 조정을 거친 주식을 반기는 사람들에게 내리막길을 걷는 보르네오틴을 팔아야 했다. 한때 150에 거래되던 주식이 130이 되면 싼 편이고 120이 되면 염가라고 착각하는 사람들을 노린 전략이었다. 처음에는 잠깐이라도 시장을 조성할 수 있는 장내거래인들에게, 나중에는 거래소에 정보를 흘리며 매도 수완을 알려줬다. 티끌 모아 태산이라고 이렇게 갖가지 방법을 다 동원했다. 문제는 강세장이 이미 지나갔다는 것이었다. 호구들도 벌써 다른 주식으로 몰려간 뒤였다. 그런데도 보르네오틴 패거리는 그런 상황을 보지 못했다. 아니, 보지 않으려고 했다.

그즈음 나는 아내와 함께 팜비치에 내려가 있었다. 하루는 그리들리에서 돈을 좀 땄기에 집에 와서 아내에게 500달러짜리 지폐 한 장을 줬다. 그런데 아주 기막힌 우연이긴 하지만, 바로 그날 저녁 아내는 식사 자리에서 보르네오틴 사장인 비센슈타인을 만났다. 비센슈타인은 보르네오틴 주가 기획자 세력 관리자이기도 했다. 나중에야 안 사실이지만, 비센슈타인은 저녁식사 자리에서 아내 옆자리에 앉으려고 미리 손을 쓴 터였다.

비센슈타인은 아내에게 각별히 친근하게 굴며 유쾌하게 대화를 이어 나갔다. 그러다 마침내 아내에게 은밀하게 말했다.

"리빙스턴 부인, 저는 이런 적이 없는데 이번에는 꼭 해야겠습니다. 이런 말씀을 드리게 되어 기쁩니다. 제 말이 무슨 뜻인지 아시겠죠?" 비센슈타인은 말을 멈추고 아내가 현명하고 신중한 사람이라고 확신한다는 듯이 아내를 간절한 눈빛으로 바라보았다. 아내는 그의 얼굴에서 인쇄물에 찍힌 듯한 표정을 분명하게 읽었지만, 그저 이렇게 대답했다. "그럼요."

"그렇죠, 리빙스턴 부인. 부인과 남편 분을 만나서 무척 즐거웠습니다. 두 분을 자주 만나뵙고 싶군요. 이 말이 진심이라는 걸 증명하고 싶어요. 지금부터 드리는 말씀이 극비라는 점은 설명 안 해도 아시겠죠?" 그러고는 속삭이기 시작했다. "보르네오틴 주식을 매수하면 꽤 많은 돈을 버실 겁니다."

"그래요?" 아내가 물었다.

"제가 호텔을 나오기 직전에 전보로 받은 소식인데 적어도 며칠은 일반인들이 모를 겁니다. 저는 끌어모을 수 있는 대로 최대한 그 주식을 매수할 겁니다. 내일 장이 시작할 때 매수하시면 저와 같은 시간에 같은 가격으로 확보하실 수 있어요. 보르네오틴 주식은 확실히 상승합니다. 장담하죠. 부인에게만 말씀드리는 겁니다. 단연코 부인에게만요!"

아내는 고맙다고 인사하고서 주식투기라면 아무것도 모른다고 말했다. 하지만 비센슈타인은 자신이 해준 말 말고는 더 알 필요 없다고 딱 잘라 말한 뒤에 아내가 정확히 들었는지 확인하려고 같은 말을 반복했다.

"부인이 원하는 만큼 보르네오틴 주식을 매수하면 됩니다. 그렇게만 하면 단 한 푼도 손해 볼 일이 없습니다. 장담하죠. 내 평생 여자에게나 남자에게나 뭘 사라고 말한 적이 단 한 번도 없답니다. 하지만 저는 부인이 돈을 좀 많이 버셨으면 해서요. 보르네오틴이 200까지 멈추지 않고 상승한다고 확신하거든요. 아시다시피 제가 그 주식을 다 살 수는 없어서요. 저 말고 누군가 주가가 상승해서 수익을 얻는다면 낯선 사람보다는 부인이 낫죠. 당연히 낫고 말고요! 부인에게만 가만히 얘기하는 겁니다. 여기저기 말하고 다니실 분이 아니라는 걸 아니까요. 제 말 믿고, 리빙스턴 부인, 보르네오틴 주식을 매수하세요!"

비센슈타인은 매우 진지했고 아내에게 깊은 인상을 남기는 데 성공했다. 그래서 아내는 내가 그날 오후에 준 500달러를 제대로 활용할 방법을 찾았다고 생각했다. 내가 일해서 번 돈도 아니고 아내에게 주는 용돈도 아니었으니 운이 따라주지 않으면 날려도 상관없었다. 하지만 비센슈타인은 아내에게 확실하게 돈을 딸 수 있다고 장담했다. 아내는 직접 주식을 거래해서 돈을 벌면 근사할 테고 나중에 내게 자초지종을 말해주면 된다고 생각했다.

다음 날 아침 시장이 열리기 전에 아내는 하딩의 사무실에 가서 매니저에게 말했다.

"헤일리 씨, 주식을 좀 사고 싶은데요. 제 보통계좌는 쓰고 싶지 않아요. 제가 돈을 벌 때까지는 남편이 몰랐으면 좋겠거든요. 도와주실 수 있죠?"

매니저인 헤일리가 말했다. "그럼요, 물론이죠. 특별계좌로 해드리겠습니다. 어떤 주식을 얼마나 사시게요?"

아내는 500달러를 헤일리에게 건네주며 말했다. "할 말이 있어요. 이 돈보다 더 많이 잃고 싶지는 않아요. 만일 일이 잘못되더라도 여기에 빚을 질 생각은 없어요. 부탁이에요. 제 남편은 이 사실을 까맣게 몰랐으면 해요. 장이 시작되면 그 돈으로 보르네오틴 주식을 최대한 매수해주세요."

헤일리는 돈을 건네받고 아무에게도 말하지 않겠다고 약속한 다음 시초가에 보르네오틴 100주를 매수해주었다. 내 기억으로는 아마 108에 샀던 것 같다. 그날 보르네오틴은 활발하게 거래되었고 3포인트 상승한 가격에 마감했다. 아내는 성과를 내고서 무척 들떴고, 내게 입을 꾹 다물고 아무 말도 하지 않았다.

그때 나는 시장 전반이 하락할 거라고 슬슬 확신하고 있었다. 그런데 그날 보르네오틴 주식이 이상한 움직임을 보여서 관심이 갔다. 보르네오틴은 물론이고 어떤 종목도 상승할 때가 아니라고 생각했기 때문이다. 바로 그날 나는 약세 작전을 개시하기로 마음먹고 보르네오틴 주식 1만 주를 매도했다. 내가 그러지 않았다면 그 종목은 3포인트가 아닌 5에서 6포인트 정도 상승했을 것이다. 바로 이튿날에는 시초가에 2000주, 마감 직전에 2000주를 각각 추가로 매도했다. 주가는 102 아래로 떨어졌다.

셋째 날 아침, 하딩브러더스 팜비치 지점 매니저인 헤일리가 아내를 기다리고 있었다. 아내는 내가 일하고 있으면 보통 오전 11시쯤 한가로이 나타나서 객장을 쓱 둘러보곤 했다.

헤일리가 아내를 한쪽으로 데리고 가서 말했다. "리빙스턴 부인, 보르네오틴 주식 100주를 계속 보유하시려면 증거금을 추가로 입금하셔야 합니다."

"하지만 돈이 없어요." 아내가 대답했다.

"제가 보통계좌로 옮겨드릴 수 있습니다만." 헤일리가 제안했다.

"그건 안 돼요." 아내가 반대했다. "그러면 제 남편이 알 거예요."

"하지만 계좌에 이미 손실이 나고 있습니다."

"제가 분명히 500달러 이상은 잃고 싶지 않다고 얘기했잖아요. 사실은 그 500달러도 잃고 싶지 않았어요." 아내가 말했다.

"압니다, 리빙스턴 부인. 하지만 부인과 상의도 하지 않고 매도하고 싶지는 않았어요. 이제 그 주식을 보유할 생각이 아니라면 지금 정리하셔야 합니다."

"제가 매수한 날, 그날은 아주 좋았잖아요." 아내가 말을 이어갔다. "그래서 이렇게 빨리 하락할 줄은 몰랐어요. 안 그래요?"

"예. 저도 몰랐습니다." 헤일리가 대답했다. 거래소에서 일하려면 이렇게 재치 있게 받아줄 줄도 알아야 한다.

"도대체 뭐가 잘못된 거죠, 헤일리 씨?"

헤일리는 어떻게 된 일인지 알고 있었지만 내게 먼저 상의하지 않고 아내에게 알려줄 수는 없었다. 고객의 거래 내역은 신성하게 다뤄야 하기 때문에 헤일리는 이렇게만 말했다. "특별히 들은 얘기는 없어요. 저기 주가가 나오네요! 떨어지고 있어요!" 헤일리가 손으로 호가판을 가리켰다.

아내는 바닥으로 가라앉는 주식을 쳐다보며 훌쩍거렸다. "헤일리 씨! 제 돈 500달러를 잃고 싶지 않아요! 어떻게 하면 좋을까요?"

"저도 모르겠습니다, 리빙스턴 부인. 하지만 제가 부인이라면 리빙스턴 씨에게 물어보겠습니다."

"안 돼요! 그이는 제가 혼자서 투기하는 걸 좋아하지 않아요. 저한테 싫다고 말했거든요. 제가 부탁하면 남편이 대신 팔거나 사주겠죠. 하지만 그이 모르게 혼자 거래한 적은 없단 말이에요. 차마 말 못 하겠어요."

"괜찮을 겁니다." 헤일리가 달래듯 말했다. "리빙스턴 씨는 뛰어난 트레이더입니다. 어떻게 해야 할지 잘 아실 거예요." 아내가 격렬하게 고개를 가로젓자 헤일리가 마음 독하게 먹고 말했다. "보르네오틴 주식을 계속 보유하려면 1000에서 2000달러를 추가로 입금하셔야 합니다."

아내는 그 자리에서 곧바로 선택해야 했다. 지점 내부를 돌아다니다가 시장이 점점 더 약세를 보이자 호가판을 보며 앉아 있던 내게 다가와서 할 얘기가 있다고 말했다. 우리는 내 개인 사무실로 들어갔고 아내가 자초지종을 전부 털어놓았다. 나는 그저 아내에게 이렇게 말했다. "미련한 사람 같으니라고. 이 거래에서 그만 손을 떼요."

아내가 그러겠다고 약속했기에 나는 아내에게 다시 500달러를 주었고, 아내는 홀가분한 표정으로 나갔다. 그때 보르네오틴 주식은 액면가에 거래되고 있었다.

어떻게 된 일인지 짐작이 갔다. 비센슈타인은 영악한 인사였다. 아내에게 보르네오틴 주식 이야기를 하면 아내가 내게 말을 옮길 테고, 그러면 내가 그 주식을 들여다보리라고 계산했다. 내가 항상 활발하게 움직이는 주식에 관심을 둔다는 점도 알고 있었고, 거래 규모가 크다는 건 익히 알려진 사실이었다. 아마도 그 작자는 내가 1, 2만 주 정도 매수하리라고 생각했을 터이다.

그렇게 교활하게 포장해서 그럴듯하게 퍼트린 가짜정보는 여태 들어본 적이 없다. 하지만 그 계획은 빗나갔다. 아니, 빗나갈 수밖에 없었다. 아내는 그날 공돈 500달러가 생겼고 평소보다 훨씬 과감한 기분에 젖어 있었다. 혼자 힘으로 돈을 벌어보고 싶던 참인데 생각지도 않은 유혹이 다가오니 뿌리칠 수 없었다. 아내는 증권가 밖에 있는 사람이 주식투기 하는 걸 내가 어떻게 생각하는지 알고 있었기에 차마 내게 보르네오틴 주식 이야기를 하지 못했다. 비센슈타인은 아내의 이런 마음을 제대로 간파하지 못했다.

또한 내가 어떤 트레이더인지 꿰뚫어보지도 못했다. 나는 비밀정보에 귀 기울이지 않는 데다 시장 전체가 하락하리라고 보고 있었다. 비센슈타인은 보르네오틴 주식이 활발하게 거래되고 3포인트 상승하면 내가 매수하도록 유인하는 전략으로 충분하리라고 생각했겠지만, 나는 종목 전체를 매도할 작정이었기에 보르네오틴의 움직임을 보고 공매도의 첫 주자로 보르네오틴을 점찍었다.

그러던 차에 아내 이야기까지 듣고 나니 보르네오틴을 더욱이 공매도하고 싶어졌다. 매일 아침 개장 직후와 매일 오후 장 마감 직전에 그에게 따박따박 주식을 넘겨주다가, 마침내 기회를 잡아서 공매도 물량을 정리하고 수익을 쏠쏠하게 챙겼다.

늘 보면 비밀정보를 듣고 거래하는 것보다 한심한 짓도 없다. 나는 성격상 비밀정보를 받아먹게 생기질 않았다. 비밀정보에 혹하는 사람을 보면 가끔 술꾼 같다는 생각이 든다. 항상 술기운이 돌아야 행복하다고 여기며 술의 유혹을 이기지 못하는 사람들처럼 말이다. 귀를 열고 비밀정보를 드는 건 쉽다. 행복해지려면 무엇을 해야 하는지 정확히 일러주는데 그 방법이 따라 하기도 수월하다면, 행복 다음으로 기분 좋은 일일 터이다. 마음속 욕망을 실현하기 위해 한발 성큼 내딛는 셈이니까. 탐욕이 간절해서 눈이 멀었다기보다는 무엇 하나 생각하기 귀찮아서 희망으로만 똘똘 뭉친 모양새다.

일반 대중만 비밀정보에 중독된 게 아니다. 뉴욕증권거래소 객장에 있는 전문 트레이더 중에도 그런 사람을 심심찮게 찾아볼 수 있다. 나는 아무에게도 비밀정보를 주지 않기 때문에 사람들이 나를 숱하게 오해한다. 만일 내가 평범한 사람에게 "철강주 5000주를 공매도하세요!"라고 말하면 그는 당장 그렇게 할 것이다. 하지만 내가 전체 시장이 하락할 거라고 의견을 밝히면서 그 이유를 하나하나 설명하면, 그들은 내 말을 들으며 곤혹스러워한다. 그러고는 내 말이 끝나면 필요한 비밀정보를 콕 짚어주지 않고 시장 전체 상황만 구구절절 늘어놓아서 시간을 낭비했다고 나를 노려본다. 월가에는 친구, 지인, 하다못해 생판 모르는 사람들 주머니에도 수백만 달러를 넣어주려고 안달하는 박애주의자가 넘쳐나는데, 그런 사람들처럼 안 한다고 말이다.

모든 사람이 고이 간직해온 기적을 바라는 믿음은 도가 지나친 희망에서 나온다. 때만 되면 희망에 취해서 흐느적거리는 사람들이 있는데, 술고래처럼 고질적으로 희망에 절어 살기에 낙관론자의 본보기라고 할 만하다. 비밀정보를 받는 사람들은 정말로 하나같이 낙관론자들이다.

지인 중에 뉴욕증권거래소 회원이 있는데, 내가 절대로 비밀정보를 알려주지 않고 친구들도 판에 끼워주지 않는다고 나를 이기

적이고 냉정한 돼지라고 생각했다. 몇 해 전 어느 날 이 친구가 한 신문기자와 이야기를 나누었는데 기자가 괜찮은 소식통에게서 G. O. H. 주가가 상승할 거라는 이야기를 들었다고 무심코 말하더란다. 내 중개인이던 친구는 즉시 그 주식을 1000주 매수했다. 그런데 주가가 하락해서 3500달러 손해를 보고 손절매해야 했다. 하루인가 이틀 뒤에 친구는 그 신문기자를 다시 만났는데 여전히 속이 쓰려서 이렇게 불평했다.

"무슨 그런 쓰레기 같은 정보를 준 거야!"

"무슨 정보 말이야?" 신문기자는 기억을 못 하고 이렇게 물었다.

"G. O. H. 정보 있잖아. 괜찮은 소식통에게 들었다며."

"맞아, 그랬어. 그 회사 임원이고 금융위원회 위원인 사람이 나한테 그렇게 얘기했어."

"그 사람이 누군데?" 중개인 친구는 불만에 가득 차서 물었다.

"알고 싶다면 말해주지. 바로 자네 장인인 웨스트레이크 씨야." 신문기자가 대답했다.

"왜 그분이라고 진작 말하지 않았어?" 중개인이 소리쳤다. "자네 때문에 내가 3500달러를 손해 봤다고!" 중개인 친구는 가족이 주는 비밀정보를 믿지 않았다. 소식통이 멀리 떨어져 있을수록 비밀정보는 믿을 만하다.

노회한 웨스트레이크는 부유하고 성공한 은행가며 주식 기획자였다. 하루는 우연히 존 W. 게이츠를 만났는데 게이츠가 웨스트레이크에게 뭐 좀 아는 게 있는지 물었다. "자네가 정보대로 한다면 알려주지. 그렇게 안 한다면 말해봐야 뭐 하겠나." 웨스트레이크가 심술궂게 말했다.

"그야 정보대로 해야지." 게이츠가 신이 나서 약속했다.

"그럼 레딩 주식을 매도하게! 25포인트는 확실하고 아마 더 될 수도 있어. 적어도 25포인트는 확실해." 웨스트레이크가 장담했다.

"정말 고맙네." '100만 달러를 걸지'라는 말로 유명한 게이츠는 정감 있게 악수를 나누고 자기 중개인 사무소로 걸어갔다.

웨스트레이크는 레딩 철도회사를 훤히 꿰고 있었다. 레딩 철도회사 사정을 속속들이 알았고 내부자들과도 사이가 돈독해서 레딩 주식이라면 모르는 것이 하나도 없었다. 누구나 다 아는 사실이었다. 그런 웨스트레이크가 서부 출신 투기꾼 게이츠에게 레딩 주식을 공매도하라고 조언한 것이다.

그뒤로 레딩 주가가 거침없이 상승해서, 고작 몇 주만에 100포인트가량 급등했다. 어느 날 웨스트레이크가 증권가에서 우연히 게이츠와 마주쳤으나 못 본 척하고 지나쳤다. 게이츠가 그를 좇아가서 환하게 미소 지으며 손을 내밀었다. 웨스트레이크는 얼떨떨한 채로 악수를 나눴다.

"레딩 정보는 정말 고마웠네." 게이츠가 말했다.

"자네에게 비밀정보를 준 적이 없는데?" 웨스트레이크가 찡그리며 말했다.

"쥐놓고 무슨 소리야. 그것도 최고의 정보를 주었구먼. 자네 덕분에 내가 6만 달러를 벌었다네."

"6만 달러를 벌었다고?"

"그랬지! 기억 안 나? 나한테 레딩 주식을 매도하라고 했잖아. 그래서 샀지, 그 주식을! 자네가 준 비밀정보와 반대로 하면 언제나 돈을 번다니까." 게이츠가 유쾌하게 말했다. "늘 그래!"

웨스트레이크는 솔직한 서부 출신 게이츠를 쳐다보며 존경스럽다는 듯 이렇게 말했다. "게이츠, 자네 같은 머리만 있었어도 나는 갑부가 되었을 거야!"

얼마 전에 나는 월가 카툰을 그려서 중개인들에게 큰 인기를 끄는 유명한 만화가 W. A. 로저스를 만났다. 로저스는 《뉴욕 헤럴드》에 여러 해 동안 매일 만평을 연재해서 수많은 사람에게 재미를 선사했다. 그런 로저스가 내게 이런 이야기를 들려줬다. 미국과 스페인이 전쟁을 일으키기 직전에 중개인 친구와 저녁식사를 했다고 한다. 그때 로저스가 옷걸이에서 중절모를 집어 들었는데, 모양도 똑같고 머리에 꼭 맞아서 자기 모자인 줄 알았다.

그 무렵 월가는 어딜 가나 온통 미국과 스페인 전쟁 이야기뿐이었다. 전쟁이 일어날까, 아닐까? 전쟁이 터지면 주식시장은 하락할 것이다. 미국인도 주식을 팔겠지만 유럽인들이 보유한 지분을 정리하느라 물량 압박이 심해지기 때문이다. 전쟁이 일어나지 않는다면, 황색언론이 야단법석을 떠는 바람에 주가가 상당히 떨어졌을 테니 당연히 매수해야 한다. 로저스가 마저 들려준 이야기는 이랬다.

"전날 밤 중개인 친구 집에 같이 있었는데, 친구는 다음 날 거래소에 가서 시장 어느 쪽에 돈을 걸어야 할지 고민에 빠졌습니다. 이쪽저쪽 의견을 다 훑어봤는데, 무엇이 사실이고 무엇이 뜬소문인지 가려내기가 힘들었거든요. 길을 안내해줄 진짜배기 소식이 없었던 겁니다. 전쟁이 일어날 수밖에 없다고 생각하다가도 다음 순간

절대 그럴 리 없다고 단정했어요. 그렇게 애를 태우다가 열이 올랐는지 뜨거워진 이마를 닦으려고 모자를 벗었대요. 여전히 매수해야 할지 매도해야 할지 갈피를 못 잡고 있었죠. 그때 우연히 모자 안을 보았는데 금색 실로 '전쟁 W. A. Rogers'이라고 새겨져 있더랍니다. 친구는 그토록 바라던 예감에 사로잡혔습니다. 이 글씨야말로 내 모자를 빌려서 신이 내려준 계시 아니겠어? 하고요. 친구는 주식을 엄청스레 매도했고, 때마침 미국이 선전포고 하면서 시장이 폭락했습니다. 친구는 폭락장에서 포지션을 정리하고 떼돈을 벌었죠." 로저스는 이야기를 마무리하며 이렇게 말했다. "결국 내 모자는 돌려받지 못했답니다!"

하지만 내가 아는 비밀정보와 얽힌 일화 중 으뜸은 뉴욕증권거래소에서 인기를 끌었던 회원인 J. T. 후드의 이야기다. 어느 날 장내거래인인 버트 워커가 후드에게 이런 얘기를 했다. 자신이 애틀랜틱앤드서던의 핵심 임원에게 친절을 베풀었는데, 그 임원이 호의에 고맙다며 답례로 애틀랜틱앤드서던 물량을 최대한 매수하라는 정보를 줬다는 것이다. 이사회에서 주가를 적어도 25포인트는 끌어올릴 만한 사안을 의결할 예정인데, 모든 임원이 만장일치로 찬성하지는 않았지만 대다수가 틀림없이 바라는 대로 투표할 거라고 했단다.

버트 워커는 배당률이 오르겠구나 싶어서 친구인 후드에게 이야기했고, 두 사람은 각각 애틀랜틱앤드서던 주식을 2000주씩 매수했다. 그 주식은 두 사람이 매수하기 전이나 후나 무척 약세였다. 하지만 후드는 버트에게 정보를 준 임원의 주도로 내부자들이 물량을 수월하게 매집하려고 약세를 조장하는 것이 틀림없다고 버트에게 말했다.

다음 날 목요일 주식시장이 마감한 후에 애틀랜틱앤드서던 임원들이 만나 배당안을 부결시켰다. 그 바람에 금요일 아침 개장 후 6분 만에 그 회사 주가는 6포인트 하락했다.

버트 워커는 부아가 치밀어서 정보를 준 임원을 찾아갔다. 임원은 자신도 가슴을 친다며 매우 미안해했다. 버트에게 회사 주식을 사라고 말해놓고는 잊어버려서 이사회 다수파의 계획이 바뀌었다는 사실을 버트에게 전화를 넣어 알리지 못했다는 것이다. 임원은 양심의 가책을 느낀다며 버트에게 다른 비밀정보를 주겠다고 했다. 그러면서 이렇게 친절하게 설명했다. 동료 두 사람이 주식을 저가에 매수하려고 자신의 판단을 무시하고 비열한 수작을 부렸다. 자신은 표를 얻어야 해서 어쩔 수 없이 동의했다. 하지만 이제 저들이 필요한 물량을 모두 확보했기 때문에 주가 상승을 막을 걸림돌이 없으니 지금 애틀랜틱앤드서던 주식을 매수하면 아주 확실하게 돈을 벌 수 있다.

버트는 이 고귀하신 금융가를 용서했을 뿐만 아니라 따뜻하게 악수까지 나눴다. 그러고 나서 당연히 이 기쁜 소식을 함께 나누려고 같은 피해자인 친구 후드를 서둘러 찾아갔다. 떼돈을 벌 수 있는 기회였다. 이전에는 애틀랜틱앤드서던이 상승할 거라는 비밀정보만 듣고 매수했지만, 지금은 15포인트나 떨어졌으니 반전이 확실했다. 두 사람은 공동명의 계좌로 5000주를 매수했다.

그런데 두 사람이 출발신호를 울리기라도 한 것처럼 주가가 폭락했는데, 분명히 내부자가 매도한 탓이었다. 전문가인 두 사람은 자신들의 의심이 틀림없다고 확신했다. 후드가 보유 중이던 5000주를 모조리 정리하자 버트 워커가 이렇게 말했다.

"그 빌어먹을 작자가 그제 플로리다로 날아가지만 않았어도 흠씬 패줬을 텐데. 안 되겠어. 후드, 나랑 같이 가자."

"어디로 가자고?" 후드가 물었다.

"전신국. 그 사기꾼에게 절대 잊지 못할 전보를 하나 보내야겠어. 빨리 가자!"

후드는 버트의 뒤를 따라 전신국으로 갔다. 버트는 5000주를 거래했다가 상당한 손실을 입고 터져 나온 분노가 고스란히 전해지도록 온갖 욕설을 가득 적은 다음 후드에게 전보 내용을 읽어주고 마무리지었다.

"이만하면 내가 자기를 어떻게 생각하는지 대강 알겠지."

버트가 기다리고 있던 점원에게 쪽지를 건네주려고 하는데 후드가 말렸다.

"잠깐만, 버트!"

"왜 그러는데?"

"나라면 그 전보를 보내지 않겠어." 후드가 진지하게 조언했다.

"도대체 왜?" 버트가 으르렁거렸다.

"이 전보를 보면 그 망할 인간이 열 좀 받을 거야."

"그러라고 보내는 거잖아, 안 그래?" 버트가 놀라서 후드를 바라보았다.

하지만 후드는 탐탁찮은 듯 고개를 젓더니 진지하게 말했다. "만일 네가 그 전보를 보내면 다시는 그 사람한테서 비밀정보를 못 얻어!"

전문 트레이더도 실제로 이렇게 말할 정도이니 정보를 받는 호구들이야 말해 무엇하겠는가? 사람들이 멍청해 빠져서가 아니다. 내가 말했던 희망이라는 칵테일에 취해서 비밀정보를 받는다.

로스차일드 남작이 밝힌 돈 버는 비법은 무엇보다 투기에서 큰 힘을 발휘한다. 누군가 남작에게 증권거래소에서 돈 벌기가 어렵냐고 물었더니 남작은 그와 반대로 아주 쉽다고 대답했다.

"그야 남작님이 부자니까 그렇겠죠." 인터뷰 진행자가 반박했다.

"전혀 그렇지 않아요. 나는 쉬운 방법을 발견했고, 그 방법을 고수합니다. 돈을 벌 수밖에 없어요. 원한다면 내 비결을 알려주죠. 절대 바닥에서 매수하지 않고 언제나 너무 이르다 싶을 때 매도합니다."

투자자는 완전히 다른 부류의 사람들이다. 대부분이 재고자산, 기업 이익 통계치를 비롯한 온갖 수치 자료를 사실이자 확실한 것으로 믿고 열심히 파고든다. 인적 요소는 대개 최소화하며, 극소수만이 1인 기업의 주식을 매수한다. 내가 아는 현명한 투자자 한 명은 독일계 펜실베이니아 출신으로 월가에 와서 러셀 세이지와 활발히 교류했다.

뛰어난 연구자이기도 했던 이 사람은 지칠 줄 모르는 성격이었다. 직접 묻고 두 눈으로 확인해야 한다고 믿었다. 그런 만큼 다른 사람의 시각은 이 사람에게 쓸모가 없었다. 몇 년 전 일이다. 이 사람이 애치슨 주식을 꽤 많이 보유했던 모양이다. 그런데 애치슨 회사와 경영진을 둘러싼 심상찮은 소문이 들리기 시작했다. 사장인 라인하트가 비범한 인물이라는 평판을 얻고 있지만, 실은 사치스럽고 무모해서 회사를 궁지로 몰아넣고 있는 판이라. 불가피하게 심판의 날이 닥치면 대가를 톡톡히 치를 거라는 소문이었다. 이런 소식이 독일계 펜실베이니아 출신에게는 생명의 숨결과도 같았다. 그는 서둘러 보스턴으로 가서 라인하트에게 몇 가지 질문을 던졌다. 먼저 애치슨 토페카앤드산타페 사장인 라인하트에게 떠도는 소문을 그대로 전달하고 사실인지 물었다.

라인하트는 온갖 의혹을 단호히 부인했을 뿐만 아니라 악의에 찬 거짓말이라고 주장하며 수치를 들어 증명하려고 했다. 독일계 펜실베이니아 출신이 정확한 정보를 요구했더니 사장은 회사의 사업 부문과 재무 상황을 1센트 단위까지 자세하게 설명해주었다.

그는 라인하트 사장에게 고맙다고 인사하고 뉴욕으로 돌아와서 곧바로 애치슨 주식을 모조리 처분했다. 그러고는 일주일쯤 뒤에 예비 자금으로 델라웨어 래커와너앤드웨스턴 주식을 대량 매입했다.

몇 년 후에 운이 좋았던 종목 갈아타기 이야기를 나누는 자리에서 그는 자신의 경험을 들려줬다. 서둘러서 종목을 갈아탄 이유는 이렇게 설명했다.

"사실 라인하트 사장이 수치를 적으려고 마호가니 책상 서류정리함에서 편지지를 꺼낼 때 알아챘지. 편지지를 보니까 회사 이름과 주소를 두 가지 색으로 아름답게 새긴 두껍고 질 좋은 린넨 종이더라고. 그저 비싼 정도가 아니라 쓸데없이 비싼 종이였어. 라인하트 사장은 특정 부서에서 얼마를 벌어들이는지 정확히 보여주고 어떻게 비용을 절감하고 영업비용을 줄이는지 증명하려고 숫자 몇 개를 편지지에 적더군. 그러더니 그 비싼 종이를 구겨서 쓰레기통으로 던져버리는 거야. 또 얼마 있으니까 회사에서 도입한 비용 절감 방안을 소개해서 내게 깊은 인상을 심어주고 싶었는지 회사 이름과 주소를 두 가지 색으로 새긴 아름다운 종이를 새로 집어서 숫자 몇 개를 적고는 빙고! 쓰레기통 속으로 던져버리는 거야! 아무 생각 없이 많은 돈을 낭비하는 작태였네. 사장이 이런 사람이라면 비용을 절약하는 직원을 곁에 두지도 않을 테고 그런 직원에게 보상을 주지도 않겠구나 싶었지. 그래서 사장이 하는 말보다 경영진이 낭비가 심하다는 세간의 소문을 믿기로 하고 애치슨 주식을 팔아치웠다네.

그러고 나서 며칠 후에 델라웨어 래커와너앤드웨스턴D. L. & W을 방문할 일이 있었지. 노련한 샘 슬론이 사장이었네. 사장실이 건물 입구에서 가장 가까웠는데, 문이 활짝 열려 있더군. 늘 열어둔다더라고. 그때는 회사 사무실로 들어가는 길이면 누구나 회사 사장이 책상에 앉아 있는 모습을 볼 수밖에 없었지. 용건이 있으면 사장실로 들어가서 바로 사장과 함께 일을 처리했고 말이야. 경제부 기자들이 그러더라고. 샘 슬론과 이야기를 나눌 때는 말을 빙빙 돌릴 필요가 없어서 곧장 질문을 던지면 바로 '그렇다' '아니다' 대답을 들을 수 있었대. 다른 임원들이 주식시장의 긴급 사안으로 볼 만한 문제를 질문해도 마찬가지였다는군. 내가 사장실에 들어갔는데 그 어른이 분주하더라고. 처음에는 편지를 열어보는 줄 알았어. 그런데 안으로 들어가서 책상 가까이 가보니까 뭘 하는지 알겠더라고. 나중에 알았지만 매일 습관처럼 하는 일이래. 우편물을 분류해서 뜯어본 다음 빈 봉투를 버리지 않고 모아서 사장실로 가지고 오는 거지. 한가한 시간에 빈 봉투 네 모서리를 따라 자르는데, 그러면 한 쪽 면이 깨끗한 이면지가 두 장 생기지. 이 이면지를 모아두었다가 직원들에게 나누어주었대. 라인하트가 내게 보여주려고 회사 이름을 새긴 종이에 수치를 휘갈겼듯이, 메모지로 사용하라고 말야. 빈 봉투 하나 낭비하지 않고, 사장의 한가한 시간도 허투루 쓰지 않았지. 그야말로 모든 걸 다 활용했어.

D. L. & W 사장이 이런 사람이라면 회사의 모든 부서가 규모 있고 꼼꼼하게 운영되겠구나 싶더군. 사장이 그 정도니 말일세! 물론 정기적으로 배당금을 지급하고 자산 현황이 양호하다는 사실도 알고 있었지. 그래서 내가 할 수 있는 만큼 최대한 D. L. & W 주식을 사들였다네. 그뒤로 주식자본이 두 배로 느는가 싶더니 또 네 배로 뛰더군. 내가 받는 연간 배당금이 초기 투자금과 맞먹을 정도야. 나는 아직도 D. L. & W 주식을 보유하고 있네. 애치슨은 법정관리인 손에 넘어갔지. 사장이 자기가 사치스럽지 않다는 걸 내게 증명하려고 두 가지 색으로 회사 이름을 새긴 린넨 종이에 숫자를 휘갈기다가 구겨서 쓰레기통에 집어넣더니 몇 달 뒤에 그렇게 되더라니까.'

이 이야기의 묘미는 진정코 사실이라는 점, 그리고 독일계 펜실베이니아 출신이 어떤 주식을 매수하든 D. L. & W만큼 좋은 성과를 내기는 힘들었을 거라는 점이다.

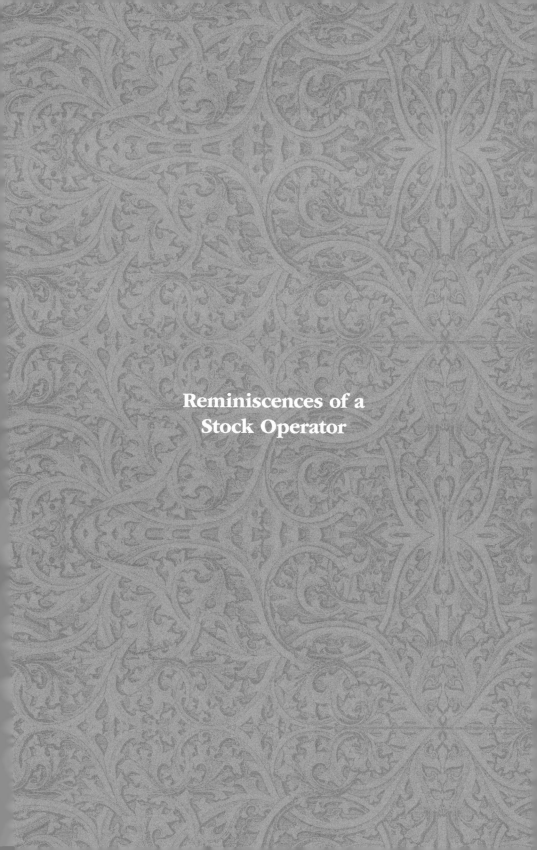

Reminiscences of a
Stock Operator

주도주의
탄생 과정

내 절친한 친구 하나는 내 예감이 기막히게 좋다고 떠들고 다닌다. 내게 분석마저 뛰어넘는 능력이 있다고 입이 닳도록 말한다. 친구는 내가 신비스러운 충동에 속절없이 사로잡혀 적절한 시기에 시장에서 빠져나간다고 단언한다. 그러면서 검은 고양이 이야기를 늘어놓았다. 내가 아침식사 자리에서 검은 고양이에게 보유한 주식을 처분하라는 조언을 들으면 주식을 다 팔 때까지 안절부절못했다는 얘기다. 나는 실제로 최고가에 주식을 매도하기도 했는데, 이를 본 고지식한 내 친구는 당연히 예감이론을 철석같이 믿었다.

나는 하원의원들을 만나러 워싱턴에 간 적이 있다. 우리에게 죽어라 세금을 물리는 건 현명하지 못한 처사라고 설득할 참이었는데, 그러느라 주식시장을 소홀히 했다. 그러다 뜬금없이 물량을 매도하겠다고 결정했으니 친구가 그런 이야기를 지어낼 만도 했다.

가끔 시장에서 무슨 일인가 해야 한다는 뿌리칠 수 없는 충동을 느낀다. 그럴 때면 보유한 포지션이 매수냐 매도냐는 중요하지 않다. 그저 시장에서 빠져나와야 한다. 그렇지 않으면 애가 탄다. 경고신호를 숱하게 보기 때문인가 싶기도 하지만, 내가 느닷없이 행동에 나설 이유가 될 만큼 충분히 뚜렷하고 강력한 경고신호는 없는 것 같다. 어쩌면 사람들이 말하는 이른바 '증권시세표 읽는 감각'이 전부일지도 모른다. 고참 트레이더들 말로는 제임스 킨과 이전 세대 트레이더들이 그런 감각을 월등히 발전시켰다고 하는데, 솔직히 고백하면 내가 포착한 경고신호는 타당했을 뿐만 아니라 시기도 분 단위까지 정확했다. 하지만 이번에는 예감이랄 게 없었다. 검은 고양이하고는 아무 상관없었다. 친구는 내가 그날 아침에 자고 일어날 때부터 삐딱했다고 말하는데, 왜 그랬는지 설명할 수 있을 것 같다. 내가 투덜거렸다면 실망감이 컸기 때문일 것이다. 하원의원들을 만나 면담했지만 설득하는 데 실패했다. 하원 위원회는 나하고는 다른 시각으로 월가 과세 문제를 바라봤다. 나는 주식거래에 매기는 세금을 저지하거나 회피하려는 게 아니었다. 그저 경험 많은 주식투기자로서 부당하지 않고 편협하지도 않다고 생각되는 과세 방안을 제안하려 했을 뿐이다. 제대로만 다루면 수없이 황금알을 낳을 수 있는 거위를 미국 정부가 죽이지 않기를 바랐다. 아마도 노력했는데 성과가 없어서 짜증이 난 데다 부당하게 세금을 물릴 이 사업의 전망이 암울했던 것 같다. 정확하게 무슨 일이 있었는지 이야기하자면 이렇다.

강세장이 시작할 무렵에 철강과 구리시장의 전망이 밝아 보여서 관련 주식들 또한 강세를 나타내겠다고 판단했다. 그래서 관련 주식 몇 종목을 매집하기 시작했다. 처음에는 유타코퍼 5000주를 매수했는데 움직임이 좋지 않아서 중단했다. 말하자면 매수하는 편이 현명하다 싶을 만큼 주가가 움직여줘야 하는데 그렇지 않았다. 주가는 114 부근이었던 것 같다. US철강도 엇비슷한 가격에 매수하기 시작했다. 주가 움직임이 좋아서 첫날 2만 주를 왕창 매수했다. 앞서 설명한 기법대로였다.

철강주 움직임이 내내 좋아서 계속 매집했더니 7만 2000주를 보유하게 됐다. 하지만 유타코퍼는 처음 매수한 물량 그대로였다. 결코 5000주를 넘어선 적이 없다. 주가 움직임을 보니 더 매수할 마음이 들지 않았다.

그후 무슨 일이 일어났는지 모두 알다시피, 엄청난 강세장이 밀어닥쳤다. 나도 시장이 상승하고 있는 걸 파악했고, 시장 전반의 여건도 좋았다. 주가가 급등했고 내 평가이익이 하품할 수준을 지났는데도 증권시세표는 나팔을 불어댔다. "아직은 아니야!" "아직은 아니야!" 내가 워싱턴에 도착했을 때도 증권시세표는 같은 말을 되풀이했다. 물론 시장의 강세가 여전하다고 판단했지만 뒤늦게 보유 물량을 늘릴 생각은 전혀 없었다. 시장은 선명하게 내 뜻대로 움직였고, 시장에서 탈출하라는 신호를 시시각각 기다리며 온종일 호가판 앞에 죽치고 앉아 있을 상황도 아니었다. 까맣게 예상치 못한 참사만 아니라면 퇴각 나팔을 낭랑하게 울리기 전에 시장은 멈칫거리거나 장세 반전에 대비할 시간을 준다. 그래서 태평스럽게 내 사업 일로 하원의원들과 면담하러 갔던 것이다.

주가는 계속 상승했고, 이는 곧 강세장의 종말이 점점 가까워진다는 의미였다. 나는 강세장이 끝나는 날짜를 정확하게 맞추려고 들지 않았다. 그건 내 능력 밖의 일이었다. 하지만 경고신호를 기다리며 시장을 지켜봤다는 말은 굳이 할 필요도 없다. 늘 그래왔기에 어느덧 몸에 밴 일 습관이다.

그날의 심정을 단언하지는 못한다. 아니, 그보다는 의심이 들었을 것이다. 주식을 팔아치우기 전날 치솟은 주가를 보면서 보유 물량은 물론이고 평가이익이 얼마나 많은지 생각했다. 나중에는 월가에서 공정하고 현명하게 거래할 수 있도록 도와 달라고 입법자들을 설득하려던 내 노력이 허망해졌다는 생각이 들었다. 아마도 이런 식으로 그때 내 마음에 씨앗이 뿌려졌고 잠재의식이 밤새도록 작용했을 터이다. 아침이 되어 시장을 생각하니 그날 시장이 어떻게 움직일지 궁금해졌다. 사무실에 가보니 주가는 여전히 오르고 있었고, 내 수익도 만족할 만한 수준이었다. 하지만 내 눈에 들어온 건 왕성한 소화력을 자랑하며 형성된 거대한 시장이었다. 그런 시장이라면 물량이 얼마나 되든 팔아치울 수 있었다. 물론 물량을 끌어모을 수 있는 대로 최대한 보유했다면 평가이익을 현금으로 바꿀 기회를 세심히 살펴야 한다. 그리고 그 과정에서 되도록 이익을 깎아먹지 않도록 애써야 한다. 내 경험에 비춰보면 평가이익을 현금으로 바꿀 기회는 언제고 찾을 수 있는데, 대개 장세 막바지에 다가온다. 이런 기회는 증권시세표 읽는 능력이나 예감으로 잡아내는 것이 아니다.

그날 아침, 보유한 주식을 별 탈 없이 모조리 처분할 수 있는 시장을 포착하고 곧바로 주식을 모두 매도했다. 주식을 처분할 때는 5만 주가 아닌 50주를 판다고 해서 덜 현명하지도 덜 대범하지도 않다. 하지만 움직임이 둔화된 시장에서 가격을 떨어뜨리지 않고 50주를 매도하는 일과 한 종목을 5만 주나 처리하는 과정은 전혀 다른 문제다. 나는 US철강을 7만 2000주 보유하고 있었다. 어마어마한 물량은 아닐지 몰라도 쏠쏠한 평가이익 일부를 잃지 않고 언제고 처분할 수 있는 규모는 아니었다. 은행에 안전하게 들어 있는 것이나 마찬가지라고 여기던 평가이익이 줄어들면 속이 쓰린다.

나는 총 150만 달러 수익을 올렸는데, 처분하기에 참으로 적절한 시기를 잘 잡은 덕분이었다. 하지만 수익 때문에 주식을 매도하길 잘했다고 생각한 건 아니었다. 시장이 내가 옳았다고 증명해주었기에 진정코 만족스러웠다. 보유했던 US철강 7만 2000주를 죄다 그날 고가이자 장세 최고가보다 평균적으로 1포인트 낮은 가격에 처분했다. 내 판단이 분 단위까지 정확했다는 증거였다. 하지만 같은 날 같은 시간에 유타코퍼 5000주도 처분했더니, 주가가 5포인트나 하락했다. 기억하겠지만, 나는 두 주식을 동시에 매수하기 시작했다. US철강은 2만 주부터 7만 2000주까지 현명하게 쌓아갔지만, 유타코퍼는 마찬가지로 현명하게 처음 5000주에서 물량을 더 늘리지 않았다. 더 일찍 유타코퍼를 처분하지 않은 이유는 구리 무역의 전망이 밝아 보였고 주식시장도 강세를 나타냈기 때문이다. 유타코퍼 주식으로 큰돈은 못 벌어도 속이 쓰릴 일은 없을 것 같았다. 예감 같은 건 들지 않았다.

주식 트레이더가 되려면 의학 교육과 비슷한 훈련을 거쳐야 한다.

의사는 오랫동안 해부학, 생리학, 약물학과 부수적 과목까지 10여 가지나 배워야 한다. 이렇게 이론을 습득한 뒤에야 의료 활동에 일생을 바칠 수 있다. 의사는 온갖 병리 현상을 관찰하고 분류하고 진단하는 방법을 배운다. 진단은 정확하게 관찰하기에 달렸지만, 진단을 정확하게 내렸다면 예후도 썩 괜찮아야 한다. 물론 인간은 실수할 수 있고 짐작도 못 한 일이 생길 수도 있기에 100퍼센트 적중하기는 불가능하다는 점을 항상 명심해야 한다. 의사는 경험이 쌓이면서 즉각적으로 적절하게 대처하는 법을 배운다. 그래서 많은 사람이 의사가 본능적으로 일한다고 생각하지만, 사실 이는 반사적으로 나오는 행동이 아니다. 오랜 기간 유사한 사례를 관찰한 결과를 토대로 진단하고, 진단을 내린 후에는 경험에 비추어 적절하다고 판단되는 치료법으로 진료하는 일련의 과정이다. 지식은 색인카드로 모아서 전달할 수 있지만 경험은 전수할 수 없다. 그래서 어떻게 해야 하는지 알면서도 발 빠르게 움직이지 못해 돈을 잃는다.

관찰력, 경험, 기억력, 수리력, 트레이더로 성공하려면 이런 요소에 매달려야 한다. 시장을 정확하게 관찰해야 하고, 관찰한 내용을 늘 기억해야 한다. 인간이 비합리적이라고 굳게 믿건 걸핏하면 뜻밖의 사건이 일어난다고 생각하건 어쨌건 합리적이지 않거나 난데없는 일에 돈을 걸 수는 없다. 언제나 확률에 걸어야 한다. 다시 말해 가능성을 예측하려고 노력해야 한다. 해를 거듭해 게임에 참여하고 꾸준히 분석하고 늘 기억하는 버릇을 들이다 보면 트레이더는 예상한 대로 일이 풀릴 때는 물론이고 예상치 못한 일이 닥쳐도 즉각 대처할 수 있다.

수학적 재능이 뛰어나고 관찰력이 정확해도 경험과 기억력이 없으면 투기에 실패한다. 의사가 발전하는 과학에 뒤처지지 않으려고 노력하듯이 현명한 트레이더는 끊임없이 시장 여건을 분석하고, 다양한 시장의 움직임에 영향을 미치거나 그럴 가능성이 있는 모든 방면의 발전 상황을 놓치지 않는다. 이렇게 몇 년간 게임을 하다 보면 정보를 내 것으로 받아들이는 습관이 생기고, 거의 반사적으로 행동하게 된다. 이처럼 귀중한 전문가의 태도를 갖추면 게임에서 이길 수 있다. 항상은 아니더라도 가끔은 그렇다! 아마추어 트레이더나 가끔 거래하는 트레이더와 전문 트레이더 사이에 드러나는 이런 차이는 아무리 강조해도 지나치지 않다. 예를 들면 나도 기억력과 수학적 재능이 큰 도움이 됐다. 월가는 수리력으로 돈을 번다. 말하자면 사실과 숫자를 다뤄서 돈을 버는 곳이다.

말했다시피 트레이더는 시시각각 새로운 정보를 받아들여야 하고 모든 시장의 온갖 흐름을 순전히 전문가의 태도로 마주해야 한다. 이렇게 얘기하는 이유는 예감이나 증권시세표 읽는 감각 같은 신비로운 능력이 성공과는 별 상관이 없다는 사실을 다시금 강조하고 싶어서다. 물론 노련한 트레이더는 이유를 일일이 따질 틈도 없이 재빠르게 행동한다. 그런데도 그렇게 행동한 이유를 들춰보면 하나같이 타당하고 적절하다. 수년간 전문가의 시각으로 바라보고 생각하고 일하면서 쌓아온 사실을 바탕으로 행동하기 때문이다. 이들은 수중에 들어오는 것이라면 뭐든 유용하게 활용한다. 그러면 이제 전문가의 태도를 보여주는 실례를 들어보겠다.

나는 언제나 상품선물시장을 꼼꼼히 들여다보는데, 이는 오래된 습관이다. 알다시피, 정부 보고서를 보면 겨울 밀 작황은 작년과 비슷하고 봄밀은 1921년보다 수확량이 많았다. 그렇다면 여건이 훨씬 좋아졌으니 예년보다 추수가 훨씬 빨라질 것이다. 나는 작황 수치를 받아보고 산출량 수익을 얼마나 기대할 수 있는지 계산해보았는데, 이건 수리력이다. 또한 석탄 광부, 철도 노동자 들의 파업을 동시에 떠올렸다. 항상 시장을 둘러싼 모든 움직임을 염두에 두기 때문에 저절로 두 파업 사태가 생각났다. 그러다 불현듯 파업 사태로 곳곳에서 화물 운송에 차질을 빚어 밀 가격이 불리하게 움직이겠다는 생각이 들었다. 그래서 나는 이렇게 계산했다. 파업으로 운송 시설이 제 기능을 하지 못하면 겨울 밀이 시장에 출하되는 시기가 늦어지고, 운송 사정이 나아질 무렵에는 봄밀이 출하될 준비를 마칠 것이다. 따라서 철도로 대량의 밀 수송이 가능해지면 늦어진 겨울 밀과 일찍 수확한 봄밀이 같이 출하되어 단번에 엄청난 밀이 시장에 쏟아져 나올 것이다. 여러 사실과 정황을 따져보면 이렇게 돌아갈 가능성이 뚜렷하기에 나처럼 수치와 정보를 파악하는 트레이더라면 당분간은 밀 강세를 점치지 않을 것이다. 따라서 밀 매수가 괜찮은 투자라는 판단이 설 만큼 밀 가격이 하락하지 않으면 밀을 매입하지 않는다. 시장에 매수세가 없으면 가격은 하락하기 마련이다. 이렇게 생각을 밟아오고 나서 내 판단이 옳은지 그른지 확인해야 했다. 팻 헌이 입버릇처럼 말했듯이 돈을 걸기 전에는 알 수 없으니까 말이다. 약세를 예측했으면 매도하는 데 낭비할 시간이 없다. 내 경험에 비춰보면 시장의 행보는 트레이더에게 훌륭한 안내자다. 마치 의사가 환자의 체온과 맥박을 재고 눈동자 색과

혀의 설태를 살피듯이, 트레이더는 시장의 움직임을 챙겨야 한다.

여느 때라면 가격변동폭 0.25센트 범위 안에서 밀선물을 매수하거나 매도할 수 있었다. 이날 시기가 적절한지 시장을 떠보려고 25만 부셸을 매도했더니 가격이 0.25센트 하락했다. 하지만 그 정도 반응으로는 내가 알고 싶은 내용을 충분히 파악할 수 없어서 25만 부셸을 더 매도했다. 그랬더니 찔끔찔끔 팔려나갔다. 다시 말해 1만 부셸이나 1만 5000부셸 단위로 소량씩 매수 주문이 들어왔는데, 평소라면 두세 번 만에 다 체결될 물량이었다. 게다가 내가 매도해서 가격이 1.25센트 하락했다. 내가 매도하는 밀 물량을 시장이 소화하는 역량과 내 매도로 크게 떨어지는 가격을 보니 굳이 따질 필요도 없이 시장에는 매수세가 없었다. 상황이 이렇다면 어떻게 해야 할까? 당연히 매도 물량을 늘려야 한다. 경험칙을 따르다 보면 때때로 우롱당할 수도 있지만, 경험칙을 외면하면 언제나 조롱거리가 된다. 그래서 200만 부셸을 매도했더니, 가격이 약간 더 하락했다. 며칠 후 시장 움직임을 보고 있자니 200만 부셸을 더 매도할 수밖에 없었고, 가격은 더욱 추락했다. 얼마 후 가격이 급락해 부셸당 6센트씩 하락했다. 하락세는 여기서 그치지 않았다. 잠깐 반등 장세가 출현하기도 했지만 하락세는 여전했다.

이때 나는 직감에 따라 거래한 것이 아니었다. 내게 비밀정보를 흘린 사람도 없었다. 상품선물시장을 전문가다운 태도로 들여다보는 내 습관이 내게 수익을 안겨주었다. 오랜 세월 이 일을 하다 보니 이런 태도가 몸에 뱄다. 주식거래를 일로 하는 까닭에 늘 연구한다. 내가 올바르게 가고 있다고 증권시세표가 말하는 순간 보유 포지션을 늘리는 것이 내가 할 일이다. 그래서 매도 물량을 늘렸다. 그뿐이다.

이 게임에서 경험은 꾸준히 배당금을 창출해주고, 관찰은 최고의 비밀정보를 제공한다. 때로는 특정 종목의 움직임만 관찰해도 된다. 그러다 보면 경험이 쌓여서 평소와는 다른 움직임, 그러니까 가능성이 보이는 흐름을 포착해서 수익을 올리는 방법을 알 수 있다. 예를 들면 모든 주식이 한꺼번에 한 방향으로 움직이지는 않지만, 같은 업종에 속한 주식이라면 강세장에서는 함께 상승하고 약세장에서는 함께 하락한다. 투기거래에서는 흔히 일어나는 일이다. 이런 현상은 본인이 나서서 구하기에 가장 쉬운 정보고 거래소도 잘 알고 있어서 직접 알아내지 못한 고객에게 일러주기도 한다. 말하자면 같은 업종 안에서 움직임이 뒤처지는 주식을 거래하라고 조언하는 것이다. 예를 들어 US철강이 상승하면 크루서블이나 리퍼블릭이나 베들레헴 주가가 뒤따라서 상승하는 건 시간문제라고 논리적으로 추론할 수 있다. 거래 여건과 전망이 동일 업종의 모든 주식에 엇비슷하게 작용하기에, 잘되면 혜택이 고루 돌아간다. 경험이 쌓이고 쌓여 입증된 이론에 따르면 쥐구멍에도 볕들 날이 있으므로 C, D 철강과 X, Y 철강이 상승하는 동안 A, B 철강이 동반 상승하지 않았다면 일반 대중은 A, B 철강을 살 것이다.

강세장이라도 강세장에서 마땅히 보여야 할 움직임을 나타내지 않는 주식은 절대로 매수하지 않는다. 가끔은 틀림없는 강세장이어서 주식을 매수했다가 같은 업종의 다른 주식들이 상승세를 보이지 않아서 해당 주식을 처분하기도 한다. 왜 그럴까? 경험에 비춰

보면 내가 뚜렷한 집단화 경향이라 부르는 현상을 거스르는 태도는 현명하지 못하기 때문이다. 확실한 거래만 기대할 수는 없다. 가능성을 믿고 예측해야 한다. 예전에 나이 지긋한 중개인이 내게 이런 말을 했다. "철도 선로를 따라 걷다가 맞은편에서 시속 60마일로 달려오는 기차를 봤다고 치세. 그러면 내가 계속 선로 위를 걷겠나? 당연히 옆으로 비켜나겠지. 그렇다고 내가 현명하고 신중하게 대처했다고 흐뭇해하지는 않아."

지난해 시장 전체가 한창 강세를 보일 때, 특정 업종에서 다른 종목은 죄다 시장 추세를 따라 상승하는데 한 종목만 다르게 움직이는 모습이 눈에 띄었다. 당시 나는 블랙우드모터스 주식을 상당량 보유하고 있었다. 블랙우드모터스의 사업 규모가 크다는 건 모두가 아는 사실이었다. 주가가 하루에 1에서 3포인트씩 상승하자, 대중이 점점 모여들었다. 당연히 블랙우드모터스가 속한 업종에 이목이 쏠렸고 다양한 자동차 산업 관련 주식이 일제히 상승하기 시작했다. 그런데도 끈질기게 버티는 주식이 하나 있었는데, 바로 체스터였다. 체스터만 다른 주식들에 뒤처져서 이내 사람들 입방아에 오르내렸다. 블랙우드모터스와 다른 자동차 관련 주식들이 활발하게 거래되며 강세를 나타내는데 체스터는 가격이 낮고 관심도 못 받아서 대조를 보였다. 일반 대중이 정보를 흘리며 속삭이는 사람들, 알은체하는 사람들 말에 솔깃할 만한 상황이었기에 체스터도 동일 업종의 다른 주식들을 따라 움직일 수밖에 없다는 추론을 듣고 사람들은 체스터도 매수하기 시작했다.

이렇게 적절히 일반 대중이 매수하는데도 체스터 주식은 하락했다. 같은 업종에 속한 블랙우드모터스가 돌풍을 일으키며 전체 시장의 상승을 이끄는 데다 차종에 상관없이 모든 자동차의 수요가 급증하고 출하량이 기록을 세웠다는 소식만 들리는 상황에서 사실 체스터의 주가를 끌어올리는 건 일도 아니었다.

체스터 내부자들이 강세장에서 으레 해야 할 일에 나서지 않는 것이 분명했다. 이유는 두 가지로 들 수 있다. 내부자들이 주가가 상승하기 전에 더 많은 물량을 확보하고 싶어서 주가를 끌어올리지 않을 수 있다. 하지만 체스터의 거래 규모와 양상을 분석해보면 이런 주장은 이치에 맞지 않았다. 또 다른 이유로는 내부자들이 주가를 끌어올리려고 시도했다가 주식에 발목이 잡힐까봐 두려워하는 것일 수 있다.

마땅히 사고 싶어 해야 할 사람들도 원하지 않는데 내가 그 주식을 가지고 있어야 할까? 다른 자동차 회사들이 아무리 호황을 누리더라도 체스터 주식을 공매도해야겠다고 판단했다. 같은 업종 선도주를 따라가지 않는 주식을 매수하려는 태도는 경계해야 한다고 경험이 가르쳐줬으니 말이다.

나는 내부자들이 주식을 매수하지 않을뿐더러 실은 매도한다는 사실을 쉽사리 눈치챌 수 있었다. 체스터 매수를 경고하는 다른 조짐들도 있었지만, 시장 추세와 어긋나는 행보만으로 충분했다. 이번에도 증권시세표가 정보를 귀띔해줘서 체스터를 공매도했다. 그로부터 며칠 지나지 않은 어느 날 체스터 주가가 폭락했다. 나중에 공식적으로 확인된 사실인데, 내부자들이 썩 좋지 않은 회사 사정을 익히 알고 실제로 자사 주식을 처분하고 있었다. 으레 그렇듯 주가가 급락한 뒤에야 원인이 밝혀졌지만, 경고신호는 폭락 전에 이미 나왔다. 나는 급락이 아닌 경고신호를 살핀다. 체스터에 무슨 문제가 있는지 몰랐고, 직감을 따르지도 않았다. 단지 무언가가 잘못되었다는 것만 알았다.

얼마 전에 신문에서 기아나골드의 깜짝 놀랄 만한 움직임을 보도했다. 장외시장에서 50에 거래되던 기아나골드 주식이 증권거래소에 상장되었는데, 35 부근에서 시작한 주가가 하락하기 시작하더니 마침내 20까지 곤두박칠쳤다.

사실 나는 충분히 예상한 일이었기에 주가 폭락이 그다지 놀랍지 않았다. 주변에 물어만 봐도 기아나골드 회사의 내력을 알 수 있었다. 그만큼 사정을 아는 사람이 수두룩했다. 전해 들은 얘기는 이렇다. 아주 유명한 자본가 여섯 명과 손꼽히는 은행 한 곳이 인수단*을 구성했다. 그중 한 명이 벨아일 익스플로레이션 대표였다. 벨아일 익스플로레이션은 기아나골드에 1000만 달러 넘는 현금을 융통해주고, 그 대가로 채권과 기아나골드 발행주식 100만 주 중 25만 주를 받았다. 배당금이 딸린 주식이었고, 이 사실도 널리 알려져 있었다. 벨아일은 보유 지분을 현금화하는 것이 좋겠다 싶어서 은행가들에게 25만 주를 거래할 수 있는 콜옵션을 발행했다.

---

* 발행증권을 인수하기 위해 구성하는 관계기업으로, 주식과 채권 같은 유가증권의 인수를 책임지는 회사들의 집합체. 인수단은 유가증권을 인수하는 업무에 공동으로 참여하고 공모 이후에 청약이 미달하면 인수할 책임을 진다. 주식이나 채권처럼 발행가격으로 인수한 유가증권은 자기 상품으로 떠안거나 일반 투자자에게 대출한다. ─역자 주

그러자 은행가들은 원래 지니고 있던 지분 일부와 콜옵션으로 받은 주식까지 매도하려고 했다. 여기서 시장조성*은 전문가에게 맡길 참이었는데, 전문가는 주식 25만 주를 36달러 넘는 가격에 매도해서 나오는 수익의 3분의 1을 수수료로 요구했다. 내가 듣기로는 계약서까지 다 작성해놓고 서명만 남겨둔 상태였는데, 마지막 순간에 은행가들이 직접 시장조성 작업에 나서서 수수료를 아끼기로 마음을 바꿨다. 그래서 내부자 연합을 조직했다. 은행가들은 행사가격이 36달러인 콜옵션을 25만 주 보유하고 있었는데, 41달러에 매도했다. 시작부터 내부자들이 은행가 동료들에게 주당 5포인트의 이익을 넘겨준 셈이었다. 내부자들이 이런 사실을 알았는지는 잘 모르겠다.

은행가들이 보기에는 아주 쉬운 작전이었던 게 틀림없다. 강세장이었고, 기아나골드가 속한 업종의 종목들이 시장 선도주였기 때문이다. 기아나골드는 큰 수익을 냈고, 정기적으로 배당금을 지급하고 있었다. 게다가 후원자들도 기품 있는 인물들이어서 일반 대중은 기아나골드를 장기간 보유해도 될 만한 투자주로 여기다시피 했다. 내가 듣기로는 약 40만 주가 일반 대중에게 팔리는 동안 주

---

* 증권시장에서 특정 주식의 주가가 일정한 수준을 유지하도록 조작하는 일. 새로 발행한 주식이 증권시장에 상장된 뒤에 수급 불균형으로 시가가 발행가를 밑돌거나 주가가 요동쳐서 정상 거래가 어려워지는 바람에 선의의 투자자가 손실을 보지 않도록 방지하는 데 목적이 있다. 주가가 발행가를 밑돌면 주식을 인수한 기관이 사들여서 주가를 올리고, 반대로 발행가를 웃돌면 주식을 매각해서 주가를 끌어내리는 식으로 발행가를 유지한다. 따라서 특정 주식의 주가를 안정적으로 유지하는 것보다 투자자 보호가 근본 목적이다. —역자 주

가가 47까지 상승했다고 한다.

금광 업종은 초강세였지만, 기아나골드는 곧 처지기 시작하더니 10포인트나 하락했다. 내부자들이 시장을 조성하고 있다면 그래도 괜찮았다. 하지만 곧 상황 전반이 만족스럽지 못하고, 자산 가치도 주식 기획자들의 높은 기대에 미치지 못한다는 소문이 월가에 돌았다. 자, 이제 주가가 하락한 이유가 밝혀졌다. 하지만 나는 이유가 드러나기 전에 경고신호를 포착하고 기아나골드를 시장에서 떠보는 작업에 들어갔다. 기아나골드는 체스터와 유사하게 움직였다. 기아나골드를 공매도했더니 주가가 하락했다. 더 많은 물량을 매도하자, 주가는 더욱 떨어졌다. 기아나골드는 비슷한 움직임을 보여서 내 기억에 남아 있는 다른 십여 개 종목과 체스터의 선례를 그대로 밟고 있었다. 증권시세표는 분명 무언가 잘못되었다고 말했다. 내부자가 주식을 매수하지 못하도록 가로막는 무언가가 있다고 귀띔했다. 강세장인데도 내부자들이 자사 주식을 매수하지 않을 때는 그럴 만한 이유가 있는 법이다. 사정을 모르는 외부인들만 매수하고 있었다. 한때 45보다 높게 매매되던 주식이 35 아래로 떨어지니 외부인들 눈에 저렴해 보였기 때문이다. 배당금도 여전히 지급되고 있었기에 완전 싼값이었다.

그러다가 소식이 들려왔다. 중요한 시장 뉴스가 으레 그렇듯이 대중에게 알려지기 전에 내게 먼저 들어왔다. 기아나골드가 보유한 광산에 값비싼 광석 대신 황량한 바위뿐이라는 보고였다. 이 소식은 내부자들이 일찌감치 주식을 매도한 이유를 확인해주었다. 나는 그 소식을 듣고 공매도한 것이 아니었다. 그보다 훨씬 전에 주가 움직임을 보고 공매도했다. 무슨 냉철한 철학이 있어서 기아나골드에 관심을 기울인 것이 아니었다. 트레이더로서 신호 하나, 곧 내부자 매수를 살펴봤다. 그런데 내부 매수가 하나도 없었다. 내부자들이 주가가 하락할 때 매수를 생각하지 않은 이유는 알 필요도 없었다. 내부자들이 추가 조작으로 주가를 끌어올리려는 시장 계획이 분명 없다는 점만으로도 충분했기에, 틀림없이 공매도해야 했다. 대중은 기아나골드를 50만 주 가까이 매수했다. 이제 주식의 주인이 바뀔 가능성은 하나밖에 없었다. 아무것도 모르는 외부인이 손절매하려고 매도하는 물량을 돈 좀 벌어보고 싶어서 아무것도 모르는 또 다른 외부인이 매수하는 거래뿐이었다.

나는 기아나골드를 매도해서 수익을 올렸는데 대중은 매수해서 손해를 봤다고 훈계할 요량으로 이런 이야기를 하는 게 아니다. 집단화 경향을 연구하는 작업이 얼마나 중요한지, 그리고 자금 규모가 크건 작건 자질이 부족한 트레이더들이 집단화 경향의 교훈을 얼마나 무시하는지 강조하고 싶었다. 증권시세표는 주식시장에서만 경고신호를 울리지 않는다. 상품선물시장에서도 요란하게 호루라기를 불어댄다.

나는 면화시장에서도 흥미로운 경험을 했다. 그때 주식시장이 하락하리라고 예측하고 적당한 물량을 공매도했다. 면화선물도 5만 베일 매도 포지션을 잡았다. 주식시장에서 수익이 나고 있어서 면화선물은 등한시했다. 그러다가 5만 베일에서 25만 달러를 손해 봤다는 사실을 처음 알아차렸다. 그래도 말했다시피 주식거래 하는 재미가 쏠쏠하고 또 잘되고 있었기에 관심을 다른 데로 돌리고 싶지 않았다. 면화선물이 생각날 때마다 이렇게 중얼거렸다. "조정까지 기다리다가 환매하면 돼." 면화선물 가격이 소폭 하락해서 손절매를 결심하려다 보면 다시 상승해서 이전보다 더욱 올라갔다. 그래서 좀 더 기다리자고 마음먹고 주식거래로 돌아와 온통 주식에만 마음을 쏟았다. 마침내 주식시장에서 상당한 수익을 실현하고 포지션을 정리한 다음 쉬기도 하고 휴가도 즐길 겸 핫스프링스로 갔다.

그제서야 비로소 면화선물에서 발생한 손실 문제를 처리할 마음의 여유가 생겼다. 면화거래는 내게 불리하게 돌아갔다. 내가 돈을 딸 것처럼 보일 때도 있었다. 면화시장을 살펴보니 누군가 대규모로 매도할 때마다 큰 폭으로 조정받고 있었다. 하지만 곧바로 가격이 반등해서 신고가를 경신했다.

핫스프링스에서 며칠을 보냈을 무렵, 마침내 손실이 100만 달러에 이르렀고 면화선물 상승세는 꺾일 기미가 보이지 않았다. 나는 내가 한 일과 하지 않은 일을 되짚어보고 이렇게 중얼거렸다. "내가 틀렸던 거야!" 나는 판단이 틀렸다 싶으면 즉각 시장에서 빠져나온다. 그래서 100만 달러가량 손실을 내고 포지션을 정리했다.

이튿날 아침 골프를 치면서 딴생각은 아예 하지 않았다. 면화선물을 거래했지만 잘못 짚어서 대가를 치르고 영수증까지 주머니에 챙겨 넣은 참이다. 이제 면화시장일랑 신경 쓰지 않았다. 점심을 먹으려고 호텔로 돌아가다가 거래소에 들러 호가판을 훑어보았다. 면화선물 가격이 50포인트 하락해 있었지만 대수롭지 않은 일이었다. 그런데 특정 매도 압박이 사라지면 곧바로 반등하던 움직임이 몇 주 동안 습관처럼 나타났었는데, 그런 반등이 없었다. 그렇다면 최소저항선이 상승했다는 뜻이다. 그런 조짐에 눈을 감아버려서 100만 달러를 까먹었다.

기운차게 재깍 나타나던 반등이 사라졌으니 내가 큰 손실을 입고 환매한 이유도 사라졌다. 그래서 1만 베일을 매도하고 기다렸다. 곧바로 가격이 50포인트 하락했다. 조금 더 기다려봤는데 반등은 없었다. 때 맞춰 몹시 허기지기에 식당에 들어가 점심을 주문했다. 하지만 직원이 음식을 가져오기도 전에 나는 벌떡 일어나 거래소로 달려갔다. 반등이 없다는 것을 확인하고는 1만 베일을 추가로 공매도했다. 조금 더 기다렸더니 가격이 40포인트 더 하락하는 즐거움이 찾아들었다. 내가 제대로 거래했다는 증거였기에 식당으로 돌아가 점심을 먹고 다시 거래소로 갔다. 그날 내내 면화선물에는 반등이 나타나지 않았다. 그날 밤 나는 핫스프링스를 떠났다.

골프 치는 재미가 쏠쏠했지만, 면화선물을 공매도하고 환매하는 시기를 잘못 짚었다. 그래서 매매를 다시 시작해야 했고, 그러려면 편하게 거래할 수 있는 곳에 있어야 했다. 처음 1만 베일을 공매도하고 시장 반응을 본 다음 두 번째로 1만 베일을 공매도했다. 두 번째 공매도로 시장 반응을 살피고 나서 내 차례가 되었다고 확신했다. 시장 움직임이 달랐기 때문이다.

워싱턴에 도착해서 오랜 친구인 터커가 책임자로 있는 거래소로 갔다. 그곳에 있는 사이 가격은 더욱 하락했다. 이전에는 내가 틀렸다고 인정했지만 이번에는 내 판단이 옳다고 자신 있게 확신할 수 있었다. 그래서 4만 베일을 공매도했고, 가격은 75포인트 하락했다. 그렇다면 가격을 떠받치는 세력이 없다는 뜻이었다. 그날 밤 시장은 더욱 하락하며 마감했다. 이전 매수세는 분명히 사라졌다. 매수세가 어느 선에서 다시 살아날지 알 수 없지만, 내가 포지션을 제대로 잡았다는 확신이 들었다. 다음 날 아침 자동차를 몰고 워싱턴을 떠나 뉴욕으로 갔다. 서두를 필요가 없었다.

필라델피아에 도착해서 곧장 중개인 사무실로 차를 몰았다. 가서 보니 면화선물시장이 엉망이었다. 가격이 폭락해서 약하게나마 공황에 빠져 있었다. 뉴욕에 도착할 때까지 기다리지 않고 중개인에게 장거리 전화를 걸어 공매도 물량을 환매했다. 거래 내역서를 확인해보니 이전 거래에서 본 손실을 모두 만회했다. 이제 시세를 보려고 도중에 멈출 필요가 없어서 곧장 뉴욕으로 차를 몰았다.

핫스프링스에서 함께 지냈던 친구 몇몇은 내가 점심을 먹으려다 말고 벌떡 일어나 두 번째 1만 베일을 주문하러 뛰쳐나간 일을 지금도 이야기한다. 다시 말하지만, 예감이 들어서 그렇게 한 것이 아니었다. 이전에는 큰 실수를 했지만 이번에는 공매도할 시기가 왔다는 확신이 서서 자극을 받았다. 내게 다가온 기회를 잡아야 했다. 어쩌면 잠재의식이 작용해서 그런 결론에 가닿았는지도 모르겠다. 워싱턴에서 내린 매도 결정은 내가 관찰한 결과였다. 거래를 하며 경험을 쌓은 내 지난날들이 최소저항선이 하락했다고 일러줬다.

면화선물시장에 100만 달러를 빼앗겼다고 억울해하지도 않았고 그런 실수를 저질렀다고 자책하지도 않았다. 마찬가지로 필라델피아에서 손실을 만회했다고 우쭐하지도 않았다. 거래할 때는 거래에서 나타나는 문제점에만 모든 신경을 쏟는다. 내 경험과 기억력 덕분에 첫 번째 손실을 만회할 수 있었다.

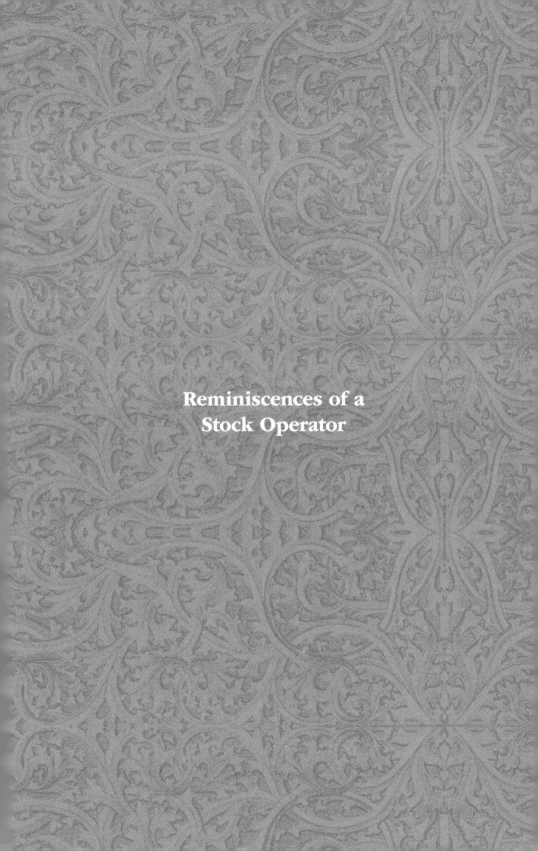

Reminiscences of a
Stock Operator

내부거래자들을
혼내다

월가에서는 언제나 역사가 되풀이된다. 스트래턴이 옥수수선물을 매집했을 당시에 내가 매도 포지션을 정리했던 일을 기억하는가? 그때 짜낸 전략을 주식시장에서도 써먹은 적이 있다. 종목은 트로피컬트레이딩TT이었다. 이 주식을 사거니 팔거니 하면서 돈을 벌었다. 트로피컬트레이딩은 늘 거래가 활발해서 모험심 강한 트레이더들에게 인기를 끄는 종목이었다. 신문에서는 회사 내부자 집단이 장기 투자를 유도하지 않고 주가 변동에만 신경을 쓴다고 비판했다. 언젠가 내가 아는 유능하기로 손꼽히는 중개인이 이런 말을 했다. 이리 철도회사의 대니얼 드루나 슈거의 해브마이어도 TT의 멀리건 사장 패거리가 주식시장을 조성하려고 개발해낸 그 완벽한 수법은 따라잡지 못한다고 말이다. 멀리건 사장 패거리는 약세론자들에게 TT 주식을 공매도하라고 수차례 부추기고는 인정사정없이 공매도 쥐어짜기에 들어갔다. 여기에는 유압 프레스로 찍어 누를 때처럼 무슨 억하심정이 있지도 않았고 소음도 없었다.

물론 TT 주식을 둘러싸고 시장에서 '불미스러운 사건'이 있었다고 쑤군대는 사람들이 있었다. 굳이 말하자면 이렇게 비난하는 사람들은 공매도 쥐어짜기에 걸려들어 본 이들이다. 그렇다면 거래소 장내거래인들은 내부자들의 교활한 수법에 그렇게 수차례 당하면서도 왜 계속 그 게임에 뛰어드는 걸까? 우선 장내거래인들은 활발한 움직임을 반기는데 TT는 확실히 생기가 있었다. 둔해져서 늘어지는 법이 없었다. 그러니 이유를 묻거나 설명할 필요도 없었다. 시간을 낭비하지 않아도 되었고, 비밀정보대로 움직이려고 기다리느라 애써 참지 않아도 되었다. 차주잔고가 많아서 희소가치가 생길 때를 제외하고는 언제나 물량이 충분했다. 순진하게 주식거래에 걸려들 호구는 쎄고 쎘다!

얼마 전 늘 하던 대로 플로리다에서 겨울 휴가를 보내고 있을 때였다. 신문 뭉치를 받아볼 때 말고는 시장일랑 까맣게 잊고 한껏 낚시를 즐기고 있었다. 그러던 어느 날 아침 일주일에 두 번 배달되는 우편물이 도착했는데, 증권시세표를 훑어보니 TT가 155에 팔리고 있었다. 내가 마지막으로 증권시세표를 봤을 때는 140 부근이었다. 시장이 약세로 진입하겠다고 판단하던 참이라 공매도할 시기를 가늠하고 있었다. 하지만 와락 달려들 필요가 없어서 증권시세 단말기의 속삭임이 들리지 않는 곳에서 낚시에 빠져 있었다. 진정한 때가 오면 집으로 돌아갈 생각이었다. 그동안 내가 벌인 일도 하지 않은 일도 없으니 서두를 필요가 하나도 없었다.

그날 아침에 도착한 신문을 보니 TT의 주가 움직임이 남달랐다. 전체 종목이 무기력한 판인데 TT 주가를 끌어올리려고 내부자들이 터무니없는 짓을 한다는 생각이 들어 나는 약세론을 확실하게 굳혔다. 주가조작도 중단해야 할 때가 있다. 트레이더가 계산한 비정상적인 움직임이 바람직한 요소였던 적은 여간해서 없기에, 주가를 띄우려는 수작은 큰 실수로 보였다. 그렇게 엄청난 실수를 저지르고도 무사할 사람은 아무도 없다. 주식시장에서도 마찬가지다.

신문을 다 읽고 다시 낚시를 하러 갔지만, 머릿속에서는 TT 내부자들이 도대체 무슨 속셈일까 하는 생각이 떠나지 않았다. 20층짜리 건물 옥상에서 낙하산도 없이 뛰어내리면 보나 마나 끝장나듯이 TT 내부자들도 실패할 게 뻔했다. 딴생각은 도저히 할 수 없어서 결국 낚시를 접고 중개인들에게 TT 2000주를 시장가로 공매도하라고 전보를 보냈다. 그러고 나서야 다시 낚시를 할 수 있었고, 제법 잘됐다.

그날 오후에 중개인들이 속달로 보낸 회신을 건네받았다. 2000주를 153에 팔았다는 내용이었다. 거기까지는 괜찮았다. 하락장에서 공매도했고, 마땅히 그렇게 해야 할 일이었다. 하지만 낚시가 손에 잡히지 않았다. 호가판에서 너무 멀리 떨어져 있었다. TT 주가가 내부 주가조작으로 상승하지 않고 나머지 종목들과 함께 하락해야 하는 이유를 곱씹다 보니 그런 생각이 들었다. 그래서 낚시캠프를 정리하고 팜비치로 돌아갔다. 아니, 뉴욕과 직통전화가 연결된 곳으로 돌아갔다는 표현이 더 정확할 것이다.

팜비치에 도착해서 살펴보니 내부자들이 상황을 잘못 판단하고 여전히 애쓰고 있길래 두 번째로 TT 2000주를 넘겨주었다. 체결 내역서를 받아보고 다시 추가로 2000주를 공매도했다. 시장의 움직임은 아주 좋았다. 그러니까 내가 공매도할 때마다 주가가 하락했다. 모든 일이 만족스러워서, 나는 밖으로 나와 관광객용 마차에 올라앉았다. 그런데 뭔가 개운하지 않았다. 생각할수록 꺼림칙해서 더 팔걸 그랬나 하는 생각이 들었다. 결국 중개인 사무실로 돌아가서 2000주를 더 공매도했다.

그러고 나니 속이 시원했다. 곧 공매도 물량이 총 1만 주가 되었을 때 뉴욕으로 돌아가기로 결심했다. 이제 해야 할 일이 있었다. 낚시는 다음에 해도 되었다.

뉴욕에 도착해서 TT의 사업 현황과 전망을 살펴보려고 자료를 조사했다. 시장 전반의 분위기나 기업 수익을 고려할 때 그런 주가 상승은 얼토당토않은 일이었다. 그런데도 내부자들은 주가를 대폭 끌어올리려고 드니 무모하다 못해 형편없었다. 나는 확신을 더욱 굳혔다.

이렇게 주가 상승이 이치에도 안 맞고 시기와도 어울리지 않는데 아무 의심 없이 끌려 들어오는 사람들이 있었고, 여기에 내부자들은 힘을 얻어 현명하지 못한 수법을 쭉 밀고 나갔다. 나는 주식을 추가로 공매도했다. 그러다 마침내 내부자들이 한심한 짓을 접었다. 나는 내 매매기법대로 거듭해서 시장을 시험해보았고, TT 주식 공매도 물량은 3만 주에 이르렀다. 그때 주가가 133이었다.

나는 사람들에게 경고도 들었다. TT 내부자들이 월가에 돌아다니는 모든 주식의 행방을 정확히 파악하고 있고 차주잔고가 얼마나 되는지 같은 작전상 중요한 사실을 훤히 들여다보고 있다고 했다. TT 내부자들은 유능하고 약삭빠른 트레이더들이었다. 내게 들리는 이런저런 얘기를 다 종합해보면 내부자들에게 맞서는 건 위험천만한 일이었다. 하지만 사실은 어디까지나 사실이고 내 가장 든든한 동맹군은 시장 여건이었다.

주가가 153에서 133으로 하락하는 동안 차주잔고는 증가했고 조정 국면에 매수한 일반 대중은 언제나처럼 이렇게 한마디씩 했다. TT 주식은 153보다 높게 매수해도 괜찮은 편인데, 지금은 20포인트나 떨어졌으니 매수 조건이 훨씬 좋아졌다고 말이다. 같은 주식인데 배당률도 같고 운영진도 같고 회사도 같고. 그야말로 엄청난 저가 아닌가!

일반 대중이 매수해서 유동 물량이 줄어들자, 많은 장내거래인이 공매도에 나선 사실을 알고 있던 내부자들은 공매도를 쥐어짜기에 알맞은 시기라고 생각했다. 때마침 주가도 150까지 반등했다. 포지션을 정리하는 사람이 속출했으나 나는 꿈쩍도 하지 않았다. 내가 왜 그래야 하는가? 공매도 물량 3만 주를 아직 거두어들이지 않았다는 사실을 내부자들이 알 수도 있겠지만 그렇다고 내가 왜 움츠러들어야 하는가? 153에서 시작한 공매도를 133까지 떨어지는 동안 계속 끌고 온 데는 다 이유가 있었다. 그런데 그 이유가 사라지기는커녕 더욱 막강해졌다. 내부자들은 내가 공매도한 주식을 처분하도록 만들고 싶었겠지만, 나를 설득할 만한 근거를 내놓지 못했다. 시장의 기본 여건이 내 편에 서서 싸우고 있었다. 그래서 겁먹지 않고 버티는 건 어렵지 않았다. 투기자는 자기 자신과 자신의 판단을 믿어야 한다. 뉴욕면화거래소 이사장을 지냈고 《예술로서의 투기와 삶에 관한 단상들》의 저자로 유명한 딕슨 G. 와츠는 이렇게 말했다. 투기자에게 용기란 그저 자신이 결정한 대로 행동할 수 있는 자신감이라고. 나는 틀렸다고 판명 나기 전에는 결코 내 판단이 틀렸다고 생각하지 않기 때문에 틀렸을까봐 겁을 내지 않는다. 사실 내 경험을 자산으로 활용하지 못하면 마음이 불안하다. 특정 시기의 시장 흐름만 보고 꼭 내 판단이 빗나갔다고 할 수는 없다. 내가 시장에서 잡은 포지션이 옳은지 그른지는 상승세나 하락세의 특성에 따라 판가름 난다. 그 특성을 파악할 수 있는 지식이 있으면 성공할 수 있다. 내가 망한다면 어리석은 내 실수 탓이다.

TT 주가가 133에서 150까지 반등하는 동안 내가 화들짝 놀라서 재깍 포지션을 정리할 만한 특성이 전혀 나타나지 않았다. 도리어 예측한 대로 주가가 다시 하락하기 시작했다. 140 아래로 내려가자 내부자 집단이 주가를 떠받치기 시작했다. 내부자들이 매수에 나서면서 TT 주식을 둘러싸고 상승 기류가 있다는 소문이 돌았다. TT가 놀라운 실적을 기록하고 있어서 정기 배당률이 오를 거라는 소문이었다. 또한 차주잔고가 어마어마하게 많아서 세기의 공매도 쥐어짜기가 나타나면 대체로 약세론자들이 큰 타격을 입을 거라고도 했다. 도가 지나치게 버틴 트레이너 누구는 특히 더할 거라면서 말이다. TT 내부자들이 주가를 10포인트 끌어올리는 동안 내가 들은 이야기는 다 옳을 수도 없을 지경이었다.

TT 내부자들의 주가조작이 특별히 위험해 보이지는 않았다. 하지만 주가가 149를 찍자 떠돌아다니는 온갖 주가 상승 소문을 월가에서 사실인 양 받아들이도록 놔두는 건 현명하지 못한 처사 같았다. 물론 나라고 해서 다른 외부자들처럼 공매도하고 겁에 질린 사람이나 흘러 다니는 비밀정보를 믿고 거래하는 귀 얇은 거래소 고객을 그럴듯하게 설득해낼 재간은 없다. 가장 효과적으로 점잖게 응수하는 방법은 증권시세표에 찍히는 주가를 보여주는 것뿐이다. 3만 주를 공매도한 사람의 말은커녕 살아 있는 사람 누구의 말도 듣지 않는 사람들이 증권시세표는 믿을 테니까. 그래서 나는 스트래턴이 옥수수선물을 매집했을 때 내가 귀리선물을 매도해서 트레이더들이 옥수수선물을 내다 팔도록 유도한 그 수법을 동원했다. 이번에도 경험과 기억력이 제 역할을 했다.

내부자들이 공매도한 사람들을 겁주려고 TT 주가를 끌어올렸을 때, 나는 주식을 매도해서 주가 상승세를 막아서려고 하지 않았다. 이미 공매도 물량이 3만 주에 달해서, 이만하면 공매도하기에 적절하다 싶을 만큼 유통 물량에서 차지하는 비중이 컸기 때문이다. 나를 잡으려고 쳐놓은 올가미에 머리를 밀어 넣을 생각은 추호도 없었다. 정말이지 두 번째 반등은 내부자들이 다급하게 던지는 미끼와 같았다. TT 주가가 149를 찍었을 때 나는 이쿼토리얼커머셜 주식 1만 주가량을 공매도했다. 이 회사는 TT 지분을 대량으로 보유하고 있었다.

이쿼토리얼커머셜은 TT처럼 거래가 활발한 주식은 아니었기에, 예상했던 대로 내가 공매도하자 주가가 급락했다. 이렇게 나는 목적을 달성했다. 일반 트레이더들과 TT 주가가 상승할 거라는 소문만 들었던 거래소 고객들은 TT 주가가 상승하는 동시에 이쿼토리얼커머셜에서 대규모 매도 물량이 쏟아지면서 급락하는 광경을 보고, 자연스럽게 TT의 강세가 연막일 뿐이었다고 결론 지었다. 다시 말해 TT 지분을 가장 많이 보유한 이쿼토리얼커머셜에서 내부 지분을 수월하게 정리하려고 조작해서 주가를 끌어올렸다고 생각했다. 외부자라면 TT가 초강세인 상황에서 이쿼토리얼커머셜을 대량으로 공매도하는 일은 꿈도 못 꿀 터이기에, 분명 내부자가 보유하던 물량을 매도했으리라고 짐작했다. 결국 사람들은 TT를 매도했고, TT 상승세가 가로막혔다. TT 내부자들은 당연히 쏟아지는 매도 물량을 다 받아안을 의향이 없었다. 내부자들이 주가를 떠받치던 손길을 거두자 TT 주가는 떨어졌다. 이제는 트레이더들과 주요 거래소도 이쿼토리얼커머셜을 얼마간 매도했다. 나는 소소한 수익만 남기고 공매도 물량을 정리했다. 돈을 벌기 위해서가 아니라 TT 상승세를 막아서고 싶었기 때문이다.

TT 내부자와 부지런한 홍보 담당자들은 몇 번이고 월가에 온갖 호재를 욱여넣으며 주가를 끌어올리려고 했다. 그럴 때마다 나는 이쿼토리얼커머셜을 공매도했고, TT가 조정을 받으면 이쿼토리얼커머셜을 환매했다. 이런 나의 작전은 주가조작자들의 허를 찔렀다. 마침내 TT 주가는 125로 하락했고, 차주잔고가 대폭 늘어난 덕분에 내부자들은 주가를 20이나 25포인트까지 끌어올릴 수 있었다. 이번에는 지나치게 오래 버티는 공매도 세력에 정당하게 맞서는 행보였다. 하지만 나는 반등세를 예측하고도 내 공매도 포지션을 잃고 싶지 않아서 환매하지 않았다. 이쿼토리얼커머셜이 TT와 보조를 맞춰 상승하기 전에 나는 이쿼토리얼커머셜을 대량 공매도했다.

결과는 여느 때와 같았다. 이렇게 해서 깜짝 놀랄 만한 상승세 이후에 떠들썩했던 TT의 주가 상승 소문은 거짓으로 드러났다.

　이즈음 시장 전반은 약세가 무르익었다. 말했다시피 플로리다에서 낚시하다 말고 TT를 공매도하기 시작했던 건 시장의 약세를 확신했기 때문이다. 다른 종목도 몇몇 공매도했지만, TT 주식에 마음이 많이 갔다. 결국 이런 시장 여건에서 내부자 집단이 버티기는 무리였고, TT 주가는 썰매를 타듯 미끄러졌다. 몇 년 만에 처음으로 120 아래로 떨어졌고 110을 뚫더니 액면가 밑으로 내려갔다. 그래도 나는 포지션을 처분하지 않았다. 시장 전반의 약세가 절정으로 치닫던 어느 날 TT 주가가 90마저 뚫으며 기세가 완전히 꺾였다. 그제야 나는 환매했다. 이유는 예나 지금이나 똑같다! 기회가 왔기 때문이다. 거래량이 많았고 약세였고 매도자가 매수자보다 많았다. 이렇게 말하면 내 자랑처럼 들릴지도 모르지만, TT 3만 주를 사실상 하락세 최저가에 환매했다. 애초 바닥에서 처분하겠다고 마음먹은 건 아니었다. 평가이익을 많이 날리지 않고 현금으로 바꾸려고 작정했을 뿐이다.

　내 포지션이 적절하다고 믿었기에 끝까지 밀고 나갔다. 시장 추세에 맞서거나 기본 여건을 거스른 게 아니었다. 오히려 그 반대다. 시장 전반을 살폈기에 지나치게 자신만만한 내부자 집단이 실패하리라고 확신할 수 있었다. 그들이 다른 이들을 상대로 걸었던 수작은 예전에도 있었지만 언제나 실패로 돌아갔다. 툭하면 반등해도, 다른 누구 못지않게 당연히 그러리라고 예측했기에 겁먹지 않았다. 더 높은 가격에 공매도하려고 환매하기보다는 끝까지 버티는 게 더 낫다는 사실도 알았다. 내가 옳다고 확신한 포지션을 고수한 덕분에 100만 달러 넘는 수익을 올렸다. 예감이 들었거나 증권시세표 읽는 능력이 탁월했거나 고집스럽게 배짱을 부려서도 아니었다. 똑똑해서도 자만심에 차서도 아니었다. 내가 내린 판단을 믿어서 챙긴 배당금이었다. 아는 것이 힘이고, 힘이 생기면 거짓말을 두려워할 필요가 없다. 설령 증권시세표가 거짓말을 찍어내더라도 마찬가지다. 거짓말은 순식간에 연기처럼 사라진다.

1년 후 TT는 다시 150까지 치솟다가 2주 동안 그 가격대에서 횡보했다. 시장 전체가 쉴 새 없이 상승했기에 대폭 조정에 들어갈 만했는데 과연 더는 강세를 드러내지 않았다. 내가 시장을 떠보고 알아낸 사실이다. 그때 TT 주식이 속한 동종업계는 실적이 부진해서 난항을 겪고 있었다. 설령 나머지 시장이 상승세를 보인다고 해도 이 업계 주식을 강세로 내다볼 만한 이유가 하나도 없었다. 나머지 시장 또한 그렇고 해서 TT를 공매도하기 시작했다. 모두 1만 주를 공매도할 참이었다. 내가 공매도를 시작하자 주가가 하락했다. 주가를 떠받치는 세력도 찾아볼 수 없었다. 그런데 갑자기 매수세 양상이 달라졌다.

내가 무슨 마법사인 양 하는 소리가 아니라, 주가를 떠받치려는 세력이 들어오는 순간을 포착할 수 있었다고 장담한다. 그때 이런 생각이 들었다. 도의적 책임을 전혀 느끼지 않고 주가 상승을 조작하던 TT 내부자들이 전체 시장이 하락하는 국면에서 이제 자사주를 매수하러 나섰다면 그럴 만한 이유가 있다고 말이다. TT 내부자들은 한심한 얼간이도 자선사업가도 아니었고, 장외시장에서 더 많은 주식을 매도하려고 주가 상승에 목매는 은행가도 아니었다. 나를 포함해 다른 사람들이 공매도하는데도 주가는 상승했다. 나는 1만 주를 153에 환매했고, 주가가 156을 찍자 사실상 매수 포지션으로 돌아섰다. 그 무렵 증권시세표가 최소저항선이 위쪽으로 향한다고 알려줬기 때문이다. 시장 전반을 약세로 내다봤지만, 일반적인 투기이론이 아닌 개별 종목의 거래 여건을 지켜봤다. 주가는 한없이 뛰어서 200을 웃돌았다.

이 사건은 그해에 돌풍을 일으켰다. 내가 공매도 쥐어짜기에 걸려들어서 800만이나 900만 달러를 날렸다는 언론 보도도 나오고 소문도 돌아서 어깨가 좀 으쓱했다. 그동안 공매도 포지션이 아닌 매수 포지션을 잡고 있었기 때문이다. 사실 지나치다 싶을 만큼 오랫동안 안고 있어서 평가이익 일부를 날리긴 했다. 내가 왜 그랬는지 알고 싶은가? 내가 그 자리에 있었다면 마땅히 했을 일을 TT 내부자들도 당연히 할 줄 알았기 때문이다. 아무려나 그런 생각일랑 할 필요가 없었다. 내 일은 주식거래이므로 내 앞에 놓인 사실에만 집중해야 했다. 다른 사람들이 해야 할 일에 정신을 팔 필요가 없었다.

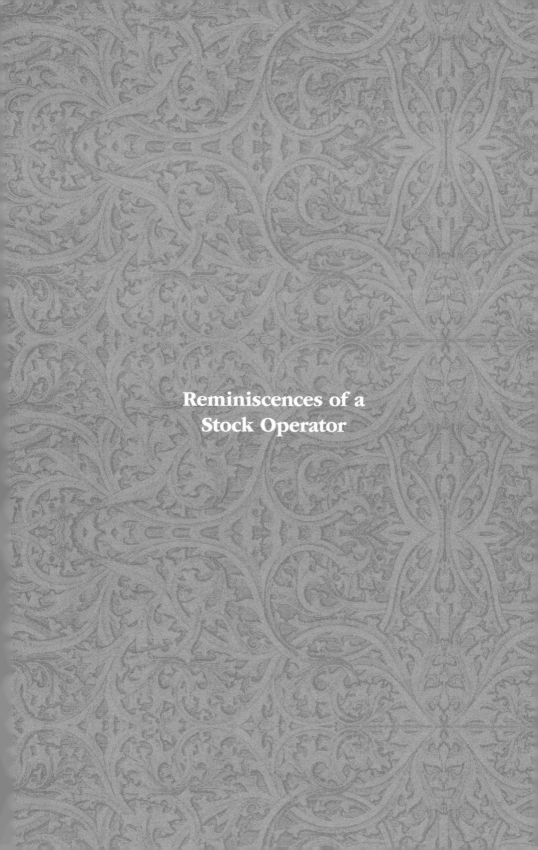

Reminiscences of a
Stock Operator

주가조작자들

언제 누가 처음으로 갖다 붙였는지 모르겠지만, 증권거래소에서 대규모로 주식을 거래할 때 세우는 전략도 '조작'이라고 부른다. 매집하고 싶은 주식을 저가에 매수하려고 시장을 움직이는 일도 조작이라고 한다. 하지만 이건 좀 다르다. 비열하게 불법행위까지 할 필요는 없지만 누군가 불법이라고 생각할 만한 행동을 피하기는 어렵다. 어떻게 하면 강세장에서 가격을 끌어올리지 않고 주식을 대량으로 매수할 수 있을까? 이런 점이 바로 문제다. 어떻게 해야 해결할 수 있을까? 하도 많은 요인이 얽혀들어서 일반적인 해결책 하나를 제시할 수는 없다. 아마 능수능란하게 조작하면 가능할지도 모르겠다. 예를 들어본다면? 글쎄, 여건에 따라 다를 테지만, 이보다 더 자세히 대답해줄 재간은 없다.

나는 거래하는 모든 단계에 온 신경을 다 쏟고, 내가 겪은 일은 물론 다른 사람들의 경험에서도 깨달음을 얻는다. 하지만 장 마감 이후에 중개인 사무실에서 장황하게 늘어지는 허풍 사이로 오늘날 주가조작 하는 방법을 얻어듣기란 어렵다. 지나간 날들의 수법, 장치, 편법은 대부분 한물가서 쓸모가 없거나 이제 불법이어서 써먹을 수가 없다. 증권거래소 규정과 여건이 바뀌기 때문에 대니얼 드루나 제이콥 리틀이나 제이 굴드가 50년 또는 75년 전에 어찌어찌했다는 무용담은 아무리 정확하고 자세하더라도 들을 가치가 없다. 오늘날 주가조작자는 옛 사람들이 무엇을 어떻게 했는지 고려할 필요가 없다. 육군사관학교 생도가 탄도학 실무 지식을 쌓으려고 고대인의 궁술을 연구할 필요가 없듯이 말이다.

반면에 인간의 내면을 연구해두면 이익이 된다. 인간은 믿고 싶은 건 얼마나 쉽게 믿어버리는지, 탐욕에는 얼마나 속절없이 빠져드는지, 평범한 인간이 경솔해서 어떤 대가를 치르는지, 아니 그렇게 되도록 스스로를 방치하고 몰아가는지 연구해볼 만하다. 두려움과 희망이라는 인간 심리는 예전 그대로다. 그래서 투기꾼의 심리는 여전히 연구할 가치가 있다. 전쟁터처럼 뉴욕증권거래소에서도 무기는 바뀌지만 전략은 여전하다. 이 모든 이치를 명쾌하게 정리한 사람으로 토머스 F. 우드락이 있는데, 이렇게 말했다. "주식투기의 성공원칙은 사람들이 과거에 저지른 실수를 앞으로도 여전히 저지른다는 전제에서 출발한다."

활황장에는 일반 대중이 대거 참여하기 때문에 치밀해질 필요가 없다. 그래서 주가조작이니 투기니 하는 논의도 의미 없는 시간 낭비일 뿐이다. 마치 길 건너 지붕에서 떨어지는 빗방울들 사이에서 차이점을 찾으려고 애쓰는 모양새와 같다. 호구들은 언제나 거저 얻어가려고 하고, 활황장이 올 때마다 흘러넘치는 번영에 자극받아 탐욕이 일깨운 도박 본능에 솔직하게 매달린다. 손쉽게 돈을 벌 길을 찾는 사람들은 이 천박한 지구에 그런 방법은 없다는 사실을 직접 확실하게 증명하는 특권을 누린다. 옛 시절에 오가던 거래와 수법 이야기를 처음 들었을 때는 1860년대와 70년대 사람들이 1900년대 사람들보다 잘 속아 넘어갔나 보다 생각했다. 그러나 바로 그날이나 그다음 날이면 신문에서 최근의 폰지사기 사건이나 불법 거래 중개인의 비참한 말로라든지 호구들의 수백만 달러가 대거 저축금 대열에 합류해 슬그머니 사라졌다는 기사를 읽었다.

내가 처음 뉴욕에 왔을 때는 가장매매*와 담합매매** 로 시끌시끌했는데, 증권거래소에서 그런 온갖 관행을 금지했는데도 그랬다. 더러는 가장매매가 너무 어설퍼서 아무도 속아 넘어가지 않았다. 중개인들은 누군가 주식이나 이런저런 것을 세탁하려고 들 때마다 거침없이 이렇게 중얼거렸다. "세탁이 한창이네." 앞서도 얘기했듯이 중개소에서 솔직하게 '사설거래소식 염가방매'라고 부르는 수법도 여러 차례 있었다. 주식을 2에서 3포인트 낮게 매도해서 증권시

---

* 가장매매(wash sale) : 한 사람이 같은 종목의 매도 주문과 매수 주문을 동시에 내어 해당 종목의 거래가 활발한 것처럼 보이도록 만들거나 시세를 조작하는 행위 —역자 주

** 담합매매(matched order) : 주식매매 당사자들이 부당이득을 목적으로 종목, 수량, 가격 등을 미리 담합하는 행위. 신고하지 않은 채로 시세를 조작해서 시장에 혼란을 일으키고 부당이득을 챙긴다는 점에서 불법행위다. —역자 주

세표에 찍히는 가격을 끌어내려서는 주식을 차곡차곡 사 모은 수많은 소액 트레이더들을 소탕하는 수법이었다. 담합매매는 중개인끼리 착착 손발을 맞추기가 어려워 늘 불안했다. 이런 모든 행위는 증권거래소 규정에 어긋난다. 몇 년 전에 유명한 트레이더가 담합매매를 하려다가 매도 주문은 취소하고 매수 주문은 취소하지 않는 바람에 아무것도 모르는 중개인이 몇 분 만에 주가를 25포인트나 끌어올린 일이 있었다. 중개인이 매수를 멈추자 주가는 상승할 때만큼 빠르게 하락했다. 원래는 거래가 활발한 것처럼 보이게 만들려는 속셈이었다. 믿을 수 없는 무기를 들이대다가 일을 망쳤다. 내게 잘해주는 중개인들한테는 이런 거래를 솔직하게 다 털어놓을 수가 없다. 그 중개인들이 뉴욕증권거래소 회원으로 남기를 바란다면 말이다. 게다가 허위 거래에 연루된 거래에는 전부 세금을 매기기 때문에 예전보다 훨씬 큰 비용을 치러야 한다.

조작의 사전적 의미에는 매집도 들어 있다. 매집은 조작의 결과일 수도 있고 경쟁적 매수의 현상일 수도 있다. 예를 들어, 1901년 5월 9일에 있었던 노던퍼시픽 매집 사례는 확실히 조작이 아니었다. 스투츠 매집 사건은 관련된 사람들이 죄다 돈과 명예를 한꺼번에 잃는 비싼 대가를 치렀는데, 역시나 고의로 수작을 부린 매집이 아니었다.

사실 대량 매집을 도모한 사람이 수익을 챙긴 사례는 거의 없다. 코모도어 밴더빌트가 할렘철도 주식을 두 차례 사재기해서 큰돈을 벌기는 했다. 하지만 그 양반은 대규모 공매도 세력, 부정직한 입법자들, 자신을 배신하려 한 시의원들에게 맞서 수백만 달러를 벌 자격이 있었다. 그런가 하면 제이 굴드는 노스웨스턴을 사재기했다가 쓴맛을 봤고, 디콘 S. V. 화이트는 래커와너를 매집해서 100만 달러를 벌어들였다. 또 제임스 킨은 한니발앤드세인트조를 거래하다가 100만 달러를 잃었다. 물론 매집으로 큰돈을 벌려면 쌓아놓은 보유 물량을 원가보다 높은 가격에 처분해야 하고, 환매하지 않은 공매도 물량이 상당해야 일이 수월하게 풀린다.

가끔 반세기 전에 걸출한 트레이더들 사이에서 매집이 왜 그렇게 인기를 끌었는지 궁금했다. 능력 있고 노련하고 빈틈없는 데다 동료 트레이더들에게 자비를 기대할 만큼 순진하지도 않았건만 말이다. 그런데도 바가지를 쓰기 일쑤였으니 놀랍기만 하다. 현명하고 나이 지긋한 중개인이 말하기를 1860년대와 70년대 내로라하는 트레이더들은 죄다 야망이 하나 있었는데, 바로 매집해서 결실을 거두는 것이었다고 한다. 그런데 그렇게 매집하려는 이유가 대개 허영심을 채우거나 앙갚음하고 싶어서였다. 어쨌든 이런저런 주식을 매집해서 성공을 거두면 명석하고 대범하며 돈이 많다고 인정받았다. 이렇다 보니 권리인 양 거만해지고 동료들의 박수갈채도 당연하게 받아들였다. 매집을 도모하는 사람들이 눈앞에 있는 돈만 바라보고 달려들진 않았다. 인정사정없는 트레이더들 사이에서 존재감을 드러내려는 허영심도 있었다.

당시는 서로 기꺼이 먹고 먹히는 일이 수월하던 시절이다. 앞에서도 말했다시피 나 역시 공매도 쥐어짜기를 가까스로 모면한 적이 한두 번이 아니다. 다행히 피할 수 있었던 건 증권시세 단말기를 읽는 신비로운 감각 덕분이 아니라 해당 주식의 매수세 특성을 보고 공매도하기에는 경솔한 시기라고 판단할 수 있었기 때문이다. 나는 상식적으로 시장을 타진해서 매수세 특성을 파악하는데, 옛 시절에도 그렇게 한 사람이 있었던 모양이다. 대니얼 드루는 이리 철도회사 주식을 공매도한 사람들을 걸핏하면 쥐어짜서 비싼 값을 치르게 했다. 그러면서 정작 본인은 코모도어 밴더빌트의 공매도 쥐어짜기에 걸려들었다. 나이 든 드루가 코모도어에게 구차하게 애걸복걸하자 코모도어는 뼈아프게도 걸출한 약세론자로 이름을 날린 '큰곰' 드루 자신이 쓴 불멸의 명시를 읊었다.

제 것이 아닌 것을 팔았으니
반드시 되사거나 감옥으로 가거나

월가에서는 한 세대 넘게 활동한 이 거물을 거의 기억하지 않는다. 대니얼 드루가 남긴 불후의 명언 중 최고는 아무래도 '주식 물타기'*에 얽힌 발언이 아닌가 싶다.

애디슨 G. 제롬은 1863년 봄에 장외시장의 제왕으로 정평이 나 있었다. 듣기로는 제롬이 시장 정보를 주면 은행 계좌에 현금이 들어온 것이나 마찬가지로 여겼다고 한다. 이런저런 얘기를 종합해보면 제롬는 뛰어난 트레이더였고 수백만 달러를 벌었다. 지나치다 싶을 만큼 손이 컸기에 증권가에서 따르는 사람이 숱하게 많았다.

---

* 주가를 끌어올리고 나서 주주들 모르게 고가에 신주를 발행하는 사기성 수법 ─역자 주

그런 제롬마저도 올드서던철도를 매집했다가 '침묵의 윌리엄'으로 통하는 헨리 킵에게 걸려들어서 수백만 달러를 날렸다. 킵은 로스웰 P. 플라워 주지사의 처남이었다.

그 시절에는 온갖 수법으로 공매도를 유도해놓고 아무도 모르게 매집하며 주가를 조작했다. 그래서 동료 전문 트레이너들을 주로 노릴 수밖에 없었다. 일반 대중은 공매도를 반기지 않았기 때문이다. 현명한 전문가들이 그런 주식을 공매도하는 까닭은 오늘날과 다르지 않다. 코모도어가 할렘철도를 매집할 때 정치인들이 신뢰를 깨고 공매도한 건은 별도로 치고, 내가 여기저기서 읽은 내용을 모아보면 전문 트레이더들은 지나치게 비싸서 할렘철도를 공매도했다. 할렘철도가 그렇게 비싸게 팔린 적이 없으니 주가가 너무 세다고 생각했고 매수하기에 부담스럽다면 매도하는 편이 적절하다고 판단한 것이다. 제법 현대적인 사고방식이었다. 그렇지 않은가? 전문 트레이더들은 가격을 따졌지만 코모도어는 가치를 바라봤다! 나이 지긋한 고참들 말로는 그후로 오랫동안 찢어지게 가난한 사람을 보면 "할렘철도를 공매도했군!"하고 빗대어 말했다고 한다.

몇 년 전 우연히 제이 굴드의 중개인으로 오래 일한 사람과 이야기를 나눌 기회가 있었다. 그 중개인은 주가조작이라면 제이 굴드가 과거와 현재를 통틀어 단연 최고라면서 그런 인물도 드물다고 진지하게 말했다. 대니얼 드루가 벌벌 떨면서 "그 사람이 손대면 다 죽는다!"고 언급했던 주인공이 바로 제이 굴드다. 일을 벌이면 다 성공했으니 굴드는 금융계의 마술사가 틀림없었다. 의심의 여지가 없는 사실이다. 오늘날 시선으로 봐도 굴드는 새로운 여건에 적응하는 재주가 놀라웠다. 트레이더로서는 귀중한 자산이다. 또한 주식투기보다는 시세조작에 관심이 많아서, 거리낌 없이 다양하게 공격과 방어 수단을 구사했다. 굴드는 장세를 돌리려는 속셈보다 투자할 생각으로 시장을 조작했다. 증권거래소 객장에서 주가를 조작할 게 아니라 철도 주식을 소유해야 큰돈을 벌 수 있다고 일찌감치 내다봤다. 물론 주식시장도 이용했다. 손쉽고 빠르게 돈을 벌 수 있는 지름길이었으니 그랬을 것이다. 은행에서 대출해주는 한도보다 2000만에서 3000만 달러가 더 필요해서 늘 돈에 쪼들렸던 콜리스 P. 헌팅턴처럼 굴드도 많은 돈이 필요했다. 앞날이 내다보이는데 돈이 없으면 화병이 날 수밖에 없다. 돈이 있으면 성공이 따라온다. 성공하면 힘이 생긴다. 그러면 다시 돈이 들어오고, 성공이 뒤를 잇고, 그렇고 돌고 돈다.

물론 그 시절 거물급만 주가조작에 나선 건 아니다. 소규모 세력도 여럿 있었다. 한 나이 지긋한 중개인이 1860년대 초반 풍습과 도의에 대해 들려준 이야기가 생각난다. 중개인은 이렇게 말했다.

"월가를 생각하면 금융가에 처음 갔을 때가 떠오른다네. 아버지가 그곳에 볼일이 있었는데 웬일인지 나를 데려가셨지. 브로드웨이를 따라 내려오다가 월가로 꺾어졌던 걸로 기억하네. 월가를 따라 걷다가 브로드, 아니 나소가에 이르러서 지금은 뱅커스트러스트 컴퍼니가 들어서 있는 길모퉁이까지 갔어. 그런데 사람들이 두 남자를 따라가더라고. 앞서가는 남자가 동쪽으로 걸어가는데 짐짓 태연한 척하고, 그 뒤를 쫓아가는 남자는 얼굴이 붉으락푸르락해져서는 한 손으로는 모자를 마구 흔들고 다른 손은 주먹을 쥐고 허공에 휘둘러댔지. 그러면서 소리소리 지르는 거야. '샤일록! 샤일록! 돈 빌리는 이자가 얼마야? 샤일록! 샤일록!' 사람들이 창밖으로 머리를 쑥 내밀더군. 고층건물이 없던 시절이니까 2, 3층 건물에서 서로 보겠다고 이리저리 머리를 내밀었지. 아버지가 무슨 일이냐고 물으셔서 누군가 뭐라고 대꾸했는데, 제대로 듣진 못했어. 사람들이 이리 밀치고 저리 밀치고 해서 아버지 손을 놓칠까봐 꼭 잡느라고 정신이 없었거든. 거리에 사람들이 모여 있으면 늘 그렇듯이 구경꾼이 점점 몰려들었어. 불안했지. 눈을 크게 부릅뜬 사람들이 나소가에서, 브로드에서, 월가 사방팔방에서 달려오는 거야. 겨우 그 북새통을 빠져나와서 아버지가 '샤일록!'이라고 외치던 사람이 누구인지 얘기해주셨어. 그 남자 이름은 잊어버렸는데 뉴욕에서 주식거래 하는 패거리 중 가장 거물이고 제이콥 리틀 말고는 돈을 가장 많이 벌었고 또 많이 잃은 사람이라고 했어. 제이콥 리틀이라는 이름은 기억해. 사람 이름 치고는 재미있다고 생각했거든. 샤일록이라 불리던 남자는 자금을 묶어놓기로 악명 높았는데, 그 사람 이름도 기억 나질 않네. 키가 크고 마르고 창백한 사람이었는데. 당시에 샤일록 패거리는 돈을 빌리거나 아니면 증권거래소 차용자들에게 돌아가는 한도를 줄여서 돈줄을 틀어쥐었지. 돈을 빌리고 지불보증수표를 받아갔는데, 실제로 돈을 빼서 쓰지는 않았어. 수작을 부린 거지. 아마 조작의 일종이었던 것 같네."

나도 그렇게 생각한다. 요즘은 사라진 주가조작의 일종이다.

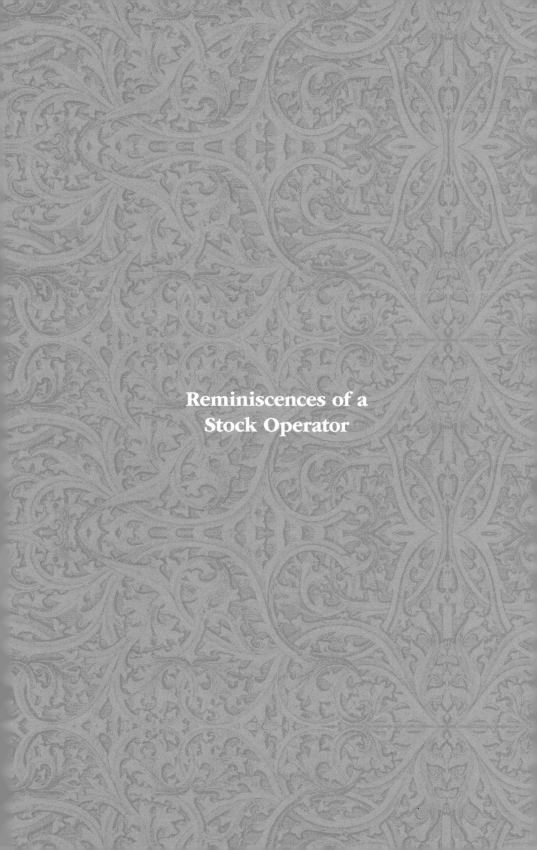

Reminiscences of a
Stock Operator

유연한
사고방식

지금까지도 월가에서 들먹일 만큼 주가조작으로 이름을 날린 사람들과 이야기를 나누어본 적은 없다. 지도자 말고 주가조작자 말이다. 주가조작으로 유명한 사람들은 모두 나보다 앞선 세대였는데, 내가 처음 뉴욕에 왔을 무렵에는 제임스 R. 킨이 독보적인 주가조작자로 전성기를 누리고 있었다. 당시 신출내기였던 나는 고향에 있는 사설거래소에서 누린 성공을 명성 높은 거래소에서도 재현해보겠다는 일념뿐이었다. 그때 킨은 US철강 주식 일로 분주했다. US철강은 킨이 손댄 주가조작의 최고봉으로 꼽힌다. 나는 주가조작이라면 해본 적도 없고 아는 것도 없고 진정한 가치나 의미도 몰랐다. 그래서 굳이 알아야 할까 싶었다. 그저 사설거래소에서 내게 써먹던 저속한 수작을 맵시 있게 포장한 수법이 주가조작이라 생각했다. 그동안 내가 들은 주가조작 이야기는 대개 추측과 의혹이었고, 차분한 분석이라기보다는 짐작이었다.

킨을 잘 아는 사람들은 킨과 함께 일을 해보니 월가에서 가장 대범하고 머리가 잘 돌아가는 트레이더는 킨이더라고 말했다. 걸출한 트레이더가 여럿 있었으니, 이 정도 말만 들어도 많은 것을 알 수 있었다. 저 대단했던 트레이더들은 이제 모두 이름이 잊히고 말았지만, 한창때는 단 하루일지언정 제왕으로 군림했다. 이들을 무명의 그늘에서 끌어내 금융계의 명성을 안기며 햇빛 속으로 인도한 존재는 바로 증권시세표였다. 하지만 이들이 역사적 인물로 남을 만큼 오래도록 매달려 있기에는 그 작은 종이띠가 질기지 않았다. 어쨌든 킨은 모든 면에서 당대 최고 주가조작자였고, 흥미진진한 전성기를 오래 누렸다.

한때 킨은 트레이더로서 거래하며 쌓은 지식과 경험과 기량을 자산 삼아 해브마이어 형제에게 돈을 받고 제공했다. 해브마이어 형제가 킨에게 설탕주 시장을 조성해 달라고 요청했는데, 그때 킨이 파산한 처지가 아니었다면 계속 혼자서 거래했을 것이다. 킨은 시장을 시원하게 뚫었다! 설탕주를 인기주로 만드는 데 성공하면서 설탕주는 잘 팔리는 종목이 되었다. 그뒤로 킨은 여러 차례 주가조작 세력을 맡아 달라는 요청을 받았다. 듣자 하니 킨은 주가조작 세력을 운영하면서 수수료를 요구하거나 받은 적이 없고, 다른 구성원들과 마찬가지로 제 몫의 지분을 받았다고 한다. 물론 해당 주식을 시장에서 처리하는 문제는 킨이 도맡았다. 이따금 서로 간에 배신이니 뭐니 하는 소문이 들렸다. 킨은 그렇게 험담을 주고받다가 휘트니 라이언 패거리와도 사이가 틀어졌다. 주가를 조작하다

보면 동료들에게 오해받기 십상이다. 주가조작자의 요구를 곧이곧 대로 받아들이지 않기 때문이다. 나도 경험해봐서 잘 안다.

킨의 최고 수확이라면 1901년 봄에 US철강 주식을 조작해서 성공으로 이끈 건인데, 유감스럽게도 킨은 정확한 기록을 남기지 않았다. 내가 알기로는 킨이 J. P. 모건과 그 일을 두고 얘기를 나눈 적이 없다. 모건의 회사는 탤벗 테일러사와 직접 또는 탤벗 테일러사를 거쳐서 거래했는데, 탤벗 테일러사에 킨의 본거지가 있었다. 탤벗 테일러는 킨의 사위였다. 킨이 일하고 받는 대가에는 일에서 맛보는 즐거움도 있었을 거라고 장담한다. 그해 봄에 킨이 직접 띄워놓은 시장에서 거래하고 수백만 달러를 벌어들인 일은 잘 알려진 사실이다. 킨이 내 친구에게 말하기를 증권 인수단을 위해 공개시장에서 몇 주 만에 75만 주 넘게 팔았다고 한다. 두 가지 점을 고려한다면 썩 나쁜 결과는 아니었다. 첫째, US철강은 자본평가액이 미국 국가 부채보다 큰 검증되지 않은 신주였다. 둘째, D. G. 리드, W. B. 리즈, 무어 형제, 헨리 핍스, H. C. 프릭 같은 철강업계 거물들도 킨이 열어놓은 바로 그 시장에서 수십만 주를 동시에 일반 대중에 매도했다.

물론 전반적인 여건이 킨에게 유리했다. 사업 현황과 사람들의 정서, 그리고 킨의 무한한 자금력이 성공을 불러왔다. 단순한 강세장이 아니라 활황장이었고, 사람들 심리도 다시 찾아보기 어려울 정도로 긍정적이었다. 그후에 시장에서 미처 소화하지 못한 주식 탓에 공황장이 밀려왔다. US철강 보통주는 킨이 1901년에 55까지 끌어올렸는데 1903년에 10, 1904년에는 8.875에 거래되었다.

킨이 주가를 조작하며 펼친 작전을 분석할 수는 없다. 킨이 책을 쓴 적도 없고, 정확한 기록도 남아 있지 않다. 그나마 킨이 어떻게 아말가메이티드 코퍼 주식을 작업했는지 들여다보면 흥미로울 것이다. H. H. 로저스와 윌리엄 록펠러는 남은 주식을 시장에서 처분하려 했으나 실패했다. 결국 킨에게 물량을 팔아 달라고 요청했고, 킨은 이를 받아들였다. 로저스는 당대 월가에서 유능하기로 소문난 사업가였고, 윌리엄 록펠러는 스탠더드오일 패거리 중 가장 대범한 투기꾼이었다는 점을 명심하기 바란다. 두 사람은 사실상 무한한 자원을 쥐고 있었고 주식시장에서 오래도록 경험을 쌓은 만큼 대단한 명성을 누렸다. 그런데도 킨을 찾아가야만 했다. 이런 얘기를 하는 이유는 전문가가 처리해야 하는 일이 있다는 말을 하고 싶어서다. 여기 미국에서 손꼽히는 자본가들이 후원하고 대대적으로 광고한 주식이 있다. 그런데 돈과 명성을 대거 깎이지 않고는 팔 수가 없다. 로저스와 록펠러는 킨만이 거들어줄 수 있다고 판단할 만큼 현명했다.

킨은 재깍 일에 착수했다. 작업하기 좋은 강세장이어서 아말가메이티드 코퍼 주식 22만 주를 100달러 부근에서 처분했다. 회사 내부자들이 보유하던 물량을 처분한 뒤에도 일반 대중의 매수세가 이어져서 주가가 10포인트 상승했다. 사실 내부자들은 일반 대중의 뜨거운 매수세를 보고 본인들이 매도한 주식이 더 오를 거라고 예상했다. 로저스가 실제로 킨에게 아말가메이티드 코퍼 주식을 매수하라고 조언했다는 이야기도 있다. 로저스가 킨에게 떠넘기려고 그랬을 리는 없다. 킨이 칭얼거리는 애송이가 아니라는 걸 모를 만큼 아둔하지 않으니까 말이다. 킨은 늘 하던 대로 작업했다. 주가가 큰 폭으로 상승했다가 내려올 때 대규모로 주식을 처분했다. 물론 킨은 필요할 때마다 그날그날 세세하게 달라지는 흐름에 맞춰 전술을 바꿨다. 전쟁터와 마찬가지로 주식시장에서도 전략과 전술의 차이를 염두에 둬야 한다.

킨의 신임이 두터운 사람 중에 내가 아는 최고의 제물낚시꾼이 있는데, 내게 이런 말을 했다. 킨이 아말가메이티드 코퍼 작전을 펴던 어느 날 물량이 바닥 난 사실을 알아챘다. 주가를 끌어올려야 하는데 남은 주식이 없었다. 그래서 킨은 다음 날 수천 주를 매수하고, 그다음 날 그만큼 매도했다. 그런 뒤 시장에서 완전히 손을 떼고 시장이 어떻게 스스로 처리하며 그 상황에 적응하는지 지켜보았다. 실제로 킨이 보유한 물량을 처분할 때는 방금 얘기한 대로 주가가 내려갈 때 매도했다. 하락세로 들어서면 일반 대중은 항상 반등을 기대하며 매수하고, 공매도한 사람들은 환매에 나서기 때문이다.

그 거래를 하는 동안 킨을 가장 가까이에서 지켜본 사람이 해준 말인데, 킨이 로저스와 록펠러가 보유한 물량을 팔아서 2000만에서 2500만 달러 정도를 현금으로 만들어줬더니 로저스가 킨에게 20만 달러짜리 수표를 보냈다고 한다. 메트로폴리탄 오페라하우스에서 10만 달러짜리 진주목걸이를 찾아준 청소부에게 보답으로 50센트를 준 백만장자의 아내가 생각났다. 킨은 자신은 주식중개인이 아니며 기꺼이 도울 수 있어 즐거웠다고 공손하게 편지를 써서 수표와 함께 돌려보냈다. 로저스는 수표를 받아들고 다시 함께 일하고 싶다고 답장을 보냈다. 그러고는 곧 친절하게도 킨에게 아말가메이티드 코퍼 주식을 130 정도에 매수하라고 비밀정보를 건넸다.

제임스 R. 킨, 정말 멋들어진 트레이너다! 킨의 개인비서 말로는 시장이 뜻대로 움직이면 킨은 버럭버럭 화를 냈다고 한다. 킨을 아는 사람들은 킨이 화가 나서 비아냥거리며 내뱉는 말이 듣는 사람 기억 속에 오래도록 맴돌았다고 한다. 하지만 돈을 잃을 때는 유머가 넘치고 세상에서 가장 품위 있고 유쾌하면서 재치 있는 말로 흥을 돋웠다고 한다.

어디서건 성공한 투기자라면 마음가짐이 남다르기 마련인데, 킨은 유독 특출했다. 증권시세표와 논쟁하는 법이 없었다. 겁이 없었지만 무모하지 않았다. 판단이 틀렸다 싶으면 순식간에 방향을 틀 수 있었고, 실제로 그렇게 했다.

킨이 끗발 날리던 시절 이후로 증권거래소 규정은 많이 바뀌었고, 오래 이어 내려온 규정은 더욱 강화되었다. 주식거래와, 수익에 매기는 새로운 세금도 많아졌고 또 이러저러해서 이 게임도 딴판이 되었다. 킨이 능숙하게 수익을 올릴 때 써먹던 수법은 이제 활용할 수 없다. 월가의 기업윤리도 확실히 높은 단계로 올라섰다. 그런데도 금융 역사상 가장 뛰어난 주가조작자를 들라면 킨이라고 할 수밖에 없다. 킨은 주식거래의 거인이었고 주식투기라는 게임을 밑바닥부터 훤히 꿰던 인물이다. 당시 여건이 허락해서 그만한 성취를 일구었지만, 킨은 1876년이나 1901년 때처럼 1922년에 활동했더라도 거뜬히 성공할 수 있었을 것이다. 킨이 캘리포니아에서 뉴욕으로 첫발을 내디딘 게 1876년인데, 그때 2년 만에 900만 달러를 벌어들였다. 우르르 몰려다니는 얼치기들보다 앞서가는 사람들이 있다. 이런 사람들은 세상이 어떻게 달라지건 선두에 서기 마련이다.

사실 이 업계가 생각만큼 그렇게 급변하진 않았다. 주가조작이 더는 개척 분야가 아니어서 보상이 그렇게 크지 않다. 그래서 이제는 개척자들의 게임이 아니지만, 주가조작이 어찌 보면 예전보다 쉬워졌고 달리 보면 킨이 활동하던 시절보다 훨씬 어려워졌다.

광고가 기술이고 주가조작이 증권시세표라는 매체를 이용한 광고기술이라는 점은 의심의 여지가 없다. 주가조작자는 사람들에게 보여주고 싶은 이야기를 증권시세표에 찍어내야 한다. 그 이야기가 그럴듯할수록 설득력은 커지기 마련이고, 설득력이 강할수록 광고효과가 좋다. 예를 들어 오늘날 주가조작자는 주식을 강세로 보이게끔 만들어야 할 뿐만 아니라 실제로 강세로 만들어야 한다. 그래서 주가를 조작하려면 건전한 거래원칙을 따라야 한다. 킨이 그렇게 탁월한 주가조작자였던 이유도 바로 여기에 있다. 킨은 애초부터 기량이 완숙한 트레이더였다.

'주가조작'은 어감이 좋지 않은 단어여서 별칭이 필요하다. 주식을 대량으로 매각하는 과정 자체에는 수상쩍거나 구린 구석이 없다고 생각한다. 물론 그런 작전이 사실을 왜곡하지 않는다면 말이다. 어김없이 주가조작자는 매수자를 투기꾼 중에서 찾는다. 자본대비 큰 수익을 기대하고서 일반적인 수준보다 더 큰 위험을 기꺼이 감수하려 드는 사람들을 목표로 삼는다. 그렇다는 걸 알면서도 손쉽게 돈을 벌려다 실패하고 남을 탓하는 사람들은 별로 동정하고 싶지도 않다. 그런 사람들은 돈을 벌면 자기가 똑똑해서 그렇다고 하고, 돈을 잃으면 사기꾼, 그러니까 주가조작자에게 걸려들었다고 탓한다. 그런 상황에서 조작이라는 단어를 들먹이면 카드에 표시를 해놓고 도박한다고 넌지시 의미하는 것 같지만, 사실은 그렇지 않다.

대개 주가를 조작하는 목적은 시장성, 그러니까 상당한 물량을 언제든지 적당한 가격에 처분할 수 있는 능력을 키우는 데 있다. 물론 시장 전반의 여건이 뒤바뀌어서 조작 세력이 큰 희생을 치르지 않고서는 매도할 수 없을 때도 있다. 그럴 때면 전문가를 고용하겠다는 결정을 내리기도 하는데, 전문가의 기량과 경험을 활용하면 처참하게 궤멸하지 않고 질서정연하게 후퇴할 수 있으리라고 믿기 때문이다.

눈치챘겠지만 경영권을 확보하기 위해 되도록 저가에 주식을 매집해서 주가를 조작하는 사례는 언급하지 않겠다. 요즘은 그런 일이 거의 없기 때문이다.

예전에 제이 굴드가 웨스턴유니언을 확실히 틀어쥐려고 주식을 대량 매수하기로 결심한 적이 있다. 그런데 몇 년 동안 증권거래소 객장에 모습을 드러내지 않던 워싱턴 E. 코너가 불쑥 웨스턴유니언 주식을 거래하는 창구에 나타나서 매수하기 시작했다. 트레이더들은 자신들을 맹탕으로 여기다니 어리석다고 코너를 비웃으며, 코너가 사려고 하는 만큼 신이 나서 물량을 팔아넘겼다. 코너는 마치 굴드가 웨스턴유니언 주식을 매수하고 싶어 한다는 듯이 행동하면 주가를 끌어올릴 수 있다고 생각한 모양인데, 그렇다면 수법이 너무 노골적이다. 이런 행동이 주가조작일까? 나는 "아니기도 하고 그렇기도 하다!"고 대답할 수밖에 없다.

방금 얘기했다시피 주가를 조작하는 목적은 대개 가능한 최고가로 일반 대중에게 주식을 매도하는 것이다. 이는 단순히 매도만의 문제가 아니라 분배 문제이기도 하다. 주식을 한 사람보다는 1천 명이 보유하는 편이 여러모로 낫고 시장에도 좋다. 그래서 주가를 조작하는 사람은 좋은 가격에 주식을 매도하는 방안만이 아니라 분배 양상도 고려해야 한다.

주가를 높이 끌어올려도 나중에 본인 수중에서 주식을 빼내어가도록 대중을 유인할 수 없다면 아무 소용없다. 경험이 부족한 사람들이 꼭대기에서 물량을 처분하려고 조작하다가 실패하면 지혜로운 고참들은 이렇게 말한다. "말을 물가로 끌고 갈 수는 있어도 억지로 물을 먹일 수는 없다." 만고의 진리다! 킨과 그보다 앞 세대의 유능한 선배들이 익히 알고 있던 주가조작 규칙 하나를 기억하기 바란다. 바로 이것이다. 주가는 조작해서 가능한 최고점까지 끌어올리고, 주식은 떨어질 때 대중에게 매도한다.

처음부터 하나하나 설명해보겠다. 증권 인수단이건 조작 세력이건 개인이건 간에 가능한 최고가에 주식을 매도하고 싶어 한다고 해보자. 뉴욕증권거래소에 적법한 절차를 밟아 상장된 주식이고, 매도하기에 가장 좋은 장소는 공개시장이며, 가장 적절한 매수자는 일반 대중이다. 매각 작전은 한 사람이 도맡는다. 그런데 이 사람이나 현재 또는 과거의 동료가 증권거래소에서 주식을 매각해보려다가 실패한 적이 있다. 이 사람은 주식시장에서 벌어지는 작전을 익숙할 만큼 충분히 겪고 있거나 곧 그렇게 될 것이다. 그러다 자신보다 경험도 풍부하고 소질도 뛰어난 사람이 필요하다는 사실을 깨닫는다. 그래서 비슷한 거래를 성공리에 처리한 몇몇을 개인적으로 알거나 소문으로 듣고, 그 사람들의 전문 기술을 활용하기로 결심한다. 몸이 아프면 의사를 찾아가고 기술이 필요하면 엔지니어를 찾듯이, 이 사람은 전문가를 물색한다.

그러다가 내가 게임을 잘 안다는 소문을 들었다고 해보자. 이제 이 사람은 나에 대해 수소문한다. 그런 다음 약속을 잡고 곧 내 사무실로 찾아온다.

물론 내가 해당 주식과 회사에 대해 알고 있을 수도 있다. 그게 내 일이고 밥벌이하는 수단이다. 내 방문객은 자신과 동료들이 무엇을 원하는지 설명하고, 내게 일을 맡아 달라고 요청한다.

이제 내가 말할 차례. 내게 청탁이 들어온 일을 정확하게 이해하는 데 필요한 정보는 무엇이든 달라고 요청한다. 주식 가치를 계산하고 시장성을 가늠한다. 여기에 더해서 현재 시장 여건도 파악하면 청탁받은 작전이 성공할지를 판단하는 데 도움이 된다.

이런저런 정보를 따져보고 괜찮다 싶으면 제안을 받아들이고, 일을 맡는 조건을 제시한다. 방문객이 내가 내어놓은 조건, 즉 사례금과 기타 사항을 수용하면 즉시 일에 착수한다.

보통 나는 상당한 규모의 콜옵션을 요청해서 받는다. 관련된 모든 사람에게 공평하도록 주가가 오르면 주식을 누진적으로 매수할 수 있는 콜옵션을 요구한다. 콜옵션을 행사하는 가격은 시세보다 조금 낮게 시작해서 점차 올라간다. 현재 40에 거래되는 주식 10만 주에 대한 콜옵션을 받았다고 해보자, 처음 몇천 주는 행사가격을 35에서 시작한다. 그다음에는 37, 40, 45, 50, 이렇게 높이다가 마침내 75나 80까지 올린다.

내가 주가를 조작하는 전문 기량을 발휘해서 주가가 상승하고 최고점에서 매수세가 제법 자리를 잡으면, 상당한 규모의 주식을 매도하고 당연히 콜옵션을 행사한다. 그러면 나도 돈을 벌지만 내 고객도 돈을 번다. 일은 바로 이렇게 되어야 한다. 고객이 내 기량에 값어치를 지불한 만큼 고객도 챙겨가는 게 있어야 마땅하다. 물론 주가를 조작하는 세력이 손실을 입는 사례도 있지만 흔치 않다. 나는 수익을 잡을 길이 뚜렷하게 보이지 않으면 일을 맡지 않는다. 올해는 거래 한두 건에서 운이 좋지 않아 수익을 올리지 못했다. 거기에는 다 이유가 있지만 그건 또 다른 이야기이니 기회가 되면 나중에 이야기하겠다.

주식을 끌어올리는 첫 단계는 상승 움직임이 있다고 광고하는 것이다. 싱거운 소리로 들리는가? 글쎄, 잠시만 생각해보자. 그렇게 싱거운 소리가 아니다. 주가를 띄우려는 고결한 노력을 가장 효과적으로 알리는 길은 주식이 활발하게 거래되며 강세를 보이게끔 만드는 것이다. 결국 세계를 통틀어 지금껏 최고의 광고대행 업체는 증권시세 단말기며, 최고 광고매체는 증권시세표다. 구태여 고객에게 증거 자료를 제시할 필요가 없다. 일간지에 해당 주식의 가치를 홍보하거나 회사 전망을 제시하는 경제 논평을 쓸 필요도 없다. 추종자를 찾아 나서지 않아도 된다. 그저 거래가 활발한 주식으로 만들기만 하면 시도해볼 만한 가치가 대단한 일들이 죄다 자연스럽게 해결된다. 움직임이 활발해지면 여기저기서 어떻게 된 일인지 설명해 달라는 요구가 쏟아진다. 말하자면 내가 가만히 있어도 저들끼리 알아서 필연적인 이유를 대는 기사가 나온다.

장내거래인이 요구하는 건 단 하나, 활발한 움직임이다. 장내거래인들은 자유롭게 거래할 수 있는 시장만 있으면 어느 선에서 어떤 종목이건 주식을 사고판다. 생기 넘치는 주식이 눈에 띄면 몇천 주씩 거래하므로 장내거래인들이 거래하는 물량을 다 합치면 상당한 규모가 된다. 그래서 주가조작자의 매물을 가장 먼저 매수하는 장본인이 장내거래인일 수밖에 없다. 장내거래인들은 주가가 상승하는 동안 내내 따라오기 때문에 작전을 펼치는 모든 단계에 큰 보탬이 된다. 제임스 J. 킨이 가장 활발하게 거래하는 장내거래인들을 습관처럼 고용한 이유도 알 만하다. 그렇게 하면 주가를 조작하는 진원지를 숨길 수 있다. 게다가 지금껏 장내거래인만큼 거래를 늘리고 정보를 퍼트리는 최고의 인재는 없었다. 킨은 장내거래인들에게 시세보다 높은 행사가격으로 콜옵션을 제공하겠다고 구두로 약속하곤 했다. 그러면 장내거래인들은 주가조작 작업을 돕고 나중에 콜옵션을 행사해서 현금을 챙겼다. 킨은 장내거래인들이 수익을 남길 수 있게 해줬다. 나도 전문 트레이너들이 따라오게 만들려고 주식 거래량을 늘리는 작업보다 더 많은 일을 할 필요가 없었다. 트레이더들이 더 요구하지도 않았다. 물론 거래소 객장에 있는 전문가들은 주식을 매도해서 수익을 남기려고 주식을 매수한다는 사실을 잊지 말아야 한다. 이들은 높은 수익을 고집하지 않지만, 수익이 빨리 들어와야 한다.

이런 이유로, 나는 투기자들의 관심을 끌려고 해당 주식의 거래를 활발하게 만든다. 내가 주식을 사고팔면 투기자들이 따라온다. 내가 콜옵션을 고집했듯이 누군가 투기 목적으로 다량의 콜옵션을 쥐고 있으면 매도 압력이 그렇게 세지 않다. 그래서 매수세가 매도세를 뛰어넘기 때문에 일반 대중은 주가조작자가 아닌 장내거래인을 따라 매수에 나선다. 이렇게 대중이 매수자가 되어 시장에 들어오는 현상은 매우 바람직하기에 나는 주식을 팔아서 대중의 수요를 채워준다. 수요가 충분하면 내가 주가를 조작하는 초기 단계에 쌓아놓아야 하는 주식보다 많은 물량을 소화할 것이다. 그러면 나는 공매도에 나선다. 엄밀히 말하면 내가 실제로 보유한 물량보다 더 많은 주식을 매도한다. 그래도 내가 지닌 주식을 매수할 수 있는 권리인 콜옵션을 보유하고 있기 때문에 완벽하게 안전하다. 일반 대중의 매수세가 가라앉으면 당연히 주가는 더 상승하지 않는다. 그럴 때면 나는 기다린다.

　이제 주가가 상승세를 멈추었다고 해보자. 주가가 약세로 돌아서는 날이 찾아왔다. 전체 시장이 조정기에 들어갔을 수도 있고, 눈치 빠른 트레이더가 내 작전주의 매수 주문이 없는 점을 포착하고 매도하는 바람에 동료 트레이더들이 따라서 매도했을 수도 있다. 이유야 어쨌든 내 작전주는 하락하기 시작한다. 그러면 나는 매수에 나선다. 작전주가 후원자들에게 인기가 있다면 마땅히 주가를 떠받친다. 게다가 작전주를 매집하지 않고, 그러니까 나중에 처분해야 하는 물량을 늘리지 않고도 주가를 떠받칠 수 있다. 내가 내자금을 까먹지 않고 이 일을 해냈다는 점을 눈여겨보기 바란다. 물론 매수한다고 했지만, 실은 내가 공매도한 물량을 환매했기 때문이다. 대중이나 트레이더, 또는 양쪽 모두의 수요가 있어서 가능할 때 공매도한 물량을 처분했다. 주식이 내려갈 때 매수 수요가 있다고 트레이더와 일반 대중에게 확실하게 보여주는 건 언제나 바람직한 일이다. 그러면 전문가들이 무턱대고 공매도하거나 물량을 보유한 사람들이 겁을 먹고 주식을 청산하는 일을 막을 수 있다. 이런 매도세는 주가가 자꾸만 약세 속으로 빠져들 때 으레 볼 수 있는 현상인데, 이때 주가를 떠받쳐주지 않으면 하락세가 계속된다. 이렇게 환매하는 작업을 나는 '안정화 과정'이라고 부른다.

그렇게 해서 시장이 넓어지면 당연히 주가가 상승하는 동안 공매도하지만 상승세를 해칠 만큼 팔지는 않는다. 이런 매도 작업도 내가 세운 안정화 계획에 철저하게 발맞춰 진행한다. 살펴보면 무턱대고 덤벼드는 장내거래인보다 신중하게 거래하는 투기자가 훨씬 많은데, 주가가 적정하게 차근차근 상승할 때 내가 주식을 팔수록 신중한 투기자들을 한껏 자극한다. 게다가 불가피하게 약세가 찾아오더라도 공매도 물량이 있으면 주가를 더욱 든든하게 떠받칠 수 있다. 이렇게 늘 공매도 포지션을 잡아서 낭패를 보지 않고 주가를 떠받쳤다. 원칙적으로는 수익을 내는 가격에 매도를 시작한다. 하지만 더러는 수익이 없더라도 이른바 위험 없는 매수세를 만들거나 늘리기 위해 공매도한다. 주가를 끌어올리거나 고객이 의뢰한 주식을 대규모로 정리하는 것만이 내 일이 아니다. 나 자신을 위해서도 돈을 벌어야 한다. 그래서 모든 고객에게 작전에 필요한 자금을 요청하지 않는다. 내 수고비는 작전을 성공리에 마쳐서 벌면 되기 때문이다.

물론 내가 설명한 방식이 철칙은 아니다. 융통성 없는 체계는 만들지도 붙들고 늘어지지도 않는다. 환경에 따라 조건과 여건을 조정한다.

주식을 유통하려면 주가를 조작해서 가능한 최고점까지 끌어올린 다음 매도해야 한다. 이 말을 반복하는 이유는 그것이 기본 원칙이고, 또한 대중을 보아 하니 최고점에서 모든 매도가 성사된다고 여기는 것 같기 때문이다. 가끔은 주가가 물먹은 솜처럼 무거워져서 잘 뜨지 않는데, 이때가 바로 매도할 시점이다. 매도하면 기대했던 것보다 훨씬 더 주가가 하락하겠지만, 대개는 다시 띄울 수 있다. 내 작전주를 내가 매수해서 주가가 상승하면 일이 잘 돌아가고 있다는 뜻이다. 필요하면 겁내지 않고 자신 있게 내 돈으로 작전주를 매수하기도 한다. 다른 주식이 똑같이 움직이면 매수하는 것처럼 말이다. 이것이 바로 최소저항선이다. 최소저항선을 따라 거래하는 내 매매이론을 기억하는가? 최소저항선이 형성되면 나는 그 선을 따라간다. 내가 특정 주식을 특정 시점에 조작하기 때문이 아니라, 언제나 주식투기자이기에 그렇다.

내가 매수해도 주가가 상승하지 않으면 매수를 중단하고 매도에 들어간다. 내가 해당 주식을 조작하는 처지가 아니더라도 똑같이 할 것이다. 알다시피 주식의 주된 거래는 하락세에 일어난다. 하락세에서 얼마나 많은 주식을 처분할 수 있는지 알면 깜짝 놀랄 것이다.

다시 말지만, 주가를 조작하는 동안에도 내가 트레이더라는 사실을 잊은 적이 없다. 주가를 조작하면서 마주치는 문제는 결국 트레이더로서 떠안은 문제와 똑같다. 주가조작은 작업하는 사람이 뜻대로 주가를 움직일 수 없을 때 끝이 난다. 주가가 조작하는 대로 움직이지 않으면 그만둬야 한다. 증권시세표와 싸우지 마라. 수익을 되찾으려고 애쓰지도 마라. 그만둘 만할 때 그만둬라. 그 편이 싸게 먹힌다.

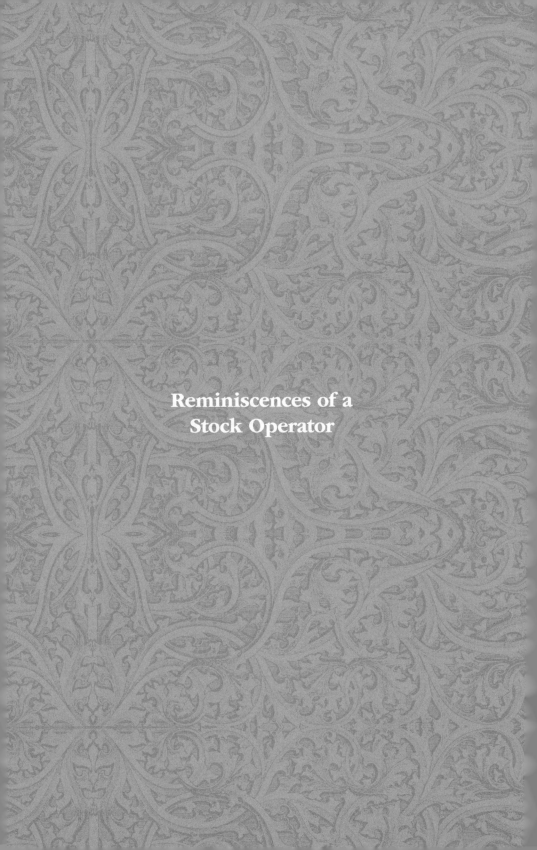

Reminiscences of a
Stock Operator

세력의
심리

이런 일반론이 딱히 인상 깊게 들리지 않는다는 걸 잘 안다. 일반
론이 가슴을 파고들긴 힘들다. 구체적인 예를 들면 좀 더 와닿을지
도 모르겠다. 이제부터 내가 어떻게 주가를 30포인트나 끌어올렸
는지 이야기해보려 한다. 고작 7000주를 매집해서 어떤 물량이든
거의 다 소화할 수 있도록 시장을 닦아놓았다.

　종목은 임페리얼스틸이었다. 평판 좋은 인물들이 상장에 참여한
주식인데, 가치주로 제법 입소문을 탔다. 발행주식 30퍼센트가량
이 월가의 여러 거래소를 거쳐 일반 대중 손에 들어갔는데, 상장된
이후에 별다른 움직임이 없었다. 이따금 누군가가 이 주식 어떠냐
고 물어보면 증권 인수단 회원이었던 내부자가 회사 실적이 예상보
다 좋고 전망도 무척 밝다고 말했다. 전부 사실이었고 웬만큼 듣기
좋은 소리였지만, 마음을 확 사로잡진 않았다. 투기할 만한 매력이

없었고, 투자자 눈으로 봐도 주가 안정성이나 영속적인 배당금 지급 능력이 아직은 검증되지 않았기 때문이다. 게다가 시장에서 돌풍을 일으킨 적이 없는 주식이었다. 얼마나 의젓한지 내부자들이 진심 어린 보고서를 제시해도 그 내용을 입증하듯이 상승세가 뒤따르는 일은 없었다. 그렇다고 주가가 하락하지도 않았다.

임페리얼스틸은 영광도 없고 사람들이 칭송하지도 않고 비밀정보가 돌아다니지도 않는 주식이었다. 그나마 아무도 팔지 않아서 주가가 하락세를 타지 않는 처지에 만족해야 했다. 고르게 분배되지 않은 주식이어서 아무도 기꺼이 공매도하려고 하지 않아 파는 사람이 없었다. 내부자 집단이 워낙 많은 지분을 쥐고 있어서 공매도하러 나섰다가는 이들에게 휘둘리기 십상이었다. 마찬가지로 이런 주식을 사고 싶게 만드는 부분도 없었다. 임페리얼스틸은 투자자에게는 투기 대상이었고, 투기자에게는 죽은 종목이었다. 투기자는 임페리얼스틸을 매수하는 순간 넋을 놓고 본인 의지와 반대로 투자자가 될 수밖에 없었다. 억지로 한두 해 산송장 같은 주식을 끌고 다니다 보면 애초 비용보다 더 큰 손실을 보기 마련이었다. 정말 좋은 기회가 찾아와도 자금이 이 주식에 묶였기 때문이다.

어느 날 임페리얼스틸 인수단 핵심 인사가 동료들을 대표해 나를 찾아왔다. 이들은 분배되지 않은 발행주식 70퍼센트를 보유하고 있었는데, 처분할 수 있는 시장을 조성하고 싶어 했다. 공개시장에서 매각할 때 예상되는 선보다 높은 가격에 보유 물량을 처분해 달라고 했다. 그러면서 어떤 조건이면 일을 맡아주겠는지 알고 싶다고 했다.

며칠 후에 답변을 주기로 하고, 임페리얼스틸의 자산 현황을 들여다봤다. 전문가들에게 의뢰해서 임페리얼스틸의 생산부, 영업부, 재무부를 조사하고, 편견 없는 보고서를 받아보았다. 장점이나 단점을 찾으려는 게 아니라 있는 그대로의 사실을 알고 싶었다.

보고서를 보니 임페리얼스틸은 가치 있는 자산이었고 전망도 밝아서 투자자들이 기꺼이 조금만 기다려준다면 시세에 매수해도 괜찮을 성싶었다. 사정이 이렇다면 실제로 가장 상식적이고 타당한 시장 움직임은 가격 상승이었다. 정확히 말하면 미래 가치가 저평가된 주식이었다. 그래서 임페리얼스틸을 조작해서 끌어올리는 작업을 거리낌 없이 자신 있게 맡지 않을 이유가 없었다.

나를 만나고 간 임페리얼스틸 인사에게 내 의사를 밝혔더니 자세히 논의하려고 그 사람이 내 사무실로 찾아왔다. 나는 조건을 제시했다. 현금 대신 임페리얼스틸 10만 주를 매수할 수 있는 권리인 콜옵션을 요구하고, 행사가격을 70에서 100까지 올렸다. 수수료 치고는 비싸 보일 테지만, 내부자들은 본인들이 나서면 10만 주는 고사하고 5만 주도 70에 매도하지 못한다는 사실을 감안했다. 임페리얼스틸을 처분할 수 있는 시장이 없었기 때문이다. 수익이 좋고 전망이 밝다고 여기저기서 말들을 해도 매수자가 크게 늘지 않았다. 게다가 의뢰인들이 먼저 몇백만 달러 수익을 올리지 않으면 나도 수수료를 현금으로 챙길 수 없었다. 그렇기에 내가 요구한 몫은 터무니없는 매매 수수료가 아닌 정당한 성과급이었다.

임페리얼스틸은 실제로 가치 있는 주식이었고, 시장 전체 여건도 강세를 보여서 괜찮은 종목이라면 뭐든 상승할 만한 상황이었다.

그래서 일이 잘 풀리겠다 싶었다. 의뢰인들은 내 의견을 듣고 기대에 차서 단박에 내 조건을 수락했다. 그렇게 두루두루 기분 좋게 거래가 시작됐다.

나는 되도록 철저하게 보호책을 마련했다. 인수단은 발행주식 70퍼센트를 보유하거나 통제하고 있었다. 그래서 인수단의 70퍼센트 물량을 신탁계약으로 묶어놓았다. 나는 대주주들이 주식을 내다 버리는 쓰레기장 노릇을 할 생각이 없었다. 그렇게 커다란 지분은 안전하게 묶어두었으나, 여전히 나머지 30퍼센트 물량은 여기저기 흩어져 있었다. 하지만 그 부분은 내가 감당해야 하는 위험이었다. 노련한 투기자라면 위험이 하나도 없는 모험을 기대하지 않는다. 사실 생명보험사 가입자들이 죄다 한날한시에 사망할 확률보다 신탁하지 않은 주식이 한꺼번에 시장에 쏟아져 나올 가능성이 더 낮았다. 사람의 사망률 수치가 있듯이, 주식시장에도 문서로 작성되지 않았을 뿐 위험률 수치가 있다.

주식시장에서 거래하다가 마주치는 위험 중에 막을 수 있는 부분을 대비하고 나니 작전을 시작할 준비가 끝났다. 작전의 목표는 내가 보유한 콜옵션을 가치 있게 만드는 것이었다. 그러려면 주가를 끌어올려야 하고 내가 콜옵션을 보유한 주식 10만 주를 처분할 수 있도록 시장을 닦아야 했다.

가장 먼저 주가가 상승하면 얼마나 많은 물량이 시장에 나올지 파악해야 했다. 이 문제는 내 중개인들을 거치면 쉽게 해결할 수 있었다. 중개인들은 시장가나 그보다 조금 높은 가격으로 시장에 나올 물량이 얼마나 되는지 수월하게 알아냈다. 전문가들이 내 중개인들에게 장부에 적힌 주문 물량을 그대로 불러줬는지는 모르겠다. 어쨌든 호가는 70이었는데, 그 가격에는 1000주도 매도할 수 없었다. 이 가격은커녕 이보다 조금 낮은 선에서도 웬만큼 수요가 있다고 보장할 수 없었다. 내 중개인들이 파악한 수치를 믿고 진행해야 했다. 그 수치만 봐도 시장에 얼마나 많은 물량이 풀릴지, 매수 주문은 얼마나 적을지 가늠하기에 충분했다.

이런 정보를 분석하고 나서 곧장 나는 70과 그보다 약간 높은 가격에 나온 물량을 은근슬쩍 죄다 매수했다. 여기에서 '나'는 당연히 내 중개인들이다. 의뢰인들은 보유한 주식을 신탁에 예치하면서 이전에 내놓은 매도 주문을 모두 취소했기 때문에, 내가 매도한 물량은 소액주주들의 주식이었다.

주식을 많이 매수할 필요는 없었다. 주가가 상승하면 매수 주문은 나타나기 마련이었다. 물론 매도 주문도 생기겠지만 말이다.

임페리얼스틸이 뜰 거라는 정보는 아무에게도 흘리지 않았다. 그렇게 할 필요도 없었다. 최고의 홍보 수단을 이용해서 시장 분위기를 자극하는 것이 내가 할 일이었다. 그렇다고 주가가 상승할 거라고 선전해서는 안 된다는 말은 아니다. 모직물, 신발, 자동차를 광고하듯이 신규 주식을 알리는 일도 합법적이고 바람직하다. 정확하고 신뢰할 만한 정보는 당연히 일반 대중에게 제공해야 한다. 다만 내 말은 내가 목적을 달성하는 데 필요한 모든 일을 증권시세표가 다 해줬다는 뜻이다. 앞서도 말했듯이 유명한 신문들은 언제나 주식시장 동향을 설명하는 기사를 내보내려고 한다. 그것이 곧 뉴스다. 신문 독자들은 주식시장에서 무슨 일이 왜 일어났는지 알고 싶어 한다. 그래서 주가조작자들이 손가락 하나 까딱하지 않아도, 경제부 기자들이 알아서 온갖 정보와 소문을 기사로 내고 수익, 거래 동향, 전망을 정리한 보고서를 분석해준다. 간단히 말하면 상승 요인이라면 뭐든 모조리 끌어다 설명한다. 신문기자나 지인이 내게 주식 이야기를 물으면 나는 미적대지 않고 내 생각을 말해준다. 내가 나서서 조언하거나 정보를 흘리지는 않지만, 작전을 펼치는 동안 입을 꾹 다문다고 얻는 것은 없기 때문이다. 게다가 최고의 정보 제공자요 가장 설득력 있는 영업사원은 증권시세표라는 사실을 깨달았다.

내가 70과 이보다 조금 비싼 가격에 나온 물량을 모두 소화했더니 시장에서 매도 압력이 사라지면서 자연스럽게 임페리얼스틸 매매 목적에 필요한 최소저항선이 선명하게 드러났다. 최소저항선은 또렷하게 위쪽을 향했다. 객장에서 주의 깊게 관찰하는 트레이더들은 이 사실을 포착한 순간, 임페리얼스틸이 어느 선까지 상승할지는 몰라도 분명 오른다고 합리적으로 추론했다. 이렇게만 감을 잡아도 매수에 들어가기는 충분했다. 이런 수요는 오로지 임페리얼스틸이 상승하는 조짐이 또렷해지면서 나타난 움직임이다. 실수하는 법이 없는 증권시세표가 강세 정보를 흘린 덕분이다. 나는 재깍 수요를 채워줬다. 주식을 못 팔아서 지쳐 있던 주주들한테서 매수해놓은 물량을 트레이더들에게 매도했다. 물론 수요를 채우는 선에서 만족하고 신중하게 매도했다. 내가 보유한 주식을 강압적으로 시장에 내놓지 않았고, 주가를 가파르게 띄울 생각도 없었다. 이 단계에서 내가 들고 있는 10만 주 중 절반을 매도한다 해도 바람직하다고 할 수 없었다. 전체 물량을 처분할 수 있는 시장을 조성하는 것이 내가 할 일이었기 때문이다.

비록 트레이더들이 애타게 매수하고 싶어 하는 만큼만 매도했지만, 그래도 꾸준히 매수하던 내가 매도에 나서자 시장에서 잠시나마 그만큼 매수세가 줄어들었다. 적절한 때에 트레이더들의 매수가 그쳤고 주가는 상승을 멈췄다. 곧바로 실망한 강세론자들과 상승세가 꺾인 순간 매수할 이유가 사라진 트레이더들이 매도에 나섰다. 나는 이런 매도세를 예측하고 대비해두었다. 예전에 트레이더들에게 2포인트 높은 가격에 공매도했던 주식을 주가가 내려가는 동안 다시 사들였다. 이번에 매수한 물량도 하락세를 꺾기 위해 차근차근 팔겠지만, 여하튼 내 매수로 주가가 하락세를 멈췄고 매도 주문도 더 들어오지 않고 끊겼다.

나는 처음부터 다시 시작했다. 주가가 상승하는 동안 매물로 나온 물량을 전부 매수했는데, 많지는 않았다. 그러자 주가가 두 번째로 뛰기 시작했고, 70보다 높은 가격에서 출발했다. 주가가 하락세를 보이면 주식을 보유한 많은 이가 주식을 팔걸 그랬다고 절절히 후회하지만 주가가 최고점에서 3, 4포인트 떨어진 가격에는 절대 매도하지 않는다는 점을 명심해야 한다. 그런 투기꾼들은 항상 주가가 반등하면 기필코 팔아버리겠다고 다짐한다. 하지만 상승세에 매도 주문을 넣었다가 주가 추세가 바뀌면 마음을 돌린다. 물론 안전하게 거래해서 발 빠르게 수익을 챙기는 사람들도 있다. 수익은 손에 잡혀야 수익이라고 생각하기 때문이다.

이후로는 이 과정을 반복했다. 다시 말해 번갈아 가며 매수하고 매도하면서, 늘 주가를 더 높이 끌어올렸다.

가끔은 시장에 나온 물량을 모두 사들인 뒤에 주가를 갑자기 확 끌어올려서 작은 돌풍을 일으킬 만도 하다. 그러면 광고효과가 기막히게 좋다. 사람들 입에 오르내릴뿐더러, 급등을 반기는 전문 트레이더와 투기 성향이 있는 대중을 함께 시장으로 끌어들이기 때문이다. 이렇게 들어오는 사람들이 상당히 많았던 것 같다. 임페리얼스틸을 작업할 때도 그렇게 했고, 주가가 솟구쳐서 수요가 생기면 얼마나 되건 물량을 다 채워줬다. 언제나 내가 매도하면서 상승 폭과 속도를 일정하게 유지했다. 주가가 하락하면 매수하고 상승하면 매도해서 주가를 끌어올리는 작업을 뛰어넘는 효과를 냈다. 그러니까, 임페리얼스틸의 시장성을 키웠다.

작전을 시작한 뒤로 임페리얼스틸을 자유롭게 매매하지 못한 시기는 없었다. 다시 말해 주가를 세차게 흔들지 않고도 적절한 수량을 사고팔 수 있었다. 매수했다가 팔지 못하면 어떻게 하나, 공매도했다가 쥐어짜기에 걸려들면 어떻게 하나 하는 두려움이 사라졌다. 임페리얼스틸을 언제고 소화할 수 있는 시장이 있다는 믿음이 전문가들과 일반 대중 사이에 퍼져나가면서 주가 동향도 점점 신뢰를 얻었다. 물론 거래가 활발했기에 임페리얼스틸을 둘러싼 온갖 부정적인 의견도 사그라들었다. 수천 주 단위로 수없이 매수하고 매도하면서 임페리얼스틸을 액면가에 팔 수 있도록 만들었다. 주당 100이면 누구나 임페리얼스틸을 사고 싶어 했다. 왜 아니겠는가? 이제 임페리얼스틸이 괜찮은 주식이라는 사실을 모르는 사람이 없었다. 과거에도 그랬지만 지금도 여전히 싼 편이었다. 상승하는 주가가 그 증거였다. 70에서 30포인트 상승할 수 있는 주식은 액면가에서 30포인트 더 오를 수 있었다. 수많은 사람이 이렇게 입을 모았다.

주가를 30포인트나 끌어올리는 과정에서 내가 매집한 주식은 기껏 7000주였고, 평균 매수단가는 거의 정확하게 85였다. 말하자면 주당 15포인트 수익을 올린 셈이었다. 물론 평가이익이긴 하지만 전체 수익은 훨씬 많았다. 매도하고 싶은 물량을 전부 소화할 수 있는 시장이 있었기에, 수익은 안전하게 실현할 수 있었다. 신중하게 주가를 조작하면 더 높은 가격에 매도할 수도 있을 테고, 또한 내게는 70과 100 사이에서 임페리얼스틸 10만 주를 매수할 수 있는 권리인 콜옵션이 있었다.

사정이 생겨서 평가이익을 현금으로 착실하게 바꾸려던 계획은 실행하지 못했다. 그렇긴 해도, 내 입으로 말하기는 좀 그렇지만, 임페리얼스틸 주가조작은 철저하게 합법적이었고 성공할 자격이 충분한 아름다운 걸작이었다. 임페리얼스틸은 자산 가치가 있는 회사였고, 주가는 더 올라도 비싼 편이 아니었다. 인수단 원년 멤버 중에 자본력이 탄탄한 유명 은행이 있었는데, 회사 지배권을 확보하려는 야망을 품었다. 임페리얼스틸처럼 번창하고 인지도 높은 회사를 장악하면 개인 투자자보다는 은행이 얻는 값어치가 더 크다. 결국 은행에서 내가 보유한 임페리얼스틸 주식의 콜옵션을 모두 인수하겠다고 제안했다. 엄청난 수익을 올릴 수 있는 기회였기에 나는 단번에 수락했다. 괜찮은 수익을 남기고 한꺼번에 처분할 수 있다면 나는 언제든 그렇게 한다. 나는 이 거래가 상당히 만족스러웠다.

임페리얼스틸 10만 주의 콜옵션을 처분하기 전에, 은행에서 회사를 더 철저히 조사하려고 더 많은 전문가를 고용한 사실을 알게 되었다. 아마도 은행가들은 조사보고서를 보고 내게 매수 제안을 한 모양이었다. 그때 나는 임페리얼스틸 수천 주를 투자 목적으로 보유하고 있었다. 가치를 믿었기 때문이다.

임페리얼스틸을 조작하면서 상식을 벗어나거나 건전하지 못한 부분은 하나도 없었다. 내가 매수해서 주가가 상승하면 일이 잘 풀리고 있다는 뜻이었다. 더러 주식이 물먹은 솜처럼 무거워지기도 하는데, 임페리얼스틸은 그런 적이 없었다. 만일 주식을 매수했는데 주가가 적절하게 반응하지 않는다면, 매도하라는 신호로 그보다 더 좋은 정보는 없다. 가치 있는 주식이고 전체 시장 여건이 받쳐준다면, 주가가 하락해도 언제든 끌어올릴 수 있다. 20포인트는 문제없다. 하지만 임페리얼스틸은 그렇게 할 필요도 없었다.

주가를 조작하면서 기본 매매원칙을 잊은 적이 결코 없다. 내가 왜 자꾸 이 말을 반복하는지, 증권시세표와 씨름하지 말고 시장이 뜻대로 움직이지 않는다고 성질부리지 말라고 왜 줄기차게 얘기하는지 궁금할 것이다. 두뇌 회전이 빨라서 자기 사업으로 수백만 달러를 벌어들이고 가끔은 월가에서도 성공을 거두는 사람이라면 차분하게 게임을 풀어가는 지혜를 터득했으리라고 생각할 것이다. 그렇지 않은가? 사실 성공할 만큼 성공했다는 주식 기획자들도 시장이 뜻대로 돌아가지 않는다고 걸핏하면 짜증 낸다는 사실을 알면 깜짝 놀랄 것이다. 이런 사람들은 시장이 제 마음대로 움직이지 않으면 모욕을 당한 듯이 분통을 터뜨리는데, 그러면 돈을 잃기 마련이다.

한번은 나와 존 프렌티스가 거북한 사이라는 소문이 파다하게 돌았다. 사람들은 주식거래가 어그러졌다느니 누가 누구를 배신해서 수백만 달러를 날렸다느니 하는 극적인 이야기를 기대했지만, 사실 그런 일은 없었다.

프렌티스와 나는 오랫동안 가깝게 지낸 사이다. 프렌티스도 여러 차례 내게 유익하게 활용할 수 있는 정보를 주었고, 나도 프렌티스에게 조언을 건넸다. 프렌티스는 내 조언을 따르기도 하고 무시하기도 했는데, 내 조언대로 하면 돈이 굳었다.

프렌티스는 페트롤리움 프로덕트를 창립하고 홍보하는 데 단단히 한몫한 인물이다. 그런데 회사 주식이 시장에 그런대로 성공리에 데뷔는 했지만 시장 여건이 기울면서 프렌티스와 동료들이 기대한 만큼 썩 신통치는 않았다. 그러다가 기본 여건이 나아지자 프렌티스는 작전 세력을 조직해서 페트롤리움 프로덕트 조작 작업에 들어갔다.

프렌티스가 어떤 기술을 썼는지는 모르겠다. 그도 말하지 않았고 나도 묻지 않았다. 하지만 월가에서 풍부한 경험을 쌓고 똑소리나기로 유명한 프렌티스도 진가를 발휘하지 못한 것이 분명했다. 오래지 않아 작전 세력은 주식을 대규모로 처분할 수 없겠거니 판단했다. 프렌티스도 해볼 만한 일은 다 시도해봤을 것이다. 작전 세력 관리자는 자기 역량이 부족하다고 스스로 인정하지 않으면 절대 외부인에게 자기 역할을 넘기지 않는다. 그리고 대개는 자신의 역량 부족을 수긍하지 않는다. 어쨌든 프렌티스가 나를 찾아와서 얼마간 서두를 늘어놓더니 작전 세력이 10만 주 넘게 보유한 페트롤리움 프로덕트를 소화할 시장을 열어 달라고 부탁했다. 당시 그 주식 매도가는 102에서 103 사이였다.

나는 뭔가 께름칙해서 정중하게 그 제안을 거절했다. 하지만 프렌티스가 맡아 달라고 고집부리면서 그동안 쌓은 인연까지 들먹이는 바람에 나는 결국 승낙하고 말았다. 성공을 장담하지 못하는 작업은 딱 질색이지만, 누구건 친구나 지인에게 신세 지기 마련이라 생각하니 거절할 수 없었다. 그래서 최선을 다하겠지만 자신은 없다고 말하고, 내가 이제부터 씨름해야 할 부정적인 요소를 하나하나 꼽았다. 하지만 프렌티스는 작전 세력에 수백만 달러를 보장해 달라는 게 아니라면서, 내가 맡아주면 합리적인 사람은 누구나 만족할 만큼 충분히 잘해내리라 확신한다고 했다.

그렇게 해서 나는 내 판단을 거스르는 일에 얽혀들었다. 우려한 대로 상황은 고약했다. 대개 프렌티스가 작전 세력을 위해 주가를 조작하다가 실수를 저지른 탓이었다. 가장 불리한 점은 바로 시기였다. 나는 강세장이 막바지로 치닫고 있다고 확신했다. 그렇게 생각하면 프렌티스가 시장 여건이 나아졌다고 보고 기대에 들떴던 그 상황은 단기 반등일 뿐이었다. 나는 페트롤리움 프로덕트로 성공을 맛보기 전에 시장이 완전히 약세로 돌아설까봐 두려웠다. 하지만 이미 약속했으니 내가 아는 대로 최선을 다할 생각이었다.

주가를 끌어올리기 시작했고, 웬만큼 성공을 거두었다. 107 부근까지 띄웠는데, 그만하면 괜찮은 성적이었고 물량도 소량 매도할 수 있었다. 매도한 물량이 많지는 않았지만, 작전 세력의 보유 물량을 늘리지 않은 것만으로도 기뻤다. 주가가 소폭이라도 오르면 주식을 처분해버리려고 목을 빼고 기다리는 사람이 작전 세력 밖에도 수두룩했기에, 나는 그 사람들에게 하늘이 내려주신 천사였다. 시장 여건이 더 좋았더라면 더 잘할 수 있었을 텐데, 프렌티스가 좀 더 일찍 제안하지 않은 것이 못내 아쉬웠다. 이제는 작전 세력의 손실을 최대한 줄이면서 시장을 빠져나오는 것이 내가 할 수 있는 최선 같았다.

프렌티스를 불러서 내 생각을 말했다. 프렌티스가 반대하길래 내가 왜 그런 판단을 내렸는지 설명했다. "프렌티스, 나는 시장의 맥을 분명하게 짚을 수 있어. 자네 주식에는 추격 매수세가 없다고. 내가 조작하면 대중이 어떻게 반응할지 훤히 보인단 말이야. 내 말 잘 들어. 트레이너들 눈에 페트롤리움 프로덕트가 매력적으로 보이게 만들어놨고 필요할 때마다 자네가 떠받쳐줬는데도 대중은 쳐다보지도 않잖아. 그렇다면 뭔가 잘못된 거지. 주식이 아니라 시장이 말이야. 억지로 한다고 될 일이 아니야. 그러다간 실패할 게 뻔해. 작전 세력 관리자는 뒤따라서 매수할 사람이 있으면 기꺼이 자기 주식을 사야겠지. 하지만 시장에 혼자만 있는데 자기 주식을 사면 얼빠진 거야. 내가 5000주를 매수할 때마다 대중도 따라서 5000주 넘게 매수할 마음이 있거나 매수할 수 있어야 하거든. 나 혼자 모든 물량을 사들이는 짓은 안 해. 만일 그러면 원하지도 않는 주식을 무더기로 떠안게 되니까. 지금 할 일은 딱 하나, 파는 거야. 팔 수 있을 때 팔아야 해."

"그러니까 뭐든 얻을 만한 것이 있을 때 매도하라는 말이야?" 프렌티스가 물었다.

"그렇지!" 이렇게 말했더니 프렌티스가 반대할 눈치였다. "내가 작전 세력 물량을 전부 매도하면 가격이 액면가 아래로 떨어질 테니까 각오하고."

"안 돼! 절대로 안 돼!"

내가 자살클럽에 가입하라고 권하기라도 한 것처럼 프렌티스가 외쳤다. 나는 말을 이어갔다.

"프렌티스, 주식을 매도하기 위해 주가를 끌어올리는 건 주가조작의 대원칙이야. 하지만 상승세에 대규모로 매도하진 않아. 그렇게 할 수 없네. 대량 매도는 주가가 최고점에서 하락할 때 하는 거지. 자네 주식을 125에서 130까지 끌어올릴 순 없어. 그렇게 하고 싶지만 불가능해. 그러니까 이 정도 선에서 매도에 들어가야 해. 내 생각으로는 모든 주식이 하락할 것 같아. 페트롤리움 프로덕트도 예외는 아니고. 다음 달에 다른 사람들이 매도해서 주가가 떨어지는 것보다 지금 작전 세력이 매도해서 가격을 떨어뜨리는 게 나아. 어쨌든 주가는 하락할 데니까."

내가 하늘이 무너진다고 얘기한 것도 아닌데, 프렌티스가 울부짖는 소리가 멀리 중국까지 들릴 정도였다. 프렌티스는 주가가 떨어진다는 말일랑 들으려고도 하지 않았다. 절대 그런 일이 벌어져서는 안 된다며, 주식을 담보로 대출 받은 은행과 사이가 불편해지는 것은 말할 것도 없고 주가 기록도 엉망이 된다는 둥 어떻다는 둥 하며 사정사정했다.

나는 프렌티스에게 다시 말했다. 내가 보기에는 전체 시장이 하락세로 가고 있어서 페트롤리움 프로덕트가 15나 20포인트 떨어지는 건 세상 누구도 막을 수 없다고. 페트롤리움 프로덕트만 황홀한 예외가 되기를 기대하는 건 어리석다고 한 번 더 말했다. 하지만 내 말은 아무 소용없었다. 프렌티스는 주가를 떠받쳐 달라고 고집을 피웠다.

머리 회전이 빠른 사업가요 그 시절 성공한 주식 기획자로 손꼽히며 월가에서 몇백만 달러를 벌어들이고 투기 게임이라면 누구보다 훤히 아는 사람이 하락장 초입에서 주가를 떠받치라고 사실상 고집부렸다. 자기 주식이니까 그럴 수 있다 쳐도 수지가 안 맞는 장사였다. 도저히 안 될 일이기에, 내키지는 않았지만 다시 프렌티스를 설득했다. 하지만 아무 소용없었다. 프렌티스는 주문을 넣어 주가를 떠받쳐 달라고 버텼다.

물론 전체 시장이 약세로 흐르면서 페트롤리움 프로덕트도 다른 종목들과 함께 움직이기 시작했다. 나는 매도하지 않고 프렌티스의 요구대로 내부자 세력의 주식을 매수했다.

프렌티스는 약세장이 코앞에 닥쳤다는 사실을 믿으려 하지 않았다. 나는 강세장이 끝났다고 확신했다. 페트롤리움 프로덕트뿐만 아니라 다른 주식들을 시험 삼아 거래해보고 내 처음 짐작을 확인했다. 그래서 약세장이 안착할 때까지 기다리지 않고 공매도를 시작했다. 물론 페트롤리움 프로덕트는 단 한 주도 건드리지 않고 다른 주식을 공매도했다.

내가 예상한 대로 페트롤리움 프로덕트 세력은 애초 보유한 물량에다 헛되이 주가를 떠받치려고 받아들인 물량까지 떠안는 처지가 되었다. 결국에는 주식을 청산했지만, 내 뜻대로 팔게 내버려뒀더라면 내부자 세력이 받을 수 있었던 선보다 한참 낮은 가격에 정리했다. 달리 방법이 없었다. 프렌티스는 여전히 자신이 옳았다고 생각한다. 아니, 그렇게 말하고 다닌다. 내가 다른 주식들을 공매도했는데 시장 전반이 상승하니까 페트롤리움 프로덕트를 매도하라고 했다느니. 내부자 세력 물량을 가격에 상관없이 매도해서 페트롤리움 프로덕트가 하락했고 그래서 다른 주식들을 공매도한 내게 유리했다느니, 뭐 그런 얘기였다.

죄다 허튼소리였다. 주식을 공매도했기 때문에 하락세로 예측한 것이 아니었다. 상황을 들여다보고 약세라고 점쳤고, 약세론으로 방향을 틀고 나서야 주식을 공매도했다. 주식시장에서는 이 과정을 뒤집으면 큰돈을 벌 수 없다. 내 20년 경력을 살려서 내부자 세력의 물량을 매도하기 위한 계획을 세웠기에 현실적이고 현명한 해결책이었다. 프렌티스도 나처럼 트레이더의 시각으로 상황을 똑바로 바라봐야 했다. 다른 방도를 찾아보기에는 너무 늦은 시점이었다.

프렌티스도 수많은 외부인처럼 주가를 조작하는 사람은 뭐든 할 수 있다는 환상에 빠졌던 것 같다. 하지만 실제로는 그렇지 않다. 제임스 킨이 가장 큰 성공을 거둔 건이라면 1901년 봄에 US스틸 보통주와 우선주의 주가를 조작한 작전이었다. 하지만 킨이 영리하거나 지략이 뛰어나서 성공한 것이 아니었다. 그렇다고 전국의 거부들이 인수단을 꾸려 든든하게 받쳐준 덕분도 아니었다. 물론 이런 요인도 킨의 성공에 한몫했겠지만, 주된 이유는 전체 시장과 대중의 심리상태가 바람직했기 때문이다.

경험의 가르침과 상식에 어긋나는 행동은 사업에 보탬이 안 된다. 하지만 월가에서는 외부인들만 호구가 되는 게 아니다. 방금 얘기했듯이 프렌티스는 내게 불만이 많았다. 내 뜻대로가 아니라 자기 요구대로 주가를 조작했다고 분통을 터뜨렸다.

고의로 사실을 왜곡하지 않는다면 주식을 대량으로 매각하기 위해 조직하는 주가조작에는 수상쩍거나 올바르지 못하거나 구린 요소가 없다. 건전한 주가조작은 건전한 매매원칙에서 출발한다. 사람들은 가장매매처럼 낡은 수법을 중요하게 여기지만, 그런 속임수는 별 쓸모가 없다고 장담할 수 있다. 주식시장 조작과 장외시장에서 오가는 주식 및 채권 거래는 고객의 눈길을 사로잡는 방식이 다르다기보다는 고객의 특성 자체가 다르다. J. P. 모건사는 발행 채권을 일반인, 즉 투자자에게 매도한다. 주가조작자는 대량의 주식을 일반인, 즉 투기꾼들에게 매도한다. 투자자는 투자금의 이자수익을 영구히 받을 수 있는 안전성을 바라지만, 투기꾼은 단기간에 빠른 수익을 기대한다.

그래서 주가조작자들은 투기꾼 사이에서 목표시장을 찾는다. 투기꾼들은 투자금 대비 큰 수익을 거머쥘 적당한 기회가 있으면 여느 사업보다 더 큰 위험도 기꺼이 감수하기 때문이다. 나는 덮어놓고 도박에 뛰어든 적이 없다. 크게 걸든 100주를 사든 마땅한 이유가 있어야 한다.

내가 어쩌다 주가조작이라는 게임에 발을 들여놓게 되었는지 선명하게 기억한다. 그러니까 다른 사람들의 주식을 팔기 위해 시장을 조성하게 된 자초지종 말이다. 월가의 전문가들이 주식시장 조작을 어떻게 대하는지 아주 잘 보여주는 기억이라서, 떠올리기만 해도 재미있다. 내가 '재기'한 후, 그러니까 1915년에 베들레헴철강을 거래해서 자금 사정이 회복의 길로 들어서던 참이었다.

제법 꾸준히 거래했고 운도 썩 괜찮았다. 신문에 오르내리기를 기대한 적은 없지만, 일부러 숨지도 않았다. 알다시피 월가의 전문가들은 활발하게 거래하는 트레이더들이 성공하든 실패하든 과장하기 일쑤고, 물론 신문기자들은 그 뜬소문을 그대로 받아 적는다. 그런 촌평을 들어보면 나는 수없이 파산했고, 또 수많은 돈을 벌어들였다. 이런 소문들이 어디서 어떻게 모락모락 피어나는지 궁금할 따름이다. 그리고 어떻게 그렇게 거창해지는지도! 중개인 친구들이 돌아가며 같은 소문을 들려주는데, 매번 조금씩 내용이 달라지고 과장되고 살이 붙었다.

다른 사람을 위해 주가를 조작하는 일에 나선 자초지종을 설명하려다가 서론이 길어졌다. 내가 어떻게 수백만 달러 빚을 말끔히 갚았는지 신문에 기사로 실렸는데 효과가 컸다. 내가 얼마나 큰 돈을 걸었네 성공했네 하고 하도 신문기사에서 과장하는 바람에 월가에서도 술렁거렸다. 트레이더 한 사람이 20만 주를 굴리며 시장을 장악하던 시절은 지나갔지만, 알다시피 대중은 언제나 원로들의 후계자를 찾고 싶어 한다. 킨이 주식을 거래하는 기술이 노련해서 혼자 힘으로 수백만 달러를 벌어들였다는 명성이 자자했다. 주식 기획자와 은행들은 그 소문을 듣고 킨에게 주식을 대량으로 팔아 달라고 의뢰했다. 간단히 말해 월가에 떠도는 소문과 트레이더로서 누린 성공담이 킨의 주가조작을 원하는 수요를 만들어냈다.

하지만 킨은 이제 떠나갔다. 애마 시손비가 기다리고 있지 않으면 한순간도 머무르지 않겠다던 천국으로 떠나갔다. 몇 달 새 주식시장의 역사를 새로 장식한 두어 사람도 한동안 활동이 잠잠하니 사람들 기억에서 사라졌다. 1901년에 월가로 와서 보유했던 철강주 물량으로 큰돈을 벌어들이고 월가에 눌러앉았던 서부 출신 투기자들이 특히 그렇다. 사실 이들은 킨과 같은 부류의 투기자라기보다는 특급 주식 기획자였다. 정말 유능하고 진짜 갑부인 데다 본인과 친구들이 장악한 회사의 주식으로 대박을 터뜨렸다. 킨이나 플라워 주지사처럼 뛰어난 주가조작자는 아니었으나, 월가에는 여전히 그네들 소문이 풍성하게 돌았고 전문가 사이에도 번듯한 거래소에도 따르는 사람들이 있었다. 이들이 활동을 중단한 뒤에는 증권가에서 주가조작자를 찾아볼 수 없었다. 적어도 신문에서는 주가조작자들의 기사를 찾아 읽을 수 없었다.

기억하다시피 1915년에 증권거래소가 영업을 재개하면서 초강세장이 시작됐다. 시장이 확대되고 연합군이 미국에서 수십억 달러에 이르는 군수품을 싹 쓸어가는 덕분에 미국은 호황을 누렸다. 전쟁 수혜주라면 조작하려고 손가락 하나 까딱하지 않아도 무제한 시장이 펼쳐졌다. 계약을 체결하거나 체결하기로 약속만 받아도 수십 명이 수백만 달러를 벌던 시절이었다. 이들은 연줄이 닿는 은행가의 도움을 받거나 자사주를 장외시장에 내놓아서 주식 기획자로 성공을 거두었다. 적당히 광고만 해도 대중은 뭐든 매수했다.

어느덧 호황이 전성기를 지나자 일부 주식 기획자는 주식을 처분하려면 전문가의 손길이 필요한 처지가 되었다. 대중은 온갖 주식을 잔뜩 끌어안고 있었고 일부는 더 높은 가격에 매수한 터라 검증되지 않은 주식을 처분하기는 쉽지 않았다. 호황이 지나가자 대중은 오를 만한 건 하나도 없다고 생각했다. 구매자의 안목이 높아져서가 아니라 무턱대고 매도에 덤벼들던 시대는 끝났기 때문이다. 구매자의 심리상태가 바뀐 것이다. 심지어 가격이 내려가지 않아도 사람들은 비관적으로 변했다. 시장의 움직임이 둔해진 채 한동안 그 상태에 머물러도 비관론이 들어서기에 충분했다.

호황기가 찾아올 때마다 대중은 온갖 주식을 탐내는데, 꼭 이 때문만은 아니더라도 대중의 욕망을 노리고 이런저런 회사들이 생겨난다. 하물며 뒤늦게 판촉을 벌이기도 한다. 호황의 끝자락을 보고 싶지 않은 심리가 인간의 본성이기에 주식 기획자들도 이런 실수를 저지른다. 수익을 대거 올릴 기회는 당연히 잡아야 하지만, 희망이 시야를 가리면 꼭대기가 눈에 들어오지 않는 법이다. 일반 대중 누구도 12나 14에 매수하지 않던 주식이 갑자기 30까지 뛴다. 그러면 여기가 정점인 것 같다. 그러다 50까지 치솟으면 확실히 상승세의 끝인 듯 보인다. 그런데 60, 70, 75까지 가면 몇 주 전만 해도 15를 밑돌던 이 주식이 더는 상승할 것 같지 않다. 하지만 80, 85까지 찍으면, 가치는 생각하지 않고 오직 가격만 따지는 일반 대중은 시장 여건이 아니라 두려움에 사로잡혀 행동한다. 이렇게 가장 손쉬운 방법을 선택하고, 주가가 상승하는 데는 한계가 있다는 생각을 접어버린다. 바로 이 때문에 현명하게 최고점에서 매수하지 않던 사람들도 차익을 실현하지 못한다. 호황기에 가장 먼저 큰 수익을 올리는 사람들은 언제나 대중이다. 하지만 그 수익은 서류상 평가이익으로만 남을 뿐이다.

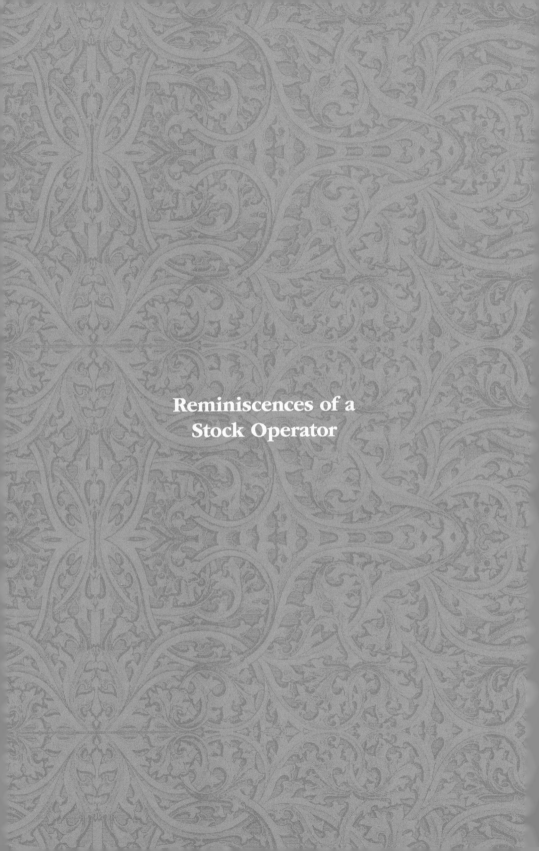

Reminiscences of a
Stock Operator

타란툴라
독거미

하루는 내 주거래 중개인이자 절친한 친구인 짐 반스가 찾아왔다. 내게 부탁을 좀 들어 달라고 하는데, 한 번도 그런 식으로 얘기한 적이 없던 친구여서, 내가 도와줄 수 있기를 내심 바라며 무슨 일인지 물었다. 꼭 부탁을 들어주고 싶었다. 짐의 말을 들어보니 그의 회사가 힘을 실어주는 주식이 있었다. 사실 여럿이 함께 그 주식의 판촉을 담당했는데, 짐의 회사가 중요한 위치에 있어서 상당한 지분을 보유하고 있었다. 그런데 사정이 생겨서 물량을 대거 처분해야 할 판이었다. 짐은 내게 물량을 소화할 시장을 조성해 달라고 했다. 그 주식은 콘솔리데이티드 스토브였다.

이런저런 이유로 그 일에 얽혀들고 싶지 않았다. 하지만 내가 여러 차례 신세 진 일도 있고 짐이 개인적으로 부탁한다고 사정사정하는 바람에 내 마음을 돌릴 수밖에 없었다. 짐은 좋은 사람이고,

또 내 친구이니 말이다. 게다가 알아보니 짐의 회사가 깊숙이 개입된 일이어서, 결국 할 수 있는 만큼은 해보겠다고 했다.

전쟁이 불러온 호황과 다른 호황이 눈에 띄게 다른 점은 새로운 부류의 사람들이 증권시장을 누비고 다닌다는 것이다. 이번에는 젊은 은행가들이었다.

엄청난 호황이었고, 어디서 어떻게 호황이 불어닥쳤는지 누구나 다 알았다. 그와 동시에 미국에서 내로라하는 은행과 신탁회사 들은 온갖 부류의 주식 기획자와 군수품 제조업자 들을 하룻밤 새 백만장자로 만들어놓으려고 갖은 애를 썼다. 친구의 친구가 연합군 위원회 일원이라고 말하기만 해도 아직 체결되지 않은 계약에 필요한 자금을 모두 지원받을 수 있었다. 믿을 만한 신탁회사에서 자금을 빌려 수백만 달러짜리 사업을 굴리는 사업체 사장이 되었다는 직원들의 믿기 힘든 이야기, 이 사람에게서 저 사람으로 건너다니면서 수익을 남겼다는 계약 이야기가 종종 들렸다. 유럽에서 미국으로 금이 물밀듯 쏟아져 들어와서 은행들은 그 자금을 관리할 방법을 찾아야 했다.

원로들은 이런 사업 작태를 보고 우려했겠지만, 원로들이 그렇게 많이 보이지는 않았던 것 같다. 평온한 시절에는 은행장의 백발 패션이 아주 잘 어울리지만, 역동하는 시절에는 젊음이 최고의 자질이다. 은행업계는 확실하게 어마어마한 수익을 챙겼다.

짐 반스와 동료들도 마셜내셔널뱅크의 젊은 은행장하고 우정과 신뢰를 다져 나갔는데, 이들은 유명한 스토브 회사 세 곳을 합병하고 이 새로운 회사의 주식을 대중에게 팔 생각이었다. 대중은 몇 달

동안 주권이라고 찍힌 것이면 뭐든 무조건 매수하고 보던 터였다.

그런데 문제가 하나 있었다. 스토브 산업이 호황을 누리면서 세 회사 모두 역사상 처음으로 자사의 보통주 배당 수익을 벌어들였고, 당연히 대주주들은 지배권을 놓으려 하지 않았다. 장외시장에도 자사 주식을 거래할 여건이 형성되어 있었고 이미 원하는 만큼 지분을 처분했기 때문에 대주주들은 지금 상태에 만족했다. 시장의 큰 움직임을 감당하기에는 세 회사 각자 자본금 규모가 너무 작았는데, 이런 상황에서 짐 반스의 회사가 개입한 것이다. 증권거래소에 상장하려면 합병회사의 규모를 키워야 했다. 그러면 신주도 이전보다 값어치가 높아질 터였다. 이는 가치를 끌어올리기 위해 증권 색상을 바꾸는 방법으로, 월가의 해묵은 수법이었다. 액면가에도 잘 팔리지 않는 주식이 있다고 하자. 이런 주식은 4분의 1로 분할해서 신주를 30이나 35에 팔 수 있다. 그러면 분할 전으로 따져서 한 주당 120이나 140인 셈이어서, 분할하지 않았다면 도달하기 힘든 수치가 된다.

짐과 동료들은 세 회사 중 규모가 비교적 큰 그레이 스토브 주식을 투기 목적으로 다량 보유한 친구 몇몇을 합병에 끌어들이는 데 성공한 모양이었다. 그레이 스토브 1주당 합병회사 주식 4주를 주는 조건이었다. 미들랜드와 웨스턴도 그레이 스토브를 뒤따라 1주당 1주를 교환하는 조건으로 합병에 참여했다. 두 회사 주식은 장외시장에서 25와 30 사이에 거래되었고, 더 유명하고 배당금도 지급하는 그레이 스토브 주가는 125 부근이었다.

현금을 받아야 주식을 팔겠다고 버티는 주주들의 물량을 매입할 자금을 끌어오고 개선 활동과 판촉 활동에 들어가는 추가 경비를 제공하려면 몇백만 달러가 필요했다. 그래서 짐은 거래하던 은행장을 찾아갔고, 은행장은 흔쾌이 짐의 인수단에 350만 달러를 대출해주었다. 담보는 신설된 합병회사 주식 10만 주였다. 인수단은 은행장에게 주가가 50 밑으로 떨어지지 않을 거라고 장담했다. 아니, 그렇게 장담했다고 들었다. 그만하면 높은 가격이어서 수지맞는 거래였다.

주식 기획자들이 저지른 첫 번째 실수는 시기 문제였다. 신주 이슈가 파고들기에는 시장이 포화상태라는 사실을 알아차렸어야 했다. 게다가 다른 주식 기획자들이 활황 꼭대기에서 성공한 것처럼 이들도 떼돈을 벌어보려고 기를 썼다. 그러지 않았더라면 꽤 괜찮은 수익을 올렸을 텐데 말이다.

그렇다고 짐과 동료들을 어리석거나 서툰 애송이라고 지레짐작하지 않길 바란다. 그들은 두뇌 회전이 빠른 사람들이었고, 모두 월가의 방식을 훤히 꿰고 있었다. 하물며 몇몇은 걸출하게 성공한 주식 트레이더였다. 하지만 그들은 대중의 매수 여력을 과대평가하는 실수를 저질렀다. 대중의 매수 여력도 실제로 시험 삼아 매매를 해봐야 파악할 수 있다. 게다가 그들은 강세장이 훨씬 오래가리라 기대하는 바람에 더 비싼 대가를 치렀다. 너무 빨리 대단하고 특별한 성공을 맛본 사람들이어서, 강세장이 꺾이기 전에 거래를 매듭지을 수 있다고 믿어 의심치 않았던 것 같다. 다들 유명인이었고, 전문 트레이더들과 증권사 중에도 꽤 많은 추종자를 거느리는 인사들이었다.

합병 건 거래는 홍보에 박차를 가했다. 신문들은 지면을 아끼지 않고 이런 논조를 실었다. '합병하기 전에도 이들 회사는 미국 스토브 산업을 대표했고 이들 회사 제품은 전 세계에 널리 알려져 있다. 이번 합병은 애국하는 길이고 합병만 하면 세계 정복도 머지않았다.' 일간지를 도배한 이런 기사를 보면 아시아, 아프리카, 남아메리카 시장을 손쉽게 제패할 듯 보였다.

합병회사 임원진은 신문 경제면을 읽는 독자라면 누구나 아는 인물들이었다. 홍보 작업은 원활하게 돌아갔고, 이름을 밝히지 않은 내부자들이 주가의 향방을 정확하게 약속해주었다. 덕분에 새로 발행될 주식의 수요를 엄청 끌어낼 수 있었다. 신주 청약을 마감하고 결과를 살펴보니 주당 50달러로 일반 대중에 제공할 주식이 25퍼센트 초과 신청되었다.

생각해보라! 주식 기획자들은 몇 주간 작업해서 신주를 그 가격에 성공적으로 파는 것이 최선이라고 판단했어야 했다. 평균 매도단가를 50에 맞추려면 주가를 75 이상으로 끌어올려야 하는데, 그러면 예전 주가에서 100퍼센트 상승한 셈이었다. 여기가 고비였는데, 주식 기획자들은 제대로 처신하지 못했다. 이 사례에서도 알 수 있듯이 사업은 저마다 필요한 요소가 따로 있는 법이다. 보편된 지식이 특정한 수완보다 값어치를 못 할 때가 있다. 예상치 않은 초과 청약에 신이 난 주식 기획자들은 대중이 가격과 수량을 가리지 않고 매수에 나설 거라고 결론짓고, 어리석게도 청약 물량을 다 배당하지 않았다. 주식 기획자들이 탐욕을 부리기로 마음먹었으면 지능적으로 머리를 굴렸어야 했다.

당연히 주식을 전부 배당했어야 한다. 말하자면 대중에 제공한 전체 청약 물량에서 초과된 25퍼센트를 공매도했어야 한다. 그러면 필요할 때 아무런 추가비용 없이 주가를 떠받칠 수 있었다. 내가 주가를 조작할 때면 늘 차지하려고 애쓰던 강력한 전략적 포지션을 문제없이 손에 쥐었을 것이다. 주가가 축 처지지 않도록 떠받쳐서 신주 가격이 안전한 데다 인수단이 뒤에 든든히 서 있다는 확신을 대중에 심어줄 수 있었다. 청약 물량을 팔아 치운다고 본인들 일이 끝나는 게 아니라는 점을 명심했어야 했다. 청약 주식은 주식 기획자들이 시장에서 처리해야 하는 물량의 일부일 뿐이었다.

주식 기획자들은 대성공이라고 생각했지만, 오래지 않아 결정적인 두 가지 실수의 결과가 드러나기 시작했다. 시장 전반이 조정받는 경향을 보이면서 대중은 신규 주식을 더 매수하지 않았다. 덜컥 겁이 난 내부자들은 콘솔리데이티드 스토브를 떠받치지 않았다. 불황기에 내부자들이 자사 주식을 매수하지 않으면 누가 뛰어들겠는가? 내부에서 주가를 떠받치지 않으면 대개 사람들은 주가가 하락할 거라는 정보로 받아들인다.

통계 자료를 자세히 들여다볼 필요도 없었다. 콘솔리데이티드 스토브는 시장의 다른 종목들과 같이 출렁였으나 시초가를 넘어가지 못한 채 50을 살짝 웃돌았다. 결국 짐과 친구들은 주가를 40 선 이상으로 유지하기 위해 매수자로 시장에 끼어들었다. 주식을 처음 상장했을 때 주가를 떠받치지 않은 실수가 안타까웠지만, 대중이 청약한 물량을 모두 배당하지 않은 문제가 더 아쉬웠다.

어쨌든 콘솔리데이티드 스토브는 뉴욕증권거래소에 정식으로 상장되었고, 축 처지다가 37에서 멈춰섰다. 그나마 이 선에서 그친 것도 짐과 동료들이 은행에서 10만 주를 담보로 주당 35달러를 대출받은 처지라 주가를 떠받칠 수밖에 없었기 때문이다. 은행에서 담보로 잡은 주식을 팔아 대출금을 회수하려 했다면 주가가 어디까지 떨어질지 모를 일이었다. 50에 매수하려고 애태웠던 대중이 이제는 37인데도 본체만체했다. 27에도 살 것 같지 않았다.

시간이 흐르면서 대출 상환기간 연장 문제를 두고 은행들이 선을 넘자 사람들은 다시금 생각했다. 이제 젊은 은행가들의 시대는 막을 내렸다. 은행업계는 벼랑 끝으로 내몰리더니 느닷없이 보수주의로 회귀하는 것 같았다. 은행장과 절친한 친구들도 마치 골프 한 번 친 적 없는 사이처럼 대출금 상환을 요청받았다.

대출자가 을러대거나 차용인이 상환기일을 연장해 달라고 사정할 필요는 없었다. 서로 거북하기 짝이 없는 상황이었다. 내 친구 짐 반스와 거래하는 은행은 여전히 상냥하게 굴었지만, 분위기는 마치 이랬다. '제발 대출금을 청산해주게. 그렇지 않으면 우리 모두 지옥에 떨어지고 말아!'

이렇게 뒤숭숭하고 폭발할 것 같은 상황에서 짐 반스가 나를 찾아와 은행에서 차입한 350만 달러를 상환할 수 있도록 주식 10만 주를 팔아 달라고 부탁한 것이었다. 짐은 주식을 팔아서 수익을 내겠다는 기대는 하지도 않았다. 인수단이 손실을 조금만 내고 빠져나올 수 있다면 그저 고마울 따름이었다.

하지만 그렇게 될 가망은 없어 보였다. 시장 전반이 활발하게 움직이지도 강세를 나타내지도 않았다. 이따금 반등하면 다들 기운을 차리고 강세장이 다시 찾아올 거라고 믿으려 애썼다.

나는 짐에게 제안을 검토해보고 작업 조건을 알려주겠다고 말했다. 실제로 제안을 검토하긴 했다. 그렇다고 회사의 최근 연간 보고서를 분석하진 않고 오로지 주식시장 국면만 들여다봤다. 회사의 수익이나 전망이 좋아서 주가가 상승할 거라고 홍보하는 대신 공개시장에서 물량을 대량으로 처분할 작정이었다. 그래서 그 작업을 위해 무엇을 해야 하는지, 무엇이 도움이 되고 걸림돌이 되는지만 생각했다.

그러다 한 가지 문제를 찾아냈는데, 소수의 사람이 너무 많은 주식을 보유하고 있었다. 주가 안정성을 확보하기에는 너무 많은 물량이라 불안불안했다. 은행가, 중개인, 뉴욕증권거래소 회원사 들을 거느린 클리프턴 케인이 7만 주를 보유하고 있었다. 이 회사는 짐과 친분이 두터웠고, 오랫동안 스토브 업계 주식을 전문으로 다루어서 합병에도 큰 영향력을 행사했다. 이 회사 고객들도 좋은 사업이라는 말을 듣고 끼어들었다. 전 상원의원 새무얼 고든도 조카들의 회사인 고든브러더스의 특별 파트너로서 7만 주를 보유했고, 유명한 조슈아 울프는 보유 물량이 6만 주였다. 한 줌도 안 되는 월가의 베테랑 전문가들이 콘솔리데이티드 스토브를 20만 주나 쥐고 있었다. 이들에게는 주식 매도 시기를 알려줄 사람이 필요없었다. 내가 대중의 매수를 끌어내기 위해 주가조작에 나선다면, 그러니까 거래를 활발하게 만들고 주가를 띄운다면 케인과 고든과 울프가 물량을 떠넘길 게 뻔했다. 그것도 찔끔찔끔 내놓지 않을 터였다. 그들이 보유한 20만 주가 나이아가라폭포처럼 시장에 쏟아져 들어오는 광경은 결코 황홀할 리 없었다. 강세장의 거품이 이미 꺼졌다는 사실을 잊지 말기 바란다. 내가 아무리 수완 좋게 주가를 조작해도 압도적인 수요를 만들어낼 수는 없었다. 짐 반스도 이 작업에 환상을 품지 않았기에, 내게 맡기고 잠자코 옆으로 물러났다. 강세장이 마지막 숨을 몰아쉬는 순간에 물먹은 솜처럼 무거워진 주식을 넘겨줬으니 그랬을 테다. 물론 신문에는 강세장이 끝났다는 기사가 한 줄도 없었지만, 나도 알고 짐 반스도 알고, 짐작하건대 은행도 알았다.

그래도 짐 반스와 약속했기에 케인과 고든과 울프에게 만나자고 전갈을 보냈다. 이들이 보유한 20만 주는 말총 한 올에 매달린 '다모클레스의 칼'처럼 불안불안했다. 나는 말총을 쇠사슬로 바꾸고 싶었다. 호혜협정 같은 걸 맺는 길이 가장 손쉬워 보였다. 은행이 보유한 물량 10만 주를 내가 처분하는 동안 그들이 매도를 미루는 식으로 소극적으로 도와준다면, 내가 적극 나서서 모든 물량을 정리할 수 있는 시장을 조성할 생각이었다. 현 시장 상황에서 콘솔리데이티드 스토브를 폭락시키지 않고서는 보유 물량의 10분의 1도 처분할 수 없다는 점을 그들도 잘 알았기에 매도는 꿈도 꾸지 않았다. 나는 그들에게 매도 시기를 잘 판단해 달라고, 어리석게 이기적으로 나오지 말고 현명하게 이타심을 베풀어 달라고 부탁했다. 다른 분야도 마찬가지이지만, 월가에서도 내가 갖기는 싫고 그렇다고 남 주기는 더 싫은 심보로는 득 될 게 하나도 없었다. 시기가 무르익기도 전에 매도하거나 깊이 생각하지 않고 매도하면 전체 물량을 말끔히 정리하지 못할 수도 있다고 그들을 설득하고 싶었다. 시간이 없었다.

노련한 월가 사람들이어서 콘솔리데이티드 스토브의 실제 수요에 환상일랑 품지 않겠기에, 내 제안이 그들에게 호소력 있게 다가가기를 바랐다. 클리프턴 케인은 11개 도시에 지점을 두고 고객도 수백씩 보유한 중견 증권사 수장이었다. 케인의 회사는 과거에 여러 차례 주가조작 세력을 관리하기도 했다.

7만 주를 보유한 고든 상원의원은 엄청난 갑부였다. 대도시에서 신문을 구독하는 사람들은 고든의 이름을 익히 잘 알았다. 마치 16살 손톱관리사가 고든에게 받은 5000달러짜리 밍크코트와 편지 132통을 보여주며 혼인 약속을 지키지 않았다고 고든을 고소하기라도 한 것처럼 유명세가 따랐다. 고든은 조카들에게 중개소업을 시킨 다음 그 회사의 특별 파트너가 되었다. 수십 군데 작전 세력에 가담하기도 했다. 미들랜드 스토브 지분도 엄청나게 상속받은 덕분에, 콘솔리데이티드 스토브 지분 10만 주를 손에 넣었다. 고든은 주가가 걷잡을 수 없이 오를 거라고 짐이 흘려준 정보를 귓등으로 듣다가 강세장이 꺾이기 전에 3만 주를 팔아 현금을 챙겼다. 고든이 나중에 한 친구에게 말하기를 더 팔고 싶었는데 오랜 절친들인 다른 대주주들이 더는 처분하지 말라고 간곡히 부탁하는 바람에 순전히 친구들을 생각해서 그만두었다고 했단다. 그렇기도 했겠지만, 방금 말했듯이 물량을 소화할 시장이 없기도 했다.

세 번째 인물은 조슈아 울프였다. 아마도 트레이더 가운데 가장 잘 알려진 사람일 것이다. 객장에서 20년 세월을 주름잡은 투기꾼으로 유명했다. 주식을 매수하든 매도하든 울프에게는 1, 2만 주가 200, 300주나 마찬가지였다. 나도 뉴욕에 오기 전부터 울프의 투기꾼 명성을 익히 들었다. 그 무렵 울프는 도박꾼들과 어울려 다니면서 경마장이나 주식시장에서 판돈을 제한하지 않고 도박을 즐겼다.

그래서 한낱 도박꾼이라는 비난을 샀지만, 사실 유능하고 투기 게임에 자질이 뛰어난 사람이었다. 또한 교양 있는 취미에는 무심하기로 유명해서 수많은 일화의 주인공이 되기도 했다. 세간에 널리 알려진 일화 하나를 소개하면 이렇다. 하루는 울프가 '잘난 척 만찬'이라고 부르는 자리에 초대받아 갔는데, 주최자가 다른 참석자들과 함께 문학 이야기를 시작하더니 그칠 줄을 몰랐다.

울프 옆자리에 있던 젊은 여성이 음식물을 씹기만 할 뿐 말 한마디 하지 않는 울프를 보고 이 위대한 금융가의 의견을 간절히 듣고 싶다는 표정을 지으며 울프에게 물었다. "울프 씨, 발자크를 어떻게 생각하세요?"

울프는 정중하게 음식물을 다 삼키고 나서 대답했다. "저는 장외 주식은 절대 손대지 않습니다!"

이렇게 세 사람이 콘솔리데이티드 스토브 개인 대주주였다. 이들이 나를 만나러 왔을 때 나는 인수단을 구성해서 자금을 조금 마련하고 그들의 보유 물량을 시장가보다 약간 높은 가격에 매수할 수 있는 옵션을 내게 준다면 시장을 조성해보겠다고 말했다. 그들은 단박에 필요한 액수가 얼마냐고 물었다.

나는 이렇게 대답했다. "여러분이 주식을 오랫동안 보유했지만 지금은 그걸로 아무것도 할 수 없을 겁니다. 세 분 주식을 다 합치면 20만 주인데, 잘 아시다시피 시장을 조성하지 않으면 지분을 정리할 기회가 아예 없습니다. 여러분이 보유한 물량을 소화할 시장을 조성해야 하는데, 그러려면 우선 물량이 얼마나 됐든 필요한 만큼 매수할 자금을 충분히 확보해야 합니다. 시작했다가 자금이 부족해서 중도에 그만두면 아무 소용없으니까요. 여러분이 작전 세력을 구성해서 현금 600만 달러를 마련해주시면 어떨까요? 그런 다음 여러분이 보유한 20만 주를 40에 매수할 수 있는 콜옵션을 작전 세력에 넘겨주고, 여러분 지분을 제삼자에게 예탁하는 겁니다. 모든 일이 잘 풀리면 여러분은 그 산송장 같은 물건을 처분할 수 있고, 작전 세력은 돈 좀 벌겠죠."

앞서도 말했지만, 내가 주식시장에서 한몫 단단히 잡았다며 갖가지 소문이 돌았다. 성공이 성공을 부른다고 그런 소문이 도움이 되었던 것 같다. 어쨌든 세 사람에게 시시콜콜 설명할 필요가 없었다. 이들은 직접 제 손으로 일에 나서면 얼마나 챙기게 될지 정확하게 알고 있었다. 그래서 내 계획을 마음에 들어하며, 당장 작전 세력을 꾸리겠다고 말하고 헤어졌다.

그들은 어렵지 않게 친구들을 대거 작전 세력에 끌어들였다. 작전 세력에 수익이 돌아갈 거라고 나보다도 더 자신 있게 장담한 모양이었다. 내가 듣기로는 그들이 진심으로 그렇게 되리라고 믿었다고 하니 양심에 거슬리는 정보를 흘린 건 아니었다. 결국 2, 3일 만에 작전 세력이 결성되었고, 케인과 고든과 울프는 40에 20만 주를 매수할 수 있는 콜옵션을 작전 세력에 넘겨주었다. 그들이 보유한 주식을 제삼자에게 예탁한 것도 내가 직접 확인했다. 그래서 내가 주가를 끌어올려도 그들이 보유한 지분은 단 한 주도 시장에 나올 수 없었다. 나 자신을 보호할 대비책도 마련해야 했다. 작전 세력이나 내부자 집단이 서로 신의를 저버리는 바람에 기대한 만큼 진척되지 못하고 틀어진 유망한 거래가 한둘이 아니었기 때문이다. 월가에서는 서로 물고 뜯어도 새삼스레 여기지 않았다. 아메리칸스틸앤드와이어 주식이 상장되었을 때도 내부자들이 서로 배신하고 보유 지분을 팔려 했다며 옥신각신했었다. 당시 존 W. 게이츠와 동료들 그리고 셀리그만 형제가 이끄는 은행 연합은 신사협정을 맺은 상태였다. 누군가 거래소 객장에서 4행시를 읊는 소리를 들었는데, 게이츠가 지은 시라고 했다.

타란툴라 거미가 지네 등에 뛰어올라
악귀같이 깔깔거리네.
"흉악한 놈, 독살하고 말 테다.
안 그러면 네놈이 나를 독살할 테니."

그렇다고 월가의 내 친구들이 주식거래 일로 나를 배신할 꿈을 꾼다는 얘기는 아니다. 하지만 일반적으로 만반의 준비를 해두는 것이 좋다. 이는 진정코 상식이다.

울프와 케인과 고든이 현금 600만 달러를 마련하기 위해 작전 세력을 꾸렸다고 알려온 뒤로 나는 돈이 들어올 때까지 기다리는 수밖에 없었다. 서둘러야 한다고 재촉했건만 자금은 조금씩 들어왔다. 이유는 모르겠지만, 네댓 번에 걸쳐서 들어온 것 같다. 울프와 케인과 고든에게 긴급신호를 보냈던 기억이 난다.

그날 오후에 수표 몇 장을 받아서 수중에 현금 400만 달러가 생겼고, 하루 이틀 내에 나머지 금액을 보내겠다는 약속도 받았다. 드디어 강세장이 지나가기 전에 작전 세력이 뭔가를 하려는 듯 보였다. 최선을 다해도 쉽지 않겠지만, 빨리 시작할수록 좋았다. 거래가 활발하지 않은 주식은 시장에서 새로운 움직임을 보여도 일반 대중의 시선을 끌지 못하지만, 현금 400만 달러가 있으면 어떤 주식이든 눈길을 사로잡기 위해 많은 일을 할 수 있다. 시장의 잠재 매물을 모두 소화하기에 충분한 액수였다. 얘기했다시피 시간이 없었기에 200만 달러가 더 들어올 때까지 기다릴 수 없었다. 주가가 50까지 빨리 오를수록 작전 세력에는 더 좋았다. 두말하면 잔소리다.

다음 날 아침 장이 열렸을 때 남달리 활발하게 거래되는 콘솔리데이티드 스토브를 보고 깜짝 놀랐다. 아까도 얘기했듯이 몇 달 동안 물먹은 솜처럼 축 늘어졌던 주식이다. 그나마 주가가 37에 딱 걸려 있었는데, 짐 반스가 은행에서 주당 35에 받은 대출금 때문에 주가가 더 아래로 떨어지지 않도록 관리한 덕분이었다. 짐이 콘솔리데이티드 스토브가 증권시세표를 기어오르길 바라느니 차라리 지브롤터 바위가 흔들거리며 지브롤터해협을 건너기를 기대하는 게 더 빠르겠다고 할 정도였다.

그랬는데, 이날 아침에 주식을 매수하려는 수요가 꽤 있었고, 주가는 39까지 상승했다. 개장 후 첫 한 시간 거래량이 지난 반년 거래량보다 많았다. 콘솔리데이티드 스토브가 그날 돌풍을 일으키면서 시장 전반에 영향을 미쳐 상승세를 이끌었다. 나중에 듣기로는 거래소 객장에서 콘솔리데이티드 스토브가 단연 화제였고 다른 얘기는 전혀 없었다고 한다.

도대체 어찌 된 일인지 알 수 없었지만, 콘솔리데이티드 스토브에 생기가 도는 모습을 보니 기분이 나쁘지 않았다. 대개 나는 주식이 이상한 움직임을 보여도 다른 데 물어볼 필요가 없었다. 객장에 있는 내 친구들, 그러니까 나와 거래하는 중개인들과 개인적으로 친분이 두터운 장내거래인들이 꾸준히 정보를 들려주었기 때문이다. 내가 궁금해할 줄 알고 자신들이 전해 들은 소문이나 뉴스를 전화로 알려줬다. 이날은 콘솔리데이티드 스토브를 매수하는 내부 세력이 틀림없이 있다는 소리만 들었다. 가장매매가 아니라 모두 진짜 거래였다. 매수자들은 37에서 39 사이에 나온 물량을 모두 거둬가면서, 이유나 정보를 알려 달라고 조르고 간청해도 딱 잘라 거절했다고 한다. 약삭빠르게 상황을 지켜보던 트레이더들은 뭔가 일이, 그것도 크게 벌어질 거라고 짐작했다. 내부자들이 매수해서 주가가 뛰는데도 일반 대중에 따라오라고 부추기는 기미가 없으면 티커 사냥개들은 언제쯤 공식 발표가 나오냐고 궁금하다고 떠들어댄다.

나는 아무것도 하지 않고 그저 지켜봤다. 무슨 일인지 궁금해서 거래 추이를 살폈다. 그런데 이튿날 매수세가 증가하면서 더욱 공격적인 양상을 보였다. 고정된 37보다 높은 가격에 나와서 체결되지 않은 채 몇 달간 장내거래인 장부에 처져 있던 매도 주문이 별문제 없이 소화되었고, 새로운 매도 주문도 상승세를 꺾기에 충분할 만큼 들어오진 않았다. 당연히 주가는 상승했고, 40을 지나 42를 찍었다.

　42에 다다른 순간, 은행이 담보로 잡고 있던 주식을 매도해도 되겠다 싶었다. 물론 내가 매도하면 주가가 하락할 게 뻔했지만, 평균 매도단가를 37에 맞춘다면 나를 탓할 이유가 없었다. 주식의 가치를 잘 알았고, 몇 달째 움직임이 거의 없는 주식의 매도 가능성을 충분히 파악했기 때문이다. 나는 신중하게 거래해서 3만 주를 처분했다. 그래도 주가 상승세는 꺾이지 않았다!

　그날 오후에 콘솔리데이티드 스토브가 때맞춰 얼떨떨하게 상승한 이유를 들을 수 있었다. 장내거래인들이 전날 장 마감 후부터 이튿날 개장 전까지 입수한 정보였다. 정보를 들어보니 내가 콘솔리데이티드 스토브의 걷잡을 수 없는 상승세를 예측하고 늘 해오던 대로 조정 없이 15나 20포인트 쭉 끌어올릴 거라고 했다. 내가 늘 해오던 대로라니, 내 장부를 한 번도 본 적 없는 사람들이나 그렇게 얘기한다. 이런 정보를 흘린 장본인은 다름 아닌 그 유명한 조슈아 울프였다. 전날 주가가 상승한 요인도 울프의 내부자거래였다. 울프의 장내거래인 친구들은 사정을 훤히 아는 울프가 잘못된 정보를 줄 리 없다고 생각하고 선뜻 울프의 정보대로 움직였다.

　사실 우려한 만큼 매도 압력이 그렇게 세지 않았다. 내가 30만 주를 묶어놨다는 사실을 떠올린다면 그렇게 우려할 만도 하다고 짐작할 것이다. 그런데 이제는 주가를 끌어올리는 작업이 일도 아니었다. 역시 플라워 주지사가 옳았다. 그는 시카고가스, 페더럴스틸, B. R. T. 같은 자기 회사 주 종목을 조작했다고 비난을 들을 때마다 이렇게 말했다. "나는 주가를 끌어올리는 방법으로 사는 것밖에 모르오." 장내거래인들도 유일하게 쓰는 방법이 매수고, 주가도 매수에 반응했다.

이튿날 아침을 먹기 전에 조간신문을 읽었다. 수많은 사람이 신문을 읽었을 테고, 수백 군데 증권사 지점과 지역 거래소에도 틀림없이 전선을 타고 전해졌을 것이다. 신문에는 래리 리빙스턴이 콘솔리데이티드 스토브를 띄우기 위한 작전에 들어갈 거라는 기사가 실려 있었다. 신문마다 세부 내용은 조금씩 달랐다. 한 기사에서는 내가 내부 작전 세력을 조직해서 공매도해놓고 끈질기게 오래 버티는 사람들을 응징할 거라고 했다. 다른 기사에서는 조만간 배당금 발표가 있을 거라는 투로 말했다. 내가 주가 상승을 점칠 때마다 으레 어떻게 했는지 기억하라고 사람들을 일깨우는 기사도 있었다. 그런가 하면 내부자들이 매집할 수 있도록 회사 자산을 숨긴다고 비난하는 기사도 있었다. 하지만 모든 기사가 하나같이 본격적인 주가 상승은 시작하지도 않았다고 입을 모았다.

개장 전에 사무실에 도착해서 우편물을 확인해보니 월가는 당장 콘솔리데이티드 스토브를 매수하라는 최신 정보로 후끈 달아오른 상태였다. 그날 오전 내 사무실 전화기는 쉴 새 없이 울려댔고, 응대하는 직원은 단어만 다를 뿐 똑같은 질문을 수백 통 받았다. "콘솔리데이티드 스토브 주가가 오른다는데 사실입니까?" 조슈아 울프, 케인, 고든 그리고 어쩌면 짐 반스까지도 제대로 정보를 퍼트렸다고 말할 수밖에 없었다.

나한테 그렇게 많은 추종자가 있는지 몰랐다. 그날 오전에 전국 각지에서 매수 주문이 들어왔다. 사흘 전만 해도 가격이 어떻든 아무도 거들떠보지 않던 주식에 수천 주 매수 주문이 들어왔다. 잊지 말길 바란다. 사실 일반 대중은 신문에서 성공한 투기꾼이라고 띄운 내 명성을 듣고 시장에 따라 들어왔다. 상상력이 풍부한 신문기자 한둘에게 감사 인사라고 해야 할 지경이다.

상승세를 탄 지 3일째 되던 날 나는 콘솔리데이티드 스토브를 매도했다. 4일째에도, 5일째에도 팔았다. 그러다 보니 어느새 짐 반스가 마셜내셔널뱅크에 350만 달러를 빌리면서 담보로 제공한 10만 주를 다 팔았다. 짐 반스가 대출금을 갚아야 하는 처지였는데 말이다. 가장 성공적인 주가조작이 최소 비용으로 목적을 이루는 것이라면, 콘솔리데이티드 스토브는 내 월가 경력에서 가장 성공한 작업이었다고 말할 수 있다. 내가 주식을 단 한 주도 매수하지 않기 때문이다. 나중에 수월하게 매도하려면 미리 주식을 매수해야 하는데 그럴 필요가 없었다. 주가를 최대한 끌어올리지 않고도 매도에 들어갔다. 하락세에 본격적인 매도에 나서곤 하는데, 이번에는 심지어 상승세에 매도했다. 서둘러야 하는데 손가락 하나 까딱하지 않고 적절한 매수세가 나타났으니 천국에서 꿈을 꾸는 것만 같았다. 한번은 플라워 주지사 친구한테서 이런 말을 들었다. 플라워 주지사가 B. R. T. 작전 세력을 위해 손꼽힐 만한 주가 상승 작전을 펼쳤을 때였는데, 수익을 남기고 5만 주를 매도했다. 그런데 플라워의 회사가 25만 주 넘는 주식에 대한 수수료를 챙겼다고 한다. W. P. 해밀턴 말로는 아말가메이티드 코퍼 22만 주를 배분하기 위해 주가를 조작하는 동안 제임스 킨이 최소 70만 주를 거래해야 했다고 한다. 그렇다면 수수료가 엄청났을 것이다! 내가 지불한 수수료를 생각해보면 짐 반스를 위해 매도한 10만 주에 해당하는 부분이 전부다. 이 얼마나 절약해준 셈인가.

내 친구 짐을 위해 매도하기로 했던 주식을 다 처분했는데, 작전 세력이 조성하기로 했던 돈은 아직 다 들어오지도 않았다. 매도한 주식을 다시 사들이고 싶지 않아서 차라리 어딘가로 짧은 휴가를 다녀왔던 것 같다. 기억이 가물가물한데, 콘솔리데이티드 스토브를 그냥 내버려두었다가 곧 주가가 축 처지기 시작했던 상황은 또렷하게 기억난다. 그러던 어느 날 시장 전체가 약세를 보였고, 실망한 강세론자 몇몇이 서둘러서 콘솔리데이티드 스토브를 처분해버렸다. 그 바람에 주가는 콜옵션 행사가격인 40 아래로 떨어졌다. 아무도 콘솔리데이티드 스토브를 원하지 않는 것 같았다. 앞서도 말했듯이 나는 전체 상황을 낙관하지 않았던 터라, 친절한 정보 제공자들이 떠들고 다닌 덕분에 주가를 일주일에 20에서 30포인트씩 끌어올리지 않고도 10만 주를 처분할 수 있었던 기적에 그저 감사할 따름이었다.

떠받치는 세력이 없자 주가는 습관처럼 툭툭 떨어지더니, 하루는 급락해서 32를 찍었다. 콘솔리데이티드 스토브 역사상 최저가였다. 기억하겠지만, 짐 반스와 초창기 동료들은 은행이 담보로 잡은 10만 주를 헐값에 시장에 내던지는 사태를 막으려고 주가를 37에 붙들어 매놓기도 했다.

그날 사무실에서 평화롭게 증권시세표를 들여다보고 있는데, 울프가 왔다고 해서 들여보내라고 했더니 울프가 뛰어 들어왔다. 덩치가 큰 사람이 아닌데, 한참 거대해 보였다. 단박에 화가 났다는 걸 알았다.

울프가 증권시세 단말기 옆에 서 있는 내게 달려오더니 소리쳤다. "이봐, 대체 어떻게 된 거야?"

"자리에 좀 앉으시죠, 울프 씨." 나는 정중하게 권하고 나서 울프가 차분하게 얘기할 수 있도록 내가 먼저 의자에 앉았다.

"앉을 필요 없어! 무슨 일인지 얘기나 해!" 울프가 사무실이 떠나가라 소리 질렀다.

"무슨 일이냐니요?"

"대체 무슨 짓을 하는 거야?"

"뭘 말입니까?"

"주식 말야! 저 주식!"

"무슨 주식이요?" 내가 이렇게 물었더니 울프는 얼굴이 붉으락푸르락 달아올라서 냅다 소리쳤다.

"콘솔디데이티드 스토브! 대체 뭐 하는 거냐고?"

"아무 짓도 안 했습니다! 손도 안 댔어요. 뭐가 잘못됐습니까?" 내가 물었다.

울프는 5초 동안 나를 노려보더니 폭발했다. "주가를 봐! 자, 보라고!"

울프는 화가 나서 길길이 날뛰었다. 나는 자리에서 일어나 증권시세표를 봤다.

"주가가 현재 31.25로군요." 내가 말했다.

"그래! 31달러 25센트라고. 내가 그 주식을 얼마나 가지고 있는지 알아?"

"6만 주 보유하고 계시잖아요. 그것도 아주 오래요. 원래 그레이스토브 주식을 매수하셨는데……."

울프가 도중에 내 말을 가로챘다. "더 많이 샀다고. 40에 산 것도 있어! 그걸 아직도 가지고 있다고!"

울프가 하도 거품을 물고 쏘아봐서 나는 이렇게 말했다. "저는 그 주식을 매수하라고 말씀드린 적이 없습니다."

"뭐 한 적이 없다고?"

"저는 그 주식을 그렇게 잔뜩 사라고 말씀드린 적이 없다고요."

"자네가 그렇게 말했다는 게 아니라, 주가를 끌어올린다고 하니까……."

"제가 왜요?" 이번에는 내가 울프의 말을 가로챘다.

울프는 너무 화가 나서 말을 잇지 못한 채 나를 쳐다보기만 했다. 그러다 목소리를 가다듬고 이렇게 말했다. "자네가 주가를 끌어올리기로 했잖아. 주식을 매수할 돈도 있었고."

"그랬죠. 하지만 단 한 주도 매수하지 않았습니다." 내가 한 말에 울프는 결국 인내심을 잃고 말았다.

"한 주도 안 샀다고? 400만 달러 넘게 현금을 들고 있으면서 단 한 주도 안 샀다고?"

"네. 단 한 주도 매수하지 않았습니다!" 나는 되풀이해서 말했다.

울프는 아예 정신이 나가서 말도 제대로 못 하다가 간신이 입을 뗐다. "무슨 이런 경우가 다 있어, 응?"

울프는 마음속으로 내가 차마 입에 담지 못할 온갖 범죄를 저질렀다고 비난하는 것 같았다. 울프의 눈을 보고 내가 지은 기나긴 죄목들을 읽을 수 있었다. 그래서 이렇게 말했다. "울프 씨, 당신이 40 아래에 매수한 주식을 왜 내가 50보다 높은 가격에 매수하지 않았냐고 묻고 싶은 거잖아요, 그렇죠?"

"아니, 그게 아니야. 자네는 40에 주식을 매수할 수 있는 콜옵션에다 현금 400만 달러까지 가지고 있었잖아. 주가를 끌어올리려고."

"그랬죠. 하지만 그 돈에는 손도 대지 않았고, 작전 세력은 제 작전 덕분에 단 한 푼도 손해 보지 않았어요."

"이봐, 리빙스턴……."

울프가 말을 시작하려는데 내가 말문을 막았다.

"제 얘기 잘 들으세요, 울프 씨. 당신은 본인과 고든과 케인이 떠안고 있던 20만 주가 묶여 있다는 점, 그래서 제가 주가를 끌어올려도 시장에 유동 주식이 쏟아져 들어오지 않는다는 점을 알고 있었어요. 저는 두 가지 이유로 주가를 끌어올려야 했죠. 첫째, 주식을 팔 시장을 조성해야 했고, 둘째, 40에 주식을 매수할 수 있는 콜옵션으로 수익을 내기 위해서였죠. 그런데 당신은 몇 달째 질질 끌던 6만 주를 40에 처분하자니 마뜩잖았던 겁니다. 아니면 작전 세력의 수익 중에서 당신에게 돌아오는 몫이 만족스럽지 않았겠죠. 그래서 40 아래에서 주식을 대거 매입한 겁니다. 제가 작전 세력 자금으로 주가를 끌어올릴 줄 알고 주가가 오르면 저한테 물량을 떠넘길 속셈으로요. 제가 매수하기 전에 매수하고 제가 매도하기 전에 매도하려고 했어요. 그랬으면 영락없이 제가 당신 주식을 떠안게 됐겠죠. 아마도 당신은 제가 주가를 60까지 끌어올릴 거라고 계산했을 테죠. 그래서 나중에 처분할 목적으로 1만 주를 더 매수했겠죠. 설사 제가 매수하지 않더라도 다른 누군가에게 떠넘기려고 미국, 캐나다, 멕시코에 있는 사람들에게 정보를 퍼뜨린 거죠. 제가 얼마나 더 힘들어질지는 생각도 안 하고 말이에요. 당신 친구들은 제가 뭘 해야 하는지 전부 알고 있었어요. 저와 당신 친구들이 매수하는 동안 당신은 어깨춤이 절로 나겠죠. 당신의 절친한 친구들은 당신에게 정보를 듣고 물량을 매수한 다음 자기 친구들에게 정보를 전달했을 테고, 세 번째로 정보를 받은 사람들이 네 번째로, 그다음이 다섯 번째로, 어쩌면 여섯 번째 호구들에게까지 물량을 떠넘길 작정이었겠죠. 그래서 마침내 제가 좀 매도하려고 보면 현명한 투기꾼이 수천 명 있는 거죠. 울프 씨, 당신이 그렇게 머리를 굴려주니 저야 좋았죠. 제가 콘솔리데이티드 스토브를 한 주도 사기 전에 주가가 상승세를 타서 얼마나 놀랐는지 당신은 상상도 못 할 겁니다. 게다가 작전 세력 물량인 10만 주도 40 정도에 매도했잖아요. 나중에 저한테 50이나 60에 되팔 생각으로 사가는 사람들이 있었거든요. 이 일도 당신 덕분이라 어찌나 감사하던지요. 400만 달러를 써서 다른 사람들한테 돈을 벌어줬어야 하는데 그러지 않았으니 저야말로 얼간이죠. 안 그런가요? 주식을 사라고 준 돈이니, 필요하다 싶을 때만 써야죠. 그런데 그럴 필요가 없더군요."

울프는 월가에서 산전수전 다 겪은 사람이라 화를 내다가 사업을 망치는 짓은 하지 않았다. 내 말을 듣는 동안 마음을 가라앉혔고, 내가 말을 마치자 살갑게 물었다. "이봐, 래리. 그럼 이제 내가 어떻게 하면 좋겠나?"

"좋을 대로 하세요."

"에이, 그러지 말고. 자네라면 어떻게 하겠어?"

"저라면 어떻게 할 것 같으세요?" 내가 진지하게 말했다.

"어떻게 할 건데?"

"전부 팔아버릴 겁니다!"

울프는 잠시 나를 쳐다보더니 한마디도 하지 않고 사무실을 나가서 다시 찾아오지 않았다.

얼마 지나지 않아 고든 상원의원도 찾아와서 나 때문에 낭패를 봤다고 심하게 역정을 냈다. 그다음에 케인이 와서 똑같이 투덜투덜 합창을 했다. 이들은 작전 세력을 조직할 당시만 해도 보유 물량을 대규모로 매도할 수 없었다는 사실을 까맣게 잊었다. 내가 작전 세력이 준 수백만 달러를 들고 주식이 44에서 활발하게 거래될 때 자기네 물량을 처분하지 않았다는 점과 현재 주가가 30을 찍어 구정물처럼 칙칙해졌다는 사실만 기억했다. 그 사람들 생각대로라면 나는 엄청난 수익을 올리고 자기네 지분을 매도했어야 한다.

물론 그들은 곧 냉정을 되찾았다. 작전 세력은 단 한 푼도 손해 보지 않았지만, 큰 문제는 그대로 남았다. 그들이 보유한 주식을 매도해야 했다. 하루 이틀 뒤에 다시 나를 찾아와서 도와 달라고 통사정했다. 특히 고든이 끈질기게 매달렸다. 결국 그들의 주식을 25.5에 팔아주기로 했다. 그보다 높은 가격에 매도하면 수익금의 절반을 수수료로 받기로 했다. 마지막 매도가는 30 정도였다.

이제 내게 처분해야 할 그들의 주식이 있었다. 시장 전체 여건과 콘솔리데이티드 스토브의 개별 움직임을 고려할 때 해결법은 한 가지였다. 먼저 주가를 끌어올리려고 시도하지 않고 내림세에 매도

하는 길밖에 없었다. 주가를 띄우려면 매물을 대규모로 사들여야 한다. 하지만 하락세에서는, 특히 가장 최근 고점에서 15나 20포인트 떨어지면 싼값이라고 생각하고 매수하는 사람들을 언제든 만날 수 있다. 이들은 당연히 반등한다고 생각하고 매수한다. 콘솔리데이티드 스토브가 44 근처에서 팔리는 걸 봤기 때문에 30 아래면 틀림없이 퍽 저렴한 가격으로 여길 터였다.

언제나처럼 일이 잘 풀렸다. 저가 매수자들이 충분히 물량을 가져가서 작전 세력 지분을 청산할 수 있었다. 그래서 고든이나 울프나 케인이 고마워했을까? 퍽이나. 어림도 없는 소리다. 그들은 여전히 나에게 감정이 상해 있었다. 아니, 그네들 친구들 얘기를 들어보면 그랬다. 그들은 이따금 내가 본인들에게 무슨 짓을 했는지 떠들고 다녔다. 자기들 기대대로 내가 주가를 끌어올리지 않았으니 용서할 수 없었던 모양이다.

사실 울프와 나머지 사람들이 주가가 불꽃처럼 뛸 거라고 소문내지 않았더라면 은행이 담보로 잡았던 10만 주를 결코 처분할 수 없었을 것이다. 평소처럼 작업했다면, 그러니까 논리에 따라 자연스럽게 풀어갔더라면 어떤 가격이든 수긍하고 물량을 매도해야 했다. 말했지만, 시장은 하락세로 접어든 상태였다. 그런 시장에서는 가격에 상관없이 매도할 수밖에 없다. 그렇다고 앞뒤 가리지 말고 팔라는 소리는 아니지만, 다른 방법이 없었다. 그런데도 그들은 수긍하지 못하고 여전히 화가 나 있었다. 하지만 나는 아니다. 화를 낸들 뭐에 쓰겠는가. 성미를 다스리지 못하면 파국을 맞는다는 사실을 몇 번이나 뼈에 사무치게 느꼈다. 이번에도 군소리해봐야 아무 소용없었다. 여기서 좀 심란한 이야기를 해볼까 한다.

어느 날 아내가 적극 추천을 받은 양장점을 찾아갔다. 재봉사는 솜씨 좋고 친절하며 싹싹한 사람이었다. 그런데 아내가 세 번째인가 네 번째 방문해서 서먹함이 사라지자 재봉사가 이렇게 말했다고 한다. "리빙스턴 씨가 빨리 콘솔리데이티드 스토브 주가를 끌어올렸으면 좋겠어요. 리빙스턴 씨가 끌어올린다는 소리를 듣고 우리도 좀 샀거든요. 거래를 했다 하면 대박을 친다면서요."

무고한 사람들이 이런 정보를 듣고 돈을 잃었을 수 있겠다고 생각하니 마음이 좋지 않았다. 왜 내가 절대로 정보를 흘리지 않는지 이해가 될 것이다. 재봉사 이야기를 듣고 나니 나야말로 울프에게 울화가 치밀었다.

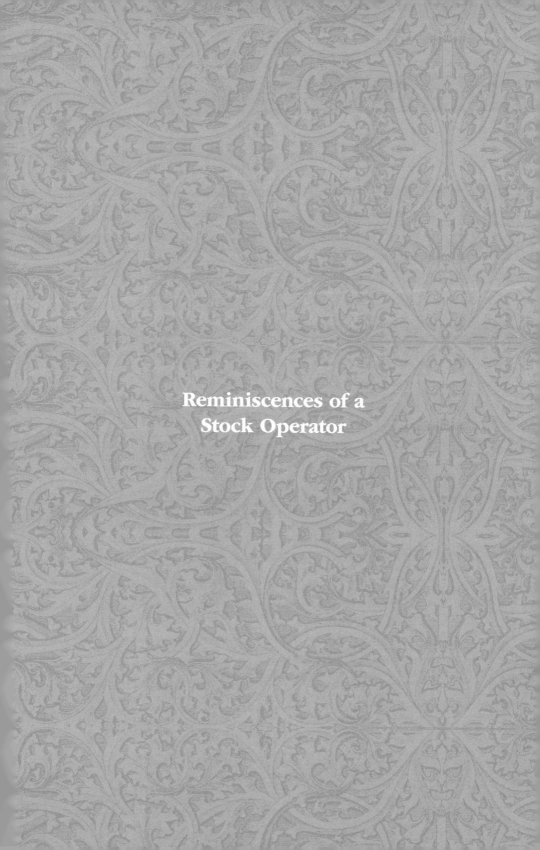

Reminiscences of a
Stock Operator

투자자의
적

주식투기는 결코 사라지지 않을 것이다. 사라진다고 바람직하지도 않다. 위험하다고 경고한들 주식투기를 막을 수는 없다. 아무리 기량이 뛰어나고 노련해도 잘못 판단할 수 있다. 빈틈없이 계획을 세워도 예상하지 못했거나 도저히 예측할 수 없는 일을 맞닥뜨리면 꼬이고 만다. 재앙은 천재지변이나 이상기온이 일으키기도 하고, 나 자신의 탐욕이나 누군가의 허영심, 두려움이나 걷잡을 수 없는 희망이 불러오기도 한다. 타고난 내면의 적을 뭐라 부르든, 주식투기자는 상업적으로나 도덕적으로 변명의 여지 없는 관행이나 악습에도 부딪혀야 한다.

내가 처음 월가에 발을 들인 25년 전을 돌아보며 어떤 관행들이 있었는지 곰곰이 생각하면 좋은 방향으로 많이 달라졌다는 것을 인정할 수밖에 없다. 구닥다리 사설거래소는 모두 사라졌다. 하지만 단박에 떼돈을 벌겠다고 버티는 사람들에게 농간을 부리는 '중개' 업소는 여전히 성업 중이다. 증권거래소는 이렇게 고질적인 사기꾼들을 추적할 뿐만 아니라 회원사에도 규정을 엄격히 따르도록 지도하는 등 제 역할을 하고 있다. 유익한 규정과 규제를 엄격히 적용하긴 하지만, 그래도 여전히 개선할 점은 있다. 도덕 불감증보다는 월가의 뿌리 깊은 보수주의 탓에 특정 악습이 쉽게 사라지지 않는다.

주식투기로 수익을 내는 일은 언제나 쉽지 않았지만, 나날이 더욱 어려워지고 있다. 진짜 트레이더가 상장된 모든 주식을 아우르는 실무 지식을 갖출 수 있게 된 것도 그리 오래전 일이 아니다. 1901년에 J. P. 모건이 합병된 지 채 2년이 안 된 작은 회사들을 그저 합치기만 해서 US스틸을 상장했을 때 증권거래소에 상장된 주식은 275개였고, '비상장 부문'에는 100여 종목이 있었다. 여기에는 발행주식 수가 너무 적다든지 자잘하거나 보증주라서 거래가 거의 없는 탓에 투기 대상으로 삼을 매력이 없어서 구태여 알 필요 없는 주식이 허다했다. 사실 대다수가 수년간 거래가 없는 주식이었다. 하지만 지금은 900여 종목이 상장되어 있고, 시장이 활발하게 돌아간 최근에는 600여 개 개별 주식이 거래됐다. 게다가 과거에는 주식을 업종이나 종류별로 파악하기가 수월했다. 종목 수는 물론이고 자본금 규모도 작은 데다, 트레이더가 챙겨야 하는 뉴스도 그다지 많지 않았다. 하지만 오늘날에는 오만 가지를 다 거래한다. 전 세계에 있는 거의 모든 산업이 주식시장에 등장한다. 그래서 이 모든 것을 따라잡으려면 더욱 많은 시간과 노력을 들여야 한다.

결국 지능적으로 거래하는 사람들한테는 그만큼 주식투기가 더욱 어려운 일이 되었다.

투기 목적으로 주식을 사고파는 사람은 많지만 수익을 내는 사람은 적다. 대중은 늘 한동안만 시장 안에 머무르기 때문에 내내 시장을 떠나지 않는 사람들에게 손해를 본다. 투기자에게 치명적인 적은 무지, 탐욕, 두려움, 희망이다. 이 세상 모든 법령집과 지구상 모든 거래소 규정을 다 들이대도 인간이라는 동물의 이 네 가지 본성을 말끔히 털어낼 수는 없다. 아무리 세심하게 계획을 세워도 사건이 터지면 틀어지고 마는데, 냉철한 경제학자나 가슴 따뜻한 박애주의자들이 생각을 모아 규정을 만든다고 해도 이런 사태를 막을 수 없다. 손실을 안기는 원인은 또 있는데, 바로 믿을 만한 정보와 달리 고의로 퍼뜨리는 거짓 정보다. 이런 거짓 정보는 온갖 방법으로 변장하고 위장한 채 주식 트레이더에게 접근하기 때문에 더욱 은밀하고 위험하다.

물론 평범한 외부인들은 직접 또는 은연중에 말로 듣든지 인쇄물로 읽은 정보며 소문을 믿고 거래한다. 이렇게 일상적으로 흘러다니는 정보는 경계하기 힘들다. 이를테면 인생 친구가 진심 어린 말투로 떼돈을 벌게 해주고 싶다며 자신이 어떤 주식을 사거나 팔았다고 말한다. 선한 의도로 하는 얘기다. 그런데 그 정보가 빗나가면 어떻게 할 텐가? 가짜 금괴나 메틸알코올을 막아내야 하듯이, 전문적으로 파고드는 사기 정보에 맞서 대중을 보호해야 한다. 하지만 주식을 투기하는 대중은 월가의 전형적인 뜬소문에 보호도 보상도 받지 못한다. 대량 거래자, 주가조작자, 작전 세력, 개인 들은 되도록 최고가에 물량을 처분하려고 갖은 방법을 동원한다. 그 중에서도 신문과 경제 단신을 이용해서 낙관적인 정보를 퍼뜨리는 방법이 가장 해롭다. 아무 때나 경제 뉴스 매체 기사를 읽어보면 공식 발표나 마찬가지라고 넌지시 암시하는 표현이 얼마나 많은지 깜짝 놀랄 것이다. 출처는 대개 '유력한 내부자' '핵심 임원' '고위 간부' 또는 뭔가를 알고 말할 만한 '권위자'다. 여기 오늘자 기사가 있다. 아무거나 하나 집어서 읽어보겠다. "유력 은행가가 하락세를 예상하기에는 아직 이르다고 말했다." 유력 은행가가 정말 그렇게 말했을까? 그랬다면 왜 그렇게 말했을까? 어째서 이름은 밝히지 않았을까? 이름을 밝히면 사람들이 믿을까봐 겁이 났을까?

이번 주에 거래가 활발했던 한 회사 주식을 거론한 기사도 있다. 이번에는 출처가 '핵심 임원'이다. 그 회사 임원 십수 명 중 누가 한 말일까? 이렇게 익명으로 남으면 그 발언으로 피해를 보는 사람이 생겨도 비난할 수 없을 게 뻔하다.

주식 트레이더는 어디서든 투기를 연구해야 하지만, 그와 별도로 월가의 게임과 특정 사실을 연결해서 생각해야 한다. 돈을 버는 방법도 고심해야 하지만, 더불어 손실을 내지 않도록 노력해야 한다. 해야 할 일을 아는 것만큼 하지 말아야 할 일을 아는 것도 중요하다. 그래서 이 점을 명심해야 한다. 개별 종목이 상승하는 모든 움직임에는 어김없이 주가조작이 끼어든다. 내부자들이 이렇게 주가를 띄우는 목표는 단 하나, 되도록 최고의 수익을 남기고 주식을 매도하는 것이다. 그런데 중개인들의 평범한 고객들은 특정 주식이 오르는 이유를 듣겠다고 고집을 부리면서 스스로를 깐깐한 사람이라고 자신한다. 그러면 주가조작자들은 주식을 팔아넘기기 수월하게끔 계산한 대로 주가 상승 이유를 '설명'한다. 주가 상승을 암시하는 익명의 발언을 신문에 싣지 못하게 하면 대중이 입는 손실이 대폭 감소할 거라고 나는 확신한다. 대중이 주식을 매수하거나 계속 보유하도록 유도하는 계산된 발언 말이다. 익명의 임원이나 내부자의 권위를 앞세워 주가 상승을 보도하는 기사는 대부분 오해의 소지가 있어 믿을 수 없는 견해를 대중에 전달한다. 대중은 그런 견해가 공식적인 발표나 마찬가지여서 믿을 수 있는 정보라고 받아들이는 바람에 매년 수백만 달러를 뜯긴다.

한 회사가 특정 사업 부문에서 침체를 겪는다고 해보자. 회사 주식은 거래가 거의 안 된다. 시장가는 대체로 정확하게 주식의 실제 가치를 반영한다. 주가가 지나치게 저평가되어 있다면 누군가 알아채고 주식을 매수할 테고, 그러면 주가는 상승한다. 만일 주가가 지나치게 고평가되어 있어 누군가가 눈치챈다면 주식을 매도할 테고, 그러면 주가는 하락한다. 이도 저도 아니라면 그 회사 주식을 아무도 입에 올리지 않거나 거래하지 않는다.

그런데 침체를 겪던 이 회사 사업 부문의 상황이 바뀐다. 이 사실을 누가 가장 먼저 알까? 내부자일까, 일반 대중일까? 장담하건대 대중은 아니다. 그다음에는 무슨 일이 벌어질까? 만일 상황이 계속 나아진다면 수익은 증가하고, 회사는 주식 배당금을 다시 지급할 수 있는 형편이 된다. 배당금을 꾸준히 지급해온 회사라면 배당률을 높일 수도 있다. 말하자면, 주식 가치가 증가한다.

이제 상황이 계속 상승세를 탄다고 해보자. 경영진이 대중에 이

기쁜 소식을 알릴까? 사장이 주주들에게 말할까? 인정 많은 임원이 신문 경제면과 언론매체 단신을 읽는 대중을 위해 자기 이름으로 그 사실을 발표할까? 평소 익명을 고집하는 겸손한 내부자가 회사 전망이 무척 밝다는 취지의 견해를 들고 익명으로 나설까? 그럴 턱이 없다. 아무도 단 한마디 하지 않고, 어떤 발언도 신문이나 단신에 실리지 않는다.

가치를 창출하는 정보는 대중에 새어나가지 않게 단속한다. 그러는 동안 입이 묵직해진 '유력한 내부자'들이 시장에 들어가서 값싼 주식을 손닿는 대로 모조리 사들인다. 사정을 훤히 아는 내부자들이 조용히 계속 매수하면 주가는 뛴다. 경제부 기자들은 알만한 내부자들에게 주가가 상승하는 이유를 묻는다. 그러나 하나같이 익명인 내부자들은 넘겨줄 뉴스가 없다고 입을 모은다. 주가가 왜 뛰는지 모르겠다고 말한다. 때로는 주식시장의 변덕이나 주식투기자들의 행보에는 별 관심이 없다고까지 한다.

상승세가 계속되면서 사정을 아는 사람들이 원하는 만큼 또는 매입할 수 있는 만큼 물량을 확보하는 행복한 날이 찾아든다. 즉시 월가에서는 온갖 호재가 들리기 시작하고, 경제 단신은 트레이더들에게 '권위 있는 출처'를 대며 회사가 확실히 고비를 넘었다고 소식을 전한다. 주가가 왜 뛰는지 모르겠다며 이름을 밝히기를 꺼리던 바로 그 겸손한 임원은 물론 익명인 채로 이제 이렇게 말한다. 주주들이 회사 전망에 한껏 기대가 부푼 데는 다 그만한 이유가 있다고 말이다.

대중은 쏟아지는 주가 상승 소식을 보고 주식을 매수하기 시작한다. 대중의 매수로 주가는 더욱 상승한다. 때가 되면 임원들이 하나같이 익명으로 밝힌 예측이 실현되고, 회사는 중단된 배당금을 다시 지급하거나 배당률을 인상할 수도 있다. 그러면 주가 상승 소문이 더욱 휘몰아친다. 수적으로도 증가할뿐더러 기세도 거세진다. '핵심 임원'은 단도직입적으로 회사 현 상황을 말해 달라는 질문에 사정이 개선되어 현상 유지를 넘어섰다고 알린다. '유력한 내부자'는 끈질긴 설득에 못 이겨 마침내 언론매체에 기업 실적이 경이로울 정도라고 털어놓는다. 회사와 업무를 주고받는 '저명한 은행가'는 이런 매출 신장은 역사상 유례가 없다면서, 추가 주문이 없더라도 밤낮없이 일해야 하는데 몇 달이나 그래야 하는지는 하늘만 안다고 말한다. '재무위원회 위원'은 행간을 두 배로 키운 발표문에서 대중이 회사 주가 상승을 보고 깜짝 놀라는 게 더 놀랍다고 말한다. 발표문 내용을 살펴보면 이렇다. '놀라운 점은 주가 상승 곡선이 완만하다는 사실 하나뿐이다. 누구나 앞으로 나올 연례 보고서를 분석하면 주식의 장부가치가 시장가치보다 얼마나 더 큰지 쉽게 알 수 있을 것이다.' 그러나 인정을 베풀며 속내를 털어놓은 사람의 이름은 밝혀지는 법이 없다.

수익이 계속 순풍을 타고 회사 전망이 어두워질 조짐이 없으면 내부자들은 저가에 사들인 주식을 그냥 깔고 앉는다. 주가가 떨어질 까닭이 없는데 왜 물량을 처분하겠는가? 그러다 회사 사업에 먹구름이 끼는 순간, 무슨 일이 벌어질까? 내부자들이 나서서 의견을 주거나 경고하거나 희미하게나마 암시라도 할까? 가당치도 않은 소리다. 이제 주가는 하향세로 돌아선다. 회사 사업이 호전되었을 때

요란하게 나팔을 불지 않고 주식을 매수했듯이, 내부자들은 이제 조용히 매도에 나선다. 이렇게 내부자들이 매도하면 당연히 주가는 하락한다. 그러면 대중은 익숙한 '설명'을 듣는다. '유력한 내부자'는 모든 일이 순조롭다면서, 약세론자들이 전체 시장을 휘저으려고 매도에 나서는 바람에 주가가 하락했을 뿐이라고 딱 잘라 말한다. 그렇게 한동안 주가가 하락하다가 어느 화창한 날 폭락하면, '이유'나 '설명'을 요구하는 목소리가 떠들썩해진다. 누군가 무슨 말이라도 하지 않으면 대중은 최악의 사태를 상상하며 겁을 먹는다. 언론 단신은 이런 기사를 보도한다. "핵심 임원에게 주가가 약세를 보이는 이유를 설명해 달라고 요청했더니 오늘날 주가 하락은 약세론자들이 매도한 탓이라고 해석할 수밖에 없다고 답변했다. 기본 여건은 변하지 않았다. 회사 사업이 지금보다 더 잘된 적이 없다. 당분간 전혀 예기치 못한 일이 벌어지지 않으면 다음 배당금 회의에서 배당률이 인상될 것이다. 시장에서 약세론자들이 저돌적으로 나오고 있다. 주식이 하락하는 건 흔들리기 쉬운 주식 보유자를 몰아내려고 약세론자들이 습격한 탓이다." 그럴듯한 근거를 제공하려는 뉴스 단신이라면 "믿을 만한 소식통"을 들먹이며 이렇게 보도하지는 못할 것이다. "주가가 하락한 날 내부자들이 주식 대부분을 매수했고, 약세론자들은 스스로 판 함정에 걸려들었다고 깨닫게 될 것이다. 언젠가 심판의 날은 오고야 만다."

대중은 주가가 상승한다는 말을 믿고 주식을 매수했다가 손해를 보기도 하지만 주식을 매도하지 말라는 말에 넘어가서 타격을 입기도 한다. '유력한 내부자'는 매도하려는 주식을 사람들이 매수하는 방향이 가장 좋고, 그다음에는 같은 주식을 자신이 떠받치거나 매집할 생각이 없을 때 사람들이 팔지 않도록 막는 방식이 좋다. '핵심 임원'이 한 발언을 읽고 나면 이제 대중은 무엇을 믿을까? 평범한 외부인은 무슨 생각을 할까? 물론 이렇게 생각할 것이다. 주가는 절대 하락할 리 없었다. 약세론자들이 매도해서 주가를 억지로 끌어내렸다. 약세론자들이 공세를 멈추면 즉시 내부자들이 응징에 나서서 주가를 끌어올릴 것이다. 그러면 공매도자들은 고가에 환매할 수밖에 없다. 당연히 대중은 이렇게 믿는다. 정말로 약세론자들이 습격해서 주가가 하락했다면 정확하게 상황은 그렇게 돌아갈 것이기 때문이다.

그런데 문제의 주식은 오랫동안 질질 끈 공매도 세력을 무시무시하게 쥐어짤 거라는 협박과 예측이 판쳐도 반등하지 않는다. 그러기는커녕 죽죽 미끄러지는데, 그럴 수밖에 없다. 내부자들이 물량을 너무 많이 내던져서 시장이 소화하지 못하기 때문이다.

'핵심 임원'이나 '유력한 내부자'가 매도한 내부 물량은 전문 트레이더들 사이에서 이리저리 차서 넘기는 축구공 신세가 된다. 그러면 주가는 밑바닥이 없는 듯이 계속 하락한다. 업계 상황이 회사의 향후 수익에 악영향을 미칠 정도로 좋지 않다는 사실을 아는 내부자들은 주식을 떠받칠 엄두도 내지 못한다. 그러다가 회사 사업이 호전되면 내부자는 조용히 주식을 매수한다.

나는 오랫동안 주식을 거래하며 주식시장을 지켜봤다. 그런데도 약세론자들이 습격해서 주가가 폭락한 사례는 떠오르지 않는다. 이른바 약세론자의 습격이라고 쳐도 그저 실제 장세를 정확하게 파악해서 매도에 나선 현상일 뿐이었다. 그렇다고 내부자가 매도하거나 매수하지 않아서 주가가 하락했다고도 말할 수 없다. 모두가 서둘러 팔려고 하고 아무도 사지 않을 때 난장판이 벌어진다.

대중은 이 점 한 가지만은 꼭 명심해야 한다. 주가 하락세가 오래 이어지는 진짜 이유는 약세론자의 습격 때문이 아니다. 주가가 계속 하락한다면 장담하건대 시장이나 회사 형편에 뭔가 문제가 생긴 탓이다. 주가가 정당한 근거 없이 하락하면 곧 실제 가치보다 낮은 수준에서 거래되고, 매수세가 형성되어 주가 하락을 저지할 것이다. 실제로 약세론자가 주식을 매도해서 큰돈을 벌 수 있는 시기는 주가가 지나치게 높을 때뿐이다. 이런 정보를 내부자들이 절대로 세상에 알리지 않는다는 데 마지막 동전 한 닢까지 걸 수 있다.

대표적인 사례가 뉴헤이븐 철도다. 지금은 누구나 다 내막을 아는 사건이지만, 당시에는 몇 사람밖에 몰랐다. 뉴헤이븐 주식은 1902년 255에 거래되며 뉴잉글랜드에서 최고로 손꼽히는 철도 투자주였다. 뉴잉글랜드에서는 뉴헤이븐 주식을 얼마나 보유했는지를 보고 지역사회에서 누리는 존경과 위상을 가늠했다. 누군가 뉴헤이븐 철도가 파산할 거라고 말했다가는 철창에 갇히지 않더라도 다른 미치광이들과 함께 정신병원에 수용되었을 것이다. 그러다가 J. P. 모건이 저돌적인 사람을 신임 사장으로 앉히면서 회사가 무너지기 시작했다. 새로운 정책이 제대로 안착할지 처음부터 불투명했다. 그런데 멜런 신임 사장이 콘솔리데이티드 철도 주식을 폭등한 가격에 사들이며 자산을 차곡차곡 쌓아가자, 눈 밝은 관찰자 몇몇이 멜런의 정책이 현명한지 의문을 품기 시작했다. 한 트롤리 시스템을 200만 달러에 매입해서 뉴헤이븐에 1000만 달러에 넘기는 일도 있었다. 이를 보고 대책 없는 한두 사람이 경영진더러 무모한 짓을 했다고 입을 놀려서 불경죄를 저지르고 말았다. 뉴헤이븐이 그만한 낭비도 감당하지 못할 거라는 투로 말하다니, 마치 지브롤터 바위가 얼마나 단단한지 의심하는 모양새와 같았다.

무섭게 밀려드는 파도를 가장 먼저 발견한 사람은 물론 내부자들이었다. 내부자들은 회사 실상을 파악하고 보유 지분을 줄였다. 내부자들이 매도에 나서고 주가를 떠받치는 사람도 없자 뉴잉글랜드의 영롱하던 철도주 가격이 하락하기 시작했다. 언제나 그렇듯이 사람들은 이유를 묻고 설명을 요구했다. 그러자 언제나 그렇듯이 즉각 해명이 나왔다. '유력한 내부자'들은 자신들이 알기로 문제는 없으며, 무모한 약세론자들이 매도에 나서서 주가가 하락했다고 단언했다. 그래서 뉴잉글랜드 '투자자'들은 뉴욕 뉴헤이븐앤드하트포드 주식을 계속 보유했다. 그렇게 하지 않을 까닭이 있겠는가? 내부자들이 회사에 문제는 없고 약세론자들이 매도한 탓이라고 목소리를 높이지 않았는가? 배당금을 계속 지급하겠다고 했고 실제로 지급하지 않았는가?

그사이에 약세론자들을 쥐어짜겠다는 약속은 실현되지 않았고, 주가는 신저가를 기록했다. 내부자들은 더욱 다급하게 노골적으로 매도에 뛰어들었다. 용기 있는 보스턴 시민들은 안전한 투자와 꾸준한 배당금 지급을 바랐던 뉴잉글랜드의 모든 사람에게 엄청난 손실을 안긴 주가 폭락 사태의 진짜 원인을 설명해 달라고 요구했다가 오히려 주식투기꾼이요 선동가라며 거센 비난을 받았다.

255달러에서 12달러로 내리꽂힌 역사적인 폭락 사태는 결코 약세론자의 공세 탓이 아니었고, 그럴 수도 없었다. 약세론자들이 작전을 걸어서 주가가 하락하기 시작하며 하락세를 유지한 게 아니었다. 내부자들이 진실을 말했거나 사실을 털어놓도록 허용하는 분위기였다면 자신들의 능력을 훨씬 넘어서는 높은 가격에 끊임없이 매도할 수는 없었다. 주가가 250든 200이든 150이든 100이든 50이든 25든 상관없었다. 주가는 여전히 실제 가치보다 높았다. 내부자들은 그 사실을 알았고, 대중은 몰랐다. 오직 몇 사람만이 진상을 소상히 아는 회사의 주식을 거래해서 돈을 벌겠다고 수고를 아끼지 않는 일반 대중은 자신이 얼마나 불리한 위치에 서 있는지 고려해야 한다.

지난 20년 동안 손에 꼽을 만큼 처참하게 폭락한 종목들은 약세론자들의 공격으로 하락한 것이 아니다. 하지만 사람들이 그런 식의 설명을 순순히 수긍하는 바람에 수백만 달러에 이르는 돈을 잃고 또 잃었다. 사람들은 주식의 움직임이 마뜩잖아도 그런 설명을 믿고 주식을 매도하지 않았다. 약세론자들이 공습을 멈추면 곧 주가가 회복하리라고 기대하지 않았다면 주식을 청산했을 터였다. 예전에는 킨을 책망하는 소리가 자주 들렸다. 그전에는 사람들이 찰리 워리쇼퍼나 애디슨 캐맥을 탓했고, 나중에는 내 핑계를 댔다.

인터베일오일 사례도 기억난다. 작전 세력이 주가를 끌어올렸더니 일부 매수자가 상승세에 편승했다. 작전 세력이 주가를 50까지 띄워놓고 보유 물량을 매도하는 바람에 주가가 급락했다. 언제나 그렇듯 설명해 달라는 요구가 터져나왔다. 인터베일오일이 그렇게 약세를 나타내는 까닭이 무엇인가? 이렇게 묻는 사람이 많아지면서 답변은 중요한 뉴스거리가 되었다. 한 경제지에서 인터베일오일이 상승한 이유를 훤히 아는 중개인들에게 전화를 돌렸다. 당연히 주가가 상승한 까닭을 아는 만큼 주가가 하락한 이유도 잘 알겠거니 생각했기 때문이다. 주가 상승을 조작한 세력과 한패인 이 중개인들은 이유를 설명해 달라는 뉴스매체의 요청을 받고 뭐라고 했을까? 대답하면 신문이나 방송을 타고 전국에 보도될 텐데 말이다. 중개인들은 래리 리빙스턴이 시장을 습격했다고 했다. 그걸로 충분하지 않았는지 리빙스턴을 '응징'하겠다고까지 덧붙였다. 물론 인터베일오일 작전 세력은 계속 주식을 처분했다. 주가는 12에서 겨우 멈췄다. 작전 세력이 10 이하에 팔아도 평균 매도가격은 여전히 매수가격보다 높았다.

내부자가 하락세에 주식을 매도하는 것은 현명하고 적절한 판단이었다. 하지만 주당 35나 40에 매수한 외부인들은 사정이 달랐다. 경제 단신을 읽은 외부인들은 주식을 그대로 보유한 채 잔뜩 화가 난 내부자 작전 세력 손에 래리 리빙스턴이 잡히기만을 기다렸다.

강세장, 특히 활황기에는 대중이 가장 먼저 돈을 번다. 하지만 나중에는 지나치게 오래 강세장에 머물러서 돈을 잃는다. '약세론자들의 습격'이라는 설명을 믿고 시장에 오래 머문 탓이다. 익명의 내부자들은 대중이 믿어주기를 바라면서 해명을 내놓는데, 대중은 이런 발언을 경계해야 한다.

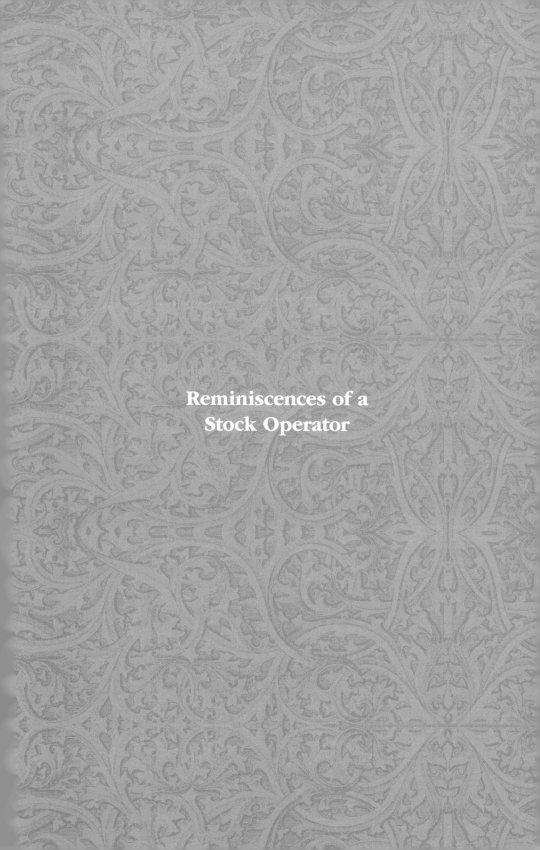

Reminiscences of a
Stock Operator

주식투자의
정도

대중은 항상 얘기를 듣고 싶어 한다. 그래서 정보를 주고받는 일이 흔히 일어난다. 중개인들이 시장 소식지를 보내거나 직접 말로 고객에게 거래를 둘러싼 조언을 건네는 태도는 적절하다. 그렇다고 현재 시장 여건만 강조해서는 안 된다. 주식시장은 항상 6개월에서 9개월가량 앞서가기 때문이다. 사업 전망을 놓고 볼 때 6개월이나 9개월 뒤에도 확실하게 수익률이 같다고 보장할 수 없으면, 현재 수익을 보고 고객에게 주식을 매수하라고 조언하는 행동은 바람직하지 않다. 지금의 실제 판도를 바꿀 수 있을 만큼 여건이 개선되는 조짐을 멀찍이 떨어져서 내다볼 수 있다면 오늘날 저가주 논란은 사라질 것이다. 트레이더는 앞을 내다보아야 하지만, 중개인은 현재 수수료만 생각한다. 그래서 웬만한 시장 소식지는 오류가 있을 수밖에 없다. 중개인들은 대중에게 받는 수수료로 생계를 꾸리거늘, 아직도 시장 소식지를 보내거나 직접 말로 대중을 꼬드겨서 내부자나 주가조작자 들에게 부탁 받은 매도 물량을 대중에게 떠넘긴다.

이따금 내부자가 중개소 수장을 찾아가 이렇게 말한다. "내가 보유한 주식 5만 주를 처분할 수 있게 시장을 열어주시죠."

그러면 중개인이 자세하게 묻는다. 해당 주식 호가가 50이라고 하자. 내부인은 중개인에게 이렇게 말한다. "5000주를 45에 거래할 수 있는 콜옵션을 주고, 1포인트 상승할 때마다 5000주씩 더해서 총 5만 주를 살 수 있는 콜옵션도 주죠. 시장가에 5만 주를 팔 수 있는 풋옵션도 함께 줄게요."

이제 추종자가 많은 중개인이라면 돈이 저절로 굴러 들어오는 셈이다. 물론 내부자가 찾는 중개인도 정확하게 이런 부류다. 각 지점과 직통전화로 연결되어 있고 전국 각지에 인맥이 닿는 거래소에서는 이런 거래를 도와줄 추종자를 대거 확보할 수 있다. 풋옵션이 있기 때문에 중개인은 언제나 안전하게 거래할 수 있다는 점을 기억해야 한다. 중개인이 추종자를 움직일 수 있다면 정규 수수료도 받는 데다 큰 수익을 남기고 보유한 물량을 모두 처분할 수 있다.

월가에서 유명한 '내부자'가 쌓았다는 공적이 생각난다. 그는 대형 증권사 고객센터 관리자에게 전화를 걸었다. 심지어 가끔은 증권사 협력사 직원에게도 전화를 넣었다. 그러고는 이렇게 말했다. "이보게, 여러 차례 나를 위해 일해줘서 고맙네. 그래서 하는 말인데, 자네에게 돈을 좀 벌 수 있는 기회를 주고 싶어. 지금 새로운 회사 하나를 설립해서 우리 기업 한 곳의 자산을 흡수할 계획이거든. 그 회사 주식을 시장가보다 훨씬 높은 가격에 인수하려고 해. 자네에게 밴텀숍스 주식 500주를 65달러에 주겠네. 그 주식 주가는 현재 72야."

고마움을 표현한 내부자는 대형 증권사 지점장 십수 명에게도 같은 말을 한다. 내부자가 내려준 포상품을 받은 월가 사람들은 이미 수익을 내고 있는 주식을 받아서 어떻게 할까? 당연히 연락할 수 있는 모든 사람에게 그 주식을 매수하라고 조언한다. 친절하게 선물을 내린 내부자는 이럴 줄 이미 알고 있었다. 이들 덕분에 친절한 내부자는 자신의 좋은 물건을 불쌍한 대중한테 비싼 가격에 팔 수 있는 시장을 조성할 수 있다.

주식 기획자들이 쓰는 주식 판매기법 중에 금지해야 하는 수법들이 있다. 거래소는 상장주를 분할 납입하는 방식으로 일반 외부인에게 제공하는 거래를 허용해서는 안 된다. 주가가 공시되면 어떤 주식이건 승인을 받은 셈이다. 게다가 자유시장이라는 공식 증표이기도 한다. 그래서 때로는 가격이 달라지기만 해도 관심을 끌기에 충분하다.

대중이 생각 없이 수백만 달러를 까먹게 만드는 흔한 판매수법이 또 있는데, 완전히 합법적이어서 아무도 철창에 갇히지 않는다. 바로 시장에서 긴급하게 필요하다는 이유만으로 발행주식 총수를 늘리는 수법이다. 이 과정은 증권 색깔을 바꾸는 정도일 뿐, 그 이상은 아니다.

기존 주식 1주를 2주, 4주, 심지어 10주로 쪼개서 신주를 발행하는 방식은 대개 기존 상품을 더 수월하게 처분하려는 수법이다.

1파운드당 1달러짜리 패키지는 잘 안 팔리더라도, 0.25파운드씩 나눈 25센트짜리 상자는 잘 나갈 수 있다. 아마 27센트나 30센트에도 팔릴 것이다.

대중은 왜 주식을 사기 쉽게 쪼개는지 묻지 않는 걸까? 이 또한 인정 많은 월가 사람들의 작전이다. 하지만 현명한 트레이더는 트로이의 목마처럼 선물을 들고 오는 그리스인을 경계하기 마련이다. 이 경고만으로 충분하다. 하지만 대중은 이런 경고신호를 귓등으로 듣고 매년 수백만 달러를 손해 본다.

개인이나 기업의 신용과 사업을 뒤흔들려고 고의로 소문을 지어내거나 퍼뜨린 사람들, 그러니까 일반 대중이 주식을 매도하게끔 유도해서 증권 가치를 떨어뜨리는 사람은 누구나 처벌하는 법이 있다. 원래는 비상시에 은행의 지급 능력이 의심스럽다고 떠들어대는 사람들을 처벌해서 공황에 빠질 위험을 줄이려고 제정한 법이었다. 물론 이 법은 대중이 실제 가치보다 낮은 가격에 주식을 매도하지 못하도록 보호하는 역할도 한다. 달리 말해 악재를 퍼뜨리는 사람은 이 나라 법의 처벌을 받는다.

그렇다면 실제 가치보다 높은 가격에 주식을 매수하는 위험에서 대중을 보호할 방법은 없을까? 근거 없는 호재를 퍼뜨리는 사람들은 누가 처벌할까? 아무도 없다. 대중은 이른바 약세론자들이 '습격'하는 동안 주가가 떨어진다는 조언을 듣고 본래 가치보다 낮은 가격에 주식을 매도할 때보다 익명의 내부자 조언을 듣고 너무 높은 가격에 주식을 매수할 때 훨씬 많은 손해를 본다.

주가를 떨어뜨리는 거짓말쟁이를 처벌하듯이 주가를 띄우는 거짓말쟁이를 벌주는 법안이 통과된다면 대중은 수백만 달러를 지킬 수 있을 것이다.

당연히 주가 기획자, 주가조작자, 익명으로 낙관론을 퍼뜨려 이득을 본 사람 들은 뜬소문이나 익명의 의견을 믿고 거래했다가 손실을 입더라도 본인 탓이라고 말한다. 그렇게 치면 약물 중독자도 본인이 어리석은 탓이니 보호받을 가치가 없다는 소리나 마찬가지다.

마땅히 증권거래소가 도와줘야 한다. 증권거래소는 불공정한 관행에 피해를 보지 않도록 일반 대중을 보호하는 일에 각별한 관심을 쏟고 있다. 만일 사정을 알 만한 위치에 있는 사람이 사실 이야기나 본인 의견을 일반 대중에 전달하고 싶으면 이름을 밝히도록 해야 한다. 호재를 알리면서 이름을 밝힌다고 호재가 다 진실이 되는 것은 아니지만, '내부자'나 '임원' 들이 훨씬 신중하게 행동할 것이다.

대중은 항상 주식거래의 기본을 명심해야 한다. 주가가 오른다고 상승 원인을 자세하게 알 필요는 없다. 매수세가 끊이지 않으면 주가는 상승한다. 자연스럽게 소폭 조정이 있겠지만 매수세가 꾸준히 이어진다면 주식을 계속 끌고 가는 것이 썩 안전하다. 하지만 주가가 오랫동안 꾸준하게 상승하다가 방향을 바꿔 점차 내려가기 시작하면서 가끔 소폭 반등한다면, 최소저항선이 위쪽에서 아래쪽으로 돌아선 것이 확실하다. 이런 상황에서 왜 굳이 이유를 물을까? 주가가 하락하는 데는 그만한 이유가 있겠지만, 그 사정은 몇몇 사람만 안다. 하지만 그들은 내막을 자기들만 알고 있거나 일반 대중에 주가가 저평가됐다고 꾸며댄다. 이 바닥 게임의 속성 자체가 그러하므로, 대중은 몇몇만이 아는 진실을 들을 수 없다는 점을 깨달아야 한다. 이른바 '내부자'나 임원이 했다는 발언 대부분은 사실 근거가 없다. 내부자들은 익명으로든 아니든 견해를 밝혀달라는 요구조차 받지 않을 때도 있다. 이른바 내부자들의 발언이라는 이야기들은 시장에 얽힌 이해관계가 큰 누군가가 지어낸 것이다. 시세가 상승하다가 특정 단계에 이르면 대규모 물량을 보유한 내부자들은 주식을 거래하기 위해 거침없이 전문가의 도움을 받는다. 내부자들은 거물 투기꾼에게 적절한 매입 시기는 알려주지만, 장담하건대 매도 시기는 절대 말해주지 않는다. 그래서 거물 투기꾼도 대중과 똑같은 처지가 되는 터라 시장에서 빠져나오기에 충분할 만큼 시장을 키워야 한다. 이때 잘못된 '정보'에 걸려들기 가장 쉽다. 물론 투기라는 게임의 어떤 국면에서도 신뢰할 수 없는 내부자들이 있다. 대체로 대기업 수장들은 내부정보에 따라 시장에서 행보를 보이기도 하지만, 거짓말은 하지 않는다. 침묵이 금일 때가 있다는 걸 알기에 아무 말도 하지 않을 뿐이다.

이미 여러 차례 말했지만 또 얘기할 수밖에 없는데, 오랫동안 주식 트레이너로 경험을 쌓으면서 확신한 사실이 있다. 이따금 개별 종목에서 돈을 벌 수는 있어도 한결같이 계속해서 주식시장을 이길 수 있는 사람은 없다는 점이다. 제아무리 노련한 트레이더도 게임을 잃을 가능성이 항상 존재한다. 투기는 100퍼센트 안전할 수 없기 때문이다. 월가 전문가들은 '내부'정보를 믿고 움직이면 기근, 전염병, 농작물 흉작, 정치 재편 또는 일상적인 사건사고를 겪을 때보다 훨씬 빨리 파탄 난다는 사실을 잘 알고 있다. 월가든 다른 어디든 성공으로 가는 탄탄대로는 없다. 그런데 왜 굳이 길을 가로막는가?

*** 이 책은 작가 에드윈 르페브르가 제시 리버모어와 인터뷰한 내용을 토대로 집필했다. 책 속 주인공인 래리 리빙스턴이 바로 월가에서 큰손으로 불렸던 실존인물 제시 리버모어다. 제시 리버모어는 1929년 공황 장세에서 시장 전반에 두루 쌓아놓은 매도 포지션으로 현금 1억 달러를 벌어들였는데, 현재 물가를 반영해서 환산하면 20억 달러에 해당하며 한화로는 2조 원이 넘는 액수다. 이 어마어마한 현금을 리버모어는 시장이 폭락할 때 매도 포지션으로 벌어들였다. 리버모어가 세 번째로 파산한 뒤에 본인만의 매매기법으로 단 며칠 새 5만 달러를 벌어들인 시점을 기준으로 계산하면 15년간 연평균 수익률이 66퍼센트를 웃돈다. 리버모어가 열다섯 살에 처음 주식매매를 시작하던 시절을 기준으로 삼는다면 수익률은 상상할 수도 없는 천문학적인 수치가 된다. 그러나 제시 리버모어는 가정불화와 만성적인 우울증을 극복하지 못하고 64세에 스스로 생을 마감했다. 리버모어가 남긴 저서는 《제시 리버모어의 주식 매매하는 법How to Trade in Stocks》(이레미디어)이 유일하다.

어느 주식투자자의 회상

초판 1쇄 발행 2005년 6월 20일
개정 3판 1쇄 발행 2024년 3월 1일

지은이 에드윈 르페브르
옮긴이 박성환

펴낸곳 ㈜이레미디어
전화 031-908-8516(편집부), 031-919-8511(주문 및 관리)
팩스 0303-0515-8907
주소 경기도 파주시 문예로 21, 2층
홈페이지 www.iremedia.co.kr **이메일** mango@mangou.co.kr
등록 제396-2004-35호

편집 강경희, 주혜란, 이병철 **디자인** 최치영
마케팅 김하경 **재무총괄** 이종미 **경영지원** 김지선

ISBN 979-11-93394-22-9 (03320)

* 가격은 뒤표지에 있습니다.
* 잘못된 책은 구입하신 서점에서 교환해드립니다.

당신의 소중한 원고를 기다립니다.
mango@mangou.co.kr